II, III 합본

신약교회 사관에 의한

동시대 두 세상

II 신약편 / III 교부시대편

정수영 지음

쿰란출판사

신약교회 사관에 의한

동시대 두 세상 Ⅱ

[신약편]

정수영 지음

쿰란출판사

머리말

하나님 아버지의 크신 은혜에 감사드린다.

이번에 《동시대 두 세상Ⅱ》(신약편)을 내놓게 되었다.

앞서 구약편의 24장과 다르게 이번 신약편에는 신약성경의 주인공들 12명의 생애와 사상을 중점적으로 정리했다. 그리고 신약성경의 주인공들과 동시대를 살아갔던 통치자, 지배자, 사상가들을 대비했다.

1장에서는 침례자 요한의 짧은 생애와 당시 유대 나라 지배자 헤롯 왕가를 비교했다.

2장에서는 예수님의 짧은 생애 속에 주어진 삶의 교훈과 후세에 끼친 영향에 비해 당시 세상을 지배했던 로마 황제들의 제한성을 비교했다.

3장에서는 수사도 베드로의 생애와 사상을 요약하고, 베드로보다 한 세대 이전의 노련한 정치가인 키케로와 비교했다.

4장에서는 신약성경의 절반을 기록한 바울의 생애와 사상을 요약했고, 바울과 동시대를 살아간, 5명의 황제들이 다스린 난세를 잘 헤

쳐나간 노련한 정치가 세네카와 비교했다.

5장에서는 사람 좋기로 소문난 바나바가 사도 못지 않게 초대교회 때에 선교로 큰 공헌을 세운 것과 구약의 외경들을 비교했다.

6장에서는 다 같은 유대인이지만 실천하는 신앙으로 야고보서를 기록한 야고보와 달리 필론은 뜬구름 잡는 플라톤 철학을 흉내내며 스스로 지성인인 것처럼 살아갔음을 비교했다.

7장에서는 유대인인 마가가 유대인을 압제하는 로마인을 위한 복음서를 쓴 것과 헬라인 플루타르코스가 헬라와 로마인을 비교한 《대비 열전》을 저술한 것을 비교했다.

8장에서는 다 똑같은 유대인인데 마태는 로마제국 세리에서 예수님의 제자로, 요세푸스는 조국을 배신하고 로마제국 시민으로 변절한 후 유대 역사를 남긴 과거사를 비교했다.

9장에서는 헬라파 유대인으로 추정되는 의사 누가가 누가복음과 사도행전을 기록한 것과 로마제국의 온갖 관직을 체험한 화려한 정치가 타키투스를 비교했다.

10장에서는 유다서 저자와 예루살렘 함락(A.D. 70년)이 갖는 의미를 비교했다.

11장에서는 저자를 알 수 없는데도 구약과 신약을 관통하고 있는 히브리서와 역시 인물들을 알 수 없으나 "쿰란 사본"을 만들어 낸 쿰란 공동체의 유산을 비교했다.

12장에서는 사도 요한이 용도가 각각 다르게 저술한 5권의 성경 내용과 구약성경이 최종 정경화된(A.D. 90년) 과정을 비교했다.

필자는 이미 잘 알고 있는 과거사를 왜 굳이 비교하면서 설명을 하는가? 여기에 필자가 보는 역사신학의 큰 의미가 담겨 있다. 필자는 1960년대 4.19혁명과 이승만 대통령의 하야와 망명을 모두 다 체험했다. 그후 60여 년이 흐르면서 수많은 견해들이 난무했었다. 그런데 오늘날에는 그에 대한 평가가 완전히 달라졌다. 또 필자는 1980년대 초 신군부의 위세와 위력도 체험했다. 그런데 오늘날에는 "서울의 봄"이라는 영화로 과거사가 완전 달라졌다. 이처럼 인간 세상의 역사는 시대를 따라 완전 달라진다.

이와 같이 세상의 역사 평가만 달라지는가?

천만의 말씀이다. 우리 개개인의 인생도 예외 없이 장차 하나님의 심판대 앞에서 심판을 받는다(요 5:29; 롬 14:10; 히 9:27; 약 2:13). 필자는 성경의 진리와 역사의 법칙을 보면 현재의 삶은 하나도 빠트리지 않고 후세 역사와 하나님 앞에서 판단을 받는다는 진리를 안다. 이 같은 진리 앞에서 오늘 우리는 어떻게 살아가야 할 것인가를 깨닫는 것이 지혜다.

필자는 그 같은 역사의식 속에서 가장 가치 있고 영원한 것이 문서선교임을 깨닫고, 남은 자의 정신(사 10:20-22)과 베임 받은 그루터기 정신(사 6:13)으로 "겨자씨 문서선교"(2010년) 사역을 시작했다. 그러나 문서선교가 말 대신 글로 선교를 한다는 순진한 생각만 했고 출판비를 해결해야 되는 현실적 문제를 간과했다. 그럼에도 필자의 순진한 뜻에 호응해 주는 후원회 여러분들의 도움으로 각박한 여건에서도 선교사역을 계속해 나갔다.

하나님께서는 필자의 순진한 사역에 용기를 주는 사건들을 체험케 하셨다.

하나는 2-3년 전의 체험이다. 하나님께서는 필자에게 매우 특별한 한 권사님을 연결시켜 주셨다. 그분은 지금 80대에 이르렀는데도 자기 집 한 칸 마련하지 못하고 임대아파트 13평에서 살아가신다. 그런데도 평생을 어려운 교회, 교역자, 선교사들에게 계속 물질을 후원해 오셨다. 거기에다 몸은 평생 당뇨병에, 가족력으로 갖가지 합병증과 협착증 등으로 매일 병마와 싸우며 살아간다. 그런 권사님이 필자의 문서선교인 시편 강해서 5권과 계시록 강해서 3권의 출판비 전액을 후원해 주셨다. 필자는 열악한 환경 속에서도 문서로 선교하겠다는 순진한 생각을 하나님께서 기억하고 계심을 체험했다.

둘째는 금년 초의 체험이다. 충남 당진군 장의면 시골의 영세한 연립주택 3층에 살아가는 김덕기(金德基, 1952년생) 목사로부터 문서선교 헌금으로 거금을 받았다. 그의 환경과 형편으로서는 도저히 이해가 안 되므로 어떻게 이 같은 결단을 하게 됐는가를 몇 차례 통화를 통해 알게 됐다. 김 목사의 사연이 너무 감동되기에 그 사연을 나누고자 한다.

김 목사는 신학교를 졸업하고 생소한 곳에서 개척교회 사역을 했다. 부산, 대전, 안산에서 개척교회를 하며 사모 서영희(1957년생)와 결혼해 딸 진희와 아들 평언이를 낳았다. 개척교회 근 20년 동안 교회가 자립이 안 돼 매일 새벽기도 후 곧장 공사장 노동판에 가서 품삯으로 생계를 유지했다. 자녀들이 성장하자 품삯만으로 교육비 해결이 안 됐다. 그래서 서울의 광진구, 상계동, 삼양동 교회의 부목사로 사역하며 자녀들의 교육을 해결했다. 마지막으로 성남시에서 부목사 사역을 하다 70세로 은퇴했다.

그런데 이들 부부는 젊은 날에 혹사한 후유증으로 둘 다 큰 중병을 갖고 있다. 김 목사는 막노동판에서 먼지와 매연을 무릅쓰고 일하느라 심혈관에 고장이 생겼다. 그래서 가슴에 스텐트 5개를 박고서 긴장과 절제 속에 살아간다. 더 심각한 것은 사모다. 평생 개척교회의 가난 속에서 음식 조절을 하지 못한 것과 체질적으로 당뇨병이 생긴 것을 수십 년간 방치하고 살아왔다. 그리고 은퇴한 후에는 신장이 망가져 1주일에 3번 또는 2번씩 병원에서 투석으로 피를 교체할 때마다 4시간씩 고통을 겪어야 한다. 게다가 당뇨병의 합병증으로 눈망막이 손상돼 잘 보지 못하고 뇌경색으로 왼쪽 손, 발, 얼굴이 마비됐다. 또 내분비 대사 장애로 균형을 잡지 못한다.

▲ 김덕기 목사 부부

김 목사는 자신의 건강을 챙기기도 급한데 아내가 주부 노릇을 못하고 몸을 가누지 못하므로 아내 병원 치료를 위해 1주일에 두세 번 병원을 가야 한다. 이렇게 자신과 아내가 온갖 질병으로 극심한 환난과 궁핍이 계속되는 가운데에서 문서선교 후원으로 거액을 보내왔다.

필자는 김 목사의 환경과 거액의 후원금이 이해가 잘 되지 않았다. 그래서 어떻게 극한 궁핍 속에서도 감사를 실천할 수 있는가? 그의 감사 실천의 신앙관을 물었더니 문자로 신앙의 한 면을 보내주었다. 그 내용이 너무 감동되므로 그대로 여기에 올려보겠다.

① 주님으로부터 감격적인 은총을 받으려고 하면 먼저 주님을 감동시켜야 한다. 주님을 감동시키지 않고는 구해도 받을 수 없다.

② 자신은 가진 것이 없다고 말하지 말라. 없다고 하는 것 자체가 주님을 믿는다는 믿음이 없다는 뜻이고, 내가 구원받은 구원의 축복이 얼마나 고귀한 축복인가를 모른다는 말이다.

③ 받는 것이 10의 축복이라면, 주는 것은 100의 축복이라는 사실을 체험해본 사람만이 "범사에 감사하라"는 말씀의 뜻을 제대로 알 수 있다.

이처럼 수준 높은 그의 신앙관을 보내왔다.

필자는 10여 년 이상 궁핍한 곳에서 문서선교 사역을 사명감으로 알고 추진해오고 있다. 시대가 달라져서 책 읽는 것이 시대착오 같은 세상이 됐다. 필자의 책 내용들은 대중적이지도 않아 보급도 잘 안 된다. 왜 시대를 역행하며 어려움을 자처하느냐고 비난도 한다. 그러나 필자가 노년이지만 이것이 주님의 사역이라고 믿는 이유는 먼 훗날의 역사적 평가를 믿기 때문이다.

필자는 이번 기회에 또다시 하나님께서 보호해주심을 깨달았다. 아울러 10여 년 이상 항상 쪼들리며 각박한 삶의 현장 속에서 감사를 실천하지 못하고 살아온 초라한 모습도 깨달았다. 이렇게 필자는 두 번의 큰 감동을 받은 사실을 통해, 고린도후서 8장 1-5절 말씀의 참뜻을 새롭게 깨달았다. 마게도냐 교회는 ① 환난으로 많은 시련을 겪고 ② 극심한 가난한 환경 속에서도 풍성한 연보를 했다.

2천 년 전이나 현재에도 하나님을 감동시키는 요소는 많은 시련, 극심한 가난 속의 감사 실천임을 깨닫게 되었다. 우리 모두 하나님을 감동시키는 성도들이 되었으면 좋겠다.

끝으로 본서의 완성을 위해 원고 정리를 해준 아내와 세련되지 못한 문장을 잘 교정해주시는 편집자들과 10여 년을 한결같이 후원해 주시는 후원회 여러분, 그리고 김 목사 내외에게 하나님의 지키심과 돌보심이 있기를 위해 기도한다. 또 항상 출판비를 십분 배려해 주시는 쿰란출판사 이형규 장로님께도 깊은 감사를 드린다.

2024년 8월

평촌에서 정수영

제2권

동시대 두 세상 II (신약편)

차례

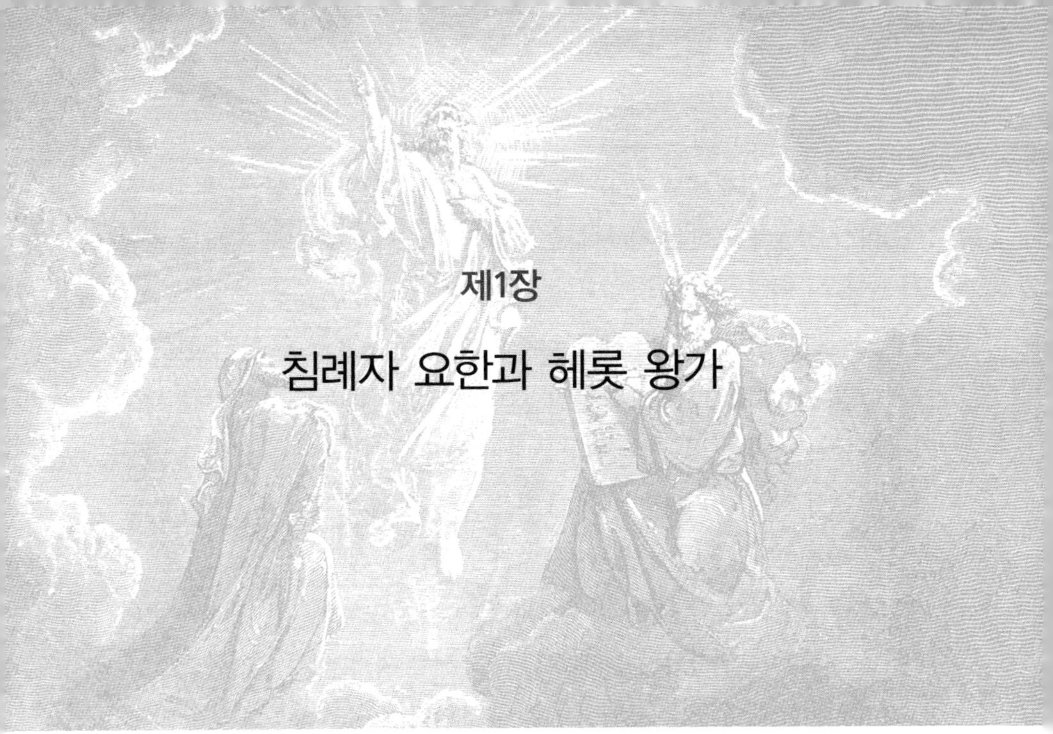

제1장
침례자 요한과 헤롯 왕가

서론

침례자 요한(BC 4~AD 32)은 30대 초반에 헤롯 왕가에 의해 순교를 당했다. 침례자 요한은 말라기가 예언한 오실 엘리야(말 4:2-5) 예언 후 400여 년이 지난 후 예언의 성취자로 나타났다(마 11:14).

침례자 요한은 중간기 400년을 끝내고 새로운 신약의 계시의 문을 열어 주었다. 그리고 그는 출생하기 전에 사명자로 선별되었고 출생 후에는 나실인으로 광야에서 자랐다. 로마의 2대 황제 티베리우스 15년에 하나님의 말씀이 요한에게 임해왔다(눅 3:1-2). 침례자 요한은 유대 광야에서 "회개하라 천국이 가까이 왔느니라"라고 외치며 사역을 시작했다.

그 후 예수님께 침례를 베풀었고(마 3:13-17) 예수님이 메시아이심도 증거했다(요 1:29-34). 그러나 요한은 헤롯 안티바에 의해 옥에 갇혔다가 처형을 당함으로 순교자가 된다(마 14:1-12). 이렇게 짧은 생애를 살아간 침례자 요한은 사후에 수천 년간 백성들의 존경과 흠모를 받는 인물이 된다.

반면에 요한을 죽인 헤롯 왕가는 대 헤롯(BC 37~AD 4)부터 헤롯 아그립바 2세(AD 34~70)까지 무려 100여 년 동안 유대 나라 군주로 세상을 누비며 살아갔다. 그러나 유대 나라가 망한 후 헤롯 왕가는 역사 속에서 아무도 기억하는 이가 없을 정도가 되었다.

30여 년 짧게 살아갔으나 정의와 진리를 위해 용감하게 살아간 침례자 요한은 수천 년 동안 존경과 신뢰를 받고 있다. 반면에 100여 년 동안 모든 부귀영화와 권세를 누리던 헤롯 왕가는 정치적 몰락 이후 비웃음과 혐오 속에 잊혀진 가문이 되었다. 이 두 가지 다른 삶의 결과를 비교하며 살펴보자.

1. 침례자 요한

1) 그의 생애 (BC 4~AD 32)

예수를 소개하는 세례자 요한1, 구세주교회

(1) 가문과 신비한 출생 (눅 1:5-25, 57-66)

침례자 요한의 부모는 둘 다 제사장 집안의 후손이었다.

아버지 사가랴는 다윗 때 제사장들을 24개 반으로 나누었던 24개 반열 중 8번째 반열(대상 24:10)인 아비야의 후손(눅 1:5)이었다. 어머니 엘리사벳 역시 제사장 아론의 후손이었다. 각 반열은 1년에 두 차례씩 1주일 동안 성전에서 시행되는 각각 다른 제사장 임무를 수행했다. 그런데 사가랴가 활동했던 당시 각 반열들에는 제사장들이 900~1,000명 정도씩 존재했었다. 그렇기에 그들 중에서 성전 제사 때 시행되는 업무를 네 가지로 분류해 제비 뽑아서 시행케 했다.

1번 제사장은 성전 도구들을 잘 씻고 정돈하고 나온다.

2번 제사장은 성전 도구에 예물들을 설치하고 나온다.

3번 제사장은 분향단에 향불을 피우고 기도를 하고 나온다.

4번 제사장은 성전 도구들 뒷정리를 한다.

각 반열의 제사장 1,000여 명 중 4명의 제사장만을 1년에 두 차례씩 제비를 뽑아 봉사하도록 하니까 성소에 들어가 분향 업무를 담당하는 일은 제사장들에게 대단히 영광스러운 일로 평생에 한 번 있을까 말까 한 일이다.

사가랴는 성전에서 하루에 두 번씩 아침과 저녁으로 분향하는 귀중한 업무에 제비 뽑혀 아마도 저녁 분향 시간대에 분향을 하는 영광을 얻었던 것 같다.

성전에서는 하루에 세 번 기도하는 시간이 정해져 있었다. 백성들은 사가랴가 분향하는 시간에 함께 기도를 한 것 같다. 그때에 천사 가브리엘이 형체를 가지고 사가랴 앞에 나타났다. 여기 '나타나'라는 말은 '옵데'(ὤφθη)로 형체를 가진 채 나타났다는 뜻이다. 사가랴는 갑작스런 천사의 출현으로 크게 놀라며 무서워했다. 그때 천사는 사가랴 제사장이 평소 아들을 원하는 기도를 드려 왔던 사실에 대한 응답으로 아내 엘리사벳이 아들을 낳을 것을 예고해 준다. 그리고 아들 이름을 '요한'(하나님은 은혜로우시다)이라고 하며 그가 장차 주 앞에서 큰 자가 될 것이고 그는 나실인으로 성장할 것도 알려주었다.

요한의 출생은 그가 태어나기 전에 이름, 성장 과정, 성년이 되어서 하게 될 사역 등등 전 과정이 예고된 매우 신비한 일들로 이루어진다. 요한은 이렇게 출생 이전부터, 그가 출생 후에 나실인으로 성장해서 주 앞에서 큰 자가 될 것이 예고된 대로 살아갔다.

(2) 요한의 사역

침례자 요한의 사역을 몇 가지로 요약할 수 있다.

① 대중 운동 - 회개 운동이다.

② 제자 훈련 - 요한의 제자들이 많이 있었다.

요한의 제자 중 두 사람이 예수님의 제자가 된다. 하나는 안드레(요 1:40)이고, 다른 하나는 요한복음의 저자 사도 요한이었다.

알렉산드리아의 아볼로도 요한의 제자로 추정된다(행 18:24-25).

요한의 제자 훈련으로 사후까지 영향을 끼쳤을 것으로 본다.

③ 메시아의 안내

요한은 예수님께 침례를 베풀었다(마 3:13-17). 또 예수님을 메시아로 증거했다(요 1:29, 36).

④ 헤롯 안티바의 부도덕함을 비판하다가 투옥되었고, 끝내는 죽임을 당하게 된다(마 14:1-12; 막 6:14-29).

2) 침례자 요한의 사상

(1) 회개할 의지를 가진 자에게 주는 물 침례

침례자 요한의 핵심 사상은 '회개'였다. '회개'라는 말이 무슨 뜻인가? 헬라어 원문의 뜻과 영어 번역 성경들의 뜻은 완전히 다르다. 원문의 회개는 '메타노에오'(μετανοέω)다. 이 말은 이동, 변화라는 뜻의 전치사 메타(μετά)와 '마음을 바꾸다'라는 뜻의 동사 노에오(νοέω)의 합성어다. 그러니까 회개란 마음이 변화된 행위를 뜻하며 정신이 과거와 다르게 이동된 것을 뜻한다. 그렇기에 회개는 마음이 변화된 행동을 의미한다.

침례자 요한은 눈으로 볼 수 있는 물 침례 의식이 중요한 것이 아니라, 먼저 보이지 않는 마음속의 변화를 요구했다. 이때 바리새인들과 사두개인들이 자기들도 회개하고 싶은 의지를 갖고 요한에게 찾아왔다. 이 모습을 본 침례자 요한은 마음속의 변화를 단지 물 침례 의식으로 혜택을 볼 것처럼 믿는 바리새인들과 사두개인들을 향해 이렇게 외친다. "독사의 자식들아, 누가 너희에게 임박한 진노를 피하라고 하더냐?"

"물 침례가 중요한 게 아니라 '회개에 합당한 열매'인 변화가 먼저 선행되어야 한다. 속으로 '우리는 아브라함 후손이니 자동적으로 하나님의 백성'이라는 안이한 관습적 사고를 하지 말라, 하나님은 너희처럼 오만한 자들보다는 말없이 순종만 하는 돌들로도 아브라함 자손이 되게 하실 수 있다"라고 선언한다.

이처럼 침례자 요한의 입장에서 보면 물 침례, 의식은 아무 의미가 없고 사람이 먼저 기본적으로 행해야 할 첫 과제가 '회개'이다.

이렇게 중요한 '회개'의 진리를 단지 물세례만 받으면 중생이 되는 것으로 진리를 왜곡시킨 자가 아우구스티누스다. 그는 철학자 플라톤이 인간의 이상향인 '이데아'(Idea)에 접근하려면, 순수한 이성을 갖추면 이데아와 합일되는 신비가 일어난다고 주장했던 철학을 기독교에 접목시킨다. 그래서 성부, 성자, 성령의 이름으로 세례를 주면 삼위의 능력이 중생을 가능케 하는 신비 현상이 일어난다고 했다. 이와 같은 아우구스티누스의 잘못된 세례 개념으로 '세례 중생론'(Baptismal Regeneration)이라는 교리가 만들어져 가톨릭과 개신교가 세례로 중생된다고 믿고 있다.

참으로 서글프고 가슴 아픈 과거 역사의 잔재다. 아우구스티누스의 '세례 중생론'은 번역 성경들에 그대로 반영되었다.

앞서 말한 것처럼 신약성경 원문에서 회개는 메타노에오(μετανοέω), 즉 마음이 변화된 행위를 뜻한다.

그러나 라틴역이나 영어 성경들에서는 회개를 'Repent'라고 했다. Repent가 무엇인가? 후회하는 것, 뉘우치는 것, 유감으로 여기는 것을 말한다. 그러나 성경의 메타노에오(μετανοέω)는 마음으로 뉘우치거나 후회하는 내면적 정신 문제가 아니다.

'메타노에오'는 내면적 정신, 마음, 생각이 바뀌어짐으로 그의 행동들이 과거와 달라진 행동들로 나타나는 것을 의미한다. 그렇기 때문에 회개의 '회' 자가 지금처럼 쓰이고 있는 '뉘우칠 회'(悔)의 repent가 아니라 '돌아올 회'(回)의 return이라는 의미의 회개(回改)로 변화되었음을 본인이 알 수 있고, 남도 알 수 있는 것이 진정한 회개이다.

오늘날 변화된 증거도 없는데 변화되고자 하는 의지를 가진 자에게 물방울 몇 번 찍어 바르고 세례를 줬다고 하는 것은 침례자 요한이 회개의 의지를 가지고 나오는 자들에게 '물 침례'를 준 정도이고, 진정한 침례는 '성령과 불'로 완전한 변화된 자에게 실시되는 그리스도와 연합의 침례라야 한다(롬 6:3-5).

(2) 새 시대의 정신인 사회 정의

침례자 요한은 과거 구약의 율법이 새롭게 완성되려면 그것이 사회 정의로 나타나야 됨을 강렬하게 믿고 있었다. 침례자 요한에게는 과거의 율법이 한갓 종교인들만의 계율로 지키는 종교만의 문제가 아니었다. 과거의 율법은 새 시대에 군주나 정치가도 예외 없이 준수해야 되는 사회 정의라고 믿고 있었다. 그래서 당시 군주인 헤롯 안티바의 불륜 행위를 군중들 앞에서 거침없이 성토했다.

헤롯 안티바(Herod Antipas, BC 4~AD 39)는 헤롯 대왕(BC 37~AD 4)의 아들이다. 헤롯 안티바는 갈릴리와 베레아 지역을 통치한 분봉 왕 즉 한 나라의 4분의 1을 다스리는 왕이었다.

헤롯 안티바는 동생이었던 헤롯 빌립 1세의 아내 헤로디아(Herodia)와 불륜 관계를 맺고 자기 정실부인과 이혼을 했다. 헤로디아는 빌립과 이혼하고 다시 헤롯 안티바와 재혼했다. 이 사건을 보는 침례자 요한에게는 두 사람 모두 다 율법의 파괴자일 뿐만 아니라 사회 질서를 파괴하는 사악한 행위자였다.

간음은 출애굽기 20장 14절, 신명기 5장 18절에서 보면 계명으로 금지된 죄악이고, 형제의 아내를 취하는 것은 율법 레위기 20장 21절의 위반이었다. 헤롯 안티바 또한 비록 분봉 왕이지만 하나님께서 이스라엘에 주신 율법의 금지 명령을 위반할 수는 없었다.

이같은 헤롯의 부정을 당시의 모든 제사장들이 침묵하고 있을 때 침례자 요한은 대중들 앞에서 군주의 부도덕을 신랄하게 비판했다.

이 일로 요한은 감옥에 갇히게 되었다. 헤롯 안티바 내외는 침례자 요한을 죽이고 싶었으나 군중들이 침례자 요한을 선지자로 믿고 있었으므로 민중봉기와 로마 황제로부터 불신임이 두려워 억제해오고 있었다.

세례자 요한1의 머리를 든 살로메(마14:10~12), 파리 루브르 박물관

그런데 헤롯의 생일날이 되었다. 헤롯은 대신들과 천부장들과 갈릴리 귀인들과 더불어 잔치

를 벌였다(막 6:21). 연회장에 주흥이 무르익어 갈 때 헤로디아는 그의 15~16세 된 딸 살로메로 하여금 요염한 춤을 추게 했다. 의붓딸 살로메의 춤을 즐기던 헤롯은 살로메의 요구사항을 다 들어 주겠다고 맹세한다. 살로메는 그의 어머니의 요구대로 침례자 요한의 목을 요구한다. 이렇게 해서 침례자 요한은 30대 초반에 비극적인 최후를 맞게 된다.

침례자 요한은 하나님을 두려워하고 사람을 두려워하지 않았다. 그렇기에 율법을 믿는 대로 소신껏 헤롯의 죄악을 고발했다. 이렇게 의인들은 옳은 말, 옳은 행실을 한다. 그러나 세상은 사람의 지배를 받는 악의 세력들이 장악하고 있기에 하나님 뜻대로 살아가려고 하면 악의 세력들에게 핍박당하고 배척당할 것을 각오해야 한다. 주님은 '나로 말미암아 욕먹고 협박당하면 너희에게 복이 된다'고 하셨다(마 5:11-12).

침례자 요한은 주님 말씀대로 실천하여 30대에 요절했다. 2천여 년 동안 역사는 그를 위대한 선지자로 존경한다.

2. 헤롯 왕가

헤롯 왕가는 주전 37년부터서 주후 70년까지 유대 나라가 로마 제

헤롯의 향연(마14:6), 시노페 복음서 사본의 삽화, 6세기, 파리 국립도서관 소장

국의 속령 아래 유대 나라 지역 왕들로 군림한 가문이다. 헤롯 왕가가 어떻게 유대 나라의 왕으로 등장했는가? 그것은 전적으로 로마 제국의 정치적, 군사적 도움으로 이뤄진 결과이다.

(1) **대 헤롯**(BC 37~4, 마 2:1-18)

대 헤롯의 조부 안티파테르는 마카비의 후손인 하스몬 왕조 때에 이두매(막 3:8)의 지역 장군으로 등용되었다.

그의 아들이 하스몬 왕조의 실권자가 되어 로마 제국의 새로운 정치 세력가인 카이사르에게 충성을 약속하고 자기 아들 헤롯을 로마 정치가들에게 천거한다.

대 헤롯은 로마 정치가들의 신임으로 주전 47년에 갈릴리 지방의 지사가 되어 산적들의 소요를 진압하는 정치 수완으로 사마리아 총독을 거쳐 드디어 주전 37년에 유대 나라 전역의 왕이 된다. 대 헤롯은 왕이 되기 전, 젊은 시절에 같은 이두매 여인 도리스와 결혼한 후 하스몬 왕조의 딸 미리암메와 결혼하는 등 모두 5명의 아내를 두었

헤롯 성전 모형, 이스라엘 국립 박물관

다. 그래서 그의 자녀들이 이복형제들로 많이 생겼고 그들이 대 헤롯 사후에 유대 나라를 나누어서 다스리는 분봉 왕들이 된 것이다.

대 헤롯이 유대인들에게 잔인하게 대했으나 그는 왕성한 정력으로 거의 50년에 걸쳐 '대 헤롯 성전'을 증축했다.

그리고 가이사랴를 개발하여 항구 도시를 만들어 로마 총독이 다스리는 로마 총독의 지방 수도를 만들었다.

바로 이 대 헤롯이 동방 박사들의 경배를 받고 베들레헴과 그 지경의 두 살 아래 사내아이들을 다 죽인 자이다(마 2:16-18).

(2) **헤롯 아켈라오**(BC 4~AD 6, 마 2:22)

대 헤롯의 세 번째 여자 사마리아 여인 말타케의 아들로 잔인한 악명으로 일찍 죽었다.

(3) **헤롯 안티바**(BC 4~AD 39, 마 14:1-7)

세 번째 여인 말타케의 장남으로 침례자 요한을 죽인 자이다.

헤롯 안티바는 대 헤롯의 두 번째 여자 미리암메의 손녀딸인 헤로디아와 재혼을 했다.

헤롯 안티바가 예수님이 빌라도에 의해 자기 앞에 끌려 왔을 때 매우 기뻐 조롱을 하고 희롱하여 돌려보냈다(눅 23:8-12).

(4) **헤롯 빌립 2세**(AD 4~34, 행 12:1-19)

대 헤롯의 다섯 번째 여인 시몬 미리암메의 아들로 헤로디아와 결혼해서 딸 살로메를 낳았다.

그 후 빌립과 이혼하고 안티바와 재혼해서 살로메를 통해 침례자 요한을 죽게 한다.

(5) **헤롯 아그립바 1세**(BC 10~AD 44, 행 12:1-19)

대 헤롯의 두 번째 여인 미리암메의 손자인 아그립바 1세는 야고보 사도를 죽이고 베드로도 죽이려고 투옥시켰다. 그때 베드로는 기적적으로 풀려난다.

(6) **헤롯 아그립바 2세**(AD 34~70, 행 25:13-26:32)

아그립바 1세의 아들로 대 헤롯의 증손자이며 헤롯 왕가 최후의 왕이다.

바울 사도가 가이사랴에 연금되어 있을 때 아그립바 2세가 베스도 총독에게 문안하러 갔을 때 그들 앞에서 재판을 받았다. 아그립바 1세의 여동생 드루실라는 전임 벨릭스 총독(행 24장)과 결혼했다.

이상으로 신약시대 유대 나라를 통치하며 침례자 요한과 주님과 사도들과 관계된 헤롯 왕가를 정리해 보았다.

사실 헤롯 왕가를 통해 배울 만한 가치는 아무것도 없다. 그런데 하나님께서는 어찌하여 그리스도와 사도들이 활약한 한 세기 100년 동안 헤롯 왕가를 허락하셨을까? 또 왜 하나님은 그리스도를 로마 제국 시대에 세상에 오시게 하셨을까?

이 역사적 토막을 인류 전체 역사 속에 비추어 보면서 하나님의 섭리의 역사를 이해해야 한다. 인류의 정치 역사 중 한 나라가 천 년 이상 계속된 나라는 로마 제국이 유일무이하다. 하나님께서는 로마 제국의 정치적 발판으로 기독교 국가를 만들어 복음이 전 세계에 퍼지게 하셨다.

하나님은 또 헤롯 왕가를 100여 년 동안 허락하심으로 반항적이고 오만한 기질을 가진 유대인들로 하여금 유대인들에게 로마제국과 헤롯왕가를 투쟁의 대상으로 삼게 하셨다. 이렇게 국민들의 눈길이 로마 제국과 헤롯 왕가에 집착되었을 때에 희생을 기본으로 삼는 신생 기독교를 슬며시 탄생케 하셨다. 기독교 탄생 때 로마 제국과 헤롯 왕가가 없었다면 유대인들의 극렬한 저항으로 기독교의 탄생은 지극히 험난하며 많은 세월을 희생해야만 했을 것이다.

그러나 로마 제국과 헤롯 왕가가 오만한 유대인들의 방패막이가 되어 주었다. 이렇게 탄생된 1세기의 교회는 300여 년 활약한 로마 제국의 탄압에도 굴하지 않고 끝까지 견디어 냈다. 그리고 313년에는 우상들의 소굴인 로마 제국의 국교로 공인되는 승리를 가져왔다.

이 같은 역사 철학의 이해와 안목으로 헤롯 왕가의 가치와 로마 제국의 가치를 인정할 때 하나님의 오묘하신 섭리의 역사를 이해하게 될 것이다.

결론

침례자 요한은 30대에 요절했다. 그러나 그는 중간 시대 400년간의 침묵을 깨고 새로운 신약시대를 열어준 공헌자이다. 그는 메시아께서 구약과 다른 새로운 신약 시대를 여실 수 있도록 안내해준 공헌도 했다.

그는 잔인한 헤롯 왕가에 의해 희생되었으나 그의 명성은 수천 년 동안 존귀하게 계승되고 있다. 반면에 헤롯 왕가는 100여 년 동안 유대 나라를 다스리며 부귀영화를 누리고 살아갔으나 저들의 죄악사는 성경에 기록되어 수천 년 동안 모든 인류의 증오와 손가락질을 받아 오고 있다. 침례자 요한의 짧은 인생과 하나님 중심의 올바른 신앙과 삶은 우리에게 영원한 교훈이 된다.

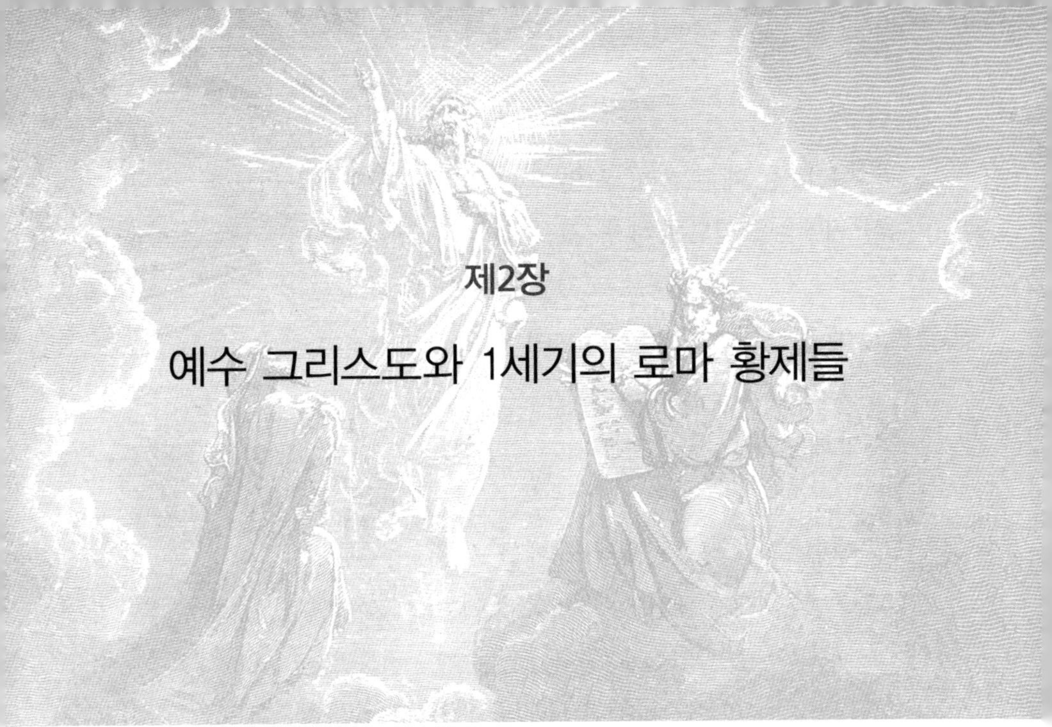

제2장

예수 그리스도와 1세기의 로마 황제들

서론

예수 그리스도는 짧은 생애(BC 4~AD 33)를 사셨다. 그러나 그의 생애와 사상은 수많은 인류에게 희망과 영생을 허락해 주었다.

반면에 기독교가 탄생된 1세기 동안 11명의 로마 황제들이 로마 제국을 지배했다. 이들 11명의 황제들 대부분이 예수 그리스도와 사도들을 탄압하고 잔인하게 학대했다. 그러나 역사의 평가는 전혀 엇갈리고 있다.

이 땅에 희망의 복음과 영생의 길을 열어준 그리스도와 사도들의 공적은 영원한 진리의 등불로 세상을 밝혀 왔다. 그에 반해 1세기의 로마 황제들은 의인을 괴롭히고 탄압한 악의 화신들이라는 추악한 이름으로 기억되고 있다.

여기서는 예수 그리스도와 1세기의 로마 황제들을 비교함으로 귀한 깨달음을 얻도록 하자.

1. 예수 그리스도(BC 4~AD 33)

1) 예수 그리스도의 생애

예수 그리스도는 33년의 생애를 사셨다. 그의 생애에 대한 성경 기록 중에는 (1) 족보 (2) 출생과 유년기 (3) 성인이 된 후 침례와 시험 받음 (4) 공생애의 가르침 (5) 재판과 죽음과 부활 등이 기록되어 있다.

예수의 변모(마17:1~8), Metamorfosis작, 남키프러스 살라미 바나바 교회(수도원)내, 1939년

(1) 족보(마 1:1-17; 눅 3:23-28)

예수 그리스도의 족보에는 두 가지 다른 기록이 있다.

마태의 족보는 부친 요셉을 중심으로 한 법률적 상속권을 가진 조상들로 계승되었음을 말하고, 누가의 족보는 모친 마리아를 중심으로 혈통을 중심한 조상들 중심의 족보를 말한다. 마태는 그리스도가 다윗의 왕권 후손이라고 예수를 강조하고, 누가는 예수가 이새의 후손임을, 혈통적 계승자임을 강조한다.

(2) 출생과 유년기

예수 그리스도는 로마 제1대 황제 가이사 아구스도(BC 31~AD 14) 때에 천하 모든 이에게 내려진 호적 명령(눅 2:1-6)에 의해 요셉의 고향 베들레헴에 갔을 때 출생한다.

예수의 탄생, 탄생교회 성화

예수가 출생했을 때 동방 박사들의 정보를 들은 대 헤롯(BC 37~ AD 47)은 베들레헴의 두 살 아래 사내아이들을 다 죽인다(마 2:1-18). 이 때문에 대 헤롯의 만행을 피해 애굽으로 피신한다. 대 헤롯이 죽고 아들 아켈라오가 왕이 되었으나 그의 잔인함과 포악한 소문으로 인해 나사렛에 가서 자란다(마 2:22-23). 그 후 예수는 12세 때 유월절 절기를 지키기 위해 예루살렘에 상경한 부모를 따라 예루살렘 성전을 방문한다.

(3) 성인이 된 후 침례와 시험 받음

예수께서 30세 되셨을 때 침례자 요한에게 침례를 받으시고, 광야에서 40일 동안 시험을 받으신다(마 3:13-4:11).

(4) 공생애의 가르침

예수는 30세부터 3년 동안 옥외, 회당, 성전 등 다양한 장소에서 다양하게 가르치셨다. 당시 바리새파와 사두개인들의 질문에 명쾌한 가르침을 주셨다. 그의 교훈은 핵심이 '하나님의 나라'이다. 뒤에 그의 가르침을 필자의 주관적 기준으로 요약 정리해 보겠다.

(5) 재판과 죽음과 부활

예수는 가룟 유다의 배신으로 유대 종교 지도자들에게 넘겨진다.

예수는 전직 대제사장 안나스, 현직 대제사장 가야바의 조롱을 받고 산헤드린 공회 결정으로 사형 선고를 받는다(눅 22:66-71). 산헤드린에 의해 빌라도에게 호송된 예수에게 빌라도는 무죄를 선언한다(요 18:33-38). 유대인들의 반대에 직면한 빌라도는 예수를 헤롯 안티바에게 보냈다. 헤롯 안티바는 예수를 조롱만 하고 다시 빌라도에게 돌려보낸다(눅 23:8-12).

빌라도가 유대인들에게 바라바와 예수 둘 중 한 명을 선택하도록 하자 유대인들은 바라바를 선택했다(요 18:40). 빌라도의 아내가 예수께 해를 끼치지 말라고 만류하는데도 비겁한 빌라도는 유대인들의 보복이 두려워 예수를 십자가에 내어 준다(요 19:1-16). 그 후에 예수는 로마 군병들에게 희롱당한 후 십자가에서 처형당하신다(막 15:16-41). 예수는 죽어 장사 지낸 후 사흘 후에 다시 부활하여 40일 동안 계시다가 하늘로 승천하셨다.

예수의 부활, 바티칸 사도 박물관 소장

2) 예수 그리스도의 교훈

예수 그리스도의 교훈이 사복음서들에 담겨 있다. 그 많은 교훈을 다 소개할 수는 없지만 필자가 깨달은 주관적 내용 몇 가지를 설명해 보겠다.

(1) 구약 성경관

예수님 때에는 이미 구약성경이 완성되어서 히브리 원전과 함께 헬라어 번역 성경인 70인 역도 함께 있었다. 예수님께서 구약성경에 관해 어떻게 이해하고 계셨는가? 사복음서에 나타난 예수님의 구약성경 이해는 명확하게 알 수 있다. 예수님은 율법(마 5:17; 눅 16:16; 요 10:34)을 성경이라고 하셨다(요 10:35). 그러나 율법으로 의롭다 함을 얻을 수가 없다. 율법의 기능은 죄를 깨닫게 해줄 뿐이다(롬 7:7).

구약의 율법은 이스라엘 민족과 관련된 의식법과 도덕법과 사회법으로 구성되어 있다. 이 중에서 의식법은 예수님의 희생으로 단번에 청산되었다(히 10:10). 그리고 도덕법에 속하는 제5계명에서부터 10계명까지는 구원받은 후에도 여전히 지켜야 하는 율법의 완성 부분이다. 그리고 사회적 약자를 돕는 사회법도 지켜야 할 율법이다. 예수님께서 율법이나 선지자를 폐하러 온 것이 아니요 완전케 하려 하시겠다는 말씀(마 5:17-19)의 의미는 주님의 구약성경에 관한 명확한 태도라고 할 수 있다.

(2) 우주관 = 교훈의 핵심인 하나님 나라

예수님의 교훈의 핵심은 하나님의 나라이다.

'하나님의 나라'는 원문으로 '헤 바실레이아 투 데우'(ἡ βασιλεία του θεου)다. 이 말의 뜻은 ① 군주가 다스리는 지역 ② 군주가 다스리는 백성 ③ 군주의 다스림이 미치는 영역, 이렇게 세 가지가 모두 해당된다.

하나님 나라의 최초의 시작은 중생에서 시작된다(요 3:3-5; 마 5:3).

이렇게 하나님의 다스림이 개인의 심령 변화에서 시작된 자를 '교회'(에클레시아, ἐκκλησία) 또는 주께 속한 자라는 뜻으로 '큐리아코스'(κυριακός)라고 한다. 주께 속한 자는 지역을 중심으로 지역 공동체인 교회를 이루고, 지역 공동체인 교회는 그리스도를 머리로 한 전 우주적 연합체를 이루게 된다. 그렇기에 하나님의 나라인 교회는 현재성의 지역 공동체와 미래에 완성될 우주 연합체적 양면성이 있다. 따라서 하나님의 나라는 현재에 시작되어 미래에 완성될 때까지 우주적인 광대한 하나님의 통치 영역이다.

주님께서 3년 동안 가르치신 교훈의 핵심은 '하나님의 나라'로 표현된 우주관에 다 포함되어 있다. 예수님은 개인으로 시작되어 가정, 사회, 국가, 세계와 우주를 관통하는 '하나님 나라'의 교훈을 가르쳐 주시려고 세상에 오셨다.

(3) 인생관

예수님께서는 '인생관'이라는 말씀을 하지는 않으셨다. 그러나 사람으로서 가장 중요한 것이 무엇인가를 명확하게 말씀하셨다.

누가복음 12장 13-21절의 한 부자의 비유나 누가복음 16장 19-31절의 부자와 나사로의 비유, 마태복음 13장의 천국 비유 등등을 보면 인생에 있어서 가장 중요한 것이 무엇인가? 그것은 "내가 곧 길이요 진리요 생명이니"(요 14:6)라는 말씀처럼 진리로 영생을 얻는 것이 가장 중요한 것이라고 믿는다.

사람이 아무리 많은 재물을 가졌다 할지라도 그가 죽어서 영생을 얻지 못한다면 그 인생은 헛된 것이다. 사람이 가진 지식, 권세, 명예, 부귀 영화, 소원 성취 등 모든 것을 다 이루었다 할지라도 영생을 얻지 못한다면 그 인생은 완전 헛되고 헛된 것이다. 인생 속에서 영생을 얻는 것 이상으로 소중한 것은 아무것도 없다. 그것을 깨우쳐 주시려고 주님은 이 땅에 오셨다. 그리고 영생을 얻는 방법으로 물과 성령으로 거듭나야 된다는 중대한 진리를 가르쳐 주셨다.

(4) 가치관

인생이라면 그 누구나 다 똑같은 생명과 시간을 공급받고 살아간다. 사는 기간이 사람에 따라 길고 짧을 수는 있다. 그러나 중요한 것은 시간의 양이 문제가 아니라 주어진 시간 동안 얼마나 가치 있게 살아가느냐인데, 이는 가치관의 문제다. 모든 사람에게 다 똑같이 주어진 생명을 사는 동안에 어떻게 살아가야 가치가 있는 삶이 될 것인가? 그것은 세상 사는 동안 빛과 소금 역할을 해 가면서 살아가는 인생이다(마 5:13-16).

세상에 태어났으나 죽을 때 아무것도 남기지 못하고 죽는 인간은 참으로 불쌍한 존재이다. 자기가 태어난 가족과 형제들을 구원해 냈다든가, 자기가 자란 고향이나 사는 마을 사람들에게 기억될 만한 선행을 베풀며 산다든가, 자기가 하는 일이나 사역을 통해 남들이 해내지 못한 일을 이루어 놓는다든가, 그 어떤 면으로든지 세상에 유익을 주는 빛과 소금과 같은 인생으로 살겠다는 삶의 가치관이 드러나야 한다. 주님은 이 가치관이 평생 말과 행동에서 뒤따랐다.

(5) 사생관

인생은 한 번 태어난 후 반드시 죽게 되어 있다. 그런데 내가 죽으면서 나로 인해 더 많은 생산력들이 생겨나는 것이 가장 좋은 죽음이다.

요 12:24 "한 알의 밀이 땅에 떨어져 죽지 아니하면 한 알 그대로 있고 죽으면 많은 열매를 맺느니라"

내가 죽은 다음에 무슨 열매가 나올까? 자기가 죽은 다음에 계승될 열매를 항상 의식하고 죽기 전에 매사를 진지하고 신중하게 생각하고 행동하는 삶이 올바른 사생관이다. 주님께서는 평생 모범적인 사생관을 보여주셨다.

(6) 경제관

주님은 산상수훈에서 경제 문제를 많이 말씀하셨다(마 6:19-34). 산상수훈에서는 이 땅에 사는 동안 하늘에 보물을 쌓고 땅에서 사는 동안은 염려하지 말라고 하셨다. 이 같은 경제관은 매우 고차원적인 믿음의 경지를 의미한다.

일반 신앙인들은 세상 사는 동안 어떤 경제관을 가져야 하는가? 마태복음 25장 14-30절을 보면, 각각 재능에 맞는 달란트를 받은 청지기 비유가 있다.

우리가 세상에 살아가는 동안은 항상 경제 문제가 뒤따른다. 경제 문제의 원칙은 하나님 뜻에 맡겨야 하되 내게 주어진 재물은 하나님 뜻에 벗어나지 않는 범위 안에서 최선을 다해 이윤을 남기는 청지기가 되어야 한다. 재물에 대해 지나치게 집착해서 세상에서 비난받는 것이 큰 문제이지만 또 너무 안일한 생각으로 주인을 오해한 무익한 종처럼 아무 이윤을 남기지 않고 본전만 내놓는 인생은 '악하고 게으른 종'이라는 심판을 받게 된다.

따라서 돈 벌기 위해 사는 것 같은 수전노의 삶은 그리스도인의 삶이 아니다. 그렇다고 해서 무사 안일하게 살아가서도 안 된다. 생명, 건강, 내게 맡겨 주신 물질 등 하나님께서 한시적으로 위임해 주신 모든 것을 잘 관리하는 신실한 청지기 정신이 주님의 교훈이라고 본다.

(7) **국가관, 세계관**

기독교가 가장 혼란을 거듭하고 있는 분야가 국가관이 아닌가 싶다. 주님은 "가이사의 것은 가이사에게, 하나님의 것은 하나님께"라는 원칙을 주셨다(마 22:21). 그리고 빌라도 앞에서 "내 나라는 이 세상에 속한 것이 아니니라"고 분명하게 말씀하셨다(요 18:36).

예수님의 관심은 '하나님의 나라'에 몰입되어 있을 뿐 세상 나라에 개입하지 않으셨다. 예수님은 각 개인이 거듭나서 중생된 자로 정치를 하든지 예술을 하든지 상업을 하든지 각각의 영역에서 '하나님의 나라' 건설에 종사하며 살아갈 것을 말씀하셨다. 그러나 역사 속에는 거듭나지 않은 종교인들이 정치를 하고 교황이 되어서 나라도 교회도 부패하게 만들었다.

여기에다 더 심각하게 혼란을 부추긴 것이 500년 전 루터라고 생각된다.

그는 로마서 13장 1-7절을 근거로 '하나님의 두 손'이라는 주제로 국가와 교회를 하나님께서 똑같이 쓰시는 두 기구라고 했다. 하나님께서는 거듭나지 않은 자들이 주체가 되어 힘과 무력을 사용하는 국가를 사용하신 사실이 없다. 루터의 잘못된 성경 해석이 오늘날 국교를 만든 유산이다.

바울 사도는 모든 권세의 근원이 하나님이시므로, 정치 권세자든 종교 지도자든 궁극적 권위가 하나님께 있으므로 국가든, 교회든, 사회든, 가정이든, 직장이든 권세에 순종하라고 했다. 지금 세상의 시끄러움은 진리를 인간적 편견으로 왜곡시킨 잘못된 가르침으로 세상이 험악해져 가고 있는 것이다.

2. 1세기의 로마 황제들[1)]

로마의 역사는 전설상 주전 753년에 시작된다. 그 후 왕정 시대를 주전 6세기까지 보내고 주전 6세기 초부터 주전 31년까지 공화정 시대를 보낸다. 그리고 주전 27년부터 주후 395년까지는 서 로마 제국의 제정 시대를 보낸다. 주후 395년부터 서·동로마가 동시에 시작되어서 서로마는 476년에 망하고, 동로마는 1453년에 망한다.

여기서 1세기의 로마 황제들을 살펴보려는 것은 그들 시대에 예수 그리스도께서 탄생하셨고 또 사도들이 활동했으므로 두 세력을 비교해 보기 위해서이다.

제1대 가이사 아구스도(Augustus, BC 27~AD 14)

아우구스투스, 프리마 포르타 석상 세부

누가복음 2장 1절을 보면 가이사 아구스도가 로마 제국 산하의 모든 천하에 호적하라는 명령을 내린다. 옛날 호적은 본적지에서만 가능했다. 다윗의 후손인 요셉은 갈릴리 나사렛에 살고 있었으나 그의 조상의 본적지인 유대 베들레헴에 가서 호적을 해야 했다. 이때 정혼한 마리아가 임산부 상태로 동행을 한다. 그때 베들레헴에 가보니 너무 많은 방문객들이 일시에 몰렸기에 말구유간에 거처하다가 아기 예수를 출산한다.

1) 배리 스트라우스, 로마 황제 열전, 최파일 역, 까치, 2021.

제2대 티베리우스(Tiberius, AD 14~37)

티베리우스, 대리석 좌상

누가복음 3장 1절에 기록된 디베료는 티베리우스다. 그가 통치한 지 15년이 되었을 때 침례자 요한의 사역이 시작된다.

제3대 칼리굴라(Caligula, AD 37~41)

칼리굴라 황제의 옆얼굴을 묘사한 이 장식은 1700년대에 진주에 새겨진 것인데, 네덜란드에서 제작되었을 것으로 추정된다. 조각가의 이름은 알려지지 않았다.

칼리굴라는 티베리우스의 양자여서 황제가 되었다. 그는 원로원을 무시하고 자신을 신으로 숭배하도록 강요함으로 예루살렘 알렉산드리아 유대인들의 저항을 받게 되었다. 그의 잔학성으로 음모에 시달리다 41년 아내와 어린 딸과 함께 궁정 안에서 암살당한다.

제4대 클라우디우스(Claudius, AD 41~54)

클라우디우스 흉상

티베리우스 황제의 동생 드루수스의 아들이다. 생질 칼리굴라가 암살되자 근위대의 추대로 왕이 되었다. 그런데 여러 황후들을 거느린 것이 권력 누수 현상의 원인이 된다. 그는 세 번째 황후 메살나가 자기를 암살하려 했다는 혐의로 처형했다. 그런데 네 번째 황후인 아그리피나가 자기의 아들 네로를 황제로 세우기 위해 남편인 황제 클라우디우스를 독살한다. 이 클라우디우스가 사도행전 18장 2절에 글라우디오로 소개된다.

제5대 네로(Nero, AD 54~68)

네로 흉상

네로는 로마의 귀족으로 태어난 후 아버지가 죽자 어머니 아그리피나는 숙부 클라우디우스 황제의 비(妃)가 되고 아들 네로는 클라우디우스의 양자가 되었다.

권력욕이 강한 아그리피나는 철학자 세네카를 네로의 가정교사로 삼고 네로를 황제의 딸 옥타비아와 결혼시켰다. 네로가 16세 때 아그리피나는 남편을 독살한 다음 근위대장에게 명하여 네로를 황제로 추대케 하였다. 네로는 어머니의 정치 개입을 억제하려고 59년에 어머니를 죽이고 아내 옥타비아도 유형을 보냈다가 죽인다. 그는 대중 앞에서 하프를 연주하며 노래하여 갈채 받는 것을 즐겼다.

64년 7월 로마의 대경기장 일대에서 화재가 일어나 로마시의 대부분이 소실되었다. 이때 간신 티게리누스 등의 진언을 듣고 화재의 책임을 그리스도교들에 전가시켜 많은 신앙인들을 화형, 십자가형에 처하거나 짐승들에게 물려 죽게 했다.

이때 바울 사도는 순교했으나 베드로의 순교 사화는 완전 날조된 후대의 역사 조작이다. 66년에 네로는 그리스의 올림픽 경기에 참가하여 미리 짜고 시합에 이기게 함으로 많은 영관(營官)을 차지함으로 말썽들을 극대화시켰다. 68년 원로원과 군대에게 버림받은 네로는 로마를 탈출했다가 추적을 받자 자살을 한다. 네로는 폭군의 전형적 인물로 전해진다.

로마 제국 때 본디오 빌라도(AD 26~36)는 예수님의 재판 때에 불의를 저질렀고(요 18:29-38), 안토니우스 벨릭스(AD 52~60)는 바울 사도를 연금시켰으며(행 24:3, 24-27), 프로시우스 베스도(60~62)는 바울 사도를 재판한 후 로마로 후송시켰다(행 25:1-27).

로마 제국 역사에 가장 잔인한 네로의 박해 때에 신약성경 다수가 기록된다. 이것은 혹독한 시련을 극복하는 투쟁이 진주를 만들어내는 이치와 같은 원리이다.

제6대 갈바(Galba, 68–69)

제7대 오토(Otho, 69)

제8대 비텔리우스(Vitellius, 69)

네로가 자살한 후 로마 황제는 장군들의 투쟁사로 끝없는 살육이 이어지는 혼란기를 겪는다.

제9대 베스파시아누스(Vespasianus, AD 69~79)

데나리우스 은화에 새겨진 베스파시아누스

베스파시아누스는 전쟁터에서 잔뼈가 굵은 용장으로 소문난 군인이었다. 66년 말 유대인들의 독립 운동 반란을 제압하라는 네로 황제의 명을 받고 로마군의 총사령관이 되었다. 이때 갈릴리 지역 책임자인 유대군 요세푸스가 베스파시아누스에게 항복을 하고 예루살렘 정복을 요세푸스 지원으로 진행하고 있었다.

그런데 본국에서 네로 사망 후 장군들의 황제 각축전이 계속되어 갔다. 이때 동방 군단들이 베스파시아누스를 황제로 추대하려는 움직임이 있었고, 발칸 반도 군단들도 지지를 표명했다. 베스파시아누스는 예루살렘 정복 업무를 아들 티투스에게 맡기고 귀국하여 원로원의 승인을 얻어 황제로 즉위하였다. 그의 사후 두 아들 티투스와 도미티아누스가 차례로 황제가 된다.

제10대 티투스(Titus, 79~81)

아버지 베스파시아누스의 유대인 정복 원정 책임을 이어받는다. 그래서 주후 70년에 예루살렘을 함락한다. 이때에 헤롯 성전이 불타 없어지고 성벽들이 파괴될 때에 서쪽 성벽만 남긴 것이 '통곡의 벽'으로 존재한다. 이때 예루살렘 주민이 100만 명 정도가 사망했고 10만 포로가 로마로 끌려가 콜로세움 건축을 위한 노동력으로 혹사를 당한다. 그의 임기 중 베수비오 화산 폭발(79), 페스트의 만연 등 악재가 계속되었다.

티투스 개선문

제11대 도미티아누스(Domitianus, 81~96)

도미티아누스는 80년의 로마 대화재를 급속히 복구시키고 군대와 국민의 인기를 얻으

도미티아누스 궁전

려고 국책 사업을 많이 했다. 그러나 86년부터 자신을 신(神)으로 부르도록 강요하며 이를 반대하는 그리스도교도와 원로원을 제압하며 강경정책으로 일관했다. 사람을 의심하고 모반죄로 학살을 계속하자 불안을 금치 못한 황비 도미티아에게 암살당한다. 바로 이 도미티아누스 박해 때 사도 요한이 밧모섬으로 유배를 당해 계시록을 남겼다.

결론

예수 그리스도께서는 33년의 짧은 기간을 살아가셨다. 그는 황제나 임금과는 거리가 먼 초원이나 산 위에서나 강변에서나 길거리에서 영원한 진리를 가르쳐 주신 후 하늘나라로 승천하셨다. 그가 가르치신 교훈들은 2천 년간 계속되면서 점점 더 밝은 빛으로 확산되고 있다.

그리스도와 사도들의 동시대를 살아간 1세기의 로마 황제들은 세상부귀와 많은 인기 속에서 화려하게 살아갔으나 거의 모두가 불행한 최후를 마쳤다. 황제들에게서 배울 교훈은 잔인한 고혈로 이루어 놓은 콜로세움을 비롯한 각 곳의 이교 신전들이나 경기장들이 후세인들에게는 로마 제국의 유산이 된다는 정도이다.

33년의 짧은 생애를 하나님의 뜻을 알려주시러 오신 예수 그리스도는 영원 이전부터 영원 이후까지의 영원한 천국 진리를 알려주셨다. 그와 같은 천국 진리는 시대와 문화와 세상 물질과 상관 없이 계속해서 영원한 진리로 인류를 변화시키고 있다.

그러나 한때 막강한 권력과 힘으로 역사적 유물들을 남겼으나 그것들은 한낱 과거의 유적일 뿐 사람들에게 감화를 주지 못한다. 이 같은 과거 역사를 통해 인간은 어떻게 살다 가야만 할 것인가를 명쾌하게 해답을 주시는 분이 예수 그리스도이시다.

제3장

베드로와 키케로

서론

베드로(AD 30~66)는 주님의 수제자였다. 그는 예수님 살아생전에 사랑을 많이 받았으나 주님을 섭섭하게 한 일도 여러 번 있었다. 그러나 주님께서 부활 승천하신 후 그는 오순절 성령강림 때 성령 체험으로 변화된다. 변화된 베드로는 최초의 교회인 예루살렘 교회의 문을 연다. 그리고 가이사랴, 사마리아, 안디옥 교회의 시작에 기여한다. 그리고 성경 베드로전·후서도 남겼다.

키케로(BC 106~43)는 로마의 정치가였다. 그는 로마 정치가 원로원 중심의 의회 정치 속에서 제국주의로 변천해 가는 과정 중에 많은 정치 지도자들과 싸워 나간다. 그의 정치 기술은 탁월한 웅변이었고 수많은 저술들을 남겼다. 그의 작품들은 철학적 작품들이 아니었으나 그의 문장들이 후세인의 사상에 많은 영향력을 끼쳤다.

베드로는 종교에, 키케로는 정치에 지대한 영향을 미쳤다. 베드로는 기독교에서 한 부류인 로마 가톨릭의 역사 왜곡으로 로마 교회 개척자요, 제1대 교황으로 둔갑했다. 반면에 키케로를 통해서는 로마 제국 이전의 정치와 사회상을 알 수 있고, 원로원 정치가 제국주의로 변화되어 가는 과정에 대한 중요한 자료들을 제공해 주고 있다.

1. 베드로(AD 30~66)

1) 베드로의 생애

베드로의 생애는 두 가지 서로 다른 견해로 나누어져 있다.

[1] 대중들에게 많이 알려진 역사 속의 베드로

(1) 베드로전서 5장 13절의 다양한 해석들

> "택하심을 함께 받은 바벨론에 있는 교회가 너희에게 문안하고 내 아들 마가도 그리하느니라"

여기서 언급되고 있는 주체는 ① 바벨론에 있는 교회와 ② 마가이다. 여기서 ②의 마가는 마가복음을 기록한 마가를 뜻한다(행 12:12-17). 베드로는 마가를 아들처럼 여기고 예수님의 생애에 대한 많은 내용을 전수해 주어 마가가 그것을 근거로 마가복음서를 기록했을 것이다.

문제는 ① '바벨론에 있는 교회'는 무엇을 뜻하는가? 이것이다.

이 내용의 원문은 '헤 엔 바빌로니'(ἡ εν βαβυλωνι)다. 여기서 '헤'((ἡ)는 여성 단수 정관사로 문자적인 뜻은 '그 여자', '그것'을 뜻한다. 그런데 '헤'((ἡ)라는 단어를 놓고 번역과 해석이 네 가지로 갈라져 있다.

베드로를 말리는 예수(마26:51~54), 예루살렘 만국교회, 모자이크, 1924년

① 베드로가 전도여행 때 데리고 다녔던 그의 아내(고전 9:5)

② 교회(ἐκκλησία)

③ 메소포타미아의 바벨론에 위치한 바벨론 교회에 베드로가 가서 그곳 유대인들에게 복음을 전하고 세운 교회

④ 계시록 17장 5절, 18장 2절에 바벨론으로 표현한 것을 근거로 이 표현을 로마에 대한 상징적 표현으로 보는 가톨릭의 해석 등이 있다.

이렇게 원문에 대한 다양한 해석들이 있으나 이것을 근거로 로마 가톨릭 교회는 베드로가 로마 교회에 가서 로마 교회를 개척한 후 로마 교회에서 자신이 알고 있는 소아시아 과거의 바벨론 지역 성도들에게 편지를 보낸 것으로 해석을 한다.

그러나 원문의 내용은 ①의 뜻에 가깝고 ④의 해석은 단지 상징적 해석이며 ③의 해석이 역사적 사실이라는 것이 필자의 확신이다.

(2) 역사 속에 발전된 베드로의 로마 사역 전설[2)]

① 로마의 클레멘트 감독(AD 96?)

클레멘트가 에베소와 고린도 교회에 보낸 서신 속에 베드로는 순

2) 정수영, 새 교회사Ⅰ, 규장문화사, 1991, pp. 181-182.

교와 같은 사역을 했다는 사도행전 12장 3-19절 내용을 설명했다.

② 고린도의 데니스(Denis of Corinth, AD 171?)

베드로와 바울은 로마에서 함께 순교와 같은 사역을 했다.

③ 에우세비우스(Eusebius, AD 339)

베드로는 네로 황제 때 거꾸로 십자가에 못 박혀 죽었다는 전승을 최초로 주장했다.[3)]

④ 레오 1세(Leo I, AD 440~461)

레오 1세 로마 감독은 21년 동안 설교문과 서신 173편들 속에서 로마 교회는 베드로가 세운 수위권 교회임을 줄기차게 주장했다.[4)]

⑤ 그레고리우스 1세(Gregorius I, 590~604)

그가 콘스탄티노플 주재 근무 시 콘스탄티노플 감독이 총대주교라는 호칭 사용에 불만을 품고 로마 교회 감독은 총대주교보다 더 높은 '세계적 주교'(Universal Father)라고 호칭한다. 이것이 오늘날 서양에서는 papa, 전 세계에서는 '교황'이라고 하는 것이다.

⑥ 이시도루스(Isidorus, 560~636)

그의 백과사전 22권에서 로마 가톨릭교회 교리들을 일반화시켰다. 여기서 베드로가 주후 42년에 로마 교회를 세운 후 25년간 사역한 후 67년에 네로 박해 때 순교했다는 주장을 했다.

⑦ 폴란드 소설가 시엔키에비치(Sienkiewicz, 1846~1916)

《쿠오바디스》(Quo Vadis?) 소설이 영화화된 후 일반화된 베드로 로마 사역과 순교가 전해져 오고 있다. 그래서 가톨릭교회는 베드로의 로마 사역(AD 42~67)과 네로 황제 때의 순교를 역사적 사실로 믿고 있다.

---

3) 유세비우스 팜플루스, 유세비우스의 교회사, 엄성옥 역, 은성, 2008(3판), p. 129.
4) 정수영, 중세교회사 I(교황들의 역사), 쿰란, 2015. pp. 53-56.

[2] 성경이 증명하는 베드로의 생애

(1) 갈라디아서 2장 11-14절에는 바울 사도가 과거 안디옥에서 목회할 때 게바인 베드로의 위선을 책망했던 사실을 말한다.

그 사실을 주후 48~49년경 안디옥에서 갈라디아 교회에 보낸 서신에서 언급한다. 그 후 사도행전 15장의 예루살렘 총회가 주후 50~51년경에 있었다. 이 총회에서 주된 발언을 한 이는 바울과 바나바였다(행 15:2). 이때 베드로도 자기 의견을 말하고(15:6-17) 야고보의 중재로 원만하게 수습된다. 앞의 두 곳의 성경에 근거하면 주후 50년경까지 베드로는 유대 나라에 있었다. 가톨릭이 말하는 주후 42~67년의 베드로 로마 사역은 성경과 위배된다.

(2) 바울 사도의 서신들을 살펴보자[5)]

① 로마서는 바울 사도가 제2차 선교여행 후인 주후 59년경 겨울에 고린도(행 20:3의 석 달간)에서 기록했다.

이때 바울은 아직 로마를 가지 못한 채 로마를 사모해 왔는데(롬 1:9-12) 그동안에 예루살렘부터 일루리곤까지 복음을 편만하게 다 전했고(롬 15:19) 이후 로마를 가려고 했으나 여러 번 막혀서 가지 못했다(롬 1:13)고 한다.

이에 "내가 너희에게 가려고 하는 것은 이미 그리스도의 이름을 부르는 곳에는 복음을 전하지 않기를 힘썼노니 이는 남의 터 위에 건축하지 아니하려 함"이라고 했다(롬 15;20).

바울 사도가 주후 59년경 겨울에 기록한 로마서에는 59~60년경까

---

5) 정수영, 중세교회사I(교황들의 역사), 쿰란, 2015. pp. 39-47.

지 로마에 아직 사역자가 없기 때문에 그곳으로 가고 싶다고 했다. 그런데 가톨릭은 주후 42~67년경에 베드로가 로마 사역을 25년간 수행했다고 주장한다. 이것은 바울의 주장과 위배된다. 성경 사도행전 15장의 예루살렘 총회는 주후 50년경에 모인 내용이다. 이때 주후 50년경 예루살렘 총회에서 베드로가 발언을 한다(행 15:7-11). 그렇기에 50년 이전까지 베드로는 로마에 간 일이 없다.

또 주후 50년경에 기록한 로마서 16장 3-16절을 보면 바울 사도는 자기가 알게 된 로마 교회 성도들 26명에게 문안을 전한다. 만일 가톨릭의 주장대로 베드로가 AD 42~67년까지 로마 사역자로 활동하고 있었다면 왜 베드로에 대한 문안이 없는가? 이것은 그 당시 베드로가 로마 사역자가 아니었음을 의미한다. 성경의 기록들은 이처럼 베드로가 로마 사역을 하지 않았음을 증명한다.

② 골로새서는 바울 사도가 로마 옥중에 투옥된 주후 60~63년에 골로새 교회 개척자 에바브라가 로마에 방문한 후에 바울이 기록한 옥중 서신이다.

골로새서 4장 10-14절에는 바울 사도가 로마 옥에 갇혀 있을 때 바울을 도와주는 로마시의 주변 사람들 소식을 전한다. 똑같은 시기에 기록한 빌레몬서 1장 23-24절에서도 '바울과 함께 갇힌 자'라는 표현으로 자기를 돕는 사람들을 소개한다.

바울은 로마 옥에 갇혔을 때 자기를 돕는 이들에 대해 깊이 감격하고 있다. 만일 가톨릭의 주장대로 베드로가 42~67년에 로마 사역을 25년이나 했다면 60~63년경의 로마 옥중의 바울을 찾아보지 않았을까? 왜 바울 사도는 로마옥에서 다른 사람들을 소개하면서 베드로는 소개하지 않는가? 이것은 베드로 로마 사역이 완전 날조된 거짓 역사임을 증명하는 것이다.

그렇다면 베드로의 생애를 어떻게 보아야 하는가? 그는 주후 33년 오순절 성령강림 때 예루살렘 교회를 시작하는 사역을 감당했다. 이것은 주님께서 마태복음 16장 18-19절에 '네가 내 교회를 세우게 될 것'과 '그리스도를 믿는 자들 모두가 천국 가게 되는 천국문의 첫 열쇠를 네가 열 것'이라고 하시는 예언의 성취이다. 베드로는 초대 예루살렘 교회를 크게 자리 잡히게 했다. 베드로는 산헤드린 앞에서 심문을 받고(행 4장) 사마리아 교회(행 8장), 가이사랴 교회(행 10장) 설립을 도왔다.

그 후 주후 44년 헤롯 아그립바 1세의 교회 박해 때 베드로가 감옥에 투옥되었으나 기적적으로 구출되어 죽음을 모면했다(행 12:1-19). 그리고 주후 50년경 예루살렘 총회(행 15장)도 참석했다. 그러나 사도행전 15장 이후의 베드로 사역은 묘연하다. 그는 노년에 유대에서 베드로전·후서를 그의 동역자인 실루아노(벧전 5:12)의 도움을 받아 기록했을 것이다. 그리고 그는 노령으로 자연사했을 것으로 추정한다.

성경을 아무리 살펴봐도 베드로가 로마 사역을 했을 만한 아무런 근거가 없다. 그럼에도 불구하고 사악한 인간들은 성경에 근거가 없는 교황 제도를 만들어 권력과 힘 있는 자에게 아부하며 존중하도록 거짓 역사들을 만들어 1,500년 동안 만백성을 미혹시키고 있다. 참으로 개탄스러운 독선적 종교의 행태다. 다시금 성경으로 돌아가야만 잘못된 역사가 시정될 것이다.

2) 베드로의 사상

베드로는 갈릴리 벳새다 출신이다(요 1:44). 그는 형제 안드레와 함께 세베대의 아들 야고보와 요한(눅 5:7)과 더불어 갈릴리에서 어부로 종사했다. 그는 이미 결혼했고(막 1:30; 고전 9:5), 그리스도께서 갈릴리에서 사역을 시작하실 때는 가버나움에서 살았다(막 1:21, 29). 베드로는 요단강에서 침례자 요한의 설교를 듣고 안드레와 함께 요한의 제자가 되었던 것 같다.

그러나 주님의 사역 초기에 베드로, 안드레, 야고보, 요한이 모두 다 예수님의 제자가 된다(막 3:13-19; 눅 6:12-16). 베드로는 천성이 적극적이었고 처음 선택된 자로 제자들 중에서 제일 먼저 소개된다. 베드로는 주님의 생애 동안 함께 지냈고, 주님이 승천하신 후에는 초대교회 문을 열었다. 산헤드린 공회는 베드로를 학문 없는 범인(행 4:13)으로 여겼다. 그 같은 베드로가 어떻게 베드로전·후서 같은 수려한 문장을 만들었을까? 그것은 바울과 제2차 동역자였던 실라가 로마 시민권 소유자로(행 16:37) 고린도 사역을 한 후(고후 1:19) 베드로를 도와 베드로서를 기록한 것(벧전 5:12)으로 추정된다.

여기서는 베드로전·후서를 중심으로 그의 사상을 살펴보겠다.

(1) 왕 같은 제사장(벧전 2:9)

유명한 '만인 제사장직'의 근거가 되는 구절이다. 9절 속에는 그리스도를 믿는 하나님의 백성이 된 사람은 네 가지의 신분적 특권을 갖게 됨을 말하고 있다.

① 택하신 족속

여기 '택하신'이란 말은 '에클렉톤'(ἐκλεκτόν)이다. 이 단어가 신약성경에는 오직 종교적인 의미로만 쓰였다. 누가복음 23장 35절에 "하나님이 택하신 자 그리스도이면"에서 '택하신 자'라는 뜻으로, 마태복음 24장 22절에 "택하신 자들을 위하여 그날들을 감하시리라"에서

'택하신 자들'이라는 뜻으로, 디모데전서 5장 21절에 "하나님과 그리스도 예수와 택하심을 받은 천사들"에서 '택하심 받은'이라는 뜻으로 쓰였다. 이렇게 '택하신'이란 형용사는 과거 하나님께서 만백성 중에 이스라엘을 거룩한 백성으로 선택하셨던 것처럼 이제 그리스도의 보혈로 하나님의 자녀가 된 것은 하나님의 특별한 선택 받은 자라는 것이다.

② 왕 같은 제사장

여기 '왕 같은'이란 말은 '바실레이온'(βασίλειον)이다. 이 말은 '왕의', '왕족의', '왕자다운'이라는 의미의 형용사다. 또 '제사장'이란 말은 '히에라튜마'(ἱεράτευμα)다. 이 말은 제사장 개인을 뜻하는 말이 아니라 '제사장직'이라는 뜻이다. 따라서 '왕 같은 제사장 직분을 가진 자'라는 뜻이다.

'왕 같은 제사장직'이란 ⓐ 하나님, 그리스도, 성령 외에는 그 어느 누구나 무엇에도 종속되지 않는 영적 지위를 가졌다는 의미와 ⓑ 성도가 중간 매개자 없이 직접 하나님께 예배드리는 자 © 세상에서 하나님의 뜻을 대변해 나타내는 자라는 세 가지 뜻이다. 이 말의 깊고 오묘한 뜻을 바로 알아야 진리를 아는 기쁨을 누릴 수 있다.

③ 거룩한 나라

'거룩한 나라'란 '에드노스 하기온'(ἔθνος ἅγιον)이다. 이스라엘 백성들이 하나님을 섬기기 위해 구별된 백성이 된 것처럼 성도가 된 개개인은 이 세상 죄인들의 틈 속에서 구별되고, 성별된 자로 살아가야 된다는 뜻이다.

④ 하나님의 소유가 된 백성

소유라는 말은 '페리포이에신'(περιποίησιν)이다. 이 말은 '획득하다', '보존하다'라는 뜻이다. 따라서 하나님의 소유 된 백성이라는 말은 하나님께서 성도들을 자기 백성으로 삼으신 후 모든 환난에서 보존해 주시고 심판 날까지 지켜 보호해 주신다는 뜻이다.

이처럼 베드로는 성도들이 얼마나 귀한 존재인가를 베드로전서 2장 9절에서 네 가지의 독특한 개념으로 설명해 주었다.

(2) 교회 지도자의 목양 자세(벧전 5:1-6)

베드로 사도는 "나는 함께 장로 된 자"라고 하면서 장로들에게 권면하고 있다. 구약 시대에 장로는 제사장이나 귀족 계급과 대조적으로 평신도 대표들이 장로였다. 그러나 신약 시대에 와서는 초대 교회의 영적 지도자를 감독 또는 장로라고 하였다. 여기서 베드로는 자신을 장로라고 했고, 사도 요한도 자신을 장로라고 했다(요이 1장, 요삼 1장). 사도행전 20장 17절에서 에베소 교회 장로들에게는 감독자라고 했다(행 20:28). 바울 사도는 교회 직분으로 감독과 집사를 말했고(딤전 3:1-13) 말씀과 가르침에 수고하며 다스리는 일을 하는 이를 장로라고 했다(딤전 5:17). 신약성경의 장로는 목회자를 뜻한다. 그런데 장로를 평신도의 대표자와 목사로 분리시킨 것은 500년 전 장로교 창시자 칼빈이 구약으로 회귀시킨 결과이다.

베드로는 베드로전서 5장 2-3절을 통해 장로들인 목회자에게 지도자의 목양 자세로 세 가지를 권면한다.

① 억지로 하지 말라

'억지로'라는 말은 '아낭카스토스'(ἀναγκαστῶς)다. 이 말은 의무감이나 외적 요인들에 의해서 하기 싫은 상태에서 강제나 고통 속에 일하는 것을 의미한다. 그보다는 성령께서 감동시켜 줌으로 자발적으로 사역을 하라고 권면한다.

② 더러운 이득을 위하여 하지 말라

더러운 이득이란 '아이스크로스'(αἰσχρός)다. 이 말은 '부끄러운', '추한', '상스러운'이란 뜻이다. 목회를 자신의 이득을 얻기 위한 수단으로 사역하지 말라는 것이다.

③ 주장하는 자세를 하지 말라

'주장하는 자세'란 '카타퀴리유온테스'(κατακυριεύοντες)다. 이 말은 '주인 행세를 한다', '복종시키려 한다'는 뜻이다. 목양자는 양 무리에게 모범을 보임으로 감동되어 따라오도록 해야 한다는 뜻이다. 이렇게 목양을 잘하는 교회 지도자는 주님 재림 때에 시들지 않는 영광의 면류관을 받게 된다고 했다.

(3) 성경의 모든 예언은 사사로이 풀 것이 아니니(벧후 1:20)

여기서 말하는 성경은 구약성경을 뜻하나 신약도 포함된다. '풀다'는 말은 '에필뤼시스'(ἐπιλύσεως)다. 이 말은 '해석하다'(interpretation)라는 뜻이다. 우리는 구약과 신약성경을 갖고 있다. 그렇다면 사사로이 푼다는 말은 무슨 뜻인가?

여기에 대해 가톨릭교회는 성경 해석은 교회만 할 수 있고 개인적으로 할 수 없다고 해석하고, 개신교는 성경 해석은 개인이 자기 임의대로 해서는 안 되고 성령의 조명하심을 받아서 해야 한다는 의미로 이해한다.

오늘날 개신교 목회자들이 과연 성령의 조명하심을 받아 성경을 해석하고 있는가? 성경 해석은 철저하게 성경 본문의 의미를 정확하게 밝혀내는 주석(注釋)에 근거해야 한다. 주석에 해당되는 영어는 'Commentary'로 '학문적으로 숙고해서 발견하다'는 뜻이 있고 'exegesis'는 '알기 쉽게 설명하다'라는 뜻이 있다. 그렇기에 설교자는 성정 본문의 의미를 발견해내서 잘 알아 들을 수 있도록 쉽게 설명해야 한다.

그런데 많은 경우 성경 본문의 뜻과 전혀 상관없이 자기 주장과 자기 목적을 이루려는 수단으로 이 구절 저 구절을 인용하는 역 주석(eisegesis)을 하는 경우를 본다. 설교자는 성경 본문에 무엇을 의미하는가를 발견해 내는 것이 가장 기본적이고 기초적인 사명이다. 그리고 발견된 진리를 잘 알아 들을 수 있도록 본문 내용대로 설명해야 한다. 이렇게 성경은 주석과 해석이 제대로 되게 풀어야 한다.

(4) 주의 날이 도둑같이 오리니(벧후 3:10)

주의 날은 주님이 재림하시는 날을 뜻한다. 그때의 상황은 다음 세 가지이다.

① 그날에는 하늘이 큰 소리로 떠나간다

'큰 소리'란 '로이제돈'(ῥοιζηδόν)이다. 이 말은 의성어로 화살이 날아가는 소리, 천둥소리, 불꽃 튀기는 소리, 거센 물소리 등 우주적 대격변의 굉음이 들린다는 뜻이다. 주님의 재림 때는 저 공중의 하늘이 종이 축이 말리는 것처럼(계 6:14) 사라져 없어진다는 것이다.

② 물질이 뜨거운 불에 풀어지고

여기서 말하는 '물질'은 '스토이케이아'(στοιχεια)다. 우주 만물을 이루는 기본 요소인 땅, 물, 공기, 천체 등 우주를 구성하고 있는 모든 원소를 말한다. '풀어지다'는 '뤼테세타이'(λυθήσεται)로 '분해하다', '해체되다'라는 뜻이다. 따라서 재림 때에는 우주 안에 있는 모든 천체 만물 원소들이 분해되고, 해체되면서 이 뜨거운 불에 다 녹아서 해체된다는 것이다.

③ 땅과 그중에 있는 모든 일이 드러나리로다

'드러난다'는 말은 '휴레데세타이'(εὑρεθήσεται)다. 이 말은 불살라 없어진다는 뜻이다.

우리는 주님의 재림을 간절히 사모한다. 그런데 그날은 현재의 천체와 지상 위에 만들어진 건물과 산과 강들이 다 불살라 없어질 것을 예언했다. 우리 그리스도인들은 과연 땅의 것들을 추구해야 되는가? 이것은 심각하게 고민해야 될 문제이다.

2. 키케로(BC 106~BC 43)

키케로 흉상

키케로는 63년의 인생을 살았다. 그는 동년배인 폼페이우스(G. Pompeius, BC 106~BC 43)와 카이사르(G. J. Caesar BC 100~BC 44)와 한 시대를 살아갔다. 두 사람이 무관으로 경쟁과 협력을 하는 사이에 키케로는 문관으로 이쪽저쪽을 왔다 갔다 하며 난세를 살아갔다. 여기서는 그의 생애와 저술과 사상을 살펴보겠다.

1) 키케로(M. T. Cicero)의 생애

주전 106년 1월 로마시 남동쪽 아르피눔에서 기사의 아들로 출생했다. 17세 때 집정관 폼페이우스 밑에서 종군했고 그 후에 동방에 유학해 아테네, 소아시아, 로도스에서 선배들의 학문을 배웠다. 27세 때 법정 변론가로 인정받아 31세 때 재무관으로 시칠리아 정치가가 되었다.

당시 시칠리아 악질 총독 베레스를 탄핵, 재판할 때에 당시 최고의 변호인으로 소문난 호르텐시우스를 능가하는 변론으로 명성을 확립했다. 40세 때 로마 법무관이 되었고, 43세 때 빈민의 불만을 이용해 반란을 일으키려던 민중과 카틸리나(L.S, Catillina, BC 108~BC 62)의 획책에 맞서서 키케로가 원로원의 지지를 얻어 명변론으로 반란을 좌절시킨다. 이때 구국의 영웅, 조국의 아버지라는 호칭을 얻는다. 50세 때 무관이던 카이사르, 폼페이우스와 노련한 정객 크라수스가 삼두 정치를 시작한다. 2년 후에는 폼페이우스가 단독 집정관이 된다.

57세 때 카이사르가 루비콘강을 건너와 내란이 시작되자 폼페이우스는 이탈리아를 떠난다. 그런데 키케로는 폼페이우스 편에 가담한다. 그리고 카이사르와 폼페이우스파가 대결하여 카이사르가 승리하고 폼페이우스는 이집트에서 피살당한다. 이때 키케로는 다시 카이사르에게 용서를 받고 그에게 접근한다. 키케로가 60세 때 카이사르는 공화정파를 격파하고 제정 정치의 길을 열었다. 그런데 키케로가 62세 때 카이사르가 암살을 당한다. 그러자 키케로는 암살자들 편에서서 원로원 주도자들 편에 선다. 키케로는 옥타비아누스와 손잡고 안토니우스파와 싸운다.

그러다 키케로는 63세 때 안토니우스의 부하에 의해 피살당해 죽는다. 키케로의 정치 여정은 그때그때 유익한 편에 가담을 해서 일생 동안 정치가로 명성을 이어 갔다. 그러나 키케로의 가치는 정치가로서보다는 그가 저술한 저서들에 있다.

2) 키케로의 저서들과 사상

(1) 국가론[6)]

국가는 협의체로 등장하는 정부의 종류에 따라서 셋으로 구분한다. 로마인은 정부와 통치와 국가를 확실하게 구별했다. 국가는 협의체, 정부에 의해 구별되지만 국가라는 것이 현실로는 존재하지 않는다. 협의체의 움직임이 한 사람에게 집중되는 정부를 왕정 정치라 하고, 일정하게 선출된 사람에게 맡겨지는 정부를 귀족 지향 정치라 하고, 모든 국민들에게 권력이 있는 것을 민주 정치라고 한다. 이 세 가지 형태의 정부가 저마다 악화의 길을 걸어온 것이 역사적 필연이었다.

왕정은 참주정으로, 귀족정은 소수의 독재정으로, 민주정은 어리석은 중우정(衆愚政)으로 전락한다. 왕정은 왕 이외의 모든 자들이 정의나 정책 협의에서 지나치게 소외 배제되고, 귀족정은 민중이 국정에 참여할 수 없으므로 민중에게 자유가 없다. 민주정은 나쁜 평등의 사회이고, 나쁜 평등은 실로 평등이 아니다. 키케로는 최선의 국정과 국가는 왕정, 귀족정, 민주정이 혼합된 형태라고 주장한다. 이 혼합 정체의 표본이 로마의 공화정이었다고 한다. 로마는 집정관, 원

---

6) 키케로, 우정에 대하여, 김성숙 역, 동서문화사, 2016. pp. 411-423.

로원, 호민관이 공동 키잡이가 되어 왕과 귀족과 평민의 협화에 의한 국가였다고 한다. 이와 같은 그의 국가 철학에 따라 로마정을 사수하려다 좌절하고 말았다.

(2) 신들의 본성에 대하여[7)]

이 저서는 키케로가 총애했던 브루투스가 카이사르 암살의 주모자에게 바쳐진 작품이다. 그는 ① 신들은 존재하는가? ② 신들은 세계와 인간과 어떤 관계를 할 수 있는가? ③ 신들과 그들의 자세에 대해서 인간은 어떻게 생각해야 하는가? 여기에 대한 에피쿠로스학파, 스토아학파, 아카데미파의 견해를 소개하면서 자신의 견해를 설명한다.

① 에피쿠로스학파(행 17:18 참조)

에피쿠로스(BC 342~270)는 신이 존재한다고 보았으나 신은 우주 공간에 평화로운 삶을 보내는 물체 중 하나의 원자에 불과하다. 신은 공허한 공간에서 평화로운 삶을 보내고 있을 뿐 인간세계에 전혀 개입하지 않는다. 신들은 인간의 고통이나 고뇌를 생각하면 자신들의 행복을 손상하게 되는 것으로 믿고 있었다.

② 스토아학파(행 17:18 참조)

제논(BC 335~263)이 창시자로 우주는 신에게 통제되고 인간이 마지막 기댈 곳은 신이라고 역설한다. 그의 학문은 논리학, 윤리학, 자연학 등에 영향을 미친다. 이 중에서 산을 비롯한 모든 존재물은 모두

---

7) 키케로, 앞의 책, pp. 462-466.

다 물질이라는 범신론적 유물론을 주장했다. 세상을 움직이는 것은 영혼, 불, 숨결 등이 모두 물질인 에테르이다. 에테르(ether 또는 aether)는 공간을 채우고 있는 매질(媒質)로서 이전에 가상되었던 물질이라는 개념이 시대에 더불어 변천되다가 최종적으로 아인슈타인의 상대성 이론으로 에트로론은 부정되었다. 최고의 선은 덕이고 죄와 악의 근원은 무지와 결핍에 있다. 이 같은 스토아 철학은 기독교의 로고스론, 자연신학, 금욕주의 등에 영향을 미친다. 키케로, 세네카, 에픽테투스, 마르쿠스, 아우렐리우스 등이 스토아학파를 따랐다.

③ 아카데미파

이 파는 플라톤 사상으로 에피쿠로스파와 스토아파의 중간에 선다. 이들은 신의 존재는 인정하지만 신이 인간을 간섭한다는 주장은 부정한다.

이렇게 세 학파들의 신에 대한 견해를 소개한 키케로는 종교라는 라틴어 religio를 해석한다. religio는 '다시 읽는' 이라는 relego 동사에서 유래된 것으로 해석한다. 신들의 경애에 관한 모든 것을 재음미하고 다시 읽은 사람들의 경건함을 religiosus라고 해석한다. 그러나 그리스도교에서는 religio를 재결합을 뜻하는 것으로 해석한다.

(3) 노년에 대하여[8)]

키케로는 '노년에 대하여'를 23장으로 설명했다. 그는 로마의 교사와 그리스 문물들에서 노년에 관계된 내용들을 소개한다. 그의 결론

---

8) 케케로, 앞의 책, pp 69-113.

은 사람이 늙는 것은 자연스러운 일이고 익은 과실이 대지에 떨어지는 것이 죽음이라고 했다. 노인의 체력 쇠퇴는 노년이 원인이라기보다 젊은 시절의 관리 소홀이나 난잡한 생활의 결과라고 한다. 노년의 조용한 삶으로 자연처럼 거스르지 말고 죽음까지도 감싸는 노년을 주장한다.

키케로는 이 외에도 《법률론》, 《우정론》, 《변론가론》 등과 서간집들이 방대하게 전해진다. 키케로가 독창적인 철학자나 사상가는 아니고 그 이전의 모든 자료들을 섭렵한 지식인이었음이 확실하다. 그의 자료들은 그 시대 상황들을 알려주는 매우 좋은 자료들로 후세인들에게 연구재료가 되고 있다.

결론

베드로는 주님의 제자로, 최초의 예루살렘 교회의 문을 여는 천국(성령의 천국) 문을 여는 공헌을 했다. 그렇게 시작된 예루살렘 지역 교회는 오늘날 전 세계 모든 나라들의 지역 교회들을 출생케 했다. 그뿐만 아니라 그가 기록한 베드로전·후서는 전 세계 모든 그리스도인들에게 신앙의 길잡이가 되고 있다.

안타까운 것은 성경의 베드로가 아닌 인간들이 만들어낸 역사적 베드로가 오늘날 로마 가톨릭의 기초가 되고 있다는 것이다. 베드로의 의지와 무관한 가톨릭교회의 허망함이 천국에서 모두 밝혀질 때 역사를 따른 사람들이 무척 후회할 것이다.

키케로는 무관들이 득세하는 때 문관으로서 유창한 웅변술과 많은 저술들로 당시 한 세상의 지성인으로 살아갔다. 그의 생애와 작품들을 무가치한 것으로 혹평하는 고대사 전문가들이 있는가 하면 그를 소신대로 난세를 살아간 처세술에 능한 자로 극찬하는 이도 있다. 우리는 키케로를 통해 로마 원로원 정치역사가 600여 년 계승되다가 제국 정치로 전환되어 기독교가 탄생된 과정의 역사를 이해하는 데 도움을 받는다. 그러나 키케로가 인류에 공헌한 바는 찾기 어렵다.

제4장

바울과 세네카

서론

바울(AD 30~68)은 예수님 다음으로 기독교 신앙과 신학에 지대한 영향을 끼쳤다. 그가 기록한 책 13권은 신약성경 27권의 절반에 해당되는 분량이다. 그리고 그가 기록한 성경들에는 기독교 신앙의 핵심과 신학의 모든 뼈대들이 다 망라되어 있다.

혹자들은 '바울 신학'이라는 말로 그의 신학과 사상이 예수님과 차이가 있는 것처럼 가르치는데, 이런 신학의 흐름이 있는 것이 현실이다. 예수님의 신학을 좀 더 보완하고 발전시켰다고 믿는 필자는 저들과 견해를 달리한다. 이런 맥락에서 바울 사상을 살펴보려 한다.

세네카(BC 4~65)는 바울과 동시대인이다. 그는 로마 정치가로 활동하던 중 제4대 황제 클라우디우스(AD 41~54) 때는 추방당해 8년간 유배 생활을 했다. 그러나 제5대 네로 황제 때(54~68)는 다시 등용되어 집정관이 되었다. 그러나 변덕스럽고 의심 많은 네로 음모설로 피소되자 자결로 생을 마친다. 세네카의 정치 역사는 음지, 양지, 음지로 교차된다. 그러나 그가 시련기에 집필한 그의 작품들은 후세인들에게 철학적으로 많은 영향을 끼친다.

여기 동시대에 각각 다른 영역에 살아간 이들의 생애와 사상을 살펴보자.

1. 바울

1) 바울의 생애 (AD 30~68)

[1] 중생 이전

바울 생가에 있는 바울의 초상, 다소

바울은 지중해 북동쪽 가장자리에 위치한 현재의 튀르키예 땅인 당시 그리스, 로마 문화의 도시 길리기아주 다소에서 1세기 초엽에 태어났다.

그의 출생지가 로마 제국 관할지여서 출생부터 로마 시민권자(행 22:28)가 되었고 로마 관습에 따라 '사울'과 '바울'이라는 두 개의 이름을 갖게 되었다. 그는 순수 유대인 혈통의 가문에서 태어나(빌 3:5) 교육적령기인 13세에 예루살렘의 가말리엘 문하에서 교육받은 후(행 22:3) 바리새인이 되었다(행 23:6). 그가 30세 무렵 청년이 되었을 때(행 7:58) 유대교 지도자로 스데반을 죽이는 박해 지도자로 인정받는다(행 7:58-8:3).

그는 광적인 유대교 헌신자로 여호와 신앙을 위해서는 기독교 이단을 근절시켜야 한다는 확신을 갖는다(행 26:9). 또한 기독교도에게 적개심을 품고 활동한다(딤전 1:13). 그는 국내에서 스데반을 죽이는 데 만족하지 않고 이방 지역인 다메섹에 기독교가 확산된 것에 불만을 품고 더욱 광폭해진다. 그래서 대제사장으로부터 다메섹에서 활동할 수 있는 허가서를 받고 다메섹으로 원정을 간다(행 9:1-2).

그런데 다메섹 가까이 도착했을 때 하늘로부터 빛과 함께 주님의 음성을 듣는다(행 9:3-6). 사울은 앞을 보지 못한 채 다메섹에 끌려가 사흘 동안 보지도 못하고 먹지도 못한다.

바울은 다메섹의 그리스도인 아나니아를 만나도록 인도받는다. 아나니아는 악명 높은 그를 만나기 꺼렸으나 주님은 그가 이방인과 이스라엘 자손과 임금들에게 복음을 전하기 위한 택한 그릇이며 그가 주를 위해 받을 고난을 보여주겠다고 하신다. 이로써 아나니아는 그를 용납하고 안수로 그의 눈을 뜨게 해주고 건강을 회복시켜 준다. 바울은 건강 회복 후 즉시 다메섹 유대인 회당에 가서 예수님은 하나님 아들이심을 증언한다(행 9:20-22).

이 일로 충격을 받은 유대인들이 바울을 죽이려 한다는 정보를 입수한 이들의 도움으로 밤에 광주리에 담겨 성벽 밖으로 탈출한다. 바울은 아라비아에서 몇 년 동안 자신의 미래 사역을 검토하였고, 후에 다시 다메섹으로 돌아갔다(갈 1:17). 그리고 예루살렘을 떠난 지 3년 후에 게바(베드로)를 만나려고 예루살렘에 다시 올라가서 15일을 지냈다. 그때 주의 형제 야고보 외에는 다른 사도들은 만나지 못한다. 바울이 예루살렘에서 제자들의 외면 속에 바나바만의 환대를 받으며 예수의 이름을 전할 때 헬라파 유대인들이 바울을 죽이려고 한다.

예루살렘 교회 형제들은 바울의 신변에 위협이 있음을 느끼고 바울을 가이사랴를 거쳐 고향 다소로 보낸다(행 9:30). 고향 다소에서 다시 은둔생활을 7~8년 동안 하면서 수리아와 길리기아 지방에 복음을 전했을 것으로 추정한다(갈 1:21-24). 그 후 로마 제국 당시 로마시, 알렉산드리아 그리고 제3의 도시인 인구 50만의 안디옥에 교회가 세워졌다. 이때 안디옥 교회 지도자 바나바가 다소의 바울을 찾아와 바울은 안디옥에서 바나바를 돕는 목회 활동을 한다(행 11:26).

[2] 중생 이후

바울은 주후 46~47년경 안디옥 교회 사역자로 출발한다. 그 후 3차에 걸친 전도 여행과 성경 기록이 이뤄진다. 여기서는 그의 3차에 걸친 전도여행과 또 2차 투옥 과정 중에 이뤄진 성경 기록들을 정리해 보겠다.

(1) 제1차 전도여행(AD 48~49년)

바울 사도는 AD 48~49년경 바나바와 마가요한을 수행원으로 삼고 제1차 전도 여행을 떠났다(행 13:1-5). 이때 구브로, 비시디아 안디옥, 이고니온, 루스드라 지역에 선교를 한다(행 13-14장).

혹자는 제1차 선교 지역 전도 후에 안디옥으로 돌아가 이때(48~49년) 갈라디아서를 기록했다고 추정한다. 또 다른 주장은 주후 55~57년에 제3차 선교여행후에 갈라디아서를 기록했다고 한다. 두 가지 주장 중 어느 주장에 맞는지는 모두 정확하게 알 수가 없다.

(2) 예루살렘 공의회(AD 50년, 행 15장)

(3) 제2차 전도여행(AD 50~53년, 행 16-18장)

이때 빌립보, 데살로니가, 베뢰아, 아덴, 고린도 교회를 개척, 고린도에서 바울의 최초 서신인 데살로니가전·후서(51~52년)를 기록한 것으로 본다.

(4) 제3차 전도여행(AD 54~57년, 행 19장)

에베소에서 3년간 두란노 서원 중심의 선교를 펼친다.

이때 고린도전서(56~57년 에베소에서), 고린도후서(57년 마게도냐에서)를 기록했고 57년 말 또는 58년 초 고린도에서 석달 동안(행 20:3) 있는 동안에 로마서를 기록했을 것으로 추정한다.

(5) 체포와 연금과 재판(AD 58-60년, 행 21장-27장)

마게도냐를 떠나(행 20:1-6) 드로아에서 1주일간 머문다(행 20:7-12).

그 후에 밀레도에서 에베소 교회 장로들에게 고별 설교를 하고(행 20:17-38), 해상으로 가이사랴에 도착한 후 예루살렘을 방문한다(행 21:1-26).

예루살렘에서 아시아에서 온 유대인들에 의해 체포되고 천부장에 의해 가이사랴로 후송된다(행 23:12~30). 가이사랴에서 2년간 연금된 채 벨릭스(행 23장), 베스도(행 24장), 아그립바 2세 앞에서 심문을 받고 재판 후 가이사에게 상소한다(행 25장). 그리하여 바울은 다른 죄수들과 함께 로마 백부장의 호송으로 시돈에서 로마까지 배로 압송당한다(행 27-28장).

(6) 제1차 로마 투옥(AD 60~63년, 행 28장)

로마 옥에서(행 28장) 에베소서, 골로새서, 빌레몬서, 빌립보서 등을 기록해 전달한다.

(7) 제4차 전도여행(AD 63~67년)

로마 옥에서 풀려난 바울은 다시 마게도냐에서 활동 중에 62~66년에 디모데전서와 디도서를 기록한다.

(8) 제2차 로마 투옥과 순교(AD 67~68년)

제2차로 체포당한 바울은 로마 옥에서 67~68년경 최후로 디모데후서를 기록한다. 그리고 68년에 로마에서 순교한다.

이렇게 해서 바울 사도는 중생 이전에는 기독교 박해자로 살다가 중생 이후에는 기독교 전도자요, 신학 수립자로 현격한 변화를 증명하는 삶을 살아갔다.

2) 바울의 사상

바울의 사상 이해는 각각 다를 수 있다. 그가 남긴 서신 13편 속에서 깨닫는 바가 각각 다르기 때문이다. 여기서는 필자가 깨달은 바를 주관적으로 설명하려 한다.

(1) 이신득의(人信得隸, 로마서, 갈라디아서)

로마서는 전체가 16장으로, 크게 세 가지 내용으로 구성되었다.

① 하나님의 의가 나타남(롬 1–8장)

죄, 구원, 성화를 설명한다. 모든 인간은 다 죄인이다. 그런데 하나님의 의가 나타나 하나님을 믿음으로 구원받는다. 구원받은 자는 거룩한 성화의 삶을 살아간다.

② 하나님의 의가 입증됨(롬 9–11장)

여기서 하나님 주권을 설명한다. 왜 하나님의 선택을 받은 이스라엘 민족이 구원을 못 받는가? 이스라엘은 믿음을 의지하지 않고 행위를 따르기 때문이다. 그러나 이방인의 충만한 수가 들어오면(롬 11:25) 미래에 구원받을 때가 올 것이다.

③ 하나님의 의를 따르는 삶(롬 12–16장)

이미 구원받은 성도들을 대상으로 그리스도인의 의무와 자유를 설명한다.

이렇게 볼 때 로마서 전체는 믿음으로 의롭게 된다는 말로 요약할 수 있다.

갈라디아서는 6장으로 두 가지 내용으로 구성되어 있다.

① 율법이 주는 속박과 은혜가 주는 자유의 설명(갈 1–4장)

② 은혜의 복음이 적용되는 성령의 열매(갈 5–6장)

갈라디아서도 로마서처럼 믿음으로 의롭다 함을 얻는 진리를 강조하고 있다. 여기서 율법은 죄를 지적하고 그리스도께로 몰아가며, 순종의 삶으로 이끌 수 있으나 구원을 이루어 내지는 못한다. 구원은 오직 믿음으로 의롭다 함을 얻어야 된다는 이신득의를 강조한다.

(2) 교회론(에베소서)

바울 사도는 로마서와 갈라디아서에서 율법이 아닌 믿음으로 의롭게 되는 진리를 설명했다. 바울 사도는 에베소서에서 의롭게 된 자는 그리스도인으로 그가 어떤 위치에 있어야 하는지, 그리스도인이 실천해야 될 의무 사항을 설명한다.

에베소서는 전체가 6장이다. 이 중 전반부에 해당되는 1-3장에는 그리스도인의 위치를 설명하고, 후반부 4-6장에는 그리스도인의 실천 사항을 설명한다.

① 전반부 – 그리스도인의 위치(엡 1–3장)

㉠ 구속에 대한 성삼위 찬양(엡 1장)

우리는 예수를 믿음으로 하나님의 자녀가 되었다. 이것은 단순한 개인적 문제가 아니다. 내가 그리스도인이 되기 위해, 성삼위 세 분의 공동 노력이 있었고, 그에 따른 결과이다. 성부 하나님께서는 창세전에 그리스도 안에서 우리를 선택하셨다. 성자 예수님께서는 그의 피로 우리를 속량해 주셨다. 성령님께서는 약속의 성령으로 인 치셨다. 내 한 몸 구원을 위해서 이렇게 성부, 성자, 성령님이 각각 다른 역할을 분담해 주신 결과이다. 그렇기에 성 삼위 하나님께 멈추지 않는 찬양이 계속되어야 한다.

㉡ 그리스도인의 위치(엡 2장)

■개인의 위치(엡 2:1-10)

자연인 상태는 허물과 죄로 죽었던 존재다. 그런데 하나님의 사랑과 그리스도의 은혜로 그리스도와 함께 살아나 그리스도 예수 안에서 하늘에 앉혀진 존재다.

■공동체의 위치(엡 2:11-3:13)

교회는 그리스도의 몸이다. 그리스도께서는 교회의 머리이시다(엡 5:23; 골 1:18). 성도는 그리스도의 지체이다(엡 4:15-16, 25, 5:30). 머리와 지체는 서로 공동 운명을 가진 생명체이다. 고린도전서 12장 12-27절을 보면 지체의 공동 운명을 설명했다.

② 후반부 – 그리스도인의 실천(엡 4–6장)

㉠ 교회 연합을 위한 방법 - 은사 활용

㉡ 거룩한 삶을 위한 성령 충만(엡 4:30-5:21)

㉢ 가정과 직장에서 감당할 책임(엡 5:22-6:9)

㉣ 영적 전투를 위한 전신 갑주 준비(엡 6:10-20)

에베소서는 죄인이 거듭난 새 생명체를 교회라고 했다. 교회는 새 생명체들이 함께 성장해 가는 지역 공동체다. 예배당 건물인 죽은 물체를 교회라 호칭함은 성경 진리를 왜곡한 타락한 가톨릭의 잔재이다.

(3) 성도의 성결(고린도전·후서)

고린도전서는 모두 16장이다. 16장의 내용은 갖가지 질문에 관한 답변 내용이다. 분쟁, 음행, 결혼, 우상에게 바친 제물에 관한 답변과 주의 만찬, 영적 은사, 부활에 관해서 조언을 하고 있다. 위의 내용들에 관한 바울 사도의 가르침은 구원받은 성도들은 성결한 생활을 해야 한다는 것을 강조한다. 성도들이 구원받은 자로서 이 세상에서 살아가려면 사탄이 지배하고 있는 세상 속에서 변질될 위험 요소들이 너무 많다. 그러나 그리스도인의 최고 가치는 부활의 영광스러운 소망이다. 부활의 소망을 철저하게 확신한다면 이 세상에서 실천해야 될 최고의 덕목은 사랑의 실천이다. 영적 은사가 상당한 도움을 주는 것이 사실이다.

그러나 예언은 폐해질 것이고 방언도 그칠 것이고 지식도 사라질 것이지만 사랑은 이 세상에서와 천국에서도 계속된다. 그렇기에 이 땅에서 가장 성도답게 살아가는 것은 사랑을 실천하는 삶으로 이는 곧 성결한 삶이다. 이 같은 내용이 고린도전서의 주된 내용이다.

고린도후서는 모두 13장이다. 고린도후서 중 성도들을 위한 연보에 관한 내용이 8-9장에 기록되었다. 그리고 나머지는 바울 사도의 사역 철학(고후 2-7장)과 바울 사도의 사도직에 대한 자기주장을 펼친다(고후 10-13장). 고린도후서는 바울 사도의 사도직 변론이 주된 내용이다. 우리는 고린도서를 통해 성도의 성결의 중요성을 깨닫게 된다.

(4) 종말론(데살로니가전·후서)

종말론 사상은 예수님에게서 시작된다. 예수님은 복음서에서 이미 종말론 신앙을 깨우쳐 주셨다. 말세의 환난 전의 징조들을 마태복음 24장 3-14절, 마가복음 13장 3-13절, 누가복음 21장 7-19절에서 7년 대환난의 사실을 가르쳐 주셨다. 마태복음 24장 15-25절, 마가복음 13장 14-23절, 누가복음 21장 20-24절에서 주의 재림의 사실을 말씀하셨고 마태복음 24장 29-31절, 마가복음 13장 24-27절, 누가복음 1장 25-28절에서 주님이 먼저 가르쳐 주셨다.

주님의 가르침을 따른 베드로는 베드로후서 3장 8-13절에서, 사도 요한은 계시록에서, 사도 바울은 데살로니가전·후서와 고린도전서 15장, 디모데후서 3장 등에서 종말 신앙을 교훈하고 있다. 특히 데살로니가전서 4장 13-18절과 데살로니가후서 2장 6-12절에는 매우 중요한 내용을 교훈하고 있다.

데살로니가후서 2장 7절에는 불법의 비밀인 하늘의 악령들(엡 6:12)이 이미 활동하고 있으나 그것을 막는 자가 있는데 그것이 교회 시대를(계 2-3장) 보호해 주는 성령님이시다. 그런데 그 성령님이 옮겨질 때가 있다. 그때가 계시록 4장과 데살로니가전서 3장 13절과 데살로니가후서 2장 8절에서 말하는 주님이 공중으로 강림하실 때이다. 주께서 공중으로 강림하실 때는 예수 그리스도를 믿고 죽어서 영적으로 낙원에 가 있는 성도들(눅 23:43)이 먼저 부활체로 변화되고(고전 15:52) 우리 살아 있는 성도들은 그들과 같은 몸으로 변화되어 공중으로 끌어 올려가는 휴거가 실시된다(살전 4:17). 이처럼 이 세상 마지막 때 이루어질 종말론 사상이 바울 사도의 사상이다.

(5) 세상 지식의 무가치성(골로새서, 빌립보서)

초기 기독교 탄생 무렵부터 2세기까지 이단적 종교사상으로 나타난 것이 영지주의(靈智主義: Gnosticism)였다. 바울 사도가 골로새서 2장 8절에 말하는 '세상의 초등 학문'이나 빌립보서 3장 8절의 '배설물로 여기는 것'이나 요한이 요한일서 2장 26절에서 말하는 '미혹하는 자들'은 영지주의 이단일 가능성이 많다. 이 사상은 헬라의 철학과 동방의 신비적 요소와 기독교의 영적인 요소를 혼합한 혼합주의 사상이었다. 영지주의는 몸과 물질세계를 경시하고(골 2:20-23) 천사숭배(골 2:18), 신비체험을 강조하고 할례, 음식에 관한 규정, 안식일(골 2:16) 준수 등을 강조했다.

바울 사도는 이와 같은 세상 지식에 근거한 헛된 사상을 거부하고 그리스도와 연합된 자로 새로운 성품을 덧입어야 함을 강조한다(골

3:12-17). 바울 사도는 골로새 교회 성도들이 미혹에 빠진 거짓 교리를 거명하며 직접적으로 논쟁하지는 않는다. 그러나 세상의 초등 학문 수준인 헬라 철학의 논리는 날카롭게 공격한다.

바울 사도는 빌립보서에서도 그리스도를 아는 지식만이 최고의 가치가 있다고 하며 그 외에는 배설물로 여긴다(빌 3:8). 바울 사도에게는 그리스도를 알고 그리스도의 마음인 겸손과 평강을 누리는 것이 최상의 가치임을 역설한다. 그렇게 그리스도의 겸손과 평강이 모든 형편과 처지에 자족할 줄 아는, 모든 상황에서 평화를 유지하는 최선의 길이라고 주장한다.

(6) 양육의 중요성(디모데전·후서, 디도서, 빌레몬서)

바울 사도는 일생 동안 몇 사람의 제자를 양육했다.

① 루스드라 출신의 디모데(행 16:1–5)를 '내 아들'이라고 했다(딛후 2:1).

바울 사도는 그에게 에베소 사역을 맡긴 후(딤전 1:3) 그가 소심하지만 신실한 면을 믿고 목회 전반에 걸쳐 원리를 제시하는 디모데전·후서를 보냈다. 디모데의 에베소 사역은 아시아 일곱 교회들에게 영향을 주었을 것이다.

② 브리스길라와 아굴라(행 18:1–4) 부부와 함께 고린도 교회를 개척하며 양육했다.

이들 부부는 알렉산드리아 출신 아볼로에게 신앙 지도를 해주었고(행 18:26), 이들이 로마 교회 개척에서도 크게 활동한다(롬 16:3-4).

③ 디도는 그레데 사역자였다(딛 1:5).

지중해의 그레데 섬은 길이가 238km 폭이 46km다. 1세기의 그레데 주민들은 "항상 거짓말쟁이며 악한 짐승이며 배만 위하는 게으름뱅이"(딛 1:12)라는 악명이 높은 곳이었다. 그러나 바울 사도는 디도를 그곳 사역자로 세웠다. 그같은 그레데 사람들은 오순절 때 성령 체험을 한다(행 2:11).

바울 사도는 중생이 신생아로 출생한 것 같다면 양육은 사람 구실을 할 수 있도록 하는, 반드시 필요한 과정으로 양육 사상을 실천했다. 그렇게 양육된 장성한 자라야 영적 전투에서 전신 갑주로 무장되어(엡 6:10-20) 전투에 임할 수 있음을 가르쳤다.

2. 세네카

1) 세네카의 생애(BC 4~AD 65)

세네카는 65년을 살아갔다. 그의 아버지는 스페인 코르도바의 유복한 기사였고 또 몇 권의 책을 저술한 것이 교재로 쓰일 정도로 유명했다. 형 갈리오는 사도행전 18장 12절에 소개되는 아가야 총독이고 동생은 유명한 시인의 아버지였다. 세네카는 이 집안 차남으로 태어났다.

세네카 흉상

세네카는 일생 중 5명의 황제들과 인생이 엮어진다.

(1) 옥타비아누스 황제(BC 27~AD 14) 때

세네카는 이때 출생한 후 교육과 앞날을 위해 로마로 간다.

(2) 티베리우스 황제(AD 14~37) 때

세네카는 로마에서 변론술과 스토아 철학을 공부하고, 숙부 갈레리우스가 이집트 영사로 갔다. 세네카는 지병인 천식, 폐결핵 치료차 숙모 곁에 갔다. 숙부가 임기를 마치고 이집트에서 귀국 도중 배의 파선으로 사망하자 숙모의 후원으로 재무관으로 정계에 진출했다.

(3) 칼리굴라 황제(AD 37~41) 때

세네카는 호민관으로 영전하고, 변론가로 유명해지자 암살 위기가 온다. 칼리굴라가 암살당한 후 세네카는 황실 음모에 휩싸여 41년부터 8년간 코르시카섬에 유배당한다.

(4) 클라우디우스 황제(AD 41~54) 때

아그리피나가 자식 네로가 있는 상태로 남편 칼리굴라를 배척하고 클라우디우스 황제의 아내가 되었다. 새로운 황후가 된 아그리피나는 아들 네로의 교육을 위해 유배 생활하는 세네카를 소환하자 세네카는 어린 네로를 교육하고 아그리피나 덕분에 법무관이 된다. 그 후 아그리피나는 또 다시 자기 남편 클라우디우스를 독살하고 아들 네로를 황제에 옹립한다. 세네카는 클라우디우스 황제 때 복권되어 정치 지도자가 된다.

(5) 네로 황제(AD 54~68) 때

세네카는 부루스와 함께 네로에게 선정 정치를 하도록 하며 집정관이 된다. 64년 로마시 화재로 황제와 냉각 관계가 되어 문필에 전념하려 했으나 재산 문제로 사회 문제가 생긴다. 세네카는 65년 네로 암살단에 연루된 죄로 자결 명령을 받아 독이 든 인삼을 마시고 뜨거운 목욕탕 열기로 자결한다. 이렇게 해서 세네카는 65년을 사는 동안 로마의 정치가였고, 많은 저술들을 남긴 철학가였으며 또 극작가로도 알려졌다.

2) 세네카의 사상

세네카라는 이름으로 작품이 남겨진 것은 그의 아버지가 아들들에게 웅변술을 가르치기 위해서 편찬한 《소송 연설집》과 《권고 연설집》으로 '대 세네카'로 구분한다. 또 그의 아들인 세네카의 작품들도 무수하게 많다. 그것을 '소 세네카'로 구분한다. 소 세네카의 수많은 작품들을 다시 분류해서 소개하기 시작한 것은 1800년대 이후부터이다.

여기서는 후세 사람들이 세네카의 작품들을 성격에 따라 분류하여 소개하는 내용들을 근거로 살펴보겠다.

[1] 철학서

(1) 위로의 편지라는 형식의 철학

일찍이 플라톤은 "철학은 정신의 의술"이며 "철학자는 정신과 의사"라고 했다. 또 에피쿠로스(BC 341~270)는 철학이 마음을 치유해 준다고 했다. 이 같은 그리스 철학자들의 영향을 받은 세네카는 그가 쓴 몇 개의 작품들에서 '위로의 편지'라는 형태로 작품들을 남겼다.

① 마르키아에게 보내는 위로의 편지[9]

마르키아는 옥타비아누스 황후의 친한 벗인데, 아들이 젊은 나이로 죽은 것을 슬퍼하고 있음을 위로 형식으로 편지를 보냈다.

② 폴리비우스에게 보내는 위로의 편지

폴리비우스는 클라우디우스 황제의 문서 보고관으로 해방된 노예였다. 그가 동생의 죽음으로 슬퍼하자 이에 대해 위로 형식의 편지를 보냈다.

③ 헬비아에게 보내는 위로의 편지[10]

세네카가 코르시카섬으로 유배를 당했다. 이를 슬퍼하는 그의 어머니 헬비아에게 위로의 편지를 보냈다. 세네카는 '위로의 편지'라는 형식으로 상대들에게 슬픔을 견디라고 호소만 하는 것이 아니라 학문을 권장하거나 감정에서 이탈할 수 있는 자기 신념을 전달한다. 이것이 과거 철학자들에게 습득한 그의 철학 형식이었다.

(2) 정치 철학

세네카는 정치가였기에 정치 철학에 관계된 작품도 있다.

① 너그러움에 대하여[11]

키케로가 《국가에 대하여》라는 정치 철학서를 쓴 것처럼 세네카도 《너그러움에 대하여》라는 정치 철학서를 썼다. 이 작품의 동기는 55년

---

9) 세네카, 인생 철학 이야기, 김현창 역, 동서문화사, 2018, pp. 210-255.
10) 세네카, 앞의 책, pp. 371-403.
11) 세네카, 앞의 책 pp. 404-445.

에 네로 황제가 의붓형제인 브리타니쿠스를 죽였다. 이때 세네카는 〈네로에게 바치는 관용에 대하여〉라는 글을 써서 네로에게 바쳤다. 그 내용은 관용과 인간성, 모든 정치 행동의 규제, 화해를 네로에게 권한다. 이 작품은 세네카의 자발적 집필 의지에 의해 쓰여진 것이 아니라 네로로부터 '관용에 대하여' 써달라는 요청을 받고 쓴 내용이다.

라틴어에서 '관용'이란 말은 '클레멘티아'(Clementia)다. 이 단어는 동정을 의미하는 미세리코르디아(misericordia)와 유연성이라는 뜻이 결합된 단어다. 그렇기에 우리가 알고 있는 관용은 다른 사람에 대해 측은하게 여기는 배려심을 뜻하나, 라틴어의 관용은 강대한 권력을 가진 이가 분노로 인한 폭력행사나 지나친 복수를 그만두는 것을 뜻한다.

그런데 세네카는 네로의 요청에 의해 '관용'을 썼으나 그는 라틴어 의미대로 쓰지 않았다. 세네카는 '너그러움', 즉 군주의 올바른 마음가짐이라는 뜻으로 《너그러움에 대하여》를 썼다. 이것은 네로를 보다 나은 길로 이끌어 보려는 세네카의 철학이 담긴 것으로 이해된다.

② 분노에 대하여[12)]

세네카는 그가 살아가는 세대 속에서 계속 이어지는 황제들의 광기 어린 적의와 분노를 보면서 살아갔다. 2대 티베리우스 황제의 13년, 3대 칼리굴라의 5년, 4대 클라우디우스의 7년, 5대 네로의 14년 통치 동안 계속적으로 황제들의 분노와 소름 끼치는 공포 정치가 이어졌다. 이렇게 계속된 공포 정치의 원인을 황제들의 분노에서 비롯된 것으로 판단했다.

---

12) 앞의 책, pp. 109-209.

분노라는 그리스어는 '튜모스'(θυμός)이고 라틴어는 '이라'(ira)이다. 그런데 이 단어를 영어로 번역하면서 의미가 달라진다. 영어에서 이 단어를 ㉠ 아에룸나(aerumna)와 ㉡ anger, wrath, rage, indignation이라 했다. 그러나 라틴어 이라(ira)는 '분노, 격노'가 중심이고, 아에룸나는 '몹시 괴로움, 곤궁, 성가심'이라는 의미이다.

분노는 인간 고유의 감정이다. 동물에게는 충동과 광포는 있어도 분노는 없다. 세네카는 분노가 성격이 조급한 사람의 광기이며 스스로 망가트린 것, 위에서 부서져 흩어지는 파멸이며 복수하려는 욕망이라고 정의했다. 그래서 분노는 보복에 열중하는 야만적이고 해로운 악덕이라고 단정한다. 그는 분노에 빠져들지 말 것과 분노가 치밀어도 잘못을 저지르지 말 것을 권면한다.

[2] 윤리학

① 행복한 삶에 대하여[13)]

이 책은 주후 62년경 형 갈리오의 "인생을 행복하게 하는 것이 무엇인가?"라는 물음에 답변하는 형식으로 쓰여졌다. 과거 아리스토텔레스는 행복하려면 외적인 선에 해당되는 건강, 벗, 강함, 아름다움, 가정의 원만, 재산 등을 말했다. 세네카는 로마시에 큰 저택을 소유했고 이탈리아 각지에 그의 영지들을 소유했기에 수많은 비난을 받았다. 세네카는 철학자가 재산에 큰 관심을 두지 않아야 하지만 다리 밑에 살기보다는 필요한 만큼의 재산이 필요하다고 믿었다. 세네카는 행복하기 위한 방편으로 몇 가지를 제시한다.

---

13) 앞의 책, pp. 256-292.

㉠ 자연의 순리대로 적합하게 적응하려는 삶

㉡ 세상의 다수의 의견을 따라 살지 않고 인간으로서 마땅한 도리에 맞게 사는 것

㉢ 노력하지 않고도 우연한 일이 생기기를 바라는 데 마음을 빼앗기지 않고 사는 것

㉣ 덕의 실천에 대해 항상 기쁜 마음을 갖는 것

② 현자(賢者)의 부동(不動)에 관하여[14)]

세네카는 진정으로 현명한 자가 누구인가에 대해 몇 사람의 사례를 들어 설명한다. 소크라테스는 그의 아내 크산티페에게 갖은 모욕을 받았지만 조금도 변하지 않았다. 마케도니아 대왕이 스토아학파 창설자 제논의 스승인 스필론(BC 380~300)에게 자네는 무엇을 잃은 것이 있느냐고 물었다. 그는 이미 마게도냐 군대로부터 재산을 약탈당하고 딸도 마게도냐 병사에게 탈취당했었다. 그러나 철학자는 대왕의 질문에 "나는 아무것도 잃지 않았습니다. 나는 모든 것을 다 함께 소유하고 있습니다"라고 답변했다.

세상 사람들은 세상에 속한 돈, 재산, 소유물 등을 갖고 있다가 없어지면 잃었다고 슬퍼한다. 현자란 내 생명, 내 건강, 내 삶, 내 시간을 소유하고 있는 것만으로 많은 소유를 했다고 믿는 사람이다.

또 마르쿠스 카토(소카토)를 소개한다.

소카토는 시민 전쟁에서 카이사르에게 패한 폼페이우스 쪽에 가담했다. 소카토는 원로원에서 나는 새도 떨어트린다는 막강한 세력을 가진 카이사르를 반대하는 연설을 토하고 돌아가는 길에 민중들

---

14) 앞의 책, pp. 83-108.

에게 온갖 욕설과 침 뱉는 모욕들을 당했다. 그러나 그는 전혀 개의치 않고 걸어가서 집에서 자결을 했다. 현자란 이처럼 세상 것에 흔들리지 않는 자라고 했다.

[3] 기타

세네카의 작품에는 철학, 정치학, 윤리학 외에 124통의 서한집, 10편의 비극 극작들이 있다. 그의 극작이 셰익스피어와 서구 연극사에 영향을 미친다. 흥미로운 것은 〈세네카와 바울 사도 간의 왕복 서한〉이라는 출처가 불분명한 서한문이 있다. 이 내용은 세네카가 8통의 편지를 바울에게, 바울 사도는 6통의 답신을 세네카에게 보냈다는 내용이다. 두 사람이 다 똑같이 동년에 태어났고 최후를 네로 황제 때 마친 것 때문에 이 같은 작품이 만들어진 것으로 본다. 그러나 이것의 진정성은 의심사항으로 신뢰하기 어렵다.

결론

바울 사도와 세네카는 동시대를 살아간 인물이다. 바울은 유대교 골수 분자였으나 다메섹 도상에서 죽은 줄로 알았던 주님이 살아 계심을 체험하고 기독교 사도가 되었다. 그는 예수님의 열두 제자들 이상으로 방대한 지역에서 선교를 실시했고 신약성경의 절반을 혼자서 기록했다. 그의 삶과 글들은 기독교회의 기본 틀을 형성하는 기초들이 되어 왔다. 그의 가르침들은 예수님께서 미처 못 가르쳐 주신 부분들을 보완, 내지는 확대시켜 주었다. 바울 사도의 영향력은 교회가 존재하는 한 계속 계승될 것이다. 그러나 그의 가르침은 이 땅 위에서 주님이 재림하시기 전까지로 국한될 것이다.

바울과 동시대의 인물로 로마 정치가요 철학자인 세네카가 있다. 세네카는 그리스도인은 아니었다. 그는 스토아 철학 신봉자였으나 그의 삶과 가르침은 매우 훌륭하고 존경받을 만하다. 현대 타락한 종교인으로 유명무실하게 살아가는 무색, 무취한 형식적 종교인들보다 우수한 삶을 살았다고 평가할 수 있다. 그러나 그의 우수한 삶도 영생과는 전혀 무관하다. 그가 고매한 지식으로 귀한 깨달음들을 주었고 그의 삶이 훌륭한 점이 있으나 그는 천국에 가지 못한 이 세상 사람에 국한된다.

제5장

바나바와 외경, 위경

서론

바나바는 사도가 아니었다. 그런데도 초대 예루살렘 교회의 창설에 재정적으로 크게 기여했다. 그리고 최초의 이방인 교회인 안디옥 교회의 초대 목회자가 되었다. 그뿐만이 아니다. 안디옥 교회는 성도들이 너무도 그리스도를 닮았기에, 조롱하기 위해 부르던 '그리스도인들'이라는 호칭이 영광스런 호칭으로 바뀌었다.

더욱 놀라운 사실이 있다. 예루살렘 교회는 유대 나라 안에 몇 곳의 교회를 세우는 것에 불과했다. 그러나 안디옥 교회는 바울의 제1, 2, 3차에 걸친 해외 선교를 지원함으로 선교의 모범 교회라는 인식을 남겼다. 성경에 기록된 안디옥 교회는 바울과 바나바에 의해서 가장 이상적인 교회상을 남겼다.

그런데 초기 안디옥 교회가 후임자들의 편파적 지도로 점점 변질되기 시작했다. 그래서 안디옥 학파라는 편파적 학파가 5세기까지 지속된다. 안디옥 학파는 성경 해석을 문자적 해석만 고집하면서 성령의 진리를 사람들이 실감할 수 있도록 설명하는 아리스토텔레스 학풍을 신학에 도입시켰다. 이와 다르게 알렉산드리아 학파는 성경 해석을 신비적, 알레고리적, 상징적으로 해석하는 플라톤의 학풍을 추구했다. 성경의 문자적 해석이 중요하지만 성경 속에 담겨진 신령한 영적 의미가 곁들여지지 않을 때 교회는 탈선하여 끝없이 추락하고 말았다.

그래서 성경만이 아닌 성경 이외의 다른 경전이라는 외경들이 생겨나고 심지어는 가짜 성경인 위경들이 생겨난다. 바나바 본인과는 아무 상관 없는 후대인들이 바나바의 이름을 도용한 바나바 복음서가 14세기 이탈리아에서 만들어지고 바나바 서신이 2세기에 만들어지고, 바나바 행전이 5세기에 만들어져서 성경과 함께 전해져 오고 있다. 여기서 바나바의 생애와 교훈을 살펴보고, 바나바와 아무 상관이 없는 외경과 위경들을 비교해 보겠다.

1. 바나바

1) 바나바의 생애(30~61)

바나바의 생애는 사도행전에만 기록되어 있다. 사도행전의 내용을 근거로 그의 생애를 정리해 보자.

바나바 초상, 바나바 교회, 구브로 살라미

(1) 그의 출생지 구브로(행 4:36)

바나바의 출생지는 구브로다. 구브로는

오늘날 키프로스(사이프러스)로 튀르키예 남동부 지중해로부터 65km 정도 떨어진 섬이다. 구약에서는 이 섬을 깃딤(렘 2:10) 또는 엘리사섬(겔 27:7)이라고 했다. 신약에서는 구브로라고 했으며, 현재는 이 섬의 북 사이프러스는 튀르키예가 점령하고 있고 남 사이프러스는 그리스에 속한 독립 지역으로 분단되어 있다.

바나바는 레위족 사람이다. 그런데 그가 밭이 있어서 그것을 팔아 그 값을 사도들에게 바쳤다고 했다. 율법에 의하면 레위족은 재산을 소유할 수가 없다. 민수기 18장 20절을 보면 아론에게 이스라엘 자손의 땅에 기업도, 분깃도 없을 것이라고 했다. 신명기 10장 9절을 보면 레위는 그 형제 중에 분깃이 없으며 기업이 없다고 했다. 이렇게 레위족은 재산을 소유하지 않고 십일조에 의해 살아가는 것이 율법이었다. 이 같은 레위족인 바나바가 왜 구브로로 가서 재산을 소유하게 되었는가?

정확한 과정은 알 수가 없다. 남, 북 왕조가 앗수르에게 망하고 바벨론에 망하기 전에 그의 조상들이 일찍이 구브로로 피난 가서 정착한 후손이거나 또는 바벨론 포로 귀환 때 흩어진 디아스포라의 후손일 것으로 추측해 볼 따름이다. 그리고 그의 재산 형성은 율법이 적용되지 않는 이방 땅에서 십일조의 혜택을 받지 못하는 상황에서 어쩔 수 없는 자연적 현상이 되었을 것이다.

(2) 그의 예루살렘 교회 사역(행 4:37)

그가 유대인 레위인 후손으로 태어났기에 그의 본명은 요셉이다. 그러나 그가 유대인이었기에 유대인 교육을 받기 위해 일찍이 예루살렘으로 진출한 것 같다.

그는 자기의 생질 마가(골 4:10)의 다락방(행 1:13)에 120여 명이 모일 수 있는 대저택을 갖도록 후원해 주었을 가능성이 크다. 바나바가 가진 재력으로 후원해 준 마가의 다락방은 예루살렘 교회가 탄생되게 만드는 장소로 쓰인다.

이때 초대교회 성도들은 바나바의 인격에 큰 감동을 받는다. 그의 별명이 '바나바'라고 불린 것을 통해 그의 성품의 너그러움이 추측된다. '바나바'는 '바르나바스'(Βαρνάβας)다. 이 말의 문자적 뜻은 '권면하다'(고전 14:3)라는 뜻이다. 그런데 누가는 '위로의 아들' 즉 '휘오스 파라클레세오스'(υἱός παρακδήσεως)라고 해석했다.

여기서 말하는 '파라클레세오스'는 '위로하다'(고후 1:3), '권면하다'(히 13:22)라는 두 가지 뜻이 있다. 그렇기에 바나바라는 말은 타인들에게 위로하는 말, 용기를 주어 힘을 얻게 하는 권면을 잘 하는 사람이라는 뜻이다. 초대교회는 돈이 많은 바나바가 교만하거나 오만하기는커녕 항상 사람들에게 용기를 주고 격려를 주며 힘을 얻게 하는데 탁월했기 때문에 본명인 요셉 대신 '바나바'라는 별명을 지어주었다. 그는 참으로 고매한 성품의 소유자였다.

바로 '바나바'라는 뜻에서 교회의 권사(勸士)라는 직분이 만들어졌다. 권사라는 본래의 뜻은 바나바처럼 신자들을 방문하여 신앙심을 북돋워 주고 전도를 권면하라는 뜻이었다. 그러나 성경에 권사라는 직분은 없고 집사만 있다. 오늘날 타락된 교회에서는 권사가 집사보다 한 계급 높은 직위로 인정해 주는 계급직으로 전락되었다. 성경의 바나바는 모든 사람들을 세워주고 인정해 주고 위로해 주며 권면해 주는 착한 사람(행 11:24)이었다. 바나바는 구브로에 있는 자기 밭을 팔아 값을 아나니아와 삽비라처럼 일부만 바친 것이 아니라 전액을 모두다 교회에 바쳤다.

초대교회는 120명으로 시작되었다(행 1:15). 그런데 베드로의 설교 이후 3천 명으로 늘어났다(행 2:14). 베드로가 성전 미문의 앉은뱅이를 일으켜 걷게 하는 기적으로 남자의 수가 5천 명으로 늘어났다(행 4:4). 아나니아와 삽비라 사건 후 교인들은 숫자를 헤아릴 수 없을 만큼 큰 무리가 된다(행 5:14). 사도들이 대제사장과 사두개파와 합세해 사도들을 잡아 옥에 가두며 탄압을 하자 예루살렘에 있는 제자의 수가 심히 많아졌다(행 6:7).

알렉산드리아 교회 교인들은 2세기 때 시내에 있는 1만 9천 명의 걸인들을 부양했다고 한다. 이 같은 정황을 추정해 본다면 초대 예루살렘 교회는 가난한 자, 유약한 자를 돕기 위해 막대한 재정이 필요했을 것이다. 바나바는 이 같은 당시 예루살렘 교회의 사정을 알고 자기의 재산을 처분해 교회를 이뤄나가는 일에 적극 협조한다.

(3) 사울의 초기 협력자 바나바(행 9:26-30)

사울이 3년 전에 다메섹의 그리스도인들을 체포하기 위해 갔었다. 그러나 3년 후 회개한 사울은 그리스도의 전도자로 변신했다. 사울은 3년 만에 변화된 자로 예루살렘 교회 제자들을 사귀고자 했다. 여기 '사귀고자 하나'라는 말의 '하나'는 '에페이라젠'(ἐπείραζεν)이다. 이 말은 '시도하다'(try), '시험하다'(test)라는 뜻의 미완료 과거사다. 이 말은 사울이 제자들과 친밀해지려고 여러 번 시도했었다는 뜻이다. 그러나 예루살렘 교회 제자들은 아무도 사울의 말을 믿어 주지 않았다.

이때에 사울을 돕는 사람이 바나바였다. 바나바는 "착한 사람이요 성령과 믿음이 충만한 사람"(행 11:24)이라는 성품에다가 아마도 과거 가말리엘 문하에서 사울과 함께 공부한, 아는 사람이었을지도 모른다. 바울은 바나바의 중재로 예루살렘 교회 사역을 하게 된다. 그런데 유대인들이 사울을 죽이려고 했다. 그 이유는 토론을 좋아하는 헬라파 유대인들이 헬라적 논리와 사고로 훈련된 헬라화된 도시인 다소 출신의 사울과의 논쟁에서 감당을 하지 못했다. 이때 예루살렘 교회 성도들은 사울을 그의 고향 다소로 보낸다. 사울은 고향 다소에서 7, 8년 동안 머물면서 수리아와 길리기아에 복음을 전했을 것이다.

(4) 안디옥 교회 동역자인 바나바와 바울(행 11:25–30)

안디옥이라는 이름이 신약에 두 곳 있다. 하나는 수리아의 안디옥으로 사도행전 11장 19-30절에 기록된 지역으로 바나바와 바울이 사역한 곳이다. 이곳 안디옥은 인구가 80만이었다. 1세기 때 로마제국 내 1위 도시는 로마였고, 2위는 알렉산드리아였으며 3위가 안디옥이었다고 한다. 이곳을 현재는 튀르키예의 '안타키아'라고 부른다.

또 다른 비시디아 안디옥이 있다(행 13:14; 딤후 3:11). 이곳 비시디아 안디옥은 바나바와 바울의 제1차 선교지였던 곳이다. 바나바와 바울은 수리아의 안디옥 교회에서 1년간 함께 공동사역을 하였다. 두 사람은 교회 성도들의 기본적 신앙 교육 기간으로 1년은 필수라고 여겼던 것 같다. 예수 그리스도의 삶, 죽으심, 부활, 승천, 보혜사 성령의 보내심, 현재의 일로서의 교회 충성, 장래 종말을 준비하는 생애 등을 가르치려면 최소한 1년의 체계적인 교육이 필요했던 것 같다.

두 사람의 1년간 공동 목회는 드디어 '그리스도인'이라는 명칭을 만들어 낸다. '그리스도인'이란 '크리스티아노스'(Χριστιανός)다. 이 말의 뜻은 복수형으로 '그리스도에게 속한 자들, 그리스도의 종들, 그리스도의 완전한 추종자들'이라는 뜻이다. 이 말이 처음에는 조롱과 야유로 불린 명칭이었다. 그러나 이 말은 가장 정확한 그리스도인이라는 존귀한 이름으로 바뀐다.

(5) **바나바, 바울의 제1차전도 여행**(행 13-14장)

이 내용은 성경에 기록된 내용이므로 생략하겠다.

(6) **예루살렘 총회 참석**(행 15:1-29)

(7) **바울과 바나바의 결별**(행 15:36-41)

참으로 서글픈 초기 지도자들의 불행한 사건이다. 바울 사도는 제1차 선교 여행 때 세워진 여러 아시아 교회들을 재방문해서 저들을 다시 둘러보자고 했다. 이때 바나바는 자기 생질 마가 요한과 동행하자고 했으나 바울은 마가와의 동행을 극구 반대했다. 왜 바울은 마가의 동행을 반대했을까? 그 이유가 사도행전 13장 13절에 기록됐다.

제1차 선교 여행단으로 바울, 바나바, 마가 등 일행들이 밤빌리아 버가에 도착했을 때 마가 요한이 그들 선교단원에서 빠져 예루살렘으로 돌아가 버렸다. 여기 내용을 "그들에게서 떠나"라고 표현했다. 이때 말하는 '떠나'는 '아포코레사스'(ἀποχωρήσας)다. 이 말은 단순히 '가다'라는 뜻이 아니라 자리를 내주고 떠나갔다는 뜻으로 마가가 마땅히 있어야 할 자리에 공석이 생김으로 일행들에게 큰 지장을 주었음을 의미한다. 바울은 마가의 이 같은 행위를 배신행위로 간주한 것 같다(행 15:38).

마가는 마가복음을 기록한 자이다. 마가가 왜 이 같은 무모한 행위를 했을까? 학자들은 여러 가지 추측성 해석을 한다. 사도행전 13장 4-12절을 보면 구브로의 살라미에서 마술사 엘루마의 교활성을 바울이 정죄하자 그가 맹인이 되었다. 이때부터 마가의 삼촌 바나바는 2인자가 되고 바울 위주의 선교 정책에 불만을 품고 귀국했다고 해석한다.

또 다른 견해는 마가가 부잣집에서 고생하지 않고 자라서 삼촌 덕으로 고매한 선교단에 참여했으나 현지 선교 여행이 너무 힘듦으로 견디지 못하고 귀국했을 것이라고 해석한다. 어찌되었거나 바울과 바나바는 마가의 동행 여부 문제로 심하게 다투고 결별한다.

여기 '심히 다투다'는 '파록쉬스모스'(παροξυσμὸς)다. 이 말을 영어 성경들은 '날카로운 의견 불일치'(Sharp disagreement) 또는 '격렬한 말다툼'(Sharp Contention)이라고 번역했다. 그 결과 바나바는 마가를 데리고 구브로로 가고 바울은 실라를 택한 후 제2차 선교 여행을 떠난다.

(8) 결별 후 뒷이야기

바나바의 기록은 사도행전 15장으로 끝이 난다. 그러나 사도행전 16장부터 바울의 소개가 계속 이어진다. 바울의 서신서들에는 바나바를 칭찬하는 내용들이 있다(고전 9:6; 갈 2:1, 9, 13). 바나바는 그의 고향 구브로의 살라미에 가서 전도하다가 순교했다고 전해진다. 바나바의 고매한 인품 때문에 그의 직접적인 글이 아닌데도 그의 이름을 도용한 몇 가지 작품이 전해지고 있다.

① 바나바 복음서 : 14세기 이탈리아의 위조문서

② 바나바 서신 : 주후 130년경 무명인

③ 바나바 행전 : 바나바의 선교 여행담으로 5세기의 작품으로 추정

이상으로 바나바의 생애를 정리해 보았다.

2) 바나바의 교훈

바나바는 많은 사람들에게 호감을 주는 원만한 성격에 평화를 추구하는 참으로 고매한 인격자이다. 그렇기에 의로운 일에 몸을 사리지 않고 적극적으로 앞장섬으로 초대교회 성립에 큰 기여를 했다. 그뿐만 아니라 바울의 과거 행적으로 모든 이가 꺼리는데도 바울을 옹호하는 용감한 사람이다.

굳건한 신앙으로 물질에도 과감하게 용단을 내림으로 그의 진심도 알 수가 있다. 흠을 잡을 수 없을 정도로 고매한 인격자인데, 그런 그가 바울과 결별을 한다. 바울은 공적인 사역에 냉철하게 공정성을 고집한다. 반면에 바나바는 자기 조카 마가를 두둔하고 보호하려는 사심이 개입한다.

바울과 바나바 두 사람 모두 성령이 충만한 지도자였다. 그런데 이 두 사람이 결별하는 중심에는 '공정한가? 사심이 작동하는가?'의 문제가 있었고 이로 인해 갈라진다. 하나님께서는 사람의 성품이 좋고 사람들에게 인기가 좋고 신앙적으로 흠이 없어도 사심이 작동하는 사람은 사용하지 않으신다.

바울과 바나바의 차이점은 인성도 신앙도 문제가 없으나 중대한 순간에 사심이 작동하는 이는 쓰시지 않음을 배운다. 주님의 일을 하는 자들이 자기 개인적 소원을 성취하려 하거나 자기의 명예를 드러내려는 사심이 들어 있는 사역에는 하나님의 은혜가 떠나감을 깨닫게 해준다.

2. 외경, 위경

1) 외경(Apocrypha)

외경이란 말의 뜻은 '감추어진 것들'이라는 뜻이나 그 의미는 제대로 된 정경(正經) 이외의 경전이라는 의미이다.

외경에는 구약 외경 15권과 신약 외경 수십 권이 있다. 이 중에서 구약 외경을 놓고 유대교와 개신교는 구약 외경을 전부 배격하고 로마 가톨릭은 구약 외경을 정경과 동일하게 믿고 동방 정교회는 구약 외경 중 4권을 성경에 포함시켰다. 다 똑같은 하나님, 예수님을 믿는다고 하면서 지금 세계 교회는 성경에 관한 기본 인식이 셋으로 나누어져 있다.

여기에서는 구약 외경에는 어떤 것들이 있는가에 대하여 간략한 소개와 함께 예수님과 사도들은 외경을 어떻게 취급했는가, 왜 가톨릭과 정교회는 외경을 인정하는가와 같은 내용을 살펴보겠다. 이 내용은 필자가 《성경의 역사》(2016)에 발표한 내용이다.[15)]

우리가 믿고 있는 구약성경의 맨 마지막 책이 주전 430년경의 말라기이다. 말라기서 이후 주후 30년경 침례자 요한이 나타날 때까지 약 400년간은 하나님의 계시가 단절된 중간기 시대가 계속된다. 중간기 400년 동안 하나님께서 침묵하고 계셨다. 그런데 중간기 400년 동안 과거 구약성경에서 유명했던 사람들의 이름을 도용하거나 내용을 변조하거나 자기 상상으로 온갖 가짜 내용의 작품을 만들어 내는 일이 일어난다.

---

15) 정수영 저, 성경의 역사, 쿰란출판사, 2016.

예컨대 "솔로몬의 지혜서", 예레미야의 서기였던 "바룩서", 다니엘의 세 친구 이름의 "세 청년의 노래", 다니엘 시대 여인 "수산나 이야기", 다니엘 시대의 우상을 파괴했다는 "벨과 용", 히스기야의 아들 므낫세 악한 왕이 회개했다는 "므낫세의 기도", 바벨론 포로 때 경건한 토비트와 아들의 모험기인 "토빗서", 다리오 왕의 경호원이었다는 스룹바벨의 승리를 다룬 "에스드라서", 헬라 시대 안티오커스 왕과 항쟁한 "마카비서"로 이런 구약 시대나 중간기 시대를 배경으로 한 종교 서적들은 《구약 외경》이라는 책으로 15권이 있다.

이 외경들은 예수님 탄생 이전에 이미 존재해 있었다. 그러나 예수님은 공생애 중 단 한 번도 외경을 인용하시거나 인정하지 않으셨다. 예수님께서 말씀하시는 성경이란 오직 구약성경뿐이다. 사도들 역시 예수님의 가르치심을 따라 어느 누구도 외경을 인정하지 않았다. 더구나 놀라운 사실은 구약 원본만 믿는 유대교 랍비들은 주후 90년 텔아비브 근처의 얌니아(Jamnia) 회의에서 외경들의 난립으로 혼란이 야기되므로 외경을 배격하고 구약 정경만을 유일한 성경으로 믿자는 결정을 한다.

그렇다면 가톨릭교회나 정교회는 왜 외경을 믿는가? 그것은 역사가 설명해 준다. 구약 외경을 최초로 세상에 알린 것은 주전 150년 이전에 만들어진 70인 역 번역 성경에서부터다. '70인 역'은 구약 히브리어, 아랍어 원전을 좀 더 많은 사람들이 알 수 있도록 당시 대중화된 헬라어로 번역한 번역 성경이다. 그런데 '70인 역' 번역 성경과 히브리어 원전을 비교해 보면 70인 역 성경의 오류가 한없이 많이 발견된다. 바로 이 '70인 역' 번역 성경 뒤에 부록으로 구약 외경들을 덧붙여서 발행했다.

우리가 아는 대로 누가는 헬라인 의사로 헬라어에는 능통했으나 히브리어는 익숙하지 않았다. 누가가 구약성경을 인용할 때 사용한 구약성경 대본이 히브리 원전이 아닌 '70인 역' 성경이었다. 그 결과 누가가 기록한 사도행전 내용 중에 히브리 원전과 차이가 나는 내용들이 생겨났다. 그 대표적 예가 사도행전 7장 38절의 '광야 교회'라는 말과 사도행전 19장 32절의 모인 무리, 39절의 민회, 40절의 집회라는 표현이다. 이 말은 히브리어로, 무리(assembly)라는 뜻의 '카할'(קָהָל)을 헬라어로 '에클레시아'(ἐκκλησία)라고 70인 역에 번역한 것을 누가가 그대로 따른 결과이다.

이렇게 오류를 남긴 '70인 역'의 부록에 구약 외경이 첨부되었다. 그 후 404년 라틴역 성경으로 번역한 히에로니무스(제롬)가 불가타(Vulgata) 번역 성경 부록으로 외경을 추가했다. 그러나 동·서방 교회들은 모두 다 정경을 39권으로 믿어왔다. 그러다가 트렌트 공의회(1595~1563) 때 가톨릭교회는 구약 외경들을 정경들로 결정함으로 개신교와 영원히 결별하게 되었다. 참으로 번역 성경들로 인한 교회의 분열은 그 뒤로도 계속되는데, 신학적 차이로 연결되는 오늘날의 불행이기도 하다.

신약의 외경들은 너무 많아 소개할 가치가 없다. 그것들을 내용상으로 분류해본다.[16)]

① 복음서 종류의 외경

베드로복음서, 빌립복음서, 도마복음서, 마리아의 복음서 등 수십 종이다.

---

16) 정수영 저, 앞의 책, pp. 129-138.

② 사도행전류의 외경

요한행전, 베드로행전, 바울행전, 안드레행전 등 10여 종이 있다.

③ 서신류의 외경

바나바 서신, 세네카와 바울의 왕복 서간 등 6종이 있다.

④ 묵시록류의 외경

베드로 묵시록, 바울의 묵시록, 도마의 묵시록, 아담의 묵시록 등 10종이 있다.

⑤ 시가류의 외경

나세네 시편, 2~3세기 영지주의 일파가 사용한 시로 솔로몬 송가, 2세기 영지주의의 찬미집 등 2종이 있다.

⑥ 목회 서신류의 외경

헤르마스의 목양서 등 수십 종의 외경들이 있다. 이 모든 신약 외경들 중 특정 외경을 밝혀내 소개하므로 자신이 유식한 성경학자임을 과시하는 이들도 있다.

2) 위경 (Pseudepigrapha)

위경은 주전 200~주후 206년 사이에 기록된 유대교 문서다. 위경들은 히브리어로 기록된 유대 위경들, 아랍어로 기록된 알렉산드리아 위경들, 헬라어로 기록된 위경들이 있다. 이렇게 정경(正經) 이외의 외경(外經)과 위경(僞經)을 경외서(經外書)라고 한다. 경외서들은 신뢰할 만한 가치가 없으나 성서 해석의 귀중성을 깨닫기 위한 반면교사의 가치가 있다고 하겠다.

결론

우리는 바나바를 통해서 이 세상을 살아가는 동안에 인간의 성품이 얼마나 중요한가를 배운다. 바나바는 만나는 모든 사람들을 격려해 주고 위로해 줌으로 용기를 북돋아 주는 참 좋은 사람이었다. 거기에다 신앙도 굳건하여 물질을 하나님 사업에 쓰는 데 전적 투자하는 실천적 신앙을 보였다. 그리고 이방인에 대한 선교열도 높았다. 그러나 공과 사를 구분하지 못하고 혈연적 사심에 사로잡힐 때 그의 앞길이 막히고 만다.

우리는 바나바를 통해 사심이 얼마나 독소 조항인지 깨달을 수 있다. 자기 야심을 성취하려는 목회나 자기 명예를 세우기 위한 사역이나 자기 가문이나 자식에게 사역을 물려주는 세습제도 등등 참으로 하나님을 빙자한 사심의 해독을 똑바로 배워야 하겠다.

그리고 외경과 위경의 교훈도 막중하다. 성경은 성령의 감동으로 기록된 경전이다. 성령의 감동으로 기록된 성경은 성령으로 거듭난 성도들만이 이해가 된다. 그리고 성령의 도움으로 이해된 성경은 성령님께서 원하시는 대로 영혼을 구원하겠다는 사랑의 동기와 사랑의 목적으로 전해야 결과가 뒤따른다. 성경의 목적과 위배된 외경이나 위경들은 사람들을 구원해 낼 능력이 담겨 있지 않다. 그것을 주님과 사도들이 모범으로 보여 주셨다.

지금도 성령으로 변화되지 않은 자들이 성령의 감동이 없는 인간들의 욕심으로 교인들에게 교훈을 주려는 행위가 계속되고 있다. 이런 때일수록 성경의 참가치를 바로 깨달을 수 있는 것은 거짓된 경전이 아니라 성령으로 감동되어 기록된 것으로 사람들을 변화시키는 능력이 따르는 것이 증명되는 참된 경전을 분별할 수 있어야 지도자가 될 수 있을 것 같다.

제6장

야고보와 필론

서론

주님의 형제 야고보는 주님 생전에 주님을 믿지 않았다. 그러나 주님의 부활을 목격한 후 그는 부활의 증언자가 된다. 야고보의 변화된 삶은 초대 예루살렘 교회의 모범이 된다. 그리하여 예루살렘 교회를 이끌어가는 지도자가 된다. 그의 지도력은 사도행전 15장의 예루살렘 총회에 나타난다. 야고보는 신앙생활에서 실천이 가장 중요하다는 야고보서를 남겼다. 야고보서의 '행함' 강조가 바울 사도의 '믿음'과 상반된 주장인 것처럼 오해되는 면이 있다. 그러나 믿음과 행함은 나무와 과실처럼 불가분의 관계인 것을, 각각 다른 면을 강조하는 것에 불과하다. 우리는 야고보서의 '행함이 없는 믿음'의 진정한 의미를 제대로 깨달아야 하겠다.

야고보와 거의 동시대인으로 살아간 유대인 철학자가 있다. 그가 필론이다. 필론은 유대교 신자다. 그는 유대교의 경전인 구약성경을 헬라 철학에 융합시켜 유대교를 하나의 철학 사상으로 각색했다. 필론은 기독교의 신약 사상도 헬라 철학화시켰다. 필론은 모세를 최고의 철학자라 했고 그리스도와 바울 사상도 철학 사상이라고 했다.

매우 안타까운 것은 이 같은 필론의 철학화된 사상을 기독교 지도자들인 교부들이 그대로 기독교 교리로 도입했다는 사실이다. 여기서는 전혀 상반된 삶을 살다 간 두 사람의 유대인을 비교해 보도록 하자.

야고보는 그리스도를 적대하다가 그리스도의 부활 후 완전 새 사람으로 달라졌다. 필론은 유대교 신자로 출발했으나 자기가 믿는 유대교나 또 기독교까지도 철학의 하나로 전락시켰다. 다 똑같은 세대를 살아갔으나 그들의 삶은 완전 대조적으로 다른 세상을 살아갔다.

오늘 우리도 이 세상 사람들과 다 똑같이 살아가는 것처럼 보일 수 있다. 그러나 우리가 무엇을 믿고 살아갔는가, 그 결과는 후세에 속속히 드러나게 될 것이다. 과거의 두 사람을 통해 오늘 우리의 모습을 제대로 파악할 수 있도록 되돌아보자.

1. 야고보(33~62)

신약성경에 야고보라는 인물 네 명이 나온다.

① 세베대의 아들 야고보

그는 어부였으나 주님으로부터 그의 동생 요한과 함께 제자로 부름을 받는다. 주님은 두 형제에게 '우레의 아들'이라는 뜻으로 '보아네게'라는 별명을 주셨다. 주님 생전에 두 형제는 각별한 사랑을 받는다. 그래서 변화산상에 동행했고, 겟세마네 동산에서도 다른 제자들보다 더 가까이 있게 하셨다(마 26:37). 그러나 야고보는 일찍이 헤롯 아그립바 1세에 의해 순교하게 된다.

② 알패오의 아들 야고보

그는 '작은 야고보'라 불리는 사도였다(마 10:3; 행 1:13).

③ 사도 유다의 아버지 야고보(눅 6:16; 행 1:13)

④ 주의 형제 야고보(마 13:55)

이 중에서 맨 마지막 주의 형제 야고보가 야고보서의 저자이다.

1) 야고보의 생애

야고보1의 순교, 바실리우스 2세의 순교 성자력 세밀화, 11세기, 바티칸 도서관 소장

마태복음 13장 55절에는 예수님은 육신적 가족 상황을 알려 준다. 예수는 나사렛 목수 요셉의 아들이셨다. 예수님도 부친의 뒤를 이어 목수 일을 했을 가능성이 크다. 그리고 예수의 어머니는 마리아이고 예수의 형제들이 남자만 네 명인데 야고보, 요셉, 시몬, 유다였다. 그리고 누이들이라고 했는데, 예수님의 손아래 여동생이 두세 명은 됨을 의미한다. 이처럼 예수님의 모친 마리아와 그의 형제들과 여동생들을 나사렛 사람들은 익히 잘 알고 있었다. 여기 기록된 성경에 의하면 예수의 모친 마리아는 6~7명의 아들딸을 낳은 유부녀였다. 여기뿐 아니라 성경 여러 곳에 마리아가 많은 자녀를 낳은 어머니였음을 증명했다(마 12:46-47; 막 6:3; 요 2:12, 7:3). 성경은 이렇게 마리아와 그의 자녀들을 밝히고 있다.

그런데 로마 가톨릭교회는 마리아의 영원한 처녀성을 주장한다. 5세기 때에 마리아를 '테오토코스'(Theotokos) 즉 '하나님을 낳은 자' 라는 주장이 마리아의 무원죄 잉태 사상으로 발전한다. 1854년 피우스 9세는 마리아의 무원죄 교리를 공포하고, 1950년 피우스 12세는 성모 마리아의 승천 교리를 공포했다. 참으로 가톨릭은 무서운 종교 집단이다.

예수님의 동생 야고보는 주님 살아생전에 주님을 믿지 않았을 뿐 아니라 주님께서 갈릴리 지역을 위주로 활동하시고 예루살렘 대도시로 나가시지 않는 것을 비난하고 유대 지역으로 나가라고 힐난한다(요 7:3-5). 그런데 부활하신 주님은 게바와 열두 제자와 500여 명의 형제들에게 보이시고 야고보에게도 보이셨다(고전 15:5-7). 그렇게 부활을 목격한 야고보의 삶이 달라진다. 그는 예루살렘 교회의 수석 지도자가 된다(행 12:17; 갈 1:19). 야고보는 평생을 나실인으로 청렴결백하게 살아간다.

49~50년에 예루살렘에서 총회로 모였다. 이때 바울과 바나바 또 베드로와 다른 장로들이 당면한 현안 문제로 많은 변론이 오갔다. 그러나 회의의 종결은 총회의 의장인 야고보가 결론을 내린다(행 15:13-21). 57~58년경 바울 사도가 제3차 전도 여행을 마치고 죽을 각오로 예루살렘을 방문했다. 이때 야고보는 바울 사도에 대한 온갖 나쁜 소문을 듣고 바울에게 결례를 행함으로 나쁜 소문들이 거짓임을 증명하도록 충고를 한다(행 21:17-26). 이렇게 예루살렘 교회의 기둥(갈 2:9) 같던 야고보는 46~49년경 야고보서를 기록하고 62년경 유대인 전쟁 초기에 제사장에 의해 순교 당한 것으로 전해진다.

2) 야고보의 사상

야고보서의 기록 연대에 관한 두 가지 주장이 있다.

① 야고보가 주후 62년에 순교하기 직전인 60년대 초반에 기록했을 것이라는 견해이다.

② 야고보서 내용을 보면 2장 2절에 '너희 회당'에 들어오는 사람을 언급한 것을 보면 복음이 아주 초기 때 주로 유대인에게만 전파되던 때의 기록으로 추정된다. 그렇다면 그때는 주후 49~50년 예루살렘 총회가 모이기 이전에 야고보가 흩어져 있는 열두 지파(약 1:1)의 그리스도인들을 향해 기록했다고 보는 것이 자연스럽다.

아마도 야고보서의 기록 시기가 주후 49년 이전이라고 추정할 때에 신약성경 중 가장 일찍이 기록된 것이라고 할 수 있다. 이 견해는 바울 사도가 최초의 성경으로 갈라디아서를 주후 48~49년에 기록했을 것이라는 주장과도 상통된다. 그러나 갈라디아서는 주후 55~57년설 주장들이 더 많다. 야고보서가 가장 일찍 기록되었다는 견해가 야고보 사상을 이해하는 데 참고해야 하는 중요한 부분이다. 이와 같은 야고보서 조기설을 따라 야고보서 사상을 살펴보자.

(1) 행함이 없는 믿음은 그 자체가 죽은 것이다(약 2:17, 20)

야고보의 대표적 사상이 "행함이 없는 믿음은 헛것"(약 2:20)이라는 사상이다. 야고보의 '행함'에 대한 강조를 바울 사도가 강조하는 '믿음'과 대비시켜서 야고보서를 지푸라기 같은 서신이라고 혹평한 루터의 견해는 대단히 잘못된 견해이다. 여기서 우리는 두 구절을 주의 깊게 살펴봐야 하겠다.

야고보 2장 17절의 "행함이 없는 믿음은 그 자체가 죽은 것이라"에서 '그 자체'라는 말은 '카드 헤이우텐'(καθ ἑαυτήν)이다. 이 말은 '그것만으로는'이라는 뜻으로 행함이 수반되지 않는 믿음이란 그 믿음이 무익하다는 것을 강조하는 말이다. 또 '죽은 것'이란 '네크라'(νεκρά)다. 이 말은 해롭다는 뜻이다. 믿음은 본인을 유익하게 할 뿐만 아니라 다른 이웃에게도 유익을 주어야만 믿음의 가치가 있다. 그런데 믿음을 가졌다고 말을 하면서 본인과 타인에게 아무런 유익을 주지 못한다면 다른 사람들이 기대를 걸었다가 실족게 하는 해를 끼치는 결과가 따른다는 것이다.

우리는 바울 사도가 '믿음'을 강조한 것을 행위와는 전혀 무관한 관념적인 것으로 오해를 한다. 바울 사도는 로마서 5장 1절에 "우리가 믿음으로 의롭다 하심을 받았다"라는 결론을 내리기 전에 먼저 로마서 4장 3절에서 "아브라함이 하나님을 믿으매 그것이 그에게 의로 여겨진 바 되었느니라"는 구약 창세기 15장 6절을 근거로 제시한다.

이렇게 믿음으로 의롭게 된 자는 어떻게 살아야 하는가? 로마서 6장 12-13절에 그리스도와 연합된 자답게 의의 무기로 하나님께 바쳐지는 행위가 뒤따라야 함을 강조한다. 그래서 로마서 8장 11절에 그리스도의 영이 안에 있는 자답게 삶 속에서 그리스도를 증거하는 삶을 살아야 한다고 했다.

또 에베소서 2장 8-10절에는 구원이 행위로 구원받은 것이 아니고 선물이지만 그리스도 예수 안에서 선한 일을 행해야 된다고 했다. 따라서 바울 사도의 '믿음'은 시작에 불과하고 그 믿음은 '행함'으로 나타나야만 되는 것이다. '믿음'이 '씨앗'이라고 한다면 그 씨앗은 살아 있는 증거로 '열매'라는 '행함들'이 나타나야만 그 믿음이 바른 믿음인 것이다.

야고보는 '믿음'이 있노라고 말만 하고 '행함이 없는 믿음'은 본인과 타인에게 해를 주는 것뿐이라고 했다. 이 주장은 바울의 주장과 결코 위배되는 주장이 아니다. 바울이 씨앗인 '믿음'을 강조했다면 야고보는 열매인 '행함'을 강조했을 뿐이다. 야고보는 2장 26절에서도 "영혼 없는 몸이 죽은 것같이 행함이 없는 믿음은 죽은 것이니라"고 반복 강조한다. 숨을 쉬지 않는 육체는 시체일 뿐이다. 마찬가지로 행함이 없는 믿음은 시체에 불과하다는 것이다.

그리고 야고보 2장 20절에는 행함이 없는 믿음을 '헛것'이라고 하며 또 그렇게 살아가는 사람을 '허탄한 사람'이라고 했다. 여기 '헛것'이란 '아르게'(άργη)다. 이 말은 '아무것도 하지 않는, 쓸모없는, 무능한'이란 뜻이다. 또 '허탄한'은 '케노스'(κενός)다. 이 말은 '공허한, 헛된, 비어있는 것'이란 뜻으로 행함이 없는 믿음은 영적으로 실속이 없는 텅 비어 있는 존재에 불과하다는 것이다.

우리는 믿음 생활을 한 지가 수십 년씩 되었다. 그동안에 믿음의 열매로 무엇을 만들어 냈다고 말할 수 있는가? 믿음의 열매로 아무것도 내놓을 게 없다면 그는 헛된 삶을 산 것이다. 사람 속에 예수님의 영인 성령이 들어 있는 것이 믿음이고 믿음이 제대로 있다면 어떤 형태로든 열매를 맺는 것이 참된 믿음이기 때문이다.

(2) **욕심이 잉태한즉 죄를 낳고 죄가 장성한즉 사망을 낳느니라**(약 1:15)

야고보는 야고보서 1장 내에서 '시험'이라는 말은 비슷하지만 내용적으로 '시련'과 '유혹'이라는 말을 구별해서 사용하고 있다. 먼저 야고보는 2, 12절에 쓰인 '시험'이라는 말은 '페이라스모스'(πειρασμός)로 테스트하기 위한 시련이란 의미이다. 그러나 13-14절에 쓰인 '시험'이라는 말은 '페이라조'(πειράζω)로 '유혹'(temptation)이란 의미로 쓰이고 있다. 우리말에서 '시험'이라는 말 자체로는 구별이 어렵다. 그러나 원문에서는 테스트라는 뜻과 유혹이라는 뜻이 분명하게 구별된다. 야고보는 1장에서 시련은 이겨내고 유혹은 경계하라고 권면한다.

야고보는 사람이 유혹을 받는 근본 원인이 인간의 내면 속에 도사리고 있는 욕망이라고 한다. 인간의 내면 속에 꿈틀거리는 욕망이란 누구든지 다 소유할 수 있다. 동물들은 충동과 본능대로 움직이지만 인간은 동물처럼 본능과 충동을 가진 것은 물론이고 한 가지를 더 가졌는데 그것은 욕망 또는 욕심이라는 것이다. 인간의 욕망, 욕심이 거룩하고 영원한 것과 연관될 때에는 귀한 결과들을 낼 수 있다. 그러나 욕망과 욕심이 믿음과 무관한 세상과 연관될 때에는 죄를 낳고 그 죄는 장성해서 영원한 죽음인 사망을 낳는다. 욕심의 잉태, 죄의 출산, 죄의 장성과 사망, 이것은 믿음이 없는 불신앙의 세계에서 이뤄지는 정확한 공식이다.

(3) 혀는 곧 불이요 불의의 세계라(3:6)

야고보의 독특한 사상이 혀(Tongue)에 관한 사상이다. 야고보서 전체에는 언어에 관한 독특한 사상이 반영되고 있다.

> "듣기는 속히 하고 말하기는 더디 하며 성내기도 더디 하라"(약 1:19).
> "너희는 말씀을 행하는 자가 되고 듣기만 하여 자신을 속이는 자가 되지 말라"(약 1:22).
> "말에 실수가 없는 자라면 곧 온전한 사람이라"(약 3:2).
> "혀는 능히 길들일 사람이 없나니 쉬지 아니하는 악이요 죽이는 독이 가득한 것이라"(약 3:8).

"한 입에서 찬송과 저주가 나오는도다"(약 3:10).

이 모든 내용들은 언어에 관한 내용이다. 그래서 야고보는 '혀는 곧 불'이라고 했다. 불은 인간의 식생활을 돕는 필수적인 매개체다. 그런데 그 불이 실수로 잘못 번지면 그 피해는 엄청난 파괴력을 나타낸다. 인간의 혀는 사람의 의사소통을 돕는 좋은 매개체이다. 그러나 혀를 잘못 사용하면 "죽고 사는 것이 혀의 힘에 달렸다"(잠 18:21)라는 말처럼 무서운 결과를 가져온다. 그리스도인들은 주일날 예배당에 나가서는 찬송을 부른다. 그러나 월요일부터 토요일까지 세상에 사는 동안에는 온갖 해악들을 쏟아낸다. 이것은 샘이 한 구멍인데 쓴 물과 단물을 내는 모습이다. 혀는 인생의 전 과정에 길흉화복을 결정하는 매우 중요한 지체임을 깨우쳐 준다. 야고보는 혀를 재갈 물리듯 훈련시켜야 함을 강조한다.

(4) 주의 이름으로 기름을 바르며 기도할지니라(5:14)

야고보는 병든 자는 교회 치리자인 목회 장로를 초청해 주의 이름으로 기름을 바르며 기도하라고 했다. 여기서 말하는 '기름'은 '엘라이오'(ἐλσίῳ)로 올리브 기름을 뜻한다. 고대 세계에서 기름은 병자를 위한 치료약이었다(사 1:6; 막 6:13; 눅 10:34). 기름이 치료약이며 또 기름을 바르는 것은 마음의 위안을 얻도록 하는 상징적인 행위였다.

이렇게 시작된 병자를 위해 기름 바르는 기도는 비드(Bede, 673~735) 때 의식으로 발전된다. 그가 《영국 교회사》라는 저서에서 전염병이 영국을 휩쓸 때 그가 살아남은 이유로 기름을 바르며 기도했음을 설명한다. 이것을 근거로 페트루스 롬바르두스(P. Lombard, 1095~1169)는

《명제집》(*Libri Quatuor*, 1158)에서 종부성사(終傅聖事, extrema unctio)를 말한다. 그 후 아퀴나스(T. Aquinas, 1224~1274)가 종부성사를 가톨릭의 7성사(七聖事, Seven Sacrament)로 교리화한다.

현재 로마 가톨릭에서는 관유(灌油) 또는 성유(聖油)라는 의식이 세례식, 견신례, 서품식, 성당 축성 때 쓰이고 또 죽어 가는 사람이나 죽은 사람의 시신에도 주교가 축성한 물을 바른 후에 장례를 치른다. 가톨릭의 공식 입장은 아니지만 가톨릭 신도들은 불신자라도 관유식 또는 종부성사를 시행하면 구원받는다고 믿고 있다. 참으로 어처구니가 없는 성경 남용의 잔재이다.

2. 필론

1) 필론의 생애(BC 20~AD 50)

알렉산드리아의 필론

필론(Philon) 또는 필로(Philo)는 알렉산드리아 출신의 유대인이었다. 이스라엘 본토의 유대인과 알렉산드리아 디아스포라 유대인은 엄청나게 다르다. 본토 유대인들이 율법적 유대인이라면 알렉산드리아 유대인들은 헬라화된 사상에 겉모습만 유대교 모습을 가진 유대인들이었다.

그 원인은 알렉산드리아 도시의 역사와 관련이 있다. 알렉산드리아는 주전 331년에 그리스 알렉산더 대왕이 이집트를 무혈 정복한 후 신도시로 건설하면서 시작된 도시이다. 알렉산더 대왕 사후에는 프톨레마이오스 왕조가 알렉산드리아를 수도로 삼고 계속 발전시켰다.

알렉산드리아는 지중해를 중심으로 아라비아와 인도와의 무역이 이루어져 1세기경에는 인구 80만 도시가 되었다.

이때 프톨레마이오스 왕조는 알렉산드리아를 헬라화하려고 하였다. 그에 따라 학문 연구소를 위한 부속 도서관이 가장 크게 발달하였고 문헌학, 자연과학 등이 왕성하게 일어났다. 이 같은 문헌학 장려 정책으로 왕조의 후원을 얻어 구약 히브리어 성경을 헬라어로 번역한 70인역이 주전 150년 이전에 이루어졌다.

그런데 주후 30년에 로마제국과 투쟁하던 클레오파트라 7세가 로마 침략을 이겨내지 못하고 자살함으로 이집트는 로마의 속령이 된다. 그래서 이집트가 동로마 제국 영토로 유지하다가 642년 이슬람이 이집트를 정복한 후에 오늘까지 이슬람 영토가 된다. 필론은 프톨레마이오스 왕조 말기와 새로운 지배국인 로마 시대 초기에 활약한 인물이다. 이 시기의 학풍은 중기 플라톤 철학이 주종을 이루던 시대였다. 플라톤 철학은 3단계로 발전한다.[17]

① 고대 아카데미 학파 시절(플라톤 사후(BC 347) 주전 3세기 초까지)

플라톤의 형이상학적 교설이 회의주의, 경험주의로 달라진다.

② 중기 플라톤 학파 시절(BC 1세기부터 AD 2세기까지)

여기서 소개하는 필론과 로마의 키케로, 플루타르코스 등이 중기 플라톤 학파에 속한다. 이들은 플라톤 철학을 종교적 관심사로 연합시킨다. 뒤에 필론에 대해 설명하겠지만 그는 유대교를 철학 사상으로 각종 저작들을 만들어 낸다. 필론의 학문이 중기 플라톤 학파

17) 정수영 저, 교부시대사, 쿰란출판사, 2014, pp. 240-247.

에 해당된다.

③ 신 플라톤 학파 시절(3세기부터 6세기까지)

신 플라톤 철학자가 알렉산드리아 플로티누스다. 그는 로마에 가서 신 플라톤 철학을 보급한다. 여기에 지대한 영향을 받은 기독교 지도자가 아우구스티누스다. 아우구스티누스 신학의 뼈대는 플라톤 철학이고 그 위에다 성경적 용어들로 조직화한 것이 그의 신학이다. 기독교를 철학 사상 아래로 예속시킨 인물이 아우구스티누스라고 할 수 있다.

여기서 소개하는 필론은 중기 플라톤 철학자 중 대표적인 인물이다. 그의 사상은 철저한 플라톤 철학 사상을 유대교와 융화시켜서 유대교가 가장 이상적인 철학이라고 주장한, 유대교를 이용한 플라톤 철학자이다.

2) 필론의 사상

필론의 사상은 그의 수많은 저작들에 반영되었다. 그는 유대교와 구약성경을 플라톤 철학 사상으로 자의적 해석과 논리를 담아 50여 권의 저서를 남겼다.

① 천지 창조에 관하여

그는 창세기 1장에 기록된 "하나님이 이르시되"라는 히브리 단어 '와요메르'(וַיֹּאמֶר)가 헬라 철학의 조물주에 해당되는 '데미우르고스'(δημιουργός)라고 보았다. 또 잠언 8장의 지혜는 헬라 철학의 '이데아'(Idea)다. 또 이사야 55장 11절의 "내 입에서 나가는 말"은 헬라 철학의 '로고스'라고 주장했다. 구약의 '여호와'와 플라톤의 'Idea'가 다 똑같은 신이라고 믿는 그의 신관부터 탈선이 시작된다.

② 《모세의 생애》라는 책에서 모세를 최고의 철학자라고 하고 《창세기와 탈출기(출애굽기) 질문과 대답》에서 기적들을 헬라의 신화로 해석한다.

③ 특수 율법에 관하여, 비유적 해석 등 모든 구약성경을 자기주관적, 비유적으로 해석하여 헬라 철학과 구약이 똑같다고 주장한다. 필론은 자칭 유대인이라고 하나 그는 헬라화된 유대인이었다. 필론이 구약성경을 헬라 철학화시킨 것처럼 거의 모든 교부들이 그리스도교를 헬라 철학과 결부시켜 교리화해서 만든 것들이 오늘날 기독교 신학의 신론, 기독론의 용어가 되었다.

결론

야고보는 육적인 관계로 알게 된 형님 예수에 대해, 자기 경험을 굳게 믿고 예수님 생전에 주님을 반대했다. 그러나 십자가에 죽어서 무덤에 장사 지냈던 예수께서 다시 부활하신 놀라운 사실을 목격한 후 그 인생이 완전 달라진다. 그래서 그는 평생을 나실인으로 긴장 속에 살아감으로 초대교회는 그의 신앙 인격에 감동되어 그를 지도자로 추대하였다. 그는 최후에 순교했으나 그의 독특한 사상을 '야고보서'로 세상에 남겼다.

우리는 야고보서 속에서 믿음은 행함으로 증명되어야 한다는 그의 강직한 사상을 배울 수 있다. 과연 예수님의 형제다운 모습이다.

야고보와 동시대를 살아간 유대인 필론을 본다. 필론은 주체 의식도, 민족 긍지도, 유대교 신앙도 없이 한 시대의 철학자 흉내를 내다가 죽었다. 그가 철학자라고 하나 그의 철학은 유대교 경전들을 플라톤 철학으로 둔갑시킨 재주뿐 독특한 철학도 없다. 참으로 불행한 것은 내가 가진 보물인 성경의 가치를 모르고 남들이 가진 철학을 위대하게 본 어설픈 종교인들이 과거의 지도자로 군림했다는 사실이다.

2세기 교회 지도자들로부터 5세기의 교회 지도자들인 교부들 대부분이 플라톤 철학의 신봉자들이었다. 심정혁(審正赫)은 《다시 써야 하는 세계 기독교사》(e-좋은, 2005)를 출판했다. 그가 저술한 1,008페이지의 방대한 내용 전체가 기독교가 필론의 왜곡된 사상을 계승하고 있는 헬라 철학과 기독교가 혼합된 종교라는 강력한 주장을 한다. 이 주장에 필자도 절반은 동의한다. 기독교가 성경을 따르지 않고 필론 사상을 따르는 시발은 아우구스티누스로 시작해서 중세기 스콜라 신학자들과 개신교의 루터와 칼빈 등 모든 신학의 기초는 헬라 철학이거나 그 주장의 계승 발전에 불과하다. 그렇기에 오늘날의 신학들도 과거부터 현대 신학들이 모두 철학의 뼈대 위에 기독교 용어로 번안시켜 놓은 것들이다. 교회 역사는 과거에는 과거의 철학자들의 철학을 활용했고 현대는 현대 철학자들의 뼈대를 기독교 용어로 바꾸어 놓아서 사용하고 있다. 실로 개탄스러운 사실이다.

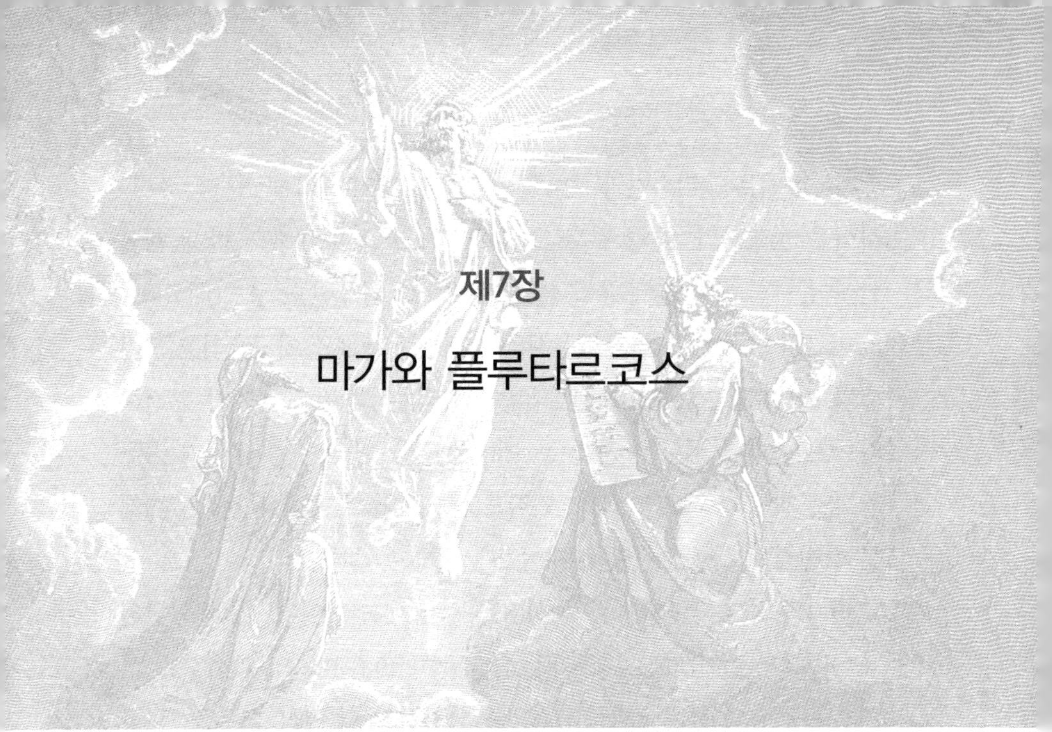

제7장

마가와 플루타르코스

서론

마가는 예수님의 제자가 아니었다. 그러나 예수님의 생애를 친히 목격하였다. 그로 인해 마가의 다락방이라는 그의 집을 사도들이 사용케 함으로, 초대 예루살렘 교회의 탄생에 기여했다. 그 후 삼촌 바나바와의 인연으로 바울의 제1차 선교단원에 참가하였다. 그러나 그가 중도에 귀국함으로 바울과 바나바와 결별하게 하는 요인을 제공한다. 그러나 마가는 뒤늦게 바울과 화해했고 베드로와도 동역했다. 그리고 사복음서 중에서 가장 최초로 마가복음서를 기록한다.

마가보다 조금 뒤늦게 태어난 고대 그리스의 전기 작가로 플루타르코스가 있다. 그는 로마제국의 지배를 받는 피정복자로서 자신이 어떻게 처신해야 되는가를 잘 알고 있었다. 그래서 그리스인, 로마인으로 정치가들, 군인들 50명의 전기를 《대비열전》(對比列傳)으로 저술했다. 이 책은 그리스인과 로마인 23쌍의 46명의 전기를 기록한 후 두 사람을 비교한다. 이와 같은 그의 처신으로 로마 황제의 박해 때도 살아남는다. 이 책이 오늘날 《플루타르코스 영웅전》으로 알려졌다.

마가의 소신 있는 마가복음서와 시대의 난세에 살아남으려고 그리스와 로마 인물을 대비시킨 《대비열전》과는 그 저술 동기가 완전히 다르다. 그러나 세상은 저술 동기보다는 결과만을 소중히 여기는 이기적인 세상이 되고 말았다. 지금도 《플루타르코스 영웅전》은 '세계 문학 전집'으로 대중들에게 재미있게 읽히고 있다.

마가와 플루타르코스는 동시대를 살아간 인물이다. 이들이 남긴 유산이 2천 년이 지난 지금까지 전승되고 있다. 마가의 복음서는 성경으로 전승되고, 플루타르코스의 영웅전은 문학 전집으로 전승되고 있다. 이 두 내용을 비교해 보면서 우리들에게 주는 교훈을 살펴보자.

1. 마가

1) 마가의 생애(AD 30~63)

복음서를 기록하고 있는 마가, 이집트 알렉산드리아 마가교회내

마가는 예수님의 제자는 아니었다. 그러나 예수님 생전에 주님을 추종했던 인물 같다. 마가복음 14장 51-52절을 보면 예수님께서 겟세마네 동산에서 철야를 하신 후 이른 새벽에 대제사장들이 보낸 하솔들에게 체포를 당하신다. 이때 주님과 함께 3년간이나 함께 생활하며 가르침을 받던 제자들이 다 도망쳤다. 이때 마가

는 제자들의 소행에 크게 실망한다. 그래서 그가 기록한 마가복음에 제자들의 비겁함을 그대로 밝힌다(막 14:50).

그때 마가는 벗은 몸에 베 홑이불을 두르고 예수를 따라가다가 무리에게 붙잡히게 되자 베 홑이불을 버리고 벗은 몸으로 도망친 수치스런 과거를 잊지 못한다.

사도행전 1장 12-14절을 보면 주님이 부활 승천하신 후 제자들과 예수를 따르던 무리들이 마가의 다락방에 모인다. 이때 모였던 마가의 다락방은 120여 명이 함께 지낼 수 있을 만큼 넓은 공간이었다. 이 마가의 다락방은 초대 예루살렘 교회가 설립되도록 사용되는 중요한 장소가 된다.

사도행전 12장에는 헤롯 아그립바 1세가 사도 요한의 형 야고보 사도를 죽였다. 헤롯은 베드로까지 죽이려고 옥에 가두어 굳게 지키게 했다. 이때 예루살렘 교회 성도들은 마가 요한의 어머니 마리아의 집에서 합심 기도하고 있었다. 여기 보면 마가는 로마식 이름이고 요한은 유대식 이름임을 알 수 있다. 성도들의 합심 기도로 베드로는 기적처럼 천사의 도움으로 탈출한다.

사도행전 11장 27-30절에는 안디옥 교회 성도들이 예루살렘 교회의 성도들을 위해 연보를 한 후 바나바와 바울이 연보를 예루살렘에 전한다. 사도행전 12장 25절에는 바나바와 바울이 예루살렘 교회에 연보를 전달한 후 마가 요한을 데리고 안디옥으로 돌아온다.

사도행전 13장 4-5절에는 바나바와 바울이 안디옥 교회 후원으로 제1차 선교여행을 떠날 때 마가 요한을 수행원으로 데려간다. 사도행전 13장 13절에는 바울과 바나바와 마가가 밤빌리아 버가에 도착했을 때, 무슨 연유인지 마가가 선교 여행단원에서 빠져 독자적으로 예루살렘으로 귀국하고 만다.

사도행전 15장 36-41절에는 바울이 제2차 선교여행 계획에서 마가를 대동하느냐는 문제로 바나바와 심각하게 다툰다. 결국에 바울과 바나바는 마가 문제로 결별을 한다. 바나바는 마가를 데리고 구브로 섬으로 가고 바울은 실라를 선택해 전에 1차 선교지를 들러 루스드라에서 디모데를 데리고 마게도냐 지방으로 선교를 간다.

그 후 마가는 수년 후에 크게 성숙한 후에 바울 사도가 로마 옥에 갇혀 있을 때 바울 사도의 동역자가 된다(몬 1:24). 바울 사도는 골로새 교회에 보내는 편지에서 바나바의 생질인 마가가 골로새에 이르거든 그를 영접하라고 추천한다(골 4:10). 바울 사도는 에베소에서 목회하는 디모데에게 "네가 올 때에 마가를 데리고 오라 그가 나의 일에 유익하니라"(딤후 4:11)라고 했다. 마가는 베드로와도 좋은 관계를 유지했기에 베드로가 마가를 '내 아들'이라고 했다(벧전 5:13).

마가의 최고의 공적은 마가복음서를 기록한 것이다. 마가는 언제 어느 곳에서 누구를 대상으로 마가복음을 기록했을까? 그에 대한 종합적 판단을 해보자. 예수님의 탄생이 주전 4년경이고 예수님의 사역 시작이 주후 27년 또는 30년이 되며, 예수님의 부활 승천이 주후 30년 또는 33년이 된다. 바울의 회개는 주후 35년 경으로 본다. 그렇다면 마가는 어느 때 마가복음서를 기록했을까? 마가복음서에는 주후 64년의 로마시 대 화재를 기독교도에게 전가시키며 박해한 내용에 대한 언급이 없다. 또 주후 70년의 로마 군대에 의한 예루살렘 함락의 비극을 언급하지도 않는다. 그렇다면 마가복음은 주후 63년 이전에 기록했다는 추정이 가능하다.

그리고 마가복음의 내용은 유대인이나 헬라인을 의식하지 않은 내용들로 기록되었다. 즉 마태나 누가는 유대인을 의식한 족보나 예언 성취, 유대인의 관습 등을 많이 소개한다. 그러나 마가복음에는 그 같은 내용이 전혀 없다. 그렇다면 마가복음은 로마에서 로마인들을 위한 복음서로 기록되었다고 할 수 있다. 따라서 마가는 주후 55~63년 사이에 로마에서 로마인들을 위한 최초의 복음서를 기록한 순수한 복음서라고 할 수 있다. 반면에 마태와 누가는 마가복음서 자료들을 많이 활용하였기에 중복 내용들이 많다. 그렇기에 마가복음서가 최초의 복음서라는 결론에 도달한다.

2) 마가의 사상

마가의 사상은 마가복음서를 통해 알 수 있다. 마가복음서는 예수님의 생애와 교훈과 사역을 소개하고 있다. 그런데 예수님의 생애, 교훈, 사역 소개는 사복음서에 다 똑같이 소개되고 있기에 어느 것이 마가의 사상이라고 말하기가 쉽지 않다. 여기서 복음서들을 연구한 학자들은 다 똑같은 예수님의 생애와 교훈을 소개하더라도 저들이 보는 관점이 어떻게 다른지, 또 저들 각자는 무엇을 더 강조하는지, 보는 관점과 강조점의 차이를 따라서 그것을 각각 다른 저자의 사상이라고 말을 한다.

예컨대 지금 우리는 국제적으로 국내적으로 매우 복잡하고 어려운 상황들 속에서 살아간다. 이와 같은 복잡한 상황에 대한 이해는 각각 다르다. 어떤 이는 미국, 중국, 일본, 북한에 대해 매우 부정적 시각으로 염려를 많이 한다. 또 국내 문제에 대해서도 보수, 진보, 중도의 입장이 각각 다르기에 만나서 대화를 하면 흥분을 한다. 그러나 나는 이 세상의 모든 역사들이 모두 다 하나님의 섭리 속에 진행된다고 믿기에 뉴스를 듣고 잠시 흥분할 뿐 크게 관심을 두지 않는다.

이것은 세상 역사를 보는 관점이 다르기 때문이다.

사복음서 저자들도 마찬가지다. 다 똑같은 예수님의 생애와 교훈을 기록하는데 저들 각 저자는 예수님의 생애와 교훈을 보는 관점이 다르다. 마가는 예수님의 생애와 교훈을 소개하는 가운데 무엇을 많이 강조하고 어떤 면을 보았는가? 마가복음서 전체 속에서 몇 가지를 생각해 볼 수 있다.

(1) **행동의 복음**(The Gospel of Action)

마태복음서는 28장이고 누가복음은 24장이고, 요한복음은 21장이다. 그런데 마가복음은 16장으로 복음서들 중에서 가장 짧다. 그런데도 마가복음서가 다른 복음서들보다 두드러지게 많이 사용하는 단어가 있다. 그것이 '곧', '즉시'라는 부사 '유투스'(εὐθέως)라는 말이다. 이 단어가 마태는 7번, 누가는 10번, 요한은 7번을 사용했는데 마가는 13번을 사용했다. 마가는 예수님께서 가르치신 교훈들보다는 예수님께서 행하신 사역들을 박진감 있게 많이 강조하고 있다.

마가는 예수님이 말씀만 가르치시는 분이 아니라 각종 병자들을 고치시고, 귀신을 쫓아내시고, 죽은 자를 살려내시고, 바람과 바다를 잔잔케 하시는, 행동하시는 예수님으로 강조한다.

이 점에 있어서 마가복음은 복음이란 인간계, 자연계, 영계 등등 모든 영역에 곧바로 능력으로 번져 나가야 된다는 마가 특유의 사상이 반영되고 있다고 할 수 있다.

이 같은 그의 신념으로 예수님의 공생애 소개는 1-2장에 간략하게 설명하고, 2-8장에는 행하심들을, 8-10장에는 교훈들을, 11-16장에는 배척당하시는 종의 모습을 기록한다.

(2) 진정한 제자들(Discipleship)

마가복음서의 40% 정도가 그리스도의 수난 기사에 할애된다. 예수 그리스도께서 왜 수난을 당하시는가? 우리는 그 이유를 마가복음의 핵심 구절이라고 할 수 있는 마가복음 10장 45절의 "인자가 온 것은 섬김을 받으려 함이 아니라 도리어 섬기려 하고 자기 목숨을 많은 사람의 대속물로 주려 함이니라"는 말씀에서 발견할 수 있다.

여기서 마가는 예수님은 섬김의 도(Servanthood)를 실천하신 분임을 강조한다. 마가는 예수님의 제자들이 주님이 수난당하실 때 다 도망갔던 서글픈 사실을 밝힌다. 진정한 제자란 무엇인가? 마가는 제자란 주님이 모범을 보여주신 겸손과 섬김을 실천하는 사람이라고 한다. 섬김이란 고난의 길을 선택하는 것이고 고난은 결코 헛된 것이 아니라 고난 후에는 영광이 따르는 생명의 길임을 강조한다. 그리스도인들이란 원대한 포부와 비전을 품기 이전에 그리스도처럼 먼저 낮아져서 다른 사람을 섬기는 법을 배워야 함을 강조하고 있다.

(3) 메시아의 비밀성(Messianic Secret)

마가는 예수님께서 자신의 신분이 밝혀지는 것을 반대하시고 함구령을 내리신 사실들을 두드러지게 강조한다. 병 고침을 받은 자에게 함구령을 내리신다(막 1:43-44, 5:41-43, 7:31-37). 귀신 들린 자에게도 함구령이 적용된다(막 1:25-27, 34, 3:11-12). 예수님은 약자들에게 이적을 베푸심으로 기적을 체험한 자들이 자신의 기적 체험을 말하지 않을 수 없는데도 말하지 말라고 경계를 하신다. 그 이유가 무엇일까?

마가는 그 이유를 마가복음 9장 9절에서 변화산 위의 변형 사건을 목격한 후 세 제자들에게서 밝히고 있다.

주님은 "인자가 죽은 자 가운데서 살아날 때까지는 본 것을 아무에게도 이르지 말라"고 경계하신다. 여기서 주님이 병자에게나, 귀신 들린 자나, 제자들에게도 그들이 체험하고 본 것을 십자가와 부활 이후에 말하라는 이유를 깨달을 수 있다. 주님은 병 고침이나, 귀신 쫓겨남이나, 변화산상의 변화와 같은 놀라운 기적 사건들을 보았을지라도 십자가와 부활을 이해하지 않고서는 예수님을 바로 이해할 수 없다는 것을 깨우쳐 준다.

그렇다. 지금도 과학으로 고치지 못하는 질병들을 기도응답으로 고침 받을 수 있다. 그래서 기도응답으로 고침받은 것을 신유은사에 의한 특혜라고 자랑하고 간증할 수 있다. 그러나 병 고치는 기적은 기독교 안에서만 이뤄지는 것이 아니다. 불교도나 이슬람교도나 심지어 무당들도 병을 고칠 수 있다.

진정한 기적이 무엇인가? 죽은 자가 다시 부활하는 것이 진정한 기적이다. 주님께서 병을 고쳐주신 자, 귀신들렸다가 고침 받은 자들이 기적을 체험했다고 떠들어댄다 할지라도 부활의 진리를 모르면 아무런 의미가 없음을 아셨다. 그래서 육신의 병 고침이나 특이한 현상을 목격한 것을 말하지 말라고 하신 그 사건은 십자가와 부활을 알아야 이해가 된다. 이와 같은 '메시아의 비밀' 사상을 마가가 강조하고 있다.

(4) 부활 승천 후 하나님 우편의 영광

사복음서의 마지막 결론은 각각 특징이 있다. 마태는 28장 20절에서 제자들에게 모든 민족에게 선교를 부탁하는 내용으로 끝을 맺는다. 누가는 24장 50-53절에 주님의 승천 후 기쁨으로 성전에 들어온 것을 말한다. 요한은 21장 25절에 예수님께서 행하신 일들을 다 기록하려면 그 기록된 책을 감당하기 어려울 것임을 말한다. 그런데 마가는 16장 19-20절에서 주님이 승천하신 후에 하나님의 보좌 우편에 앉으심과 제자들이 활동할 때 하늘 보좌의 주께서 제자들과 함께 역사함을 말한다.

사복음서가 모두 다 주님에 관한 생애와 교훈을 소개하는 내용은 같으나 주님의 사역에 대한 강조점은 각각 다르다. 특히 주님께서 부활 승천하신 후 하나님 우편에 앉으셨다는 마가의 강조는 사복음서 중 유일한 내용이다. 마가는 예수님의 사역의 핵심이 섬기는 종임을 말했다. 그렇게 섬기는 종의 사역의 결과는 하나님 우편에 앉으시는 최상의 영광으로 귀결된다는 논리이다.

마가의 이와 같은 그리스도의 낮아짐과 영광의 회복을 바울 사도는 빌립보서 2장 6-11절에 그리스도께서 자기를 비워 종의 형체를 갖고 십자가에 죽으시니까 하나님께서 그리스도를 하늘과 땅에 있는 자, 땅 아래 있는 자들 중에서 최상으로 높이셨다고 했다. 마가는 단순히 섬기는 삶이 막연한 것이 아니라 고난당하는 그리스도인들에게 소망과 용기를 주는 것임을 설명한다.

2. 플루타르코스(Plutarchos)

1) 플루타르코스의 생애(AD 46~120?)

보이오타의 플루타르코스

플루타르코스는 그리스 중부 보이오타주(州)에 있는 고대 도시는 아니고 마을 중에는 비교적 커다란 읍 수준 정도인 카이로네이마(Charironeia) 마을에서 명문가 자녀로 태어났다. 이 마을은 인구 1천 명도 되지 않는 작은 마을이지만 주전 338년에 신흥 마게도냐 왕국을 일으킨 필리포스 2세(알렉산더의 부친)가 최초로 전승한 기념 사자상이 남아있다.

플루타르코스는 시골에서 도시 아테네 아카데미아 학교를 진학해 철학과 자연을 공부하고 플라톤 학파인이 된다. 그는 철학보다는 변론술, 윤리, 종교 등에 많은 관심을 갖고 스토아학파의 영향을 받은 절충파 문화인이 된다. 그 후 그는 그리스를 떠나 로마 여행을 하며 당시 그리스를 지배하는 로마 제국 내 여러 곳에 여행을 다니며 견문을 넓힌다.

그리고 고국에 돌아가 50세 이후에 집필을 시작한다. 초기에는 간단한 에세이들을 기록한 79편이 《윤리논집》으로 만들어졌다. 그리고 60세부터 10년 이상 걸려 집필한 《대비열전》이 있다. 《대비열전》이란 그리스의 정치가나 학자나 유명인들을 소개한 후에 로마의 유명인들을 소개한다. 그리고 나서 "테세우스와 로물루스의 비교", "페리클레스와 파비우스 막시무스의 비교", "아게실라오스와 폼페이우스의 비교" 등등 그리스인과 로마인들을 대비시켜 소개를 한다. 그래서 작품명이 《대비열전》이었다.

《대비열전》의 전체 구성의 원칙이나 개개인의 배열 방법을 보면 일관성이 있지는 않다. 어떤 경우에는 개인들을 소개하는 것으로 끝을 냈다. 플루타르코스는 각 인물의 성격을 명백하게 밝혀내는 것에 주목적을 삼았고, 역사적 자료들을 근거로 각 인물들을 설명하므로 소설처럼 공론이나 추상이나 자기감정에 의존하지 않는다. 그래서 각각의 개인들의 성격을 정확하게 설명한 후에 그에 대한 판단은 독자에게 맡겼다.

플루타르코스의 《대비열전》을 한국에서는 1973년 을유문화사가 《플루타르코스 영웅전》으로 10권 번역 출판했다. 그 이후로 한국인에게는 《플루타르코스 영웅전》으로 알려졌다. 《대비열전》은 2,000여 년간 계속 전 세계에 알려졌다. 그래서 많은 사람들에게 다양한 영향을 미친다. 예컨대 나폴레옹, 처칠, 히틀러 같은 정치가들에게는 꿈을 일으켜주고 셰익스피어, 볼테르, 루소, 에머슨 같은 문인들에게는 문장력의 기술을 배우게 해 주었다.

2) 플루타르코스의 사상[18)]

플루타르코스는 자기 조국 그리스가 로마 제국의 속주여서 정치적으로 로마의 지배하에 있었다. 플루타르코스가 살아간 때의 로마 제국을 보면, 제11대 도미티아누스(재위 81~96)가 자신을 신으로 숭배하도록 강요를 했다. 그런데 자신의 신격화를 거부하는 세력이 철학자들었다. 따라서 그리스 플라톤과 스토아 철학을 따르는 플루타르코스는 박해의 대상이었다. 도미티아누스(Domitionus)의 박해령으로 사도 요한이 밧모섬으로 유배를 당했다. 플루타르코스는 그리스인과 로마인을 대등하게 설명하므로 황제의 박해를 피해갈 수 있었다. 플루타르코스는 인물들을 묘사할 때 농담을 섞어가며 수다스럽게 이야기를 전개하므로 독자들에게 재미를 주고 있다.

이 책을 통해 플루타르코스의 독특한 사상적인 면을 엿볼 수 있다.

① 진정한 인생이란 무엇인가?

그는 그리스와 로마의 영웅, 위인들의 생애를 통해 그들의 성격과 도덕적 견해를 대비시킨다. 그는 그들이 지닌 정의와 불의, 선과 악,

---

18) 플루타루코스 영웅전 Ⅰ, Ⅱ, Ⅲ, 박현태 역, 동서문화사, 2016.

진리와 허위, 박애와 증오, 이성 간의 사랑 등 인생의 모든 문제들을 자세히 다루어 인생이 무엇인가를 말해준다.

② 사람이 마땅히 지키고 행해야 할 기본이 무엇인가?

이에 대해서 영웅, 위인들의 위대한 성공과 뼈 아픈 실패의 원인을 도덕에 기반한 정의에 초점을 맞춘다. 그래서 "정의는 이기고 불의는 진다"는 그의 단호한 주장이 각 인물들 속에 반영되고 있다. 그는 철학자이되 열렬한 도덕가였으며 장엄한 윤리관을 갖고 있었다. 이 같은 《플루타르코스 영웅전》은 교실이 없는 학교 교사로 많은 인류들에게 교훈을 주고 있다. 그렇기에 2,000여 년 역사 속에 꾸준하게 만인의 추앙을 받아오고 있다.

결론

우리는 다 같은 로마 제국 시대에 로마의 속주(屬州) 상태에 살아간 두 인물을 보았다. 마가는 유대인으로 로마의 영향을 받아 '마가 요한'이라는 이름과 함께 로마인을 위한 마가복음서를 남겼다. 마가복음서는 예수님을 행동하는 그리스도로 묘사하고 진정한 그리스도의 제자도는 '섬김'이라고 역설했다. 이 땅에서 가장 존중받으며 살아갈 정신은 '섬김'이다. 자기 개성을 가장 귀중하게 예찬하는 이 시대에 '섬김'이라는 개념은 약자의 노예 도덕처럼 무시당하기 마련이다. 그러나 그리스도의 모범은 진리임을 확인시켜 준다.

같은 시대를 살아간 플루타르코스는 《대비열전》이라는 작품으로 과거의 그리스, 로마인의 삶과 정신을 알려주었다. 과거의 사람들과 현대인들에게 시간적 격차는 있으나 본성은 한결같다. 이 시대에 권력, 욕망, 지배욕에 사로잡혀 살아가는 사람들에게 참된 인생이 무엇인가를 과거 인물들을 통해 거울로 보여 주고 있다. 참으로 많은 정보와 유익한 교훈을 주는 공적을 남겼다.

제8장

마태와 요세푸스

서론

마태는 알패오의 아들로 유대인이었다. 그는 자기 조국을 정복한 로마 제국의 관리로 세리라는 직업을 선택한 세리 레위로 불렸다. 그는 주님의 부름으로 예수님의 제자가 되었다. 그가 저술한 마태복음서는 예수님의 교훈과 사상을 가장 폭넓게 기록하였다.

요세푸스 역시 유대인이었다. 그는 유대인 귀족 가문에 태어난 바리새인이었다. 그는 자기 조국을 지배하는 로마 제국에 반항하여 유대인들의 집단 항쟁 때 갈릴리 지역 사령관으로 활약했다. 그렇게 애국자였던 그가 베스파시아누스 로마군 사령관에게 체포당한 후에 항복을 한다. 그리고 베스파시아누스 아들 티투스를 도와 예루살렘을 함락하게 한다. 조국이 폐허가 되도록 도운 요세푸스는 변절자로 로마에 귀화하여 안정된 여생을 마친다. 요세푸스는 유대교인이었다가 로마인으로 변절한 후 자기를 변명하는 여러 가지 저술을 했다. 《유대인 전쟁》을 통해 유대 나라가 망하게 된 원인을 설명하고 구약 성경들을 소재로 《유대인의 고대사》 20권을 기록하는 등 그는 변절자였으나 역사가로 이름을 남긴다.

마태는 유대인으로 로마 관리가 되어 많은 비난을 받고 살다가 주님의 제자가 되어 복음서를 기록함으로 전화위복의 증거를 보여줬다. 반면에 요세푸스는 유대인으로 조국을 배신하고 로마인으로 변절해 저술들을 통해 역사가로 알려졌다. 마태와 요세푸스는 다 똑같은 유대인이며, 동시대 인물이다. 그런데 같은 시대를 살아가면서 어떤 길을 선택하였는가? 그들이 살아간 다른 삶을 통해 전혀 다른 평가를 받고 있다.

오늘 우리들도 다 같은 시대를 살아가고 있다. 그러나 '똑같은 시대 속에서 어떤 삶을 살아가느냐?'라는 삶의 내용이 완전히 다른 평가를 만든다. 두 사람의 삶을 통해 오늘 우리 삶의 내용은 무엇이 되어야 하는지 깨닫고 경각심을 얻도록 하자.

1. 마태

1) 마태의 생애(33~68)

마태의 개인적 생애에 관한 내용은 매우 제한적이다. 마가복음 2장 14절에 알패오의 아들 레위가 세관에 앉아 있다가 주님의 제자로 부름받았음을 말한다. 누가

부름받은 마태(마9:9~13), 헨드릭크 테르부룩헨 작, 1621년, 유트레히트 중앙 박물관 소장

복음 5장 27절을 보면 레위라 하는 세리를 주님이 부르셨다고 했다. 그러나 마태는 마태복음 10장 3절에서 세리 마태라고만 한다.

이상의 내용을 종합해 본다면 마태는 유대인 알패오의 아들로 그의 이름이 '결합시키는 자'라는 뜻의 '레위'와 '하나님의 은사'라는 뜻의 '마태'라는 두 가지 이름을 가지고 있었다. 그런데 마태의 직업은 가버나움 세관의 세리였다. '가버나움'은 갈릴리 호수 북동쪽에 있다. 가버나움이 구약성경에는 나타나지 않는데 신약성경에 나타나는 것을 보면 아마도 바벨론 포로 귀환 이후에 건설된 마을인 듯하다.

그러나 오늘날은 주님의 예언(마 11:24)대로 사라져 버렸다. 주님께서는 나사렛에서 성장하신 후 가버나움을 제2의 고향처럼 사역의 본거지로 삼으셨다. 주님은 이곳에서 백부장 하인의 병(마 8:5-13), 네 명의 친구들에게 매어져 온 중풍병자(막 2:1-12), 왕의 신하(요 4:46-54)를 고치는 기적을 베푸셨고, 이곳 세관에 세리로 있던 마태를 부르셨다.

이 당시 '세리'란 '텔로네스'(τελώνης)다. 이 말은 세금 징수원(tax collector)이란 뜻이다. 로마 제국은 특정 지역에 세금을 징수해 내기 위해서 공개 입찰로 많은 액수를 써내는 이에게 세리장을 주었다. 예컨대 안양시 지역 세리장이 1년에 10억을 로마 정부에 내겠다고 응찰하면 로마 정부는 군대를 지원해 그를 도와줬다. 그 후 세리장은 일반직 세무 징수원들을 통해 인정 과세 방법으로 20억이든, 30억이든 뜯어내는 것이다.

이들 세리들은 로마 제국을 위해 고용된 하인으로 로마 정부를 위해 동족을 착취한다는 반역자, 변절자로 낙인찍혔다. 세리들은 이교도들과도 사업상 관계를 했다. 이 때문에 세리는 반역자, 죄인들, 창기들, 이교도들과 같은 부류로 멸시당하는 존재였다(마 9:11, 18:17, 21:31).

마태가 이와 같은 세리 출신이었기에 일반 유대인은 물론이고 같은 제자들마저도 그를 인정하지 않았다. 그러나 주님은 마태를 제자로 삼으셨다.

마태는 사회적으로 비난의 대상인 세리를 제자로 삼아 주심에 감격해 그의 동료들을 초대해서 예수님과 함께 식사하며 동료들을 그리스도께 인도하려고 한다(눅 5:29-32).

마태는 그가 세리라는 직업에서 훈련받은 특징을 활용해 다른 복음서에 없는 사건들을 많이 소개한다. 동방 박사들의 베들레헴 방문, 애굽으로 피난 가신 아기 예수, 산상수훈 내용 등은 마태복음에만 기록된 내용이다. 마가는 예수님의 '행하심'들을 주된 관점으로 기록한 '행동의 복음서'를 기록했다. 그러나 마태는 주님께서 가르치신 교훈을 무엇으로 보았는가? 주님의 진리의 교훈들을 소개하는 데 주력한다. 그렇기에 마태복음서가 마가복음서보다 늦게 기록되었으나 중요성에서는 훨씬 소중하다.

마태는 구약성경에 예언되었던 모든 내용들이 예수 그리스도의 출생, 사역, 죽음 속에 다 이루어졌다는 구약성경의 성취자로 그리스도를 소개한다. 이것은 구약성경과 신약성경이 하나로 연결되었다는 두 시대의 연속성을 설명하는 독특한 역사관의 반영이다.

마태의 복음서는 구약의 메시아가 예수 그리스도이심을 변증해 준다. 마태는 주후 60~70년 사이에 복음서를 기록했다. 그리고 그의 최후에 대해서는 알 길이 없다. 자신을 드러내기를 매우 제한하는 그의 성격으로 볼 때 조용히 순교했을 것이다. 위경인 순교사화에는 황당한 식인종 민족을 선교하는 도중에 순교한 사화가 전해지고 있다.

2) 마태의 사상

(1) 예수 그리스도의 메시아 입증

마태는 유대인으로 구약성경의 신봉자였다. 구약성경의 메시아는 정치적으로 이방 민족들을 제압하고 현실적으로 다윗 왕국 때 같은 옛 이스라엘을 회복할 것으로 믿었다. 그 같은 믿음으로 당시 정치적, 현실적 지배국인 로마인의 관리인 세리직을 선택했을 수도 있다.

그러나 동족들의 혐오와 동료 제자들의 무시 속에 주님과 함께하는 제자 생활 3년을 겪으며 주님으로부터 구약성경과 전혀 다른 새로운 복음들을 듣게 되었다. 주님의 부활과 성령 강림으로 30년대 초반에 초대교회가 탄생되었다. 그러나 30여 년 교회 생활이 흐르면서 60년 후반에는 유대인들이 예수의 메시아성을 거부하는 반격으로 이미 기독교로 개종한 초대교회마저도 혼란과 갈등을 겪게 되었다. 그 이유는 초대교회는 아직 예배당이 없었기에 성전이나 회당에 모여 예배를 드림으로 유대교도들과 자주 마찰을 일으켰기 때문이다.

이와 같은 상황에서 유대인과 비기독교 유대인 모두를 향하여 예수의 메시아이심을 변증하고 또 선교할 목적으로 마태복음서를 기록하게 된다. 그렇기에 마태복음서는 단연코 구약성경을 믿는 유대인들에게 구약성경의 메시아가 바로 예수 그리스도라는 사실을 구약성경과 예수님의 생애를 연결시켜 설명한다. 마태는 유대인들이 잘 알고 있는 구약성경들의 내용과 예수님의 생애를 연결시킨다.

예컨대 예수님의 출생을 보면, 이사야 7장 14절의 처녀 탄생 예언이 마태복음 1장 23절에서 이뤄졌다. 또 미가 5장 2절의 베들레헴 예언이 마태복음 2장 6절에서 이뤄졌고, 이사야 40장 3절의 광야가 마태복음 2장 23절의 나사렛이다. 또 예수님의 사역지로 이사야 9장 1절의 "요단 저쪽 이방의 갈릴리를 영화롭게"라는 구절이 마태복음 4장 15절의 가버나움 사역을 의미한다. 또 시편 22편 1절에 "내 하나님이여 내 하나님이여 어찌 나를 버리셨나이까?"라는 내용이 마태복음 27장 46절의 "엘리 엘리 라마 사박다니"이다. 또 스가랴 11장 12절의 은 30개라는 말이 마태복음 27장 9절에서 이뤄졌다. 이런 식으로 과거의 구약성경 내용들을 모두 예수 그리스도와 연관시켜 설명한다.

마태의 구약성경 인용 가운데 직접 인용이 53회, 간접 인용이 76회 등으로 모두 129회 인용한다. 마태는 이렇게 구약성경을 인용하면서 과거 구약성경의 정치적, 현실적 메시아관이 잘못되었다는 유대주의를 깨트린다. 그리고 새로운 메시아관을 제시한다. 마태는 구약의 메시아관이 잘못되었으며 새로운 메시아관으로 '하나님의 나라'인 '천국'관을 소개한다.

(2) 메시아의 핵심 사상인 천국

마태는 메시아이신 예수 그리스도께서 오셔서 구약의 잘못된 메시아 사상을 깨버리고 새로운 메시아께서 깨우쳐 주신 새 메시아의 핵심 사상으로 천국을 소개한다. 마태복음 안에는 '하나님의 나라'라는 '헤 바실레이아 투데우'(ἡ βασιλεία του θεού)와 '천국'이라는 말 '헤 바실레이아 톤 우라논'(ἡ βασιλεία τωΓ ούρανων)을 같은 뜻으로 사용하고 있다. '나라'라는 '바실레이아'(βασιλεία)는 '① 군주가 다스리는 지역, ② 군주의 통치가 미치는 곳'이란 뜻이다. '하나님의 나라' 또는 '천국'은 하나님의 다스림이 미치는 곳을 의미한다.

하나님의 다스림이 미치는 곳은 현재 성도들의 심령 속에서 시작이 되어 미래에 영원한 하늘나라에서 완성될 것이다. 그렇기에 하나님의 나라는 현재 성도들이 성령으로 거듭날 때 영적으로 시작되고 장차 주님 재림 때 영광의 부활로 완성된다. 따라서 하나님의 나라는 내재적이고 초월적이다. 이와 같은 하나님 나라의 개념은 마태복음서 외에는 신약 전체에 거의 나타나지 않는다. '천국'이라는 용어는 마태복음에 31회 사용되고 바울 서신 중 디모데후서 4장 18절에서만 나타나는 마태의 독특한 사상이다.

마태는 '하나님의 나라', '천국', '교회'를 같은 개념으로 사용하고 있다. 복음서 안에서 '교회'라는 말을 사용한 것은 마태뿐이다(마 16:18, 18:17). 마태가 말하는 교회는 주님께서 '내 교회'를 세우실 미래 사항의 교회로 주님의 구속 사역 이후에 이루어질 미래의 교회로 언급하고 있다. 이렇게 주님께서 미래에 세우실 교회가 에베소서 1장 22절에는 그리스도를 "만물 위의 교회의 머리로 삼으셨느니라"고 해서 그리스도의 구속 사역으로 교회가 완성되었음을 말한다.

이 같은 교회는 "성령 안에서 하나님이 거하실 처소"가 교회다(엡 2:22). 성령님을 모신 성도들이 머리 되신 그리스도를 중심으로 몸을 이루어 가는 것이 지역 교회이고 건물이 서로 연결된 것이 교회이다(엡 1:23, 2:21). 이렇게 지역을 중심으로 한 지체들을 예루살렘 교회(행 5:11), 안디옥 교회(행 13:1), 가이사랴 교회(행 18:22)라고 불렀다.

마태가 주장하는 '하나님의 나라', '천국', '교회'는 모두가 상통되는 같은 개념을 다르게 표현한 것이다. 다만 교회는 시간적으로 이 세상의 삶에 국한되지만 '천국'과 '하나님의 나라'는 반드시 이 세상에서 시작된 자들에게 미래 부활 이후에 완성될 영원한 세계라는 시간적 차이가 있을 뿐이다.

(3) 천국의 성격과 천국 시민의 정체성

천국은 심령의 변화인 중생으로 시작된다. 그런데 천국은 비밀 사항으로 은닉되어 있다. 마태복음 13장을 보면 여러 가지 비유의 설명이 나온다. 천국을 소유하려면 좋은 땅처럼 사욕이 없어야 하고 밭에 감추인 보화를 획득하기 위해 가진 소유를 청산해야 할 것이지만 천국은 겨자씨 한 알처럼 작은 것이 큰 결과를 가져오고 가루 서 말 속에 들어간 누룩처럼 주변에 영향을 줘야 한다. 이렇게 천국의 성격을 바로 깨달은 자는 천국 시민으로서 정체성을 갖고 살아가야 한다.

천국 시민의 정체성을 산상수훈에 요약해 놓았다. 천국 시민은 율법을 완성하고 율법을 능가하는 도덕적 완성자로 서기관과 바리새인보다 더 우수해야 한다. 그래서 이 세상에서 빛과 소금과 같은 능력을 발휘하면서 살아가야 한다. 천국 시민이라는 존재(Being)는 행위(Doing)와 분리될 수 없다. 나의 행위를 보고 하나님께 좋은 소문을 드러내는 것만이 진정한 천국 시민의 정체성을 드러내는 것이다.

(4) 지상 최고의 명령

개인적 신앙생활은 겸손, 인간 존중, 서로 용서를 실천할 때 건전한 공동체가 형성된다. 공동체는 ① 말씀 선포(Proclamation) ② 제자 양육(Disciplining) ③ 돌봄과 치유(Caring and Healing)의 균형 잡힌 사역을 해야 한다. 말씀 선포만 있고, 양육적 치유가 없는 불균형적인 교회는 지상 명령 수행에 부적절하다. 세상 끝날까지 주님께서 동역하게 되는 교회가 되려면 균형 잡힌 사역이 시행되어야만 한다. 이 모든 내용들이 마태가 강조하는 주된 사상이라 할 수 있다.

2. 요세푸스

1) 요세푸스의 생애(AD 37~100?)

로마 제국의 역사가 플라비우스 요세푸스

그는 유대인 제사장 가문에서 태어났다. 본명은 요셉 벤 마티아스(Josep ben-Motthias)다. 그는 바리새주의를 신봉하였고 청년기에는 한동안 종교적 금욕주의자로 지내다가 나중에는 제사장이 되었다. 그는 주후 64년에 유대인 사절단원 중 하나로 로마의 네로 황제를 방문하는 일원으로 로마를 방문하고 돌아온다. 이때 그가 조국에 대해 희망을 상실한 것 같다.

그러나 그는 제1차 유대인 전쟁(66~73년) 때 로마 침략군들과 맞서서 유대인군의 갈릴리 지구의 지휘관으로 싸웠다. 이때 요트바타(Jotbata, 민 33:33-34의 욧바다) 지역 전투에서 로마군 총사령관이며 후에 황제가 된 베스파시아누스(Titus Flavius Vespasianus, 재위 69~79)에게 항복하였다. 그는 투옥 중에 사령관을 만나 장차 황제가 될 것이라는 예언을 하므로 베스파시아누스의 환심을 산후 그의 부하로 변신한다. 그리고 동족들에게 로마군에게 항복할 것을 권유한다. 그리고 그의 아들 티투스(Titus, 주후 79~81)를 도와 예루살렘 함락(AD 70) 작전에 크게 기여한다. 예루살렘 함락과 예루살렘 성전 파괴와 유대인 포로 10만 명을 이끈 티투스와 함께 로마로 간다. 그는 로마로 가서 플라비우스라는 베스파시아누스 가문의 성을 받고 로마 시민권과 토지 및 연금을 받으면서 저작 활동에 전념한다.

2) 요세푸스의 저작과 사상

① 유대인 전쟁(Jewish War, 75~79) 7권[19)]

그는 자기가 유대인으로 로마에 항복한 이유에 대한 자기변명과 로마에 대한 아첨으로 애국심이라는 궤변을 기록했다. 이 책의 내용은 주후 66년에서 70년에 일어난 유대인 전쟁에 대한 개인의 회상과 갈릴리 지역 분봉왕이었던 헤롯 아그립바 2세와의 관계에 대한 회상 그리고 공문서들을 토대로 한 유대인 전쟁사다. 그의 변덕스럽고 이기적인 성격이 잘 노출되는 내용이지만 유대인 전쟁에 대한 사료적 가치가 있는 저서다. 이 책은 그가 아랍어로 작성해서 로마를 괴롭히는 여러 민족들에게 전달되어 로마에게 반항해야 아무 유익이 없다는, 로마를 변호하는 내용이다.

그는 유대인 전쟁의 원인이 전쟁을 선동한 열심당(熱心當, Zealots)이라며 주후 1세기의 유대인 민족주의 저항세력들 가운데 대표 세력인 열심당을 규탄했다. 그리고 자기 동족인 유대인들에게는 죄가 없다는 논리로 애국심과 자기가 민족을 배반한 것에 대하여 변명했다. 이 책이 그리스어로 기록되어 현존하고 있다.

② 유대인 고대사(Archacolgy of the Jews)

이 책은 93~94년에 완성한 20권의 책이다. 이 책은 구약 70인역에 따른 유대 민족의 역사를 구약성경을 근거로 기록한 내용과 또 구약성경에 기록되지 않은 헤롯 왕가의 역사와 제18권에는 예수님에 대한 내용을 담고 있다. 이 중에서 예수님에 관한 내용을 "Testimonium

---

19) H. Schreckenberg, Bibliographic zu Josephus, 1968.

Flavia-num"이라는 사본 중 하나로 인정하는 것이 있다. 이 내용은 후대 그리스도인들이 요세푸스의 문체를 약간 수정하고 내용을 삽입한 점이 인정되지만 그래도 고대 자료로 가치가 있음이 현대 학자들의 견해이다. 그리고 여기서 침례자 요한의 내용과 주의 형제 야고보 내용도 다루어서 이들에 대한 참고자료가 되고 있다.

③ 기타

자신의 일대기를 《생애》(The life)로 1권, 《아피온 반론》(Contra Apionem) 2권은 당시의 반(反)셈족주의를 반박 비판한 내용이다. 이와 같은 저서들은 구약성경에 기록된 유대인의 민족사를 다르게 소개한 역사 자료가 되고 또 유대인 전쟁 전후사와 로마 역사의 참고자료가 된다. 그리고 신약성경 이외의 그리스도교 초기 역사 내용도 참고자료가 된다.

결론

요세푸스는 동족들이 예루살렘 함락 때 100만 명이나 희생되었고 10만이 포로로 끌려가 콜로세움을 건설하는 수난 속에서도 동족을 배반하고 부귀영화를 누린 배반자다. 다른 한편 동시대를 살아간 마태는 처음에 로마의 관리인 세리였으나 주님의 제자로 마태복음서를 남겼다. 마태는 요세푸스처럼 부귀영화를 누리지 못했으나 그의 삶과 복음서는 만대에 빛날 영광스러운 공헌을 했다. 두 사람의 극단적 비교를 통해 우리가 어떻게 살아가야 되는가를 배우게 된다.

제9장

누가와 타키투스

서론

누가는 헬라인 의사였다. 그는 바울 사도의 제2차 선교 여행에 동참하여 그리스도에 관한 내용을 많이 듣고 배운다. 그는 바울 사도가 제3차 선교 여행 후 예루살렘 방문 때 동행하고, 또 바울 사도의 로마 호송 때 참여한다. 누가는 헬라인 특유의 역사성과 문장력으로 누가복음을 기록하고 또 초대교회의 발전 과정과 이방 교회들의 역사인 사도행전을 기록했다. 누가의 복음서와 사도행전은 초대교회와 1세기 때의 이방 교회 역사에 대한 기본적 자료가 된다. 그는 평생을 독신으로 살면서 경건한 신앙인으로 귀중한 역사서를 남겼다.

누가보다 조금 늦게 태어난 타키투스가 있다. 그는 로마 제국 속주에서 태어났다. 그러나 그는 로마 군인으로 출발하여 정치가로 모든 경험을 두루 겪은 후 소아시아 총독으로 활동하다 죽었다. 그는 정치가였으나 영국인, 게르만인에 관한 저서와 로마 황제들의 연대기 등을 저술했다. 그의 저서들이 1~2세기의 로마 제국 자체와 주변국을 이해하는 많은 참고자료들을 제공해 주고 있다.

같은 시기에 예수님과 교회 역사를 저술한 누가와 로마 황제들이나 주변국 내용을 저술한 타키투스를 비교해 봄으로 동시대인들이 후세에 끼치는 영향력을 판단해 보자.

1. 누가

1) 누가의 생애

복음을 기록하고 있는 누가, 바티칸 사도 박물관 소장

누가는 어느 나라 사람인가? 이에 대해 그를 유대인이라고 보는 이도 있으나 헬라인이라는 것이 일반적인 견해이다. 그렇다면 누가의 고향은 어디인가? 사도행전에 안디옥에 관한 내용으로 수리아(시리아) 안디옥(행 13:1)과 비시디아 안디옥(행 13:14)이 있다. 이에 대해서 누가가 기록한 것으로 전해지는 사도행전 내용 중 수리아 안디옥에 관한 내용이 십수 회 나타나는 것을 근거로 수리아 안디옥 설이 가장 많은 지지를 받는다(행 11:20 참조).

누가는 어떤 인물인가? '누가'라는 이름은 로마 제국 시대 때 해방된 노예들을 라틴식으로 부르는 약칭인 Lucanus나 Lucius의 약칭인 '누가'로 보인다. 이 같은 통례에 의하면 누가는 해방된 노예일 가능성이 많다. 그런데 그를 바울 사도가 "사랑을 받는 의사 누가"(골 4:14)라고 표현한다. 그리고 그가 기록한 것으로 전해지는 사도행전에 의학 용어들이 많이 사용되고 있는 점도 사도행전 저자로 인정되고 있다.

의학 용어들로 '중한 열병'(눅 4:38), '핏방울'(눅 22:44), '발과 발목'(행 3:7), '병 나은 사람'(행 4:22), '눈에서 비늘 같은 것'(행 9:18), '벌레에게 먹혀'(행 12:33), '맹인'(행 13:11), '열병과 이질'(행 28:8) 등등의 표현들이 있다. 이처럼 누가가 헬라인 의사로 누가복음과 사도행전의 공동저자라는 것이 일반적인 견해이다.

그렇다면 누가는 언제 회심을 하였는가? 바울 사도가 디모데나 디도를 '믿음의 아들'이라고 부르는 데 반해 누가에게는 그런 표현을 하지 않는다. 그렇기에 누가는 바울 사역을 통해 회심한 자는 아니다. 혹자는 누가복음 24장 13-35절에 엠마오로 향해 가던 두 사람 중 하나는 글로바(18절)였고, 다른 하나가 누가였을 것으로 추측한다. 누가는 바울 사도의 선교 이전에 회심했을 가능성이 있다.

누가와 바울 사도의 인연은 바울 사도의 제2차 전도여행 때 드로아에서 마케도냐 환상을 본 이후부터로, 이때부터 바울을 따른다(행 16:8-10). 사도행전 기록자가 누가라고 한다면 사도행전 내에 '우리'라는 일인칭 복수형들로 표시된 부분이 누가의 동행을 의미한다. 사도행전 16장 10-17절은 바울 일행이 드로아에서 빌립보까지, 사도행전 20장 5절부터 21장 18절은 빌립보에서 밀레도를 거쳐 예루살렘까지, 사도행전 21장 1절부터 28장 16절은 가이사랴에서 죄수 호송단으로 로마에 도착하기까지 세 곳이 '우리'라는 누가의 동행을 의미한다.

이렇게 누가는 바울 사도와 인연을 계속하며 결국에는 바울 사도가 로마 옥에 갇혔을 때 바울을 돕는 자가 되어 바울은 이 사실을 골로새 교회 빌레몬에게 전한다(몬 1:24; 딤후 4:11). 바울 사도가 유대 율법주의적으로 엄격한 반면에 누가는 헬라의 경건주의적 관용성을 가진 사람이다. 그는 헬라 문학에 조예가 깊고 구약성경도 잘 아는 부드러운 성품의 사람이었다. 그가 바울 사도가 로마 옥에 갇힌 주후 61-63년 사이에 누가복음과 사도행전을 기록한 것으로 본다.

2) 누가의 사상

(1) 누가복음의 사상

① 복음의 역사성(Historicity)

사복음서들은 각각 다른 특징을 갖고 있다. 로마인들을 대상으로 하는 마가복음은 로마인들의 기질처럼 예수 그리스도를 행동하시는 메시아로 부각시킨다. 유대인들을 대상으로 하는 마태복음은 유대인들이 익숙하게 잘 알고 있는 구약성경과 그리스도 생애를 결부시켜 진정한 메시아가 그리스도임을 부각시킨다. 헬라인들을 대상으로 하는 누가복음은 헬라인들의 합리적 사고에 맞게 세상 사람들이 다 인정하는 로마 제국 황제들의 연대를 메시아의 연대와 결부시킨다. 이것은 누가가 복음서란 단지 유대인들 일부만의 민족적 역사가 아니라 당시의 세계사라는 역사적 배경을 설명함으로 복음의 확실성과 신빙성을 보증하는 역사적 사실임을 드러내는 누가 특유의 사상이다.

그 근거가 누가복음 1장에서 예수님보다 약 6개월 전의 침례자 요한의 임신 사실과 6개월 후의 예수님의 임신 내용을 기록한 후 2장에서 가이사 아구스도의 호적령에 의한 예수님 탄생 사건으로 연결된다. 그리고 3장에서 가이사 아구스도가 죽고 난 후 황제 디베료 황제가 통치한 지 15년 후에 본디오 빌라도가 유대 총독이며 헤롯 대

왕의 아들들이 유대 각 지역 분봉왕일 때 침례자 요한의 사역이 시작되었음을 설명한다.

여기서 우리는 누가만의 독특한 역사의식을 깨달을 수 있다. 중국의 고대 역사 가운데 요순 시대의 황홀한 역사나 일본 천황의 역사는 신화나 미신적 요소가 있다. 한국의 단군 신화도 역사가 아닌 미신적 신화다. 이와 같은 역사성이 결여된 신화나 미신은 신빙성을 얻을 수가 없다.

그러나 누가는 침례자 요한이나 예수 그리스도의 임신, 출생, 사역 등 모든 것이 전 세계인이 인정할 수 있는 로마 제국의 사실적인 역사 속에 이뤄졌다는 역사성을 증명한다.

② 구원의 보편성(Universality)

구약 유대교는 이스라엘 민족만의 선민의식에 가득 찬 독선적, 배타적 종교였다. 그러나 참된 메시아는 유대인만 위한 분이 아니시다. 그는 족보가 유대인의 조상 아브라함에서 시작되지 않고 아담에서 시작되었다는 것은 인류 모두에게 적용되는 보편성을 강조한다.

그래서 예수님이 유대인들 같은 특정 민족만을 위한 구주가 아니라 온 세상 만민의 구세주이심을 강조한다. 누가복음은 여인들, 어린아이, 가난한 자, 과부, 세리, 죄인, 사마리아인, 소경, 문둥병자 등등 모든 계층과 신분을 뛰어넘는 구원의 보편성을 강조한다. 그래서 누가는 주님이 오신 목적이 잃은 자를 찾아 구원하시려는(눅 19:10) 것으로 보고 소외된 자들에 대한 관심과 사랑, 한 영혼에 관한 진정한 관심을 두드러지게 강조한다.

③ 하나님 나라의 개방성(현재성)과 폐쇄성(미래성)

누가는 하나님의 백성이며 선민의식에 빠져서 메시아를 불신하는 유대인들을 향해 하나님의 나라는 이미 임하였다는 현재성을 강조한다(눅 17:20-21). 이와 같은 하나님의 나라는 어린아이처럼 자기를 낮추는 자에게는 개방성을 갖는다. 그러나 저들이 비록 아브라함의 자손이라 할지라도 하나님의 나라를 오해하는 자들에게는 하나님 나라의 잔치에 배제되는 폐쇄성을 갖게 된다. 그리고 하나님의 나라가 현재에는 각 사람의 심령에서 시작되지만 누가복음 19장 11~27절의 열 므나의 비유로 하나님의 나라는 미래에 완성될 것을 말씀하신다.

하나님의 나라는 이처럼 예수님의 초림으로 이미 시작되었으나 예수님의 재림으로 완성된다. 하나님의 나라는 '이미'(already)와 '아직'(not yet) 사이의 긴장 관계 속에 형성된다. 이 긴장 관계 속에서 그리스도인들은 어떻게 살아가야 하는가? 그것은 십자가와 부활을 계속 이어가야만 가능하다.

십자가가 없는 삶은 부활의 영광을 얻을 수 없다. 하나님 나라의 현재성은 십자가의 삶이고 하나님 나라의 미래성은 부활의 영광이다. 모든 그리스도인은 십자가와 부활의 조화를 맞추는 삶을 살아가야만 한다. 이렇게 십자가를 지는 신앙이란 시련을 겪어야 되는 것이고 시련을 겪은 자만이 성령의 능력이 따른다는 것이 사도행전의 핵심 내용이다.

(2) 사도행전의 사상

① 오순절 성령 강림과 신약교회의 탄생

하나님의 인류 구원의 역사는 창세기부터 사복음서까지 연속된 사건이었다. 그렇게 연속된 결과가 사도행전의 오순절 성령 강림에 의한 신약교회의 탄생이었다. 사도행전은 하나님의 구원 역사가 과거와 완전히 달라졌음을 설명한다. 그 구체적인 증거가 무엇인가?

과거 구약 시대 때에도 성령님이 계셨다. 구약 때의 성령님은 특수적이었고 제한적이었다. 구약 때는 왕, 제사장, 선지자 등 하나님의 사역자들에게만 임하는 성령님이었고, 그 성령님은 범죄할 때 떠나가셨다. 예수님의 공생애 때도 성령님이 계셨다. 그러나 예수님께서 영광을 받지 않으실 때라 성령이 아직 임하지 않고 있었다(요 7:39). 그런데 오순절 성령 강림 후 성령님은 일반화되었다. 베드로 설교처럼 하나님의 영을 모든 육체에 부어줌으로 자녀들, 젊은이들, 늙은이들, 남종, 여종(행 2:17-18)에게 성령님이 임해 왔다.

이렇게 성령님이 일반화된 새로운 구속 방법이 신약교회였다. 과거 구약의 선민 이스라엘 민족의 구속 개념이 신약에서 누구든지 그리스도를 믿고 고백하는 모든 인류에게 적용되는 '교회' 개념으로 달라졌다. 누가는 이 사실을 사도행전 전체에서 강조하고 있다.

② 시련을 통한 교회 성장

예수님의 생애는 복음을 위한 현실적 삶으로 시련 후에 십자가로 귀결된다. 마찬가지로 교회가 이 세상에서 존재하고 유지되려면 십자가와 같은 시련을 겪어야만 한다. 교회가 이 세상에서 구별되어서 하나님 편에 서려고 하면 세상을 장악하고 있는 사탄의 세력들이 온갖 수단 방법을 가리지 않고 반격하고 저항하는 세력 앞에 직면할 수밖에 없다. 교회가 이 세상에서 살아가면서 반대와 반발을 받지 않는다는 것은 사탄 세력과 동조한다는 역설적 현상이다. 교회는 사탄이 지배해 오던 세상을 하나님 편으로 바꿔야 하는 본질적 사명 때문에 세상으로부터 시련을 겪어야만 한다.

이렇게 시련을 겪고 그것을 이기는 자에게만 성령이 함께 역사하고, 그렇게 성령이 역사할 때 교회는 성장한다. 사도행전은 사도들과 초대교회 성도들이 당시 세상을 장악하고 있는 종교 지도자나 세상 군왕이나 군중들에게 박해받는 시련을 극복하면서 교회를 성장시킨 역사 기록이다.

과거에나 지금이나 앞으로도 불변할 법칙이 있다. 그것은 교회가 교회다운 사명을 제대로 수행하려면 말씀대로 순종하는 삶의 모범과 성령님께만 순종하는 경우에 성장하는 핵심 원동력이 된다는 진리이다. 그래서 사도행전을 사도들이 성령에 순종한 '성령행전'이라 하고 그 원칙은 지금도 계속 동일하게 적용되는 것이다.

2. 타키투스

1) 타키투스의 생애(55~117)

로마 제국의 역사가 푸블리우스 코르넬리우스 타키투스

타키투스(Publius Corneslius Tacitus)는 로마의 속주(屬州)였던 벨기에의 베르기카에서 태어났다. 유년기에 로마로 진출해 학문과 예술을 배웠다. 청년 때 베스파시아누스 황제 치하에서 군단의 고급 장교로 공인의 길을 걷기 시작했다. 28세 때(77년) 영국인 아내와 결혼을 했다. 81년경 재무관으로 선임되면서 동시에 원로원 의원이 되었다. 호민관을 거쳐 88년에 법무관, 97년에 집정관에 선출되었다. 112~113년 속주인 아시아 총독으로 소아시아에 부임했고 죽은 해는 명확하지 않다.

이렇게 정치가 타키투스의 생애는 평범하다. 그가 주목을 받은 것은 그가 살아생전에 저술한 여러 권의 역사서가 많은 화제가 되고 있기 때문이다. 그의 공적인 역사서들을 통해 그의 사상을 엿볼 수 있다.

2) 타키투스의 저서들

그는 당시 브리타니아(현재의 영국)가 로마의 속주 상태일 때 영국인 여자와 결혼했다. 그런데 장인이 92년 그의 나이 37세 때 죽었다. 타키투스는 장인의 전기 《아그리콜라》를 98년에 써냈다. 이 책은 장인의 고국인 브리타니아의 민족, 풍토, 습관 등등 많은 정보를 전해주는 내용이 되었다. 또 같은 해에 《게르마니아》라는 게르만 민족의 습관과 관습을 소개하는 저서를 썼다. 여기서 그는 게르만 민족을 야만족이라고 멸시하는 라틴 민족에게 게르만 민족에게도 꾸민 데가 없이 순수한 면과 순진하고 강건하며 고결한 정신이 숨 쉬고 있음을 밝혔다. 그러면서 당시 로마인들이 긍지를 내세우는 반면에 그들의 퇴폐적이고 향락적인 생활을 비판했다.

이어서 2세기에 대작이라 할 수 있는 두 권의 역사서를 발표했다. 하나는 《동 시대사》다. 이 책은 제5대 황제 네로의 자살(68) 후부터서 소위 5현제(五賢帝) 시대 초기까지 28년간 황제 제위를 둘러싼 추한 다툼들을 그대로 묘사하고 지배자의 악덕을 적나라하게 폭로했다. 제5대 네로 황제(54~68) 때는 64년 로마 화재 이후 그 화재의 책임을 기독교에 전가시켜 기독교를 박해한 내용을 자세하게 기록했다.

네로 황제의 잔학성은 변태적이고 충동적이었다. 또 사도행전 24장 3절 이하에 소개되는 벨릭스 총독(52~60 재임)은 5대 황제 클라우디우스 비서의 친구로 유대 여자와 결혼한 가장 사악한 관리였다. 그로 인해 '유대인 전쟁'(66~70년)이 일어났다고 했다. 이렇게 네로 황제 자살 후인 68년 이후 5현제 초기인 네르바(96~98) 때까지의 28년간 지배자의 악덕을 폭로했다.

두 번째 책은 《연대기》다. 이 책의 내용은 제2대 황제 티베리우스(14~37), 3대 황제 칼리쿨라(37~41), 4대 황제 클라디우스(41~54), 5대 황제 네로(54~68)까지의 50년 역사를 기록하고 있다. 타키투스는 원로원의 의사록과 황제들의 지시 문서들을 근거로 서술했다.

타키투스의 사상이 무엇인가? 그는 공화정(共和政) 신봉주의자였다. 공화정은 비록 느리고 완만하지만 다수의 의견들이 융합되는 정치 제도이다. 그에 반해 오직 한 사람에 의해 국체가 지배되는 원수제(元首制)는 권력이 오직 한 사람에게 집중되어 한 사람을 위해서 피지배자들이 아첨과 노예적 복종만 있을 따름이다. 이렇게 제국주의 산하의 원로원이 황제에게 아부하는 한심한 상황을 신랄하게 풍자하고 비꼬는 문장으로 가득 찼다. 그러면서 '브리타니아'나 '게르마니아'의 순수하고 소박한 기풍의 주변국을 바라보게 한다.

이렇게 타키투스는 제1급 역사가였다. 그러나 그의 역사서들은 널리 읽혀지지 않았다. 그 근거가 '연대기'라는 책이 1~6권까지였는데 오직 한 종류의 사본밖에는 전해지지 않고 있기 때문이다.

결론

우리는 1세기 때의 두 역사서를 보게 된다. 하나는 그 당시 무시당하고 핍박당하는 초대교회와 이방 교회들의 발전사를 기록한 누가 복음과 사도행전이다. 이 두 책은 성경으로 2천 년 역사 속에 계속해서 '성령의 행전'을 사모하는 이들에게 사랑을 받아 오고 있다. 그에 반해서 1세기, 2세기 초 전 유럽과 소아시아를 지배한 로마 황제들의 찬란한 권세의 역사를 기록한 타키투스의 역사서들은 고대사 전문가 외에는 별 흥미를 느끼지 못한다.

다 같은 역사서인데, 왜 이렇게 차이가 생기는가? 우리는 깊이 깨달아야 한다. 오늘날 권력을 가진 자들이 권력 유지를 위해 부정한 방법을 도용함으로 한시적으로 권력이 유지되는 것처럼 보일 수 있다. 그러나 몇 년이 지나면 과거사가 다 드러난다. 그리고 역사 속에 죄인으로 단죄를 받을 것이다.

그러나 교회는 어떤가? 교회는 권력 앞에 항상 희생당하고 수난을 당한다. 교회가 수난당함은 교회가 살아 있다는 증거이고 교회가 세상의 환대를 받음은 세상과 동화된 부패의 증거다. 교회는 오직 '말씀'에 순종하고 '성령'께 순종하므로 핍박, 수난, 시련, 손해를 당할 수 있다. 그러나 그렇게 시련을 겪어야 생명이 유지되는 역설적인 교훈이 십자가의 복음이다.

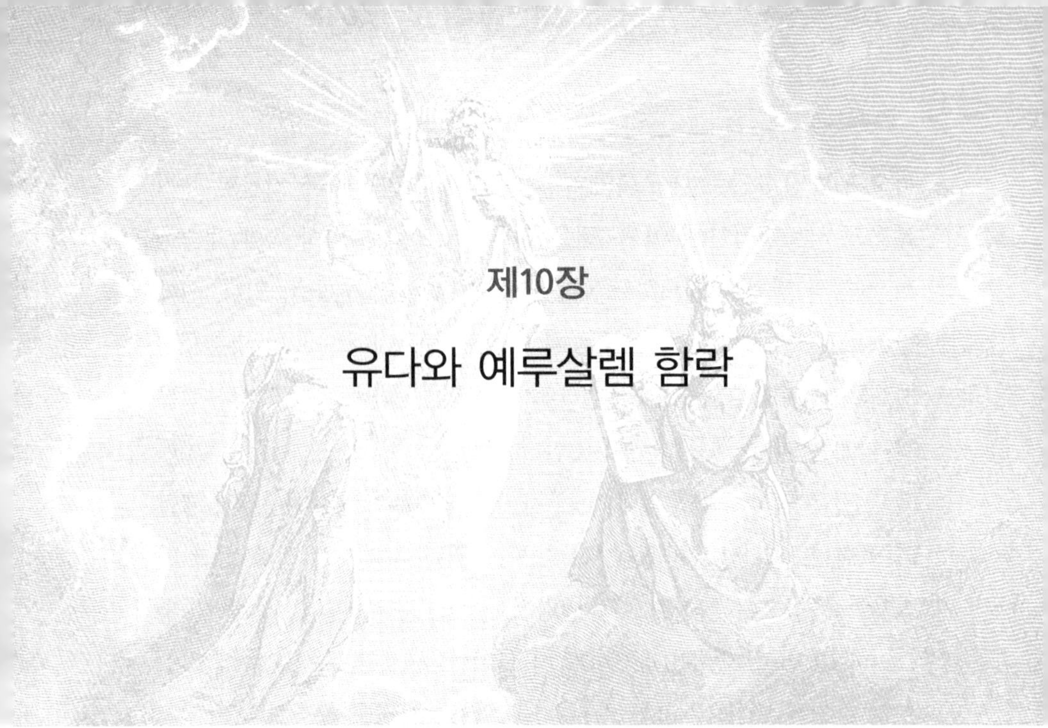

제10장

유다와 예루살렘 함락

서론

유다는 주님의 형제 야고보와 같은 형제이다(마 13:55; 막 6:3). 야고보는 예수 그리스도의 종으로 야고보서를 기록했고(약 1:1) 유다는 야고보의 형제로 예수 그리스도를 지키려는 자들에게 유다서를 남겼다(유 1:1). 우리는 유다가 이단을 경계하고 있는 초대교회 당시의 이단을 알 필요가 있다. 초대교회에는 영지주의(靈知主義, Gnosticism)라는 이단이 있었다.

영지란 말은 영적인 지식(그노시스, γνῶσις)이란 뜻이다. 영적인 지식이라는 개념은 유대교의 영적인 개념과 그리스의 지식이라는 개념이 혼합된 것이다. 이들은 구약의 천사 개념과 그리스의 철학 개념과 동방의 신비적 종교 요소를 혼합시킨 이론을 만들었다. 그래서 하나님을 둘로 분리한다. 초월적, 영적, 최고의 선인 하나님은 언제나 독자적으로 홀로 계신다. 물질을 창조하고 이스라엘 역사에 개입하시는 신은 하나님이 아니라 그에 반해 '데미우르게'(Demiurge)라는 열등한 신이다. 이 세상과 물질계를 관장하는 신은 데미우르게다. 그렇기에 하나님이 인간이 되어 성육신 되었다는 기독교의 주장은 잘못된 것으로 본다.

인간에게는 세 계급이 있다. ① 영적 계급 ② 정신적 계급 ③ 물질적 계급인 이방인이다.

그리스도는 침례 받을 때 영적 계급으로 활약했고 십자가 운명 때 영적 능력이 떠나감으로 죽게 되었다. 이렇게 영적인 것만을 최고의 지식으로 추앙하는 영지주의는 완전 상반된 현상을 초래했다.

즉 영적인 것을 추구하기 위해서는 금욕주의를 지켜야 한다는 주장자들이 있고, 반대로 장차 구원받는 것은 영적인 것이며 육은 없어질 것이라 여겼다. 그래서 살아가는 동안 성적 방종과 타락한 몸은 죽어 없어질 것이므로 마음껏 향락을 누리자는 방종주의자가 따랐다. 이같은 영지주의가 3세기에는 마니교로 발전한다.

유다는 이처럼 교활한 이단 사상에 현혹되려는 초대교회 성도들에게 "하나님의 은혜를 도리어 방탕한 것으로 바꾸고……우리 주 예수 그리스도를 부인하는 자"(유 1:4)들에게 "믿음의 도를 위하여 힘써 싸우라"(유 1:3)고 권면하는 유다서를 기록하였다.

이와 같은 유다서는 주후 65~70년 이전에 기록했을 것으로 추정한다. 그 이유는 70년 예루살렘 함락에 대한 언급이 없기 때문이다. 이 기간은 매우 중요한 기간이다. 유명한 유대인 제1차 전쟁이 66년부터 시작되어 70년에는 예루살렘이 함락되었는데, 그 과정을 살펴보는 것이 초대교회 이해에 큰 도움이 된다.

예루살렘은 주전 1,000년경 이스라엘의 수도로 세워진 후 지금까지 무려 3,000여 년의 역사를 계승해오는 특별한 곳이다. 그 예루살렘이 주후 70년에 로마군의 함락으로 완전 파괴되면서 많은 후유증들을 남겼다. 이 역사 이해는 이스라엘 민족사 이해에 큰 도움이 된다.

성경에는 '유다'라는 인물이 다섯 명 나온다.

① 창세기 29장 35절과 마태복음 1장 2절에 나오는 야곱과 레아의 네 번째 아들로 12지파 중 가장 강한 지파의 조상인 유다가 있다.

② 마태복음 10장 4절과 요한복음 12장 4절, 사도행전 1장 16절에 나오는 예수를 판 가룟 유다가 있다.

③ 마태복음 13장 55절, 마가복음 6장 3절, 유다서 1장 1절에 나오는 예수의 동생으로 야고보(야고보서 저자), 요셉, 시몬, 유다(유다서 저자)가 있다.

④ 누가복음 6장 16절에 야고보의 아들 유다가 있다. 이는 다대오(마 10:3; 막 3:18)와 동일인으로 취급된다.

⑤ 사도행전 15장 22절에 바사바라 하는 유다가 실라와 함께 바울을 돕는다.

이렇게 5명의 '유다' 중에 유다서 저자는 ③의 예수님의 동생인 유다다.

1. 유다서의 교훈

유다4. 레기온 바울 기념교회, 모자이크

유다는 예수님의 아우이다. 그는 주님의 공생애 기간 동안 주님을 믿지 않고 반대하던 자였다. 그러나 주님의 부활을 목격한 후 그의 신앙은 완전 달라진다. 초대교회가 성령 강림으로 활발하게 부흥되어 갔다. 초대 예루살렘 교회는 베드로에 의해서 시작되었다. 그러나 시간이 흐르면서 몇십 년 후가 되자 유다의 형인 야고보가 예루살렘 교회 지도자가 되었다.

유다는 형 야고보의 예루살렘 교회를 돕는 자로 보람을 느낀다. 그런데 예루살렘 교회가 당시 이단 사상인 영지주의자들에 의해 흔들리고 있었다. 이렇게 당시 예루살렘 교회를 괴롭히는 이단 사상에 흔들리는 자들에게 이단을 경계하고 믿음을 사수할 것을 권면하는 유다서를 기록했다.

이와 같은 환경에서 기록된 유다서에는 몇 가지 독특한 내용들이 소개되고 있다. 그것은 유다가 직면하고 있는 당시의 이단 사상을 공박하는 내용이므로 이를 감안하고 이해해야 한다.

1) 자기 처소를 떠난 천사들(1:6)

유다서 1장 6절에 "자기 지위를 지키지 아니하고 자기 처소를 떠난 천사들을 큰 날의 심판까지 영원한 결박으로 흑암에 가두셨으며"라는 내용의 출처는 구약성경에 있으며, 또 구약성경을 모방한 위경에도 있다. 자기 처소를 떠난 천사들에 관한 내용들을 설명하는 구약성경의 근거들을 살펴보자.

(ㄱ) 이사야 14장 12–20절

이사야 14장 12-20절 "아침의 아들 계명성이여……하늘에서 떨어졌으며"라는 기록이 있다. 이때 말하는 '계명성'이란 '헬렐'(הֵילֵל)이다. 이 말은 '빛나다'는 의미를 지닌 금성(Venus)을 뜻한다. 그런데 라틴역(Vulgate)을 따른 KJV는 이것을 '루시퍼'(Lucifer)라고 했다.

'루시퍼'는 '빛을 내는 자'라는 의미도 갖고 있다. 유대교의 사탄의 기원에 관한 전승에 의하면, 하나님께 신임을 받는 일곱 천사장들이 있었다. 루시퍼는 그중의 하나로 찬란하고, 아름다움에 사로잡혀 자기도 하나님처럼 되겠다고 자신이 거느리던 수하 천사들과 함께 하나님께 반기를 들다가 다른 천사장 미가엘에게 대패하여 지옥으로 떨어졌다고 한다.

이렇게 유대교의 전승을 근거로 사탄의 기원을 설명하는 내용을 그대로 수용한 라틴역와 흠정역은 큰 문제를 안고 있다. 그러나 이사야 14장 12절 이하의 내용은 사탄의 기원 설명이 아니다. 이사야는 이사야 14장 3-11절에서 교만한 바벨론 왕이 스올로 떨어진 내용을 설명한 후 14장 12-20절에는 아침 새벽녘에 하늘을 밝게 비추는 계명성인 금성이 동이 트기 전에 순식간에 사라지는 것처럼 인간의 교만이 얼마나 허무한가를 설명하고 있다. 따라서 이사야 14장 12절이 자기 처소를 떠난 천사의 근거라는 흠정역의 주장은 전혀 근거 없는 잘못된 주장이다.

(ㄴ) 에스겔 28장 1–19절

에스겔은 유다 나라를 적대한 유다 주변국 일곱 나라들에 대한 심판을 예언한다. 그중에서 다섯 번째에 해당되는 두로에 대한 심판의 예언과 애가가 에스겔 28장 전반부의 내용이다. 에스겔은 두로 왕이 다니엘의 지혜보다 낫다고 교만함을 지적하고(1-5절) 그가 바벨론 왕에 의해 비참하게 죽을 것을 예언하고 있다(6-10절). 그리고 이어지는 11-17절에서 두로 왕의 타락을 묘사한다. 이 내용을 하나님의 동산 에덴에서 타락한 아담의 타락 내용으로 볼 수 있으나 14~17절의 내용은 아담의 타락보다는 사탄의 타락 내용에 더 어울린다.

에스겔 28장 내용이 사탄의 타락 설명이라는 근거는 다음과 같다.

2절: 나는 신이라. 내가 하나님의 자리 가운데에 앉아 있다.

3절: 최고의 지혜자라고 한다.

5절: 재물로 마음이 교만해졌다.

6-10절: 그가 하나님의 마음 같은 체하므로 이방 여러 나라들이 너를 칠 것이다.

12절: 자기를 완전한 도장, 여기 도장은 '호템'(חֹתֶמֶת)으로 봉인된 책은 봉인이라는 뜻이다. 따라서 왕이 자기는 도장처럼 완벽한 자라고 주장한다는 뜻이다. 지혜가 충족한 자라고 한다.

이와 같은 두로 왕의 타락의 원 줄기를 13-17절에서 에덴 동산에서의 타락의 기원으로 설명한다. 성경적 근거는 이 두 곳에서 사탄의 기원을 타락한 천사의 근거로 설명한다.

(ㄷ) 위경(僞經) 에녹 1서

가짜 성경인 에녹 1서에는 창세기 6장 4절에 근거해 하나님의 아들들인 천사들이 지상에 내려와 사람의 딸들과 결혼을 해서 반신반인(半神半人)의 후손을 퍼트렸다고 증언한다. 이에 하나님의 진노를 사서 노아 홍수의 멸망을 가져왔다. 이렇게 잘못된 해석의 위경이 있다. 그러나 천사는 결혼할 수가 없다(마 22:30). 창세기 6장 3-4절의 하나님의 아들들은 셋의 후손(창 4:26)을 의미한다.

유다는 과거 천사들이 하나님의 사랑을 입고 출생했으나 하나님 사랑을 저버릴 때 천사들을 징벌하셨다고 한다. 초대교회 교인들이 이단들에게 현혹되어 신앙의 대열에서 이탈한다면 그들도 무서운 심판을 면할 길이 없다고 경고하기 위해 이 내용을 인용하고 있다.

2) 모세의 시체에 관하여 마귀와 다투어 변론할 때(1:9)

모세에 대한 구약성경 기록이 많이 있다. 그런데 구약성경 이외의 히브리인들의 책들도 많다. 《모세의 생애》(*Slav Vita Mosis*), 《팔라이아》(*Palaia*), 《옛날 이야기》, 《카테나》(*Catena*), 성구 주석 모음집, 위경인 《모세 승천기》(*The Assumtion of Moses*) 등이 있다.

이 중에서 위경인 《모세 승천기》에 의하면 모세가 죽었을 때(신 34:7-8) 사탄이 나타나 모세가 과거에 애굽인을 쳐죽인 사건(출 2:12)을 근거로 모세를 고소하겠다고 하며 모세의 시체는 자기 것이라고 주장했다고 한다. 이때 하나님의 명령에 의해 모세의 시체를 치우려고 하는 천사장 미가엘을 방해하려고 했다고 한다. 그러나 천사장 미가엘은 천사장으로 막강한 권세와 힘을 가지고 있으나 욕설이나 저주로 응수하지 않았다고 한다. 천사장 미가엘은 스가랴 3장 2절처럼 "사탄아 여호와께서 너를 책망하노라"고 사탄을 꾸짖고 판단을 여호와께 맡겼다고 한다.

유다가 이 같은 위경의 내용을 알고 인용했는지는 알 수 없다. 그러나 유다는 9절에서 천사장 미가엘과 같은 높은 지위의 영적 존재도 마귀를 판단하는 일을 하지 않았다고 나온다. 그런데 당시 영지주의자들은 자기들이 영계의 내용을 다 아는 것처럼 하나님이 두 종류라느니, 하나님은 선한 하나님과 악한 하나님이 있다는 등 함부로 판단하는 죄를 짓고 있다. 이렇게 간접적으로 경고를 하고 있다.

3) 에녹이 예언하여 주께서 거룩한 자와 함께 임했다(14절)

이 내용은 창세기 5장 21-24절에 근거한 위경 에녹 1서 1장 9절 내용과 유사하다. 에녹은 죽지 않고 산 채로 승천한 첫 사람이다. 그래서 유대인들은 에녹을 하늘의 비밀을 아는 자로 여기고 그에 관한 갖가지 전승들을 많이 남겼다.

에녹 1서에 의하면 에녹이 천사와 이야기를 나눈 내용과 또 천사와 가진 지상 시찰담과 천국 비유들의 내용 등이 많이 소개되어 있다. 그리고 세계 역사를 소, 양, 목자, 그 밖의 악한 동물로 비유해서 설명하는 내용과 에녹의 아들 므두셀라와 그의 후손들에게 주는 권면 등으로 구성되어 있다. 유다는 에녹의 예언처럼 주님께서 수만의 거룩한 자인 천사들과 함께 재림해 오실 것이 성경에 예언되었다고 한다. 그 내용은 유다가 마태복음 24장 31절이나 데살로니가전서 3장 12-13절 내용을 염두에 두고 하는 말 같다.

유다는 주의 재림이 미래적 사건으로 남아 있는 일이 아니라 이미 임해 온 것처럼 "임하셨나니"라는 부정 과거, 예언적 부정과거형 용어인 '엘덴'(ἦλθεν)이라는 용어를 쓴다. 이 같은 부정과거형 용법은 바울 사도가 로마서 8장 30절에서 미래에 완성될 '영화'를 "영화롭게 하셨느니라"고 사용하는 용법과 같은 표현이다.

유다는 15절에서 불경건한 자들의 각종 죄목들을 열거한다. 유다는 에녹의 예언 성취의 예나 주님의 불경건한 자들에 대한 심판 예언 등을 예로 들어 심판의 확실성을 강조한다. 또한 초대교회 성도들을 미혹하는 이단들은 최후 심판 때 반드시 심판받을 것임을 강조한다. 그래서 유다는 교회 내 이단들을 19절에서 "이 사람들은 분열을 일으키는 자며 육에 속한 자며 성령이 없는 자니라"고 결론을 내린다.

유다는 초대교회 이단을 경계하고 정통 신앙을 가져야 되는 이유를 여러 가지 예들로 권면하고 있다. 유다는 주의 형제답게 정통 신앙 고수를 강력하게 주장한다.

2. 예루살렘 함락

예루살렘의 역사는 주전 2000년경 아브라함 시대 이전에 '우로살렘'으로 시작된 것으로 본다. 그곳에 여부스 족이 '시온성'을 건립하고 가나안 정복 이전까지 살았다. 그리고 예루살렘이 이스라엘 수도로 시작된 것은 다윗 때부터다. 여기서는 다윗 이후의 예루살렘 역사를 간략하게 정리해 보겠다.[20)]

(1) 유대교 시대(BC 1010~BC 63)

BC 1010년 다윗이 이스라엘 수도로 예루살렘 시작

BC 959~946년에 제1성전 솔로몬 성전

BC 931년 남북 분열 후 남왕국 586년 멸망

BC 605~535 바벨론에 70년 포로

BC 535~331 페르시아 고레스 칙령으로 귀환

BC 516년 제2성전 스룹바벨 성전

BC 331~63 헬라 지배의 중간기

BC 150년 70인 헬라역

BC 116~63 마카비 왕조, 수전절

(2) 로마 제국 시대(BC 63~AD 634)

BC 37~AD 70 헤롯 왕조, 제3헤롯 성전(BC 20~AD 70)

BC 4년 그리스도 탄생

AD 30년 예루살렘 교회 탄생

---

20) 사이먼 시백 몬티피오리, 예루살렘 전기, 유달승 역, 시공사, 2012, pp. 53-856.

AD 50~100년 신약성경 기록

AD 70년 예루살렘 함락

AD 313~637년 로마 제국 기독교 국교 시대

기독교인 성지 순례, 성묘교회 건축

(3) **이슬람 정복 시대**(AD 637~1099)

AD 637년 이슬람이 팔레스타인 정복

AD 691년 옛 성전 자리에 이슬람의 바위 사원 건축 때 헤롯 성전 석벽 일부가 '통곡의 벽'으로 옮겨짐

(4) **십자군 지배 시대**(1099~1187)

십자군이 예루살렘, 안디옥, 에뎃사, 트리폴리 중심 지배

(5) **살라딘, 맘루크 왕조**(1187~1157)

몽고군 침략 1260

(6) **오스만 제국**(1517~1918)

유대인 시온주의

나폴레온, 러시아, 세계 전쟁, 영국 위임 통치

(7) **신생 이스라엘 독립**(1948년~현재)

1961년 6일 전쟁

이렇게 장구한 역사 속에 진행되어 온 예루살렘 역사이므로 예루살렘 역사 이해는 곧 이스라엘 민족의 역사 이해라 할 수 있는 길고

도 험난하며 수많은 변천의 역사이다. 예루살렘의 함락은 주님께서 이미 예언하셨던(마 23:37-24:2) 예언의 성취 사건이다. 그러나 여기서는 70년 당시의 상황만 살펴보자.

여기서는 민족의 반역자 요세푸스(AD 37~100)가 예루살렘 함락 이전의 유대인 내의 분열과 티투스 장군이 행한 일을 살펴보겠다. 그는 제1차 유대인 전쟁이 일어난 66~70년까지의 전쟁 내용을 로마에 귀화해 《유대인 전쟁》(75~79) 7권으로 기록했다.

요세푸스는 마카비 가문의 후손이며 제사장의 아들로 유다 지주 가문 출신이어서 헤롯 왕가 가문의 대리인 역할을 했다. 그 덕분에 네로 황제를 방문하는 유대인 사절 단원으로 로마를 방문하고 돌아왔다. 당시 유대 나라는 로마와 화해를 주장하는 헤롯 왕가와 같은 입장을 취하는 로마파와 전쟁으로 로마 정부를 퇴치해야 한다는 두 세력으로 양분되어 있었다. 자유를 갈망하는 유대인들은 66년 11월에 로마군 5,000명 이상을 죽였다. 이에 네로 황제는 50대 후반인 베스파시아누스에게 4개 군단 6만 명으로 유대 반란군을 진압하게 했다.[21)]

67년 베스파시아누스 사령관은 갈릴리 정복에 착수했다. 이때 요세푸스는 유대 반란군 갈릴리 지역 사령관이었다. 베스파시아누스 로마 사령관은 요타파타(Jotapata) 요새에서 요세푸스를 포위했다. 6월 29일 티투스가 갈릴리를 점령했다. 유대 반란군들은 죽을 때까지 싸웠고, 생존자는 자살을 했다. 생존자들 몇 명이 동굴 안에 숨었다가 로마군의 함정 앞에 제비뽑기로 최후에 살아남은 자가 요세푸스였다. 베스파시아누스는 요세푸스를 네로 황제에게 전리품으로 주려고 살려두었다.

---

21) 배리 스트라우스, 로마 황제 열전, 최파일 역, 까치, 2021, pp. 121-159.

그런데 요세푸스가 베스파시아누스와 아들 티투스가 황제가 된다고 예언을 했다. 이로 인해 요세푸스는 감옥에서 같은 나이의 티투스와 친구가 된다. 베스파시아누스가 예루살렘 함락을 앞두고 있을 때 네로 황제가 68년 6월 9일에 자살을 한다. 그리고 68, 69년 네 명의 장군들의 황제 쟁탈전이 계속된다. 이때 유다와 이집트의 로마 군단들은 베스파시아누스를 황제로 추대한다.

베스파시아누스는 예루살렘 함락을 아들 티투스에게 맡기고 69년 로마로 귀국해 원로원의 허락으로 황제가 된다. 이렇게 해서 70년 티투스는 요세푸스의 도움을 얻어 예루살렘을 함락한다.

예루살렘 함락 이전에 유대인들은 예루살렘을 장악하려는 유대인들의 세 장군들의 각각 다른 전쟁 지휘아래 세 군대가 각각 다른 지역에서 치열하게 싸우고 있었다. 그러다가 로마 군대가 여리고까지 점령해 들어오자 파벌 싸움을 멈추고 세 파벌군이 하나로 연합해 로마군과 맞서게 되었다.

예루살렘의 공방전으로 유대인 100만 명이 희생당한다. 로마군은 돌격하고 유대인들은 학살당하고 성전이 화염에 휩싸이는 모든 일을 티투스가 진행했고, 티투스는 포로로 잡은 배신자 요세푸스를 내세워 유대인 지도자들을 포로로 잡았다. 티투스는 10만 명에 달하는 유대인 포로들과 지성소의 보물들 황금 탁자, 촛대, 율법 문서들을 전리품으로 로마에 이동시켰다.

티투스는 10만 포로와 전리품들을 갖고 유대인 전쟁에 참여한 각 군 지휘관들을 대동하고 화려한 개선장군으로 입성을 했으며 유대인들의 전리품들을 콜로세움과 신전에 바쳤다. 그리고 유대인 포로 10만 명을 노예로 활용해 현재 남아 있는 콜로세움을 10년 공사 끝에 80년 6월에 완성한다. 그리고 유대인들이 성전세(마 17:24) 내던 것을 인두세로 바꾸어 로마 국교로 환원시켜 쥬피터 신전 재건 기금으로 사용한다. 그리고 3년간 로마군에게 항쟁을 계속한 마사다(Masada) 요새를 공략하려고 공성용 토성을 쌓았다.

이들 최후의 반란군들은 73년 4월에 960명 전원이 자살로 끝을 낸다. 이때의 공성용 토성과 '마사다'는 관광지로 남아 있다. 여기까지가 요세푸스의 《유대인 전쟁》의 내용이다.

예루살렘 함락 후(70년) 제2차 유대인 전쟁(132~135)이 또 일어났다. 이때의 유대인 지도자가 시몬 바르 코크바(Simon Bar Kochba)다. 이때의 유대인들을 섬멸하려고 하드리아누스 황제(117~138 재위)는 세베루스(J. Severus) 장군에게 12개 군단을 구성해 주었다. 이때 로마 군대는 50개의 소도시와 958개 촌락들을 폐허로 만들고 58만 5천 명을 죽였다. 수많은 유대인들은 노예 시장에 말 한 마리 값도 안 되는 가격에 팔려 나갔다. 이때부터 유대인들은 전 세계로 추방당하며 유대인들이 예루살렘에 들어가는 것조차 금지당했다.

4세기경에는 예루살렘 성전이 파괴된 날로 전해지는 아브월(유대력으로 5월, 그레고리력으로 7~8월) 9일에 성전의 폐허를 찾아 성전의 소실과 나라의 멸망을 슬퍼하는 추모행사가 로마 제국의 허락을 받는다. 그런데 주후 691년에 옛 성전 터에다 이슬람이 '바위의 돔' 일명 '황금 사원'을 건축한다. 이때 헤롯 성전의 성벽들을 현재의 '통곡의 벽'(Walling wall)이라는 곳으로 이전시킨다.

통곡(慟哭)이란 말은 로마군이 예루살렘을 함락할 때 유대인들을 대량 학살하는 장면을 지켜본 성벽이 밤만 되면 눈물을 흘린다는 전설에 붙여진 이름이다.

유대인들을 보면, 과거 헤롯 성전의 건물은 완전히 사라졌고 유일하게 남은 성전의 성벽마저 이슬람에 의해 옮겨져야 했다. 현재 남아 있는 성벽의 지상 부분은 길이 50m 높이 약 20m 정도이다. 성벽이 총 43단인데 이 중에서 하단 26단이 헤롯 성전 때의 돌이고 나머지 17단은 후대에 쌓은 것이다. 고대 헤롯 성전 때 쌓은 하단 26단 중 하부의 15단은 지표 아래로 묻혀 있다.

결론

주님의 형제 유다는 유다서 25절을 남겼다. 그 25절은 초대교회 내의 사정을 알려주고 이단을 배격해야 되는 진리의 교훈을 만세에 전하고 있다.

반면에 이스라엘의 수도 예루살렘은 3천 년의 역사 속에 수많은 비극과 파괴가 되풀이된 지구촌 한쪽의 이야기다. 우리는 인간들에게 파괴당하는 유한한 지구의 예루살렘이 아닌 새로운 새 하늘과 새 땅의 새 예루살렘을 사모하는 성도가 되어야 하겠다.

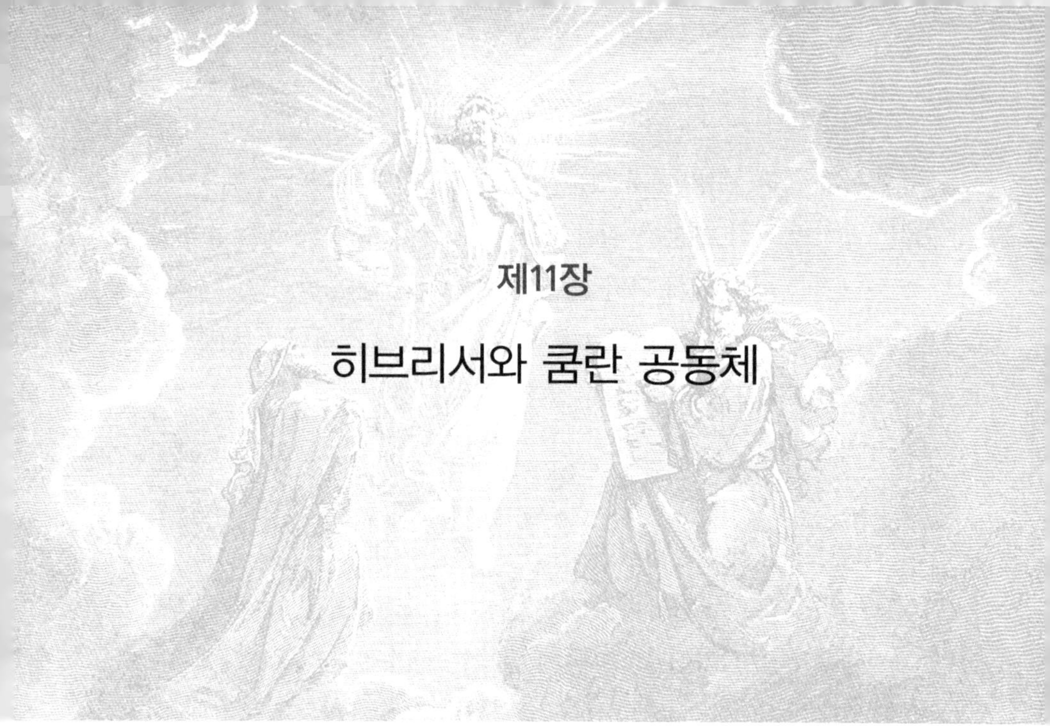

제11장

히브리서와 쿰란 공동체

서론

히브리서는 고난당하는 성도들에게 과거 믿음의 선진들을 본받아 인내하는 신앙을 권면한다. 그리고 신앙생활에는 징계가 유익한 결과를 가져오므로 신앙생활 중 징계를 두려워하지 말 것도 권면한다. 히브리서는 고난, 핍박, 위험 등 신앙생활에 수반되는 필연적인 갖가지 어려움들을 잘 극복하는 것이 신앙의 진수임을 설명한다.

히브리서 저자가 신앙생활의 고난을 말할 때, 이보다 앞서 에세네파에 속했던 유대인 신앙 열성파들 가운데 속세를 떠나 사해(死海) 서북 연안에 있는 쿰란(Qum-ran) 지역을 중심으로, 엄격한 수도원적인 공동생활을 한 쿰란 공동체 집단이 있었다. 이들은 독지가의 후원과 자급자족으로 살아가면서 오로지 성경 필사 작업에 전념했다. 그들은 필사한 성경 사본들을 쿰란 동굴 속에다 감추어 둔 후 로마

군의 '마사다'(Masada) 정복 때 사라졌다. 그렇게 감추어 두었던 구약성경 사본들을 1947년에 발견했다. 이 사본을 '쿰란 사본' 또는 '사해 사본'이라고 한다.

히브리서 저자는 닥쳐오는 고난과 핍박을 극복하기 위해서 믿음의 선진들의 모범에 대해 설명한다. 쿰란 공동체 단원들의 이름이 밝혀지지 않았으나 그들의 수도사적인 삶과 사해 사본 100종이 말씀 사랑을 증명한다. 히브리서와 쿰란 공동체에 대하여 살펴보자.

1. 히브리서

1) 히브리서의 성격

히브리서는 저자를 알 수가 없다. 학자에 따라 바울, 아볼로, 바나바, 브리스길라와 아굴라 등등 다양한 주장을 하지만 그 누구도 확실하지 않다. 이렇게 저자를 모르니까 누가 어디에서 누구에게 어떤 목적으로 히브리서가 기록되었는지 알 수가 없다.

많은 학자들은 히브리서의 내용을 통해 갖가지를 추정할 따름이다. 이 같은 추정에 의하면, 저자는 구약성경을 익히 잘 아는 유대인인 기독교 성도다. 그는 다 같은 그리스도 신앙을 가진 히브리 출신의 그리스도인들에게 구약의 천사나 모세나 레위 제사장보다 비교할 수 없이 더 우월한 그리스도를 설명하고 있다. 저자는 왜 이렇게 그리스도의 우월성을 강조하는가? 이것을 본문을 통해 다시 추정해 본다.

히브리서 10장 32-34절에는 고난의 큰 싸움, 비방과 환난, 사람에게 구경거리가 됨, 소유를 빼앗기는 것을 당함을 말한다. 이 같은 내용은 초대교회 초기 때의 상황은 아니다. 이것은 주후 70년 예루살렘 함락 때나 그 이후의 상황을 연상할 수 있다. 이 같은 예루살렘 함락 이후의 교회 상황은 어떠했는가?

오순절 성령 강림 여파로 30~70년까지 초대교회 성도들은 열심히 신앙생활을 이어 갔다. 그런데 주후 64년 로마시의 대 화재 사건 이후로 네로 황제의 기독교에 대한 탄압이 계속 증가되어 갔다. 거기에다 70년의 예루살렘 함락 이후에는 로마 제국이 법적으로 기독교를 탄압해 갔다. 당시 유대교는 로마 제국으로부터 허용되는 합법적 종교였다. 그렇기에 법적 한도에서 유대교 제사 제도가 계승되어 갔다. 그런데 기독교 탄생 후 제사 제도가 사라졌다. 그래서 예배만으로는 상실감을 갖게 되었다. 거기에다 로마 제국의 정치적 탄압까지 가중되었다. 이때 유대교 신도였던 자들이 기독교로 개종했다가 다시금 과거 구약 종교로 회귀하려는 운동이 일어났다.

이렇게 70년 이후의 느슨해진 기독교회의 양상을 히브리서 저자는 심각하게 보게 되었다. 여기서 히브리서 저자는 구약 내용을 광범위하게 잘 아는 식견을 가지고 기독교의 우월성을 논증한다. 본서의 전반부에는 예수 그리스도의 신분과 구원자로서 또는 대제사장으로서 사역의 우월성을 논증한다. 후반부 10-13장에서는 배교를 경고하고 인내하는 믿음 생활을 권면한다.

히브리서의 저작 배경과 내용을 살펴보면 오늘날 기복 신앙에 중독되어 무사 안일과 고난 없는 축복만을 추구하는 변질된 교회 성도들에게 참다운 신앙이 무엇인가를 바르게 깨우쳐 주는 거울과 같은 내용이다.

2) 히브리서의 사상

(1) 그리스도의 우월성(Superiority)

히브리서 저자의 저술 목적은 뚜렷하다. 그것은 구약성경을 잘 알고 있는 히브리 민족 사람들에게 구약성경에 위대하게 소개된 모든 것들보다도 그리스도가 훨씬 우월하다는 사실을 여러 가지 예를 들어 논증한다. 저자가 예를 드는 사례들을 보자.

① 천사들보다 우월한 그리스도

저자는 히브리인들이 천사에 대해 익숙하게 잘 알고 있음을 전제로 한다. 여호수아 5장 13-15절에는 여호수아 앞에 나타난 여호와의 군대 대장에 대한 내용이 있다. 사사기 6장 12절에는 기드온에게 나타난 여호와의 사자가 나온다. 사사기 13장 3절에는 삼손의 어머니에게 나타난 여호와의 사자가 있다. 이와 같은 구약 배경에 근거해 골로새 교회에서는 천사를 숭배하는 현상이 생겼다(골 2:18). 이런 현상은 골로새 교회만 아니라 1세기 후반의 모든 교회들에게 나타나고 있는 일반적 현상이었다.

이에 대해 히브리서 저자는 천사란 구원받을 자들을 위하여 섬기는 영이므로(히 1:14) 부려야 할 영이다. 우리가 현재 천사보다 잠시 못한 것은(히 2:9) 예수님처럼 죽음을 맛본 후에 영광과 존귀로 관을 쓰게 하신 예수님처럼 되게 하려는 것이다. 우리 그리스도인들이 혈과 육에 속한 것은 죽음을 통해 마귀를 멸하려 하심이다(히 2:14-15). 그리스도는 천사들보다 우월하다(히 1:4). 이렇게 논리를 전개한다.

② 모세보다 우월한 그리스도

히브리서 저자는 히브리인들이 가장 존경하다 못해 모세의 제자임을 영광스럽게 여기고 있음(요 9:28)을 잘 알고 있다. 모세가 다른 사람들에 비해서 영광스러웠던 면이 있는 것은 사실이다. 그가 시내산에서 40일간 금식하며 하나님과 함께 있다가 내려왔을 때 그의 얼굴에 광채가 나므로 사람들이 그를 가까이하기를 두려워했다(출 34:29-35).

그러나 그 같은 영광은 하나님의 영광을 반사하는 일시적인 것뿐이었다. 하지만 그리스도의 영광은 신성의 본질 자체인 생명이요, 빛이었다(요 1:1-3). 저자는 모세를 집으로 비교하고 그리스도를 건축가로 비교한다. 그래서 그리스도는 만물을 지으신 하나님의 아들이시고 모세는 하나님의 집의 종에 불과했다고 비교한다(히 3:5-6).

그러면서 저자는 "대제사장이신 예수를 깊이 생각하라"(히 3:1)는 유명한 말을 한다. 여기서 '깊이 생각하라'는 '카타노에사테'(κατανοήσατε)는 예수에게 관심을 가지라, 예수를 보고 깨달으라는 뜻이다.

③ 대제사장보다 우월한 그리스도

저자는 히브리서 4장 14절부터 7장 28절 사이에 레위 지파의 제사장들 중에서 뽑힌 대제사장보다 우월하신 그리스도를 비교한다. 구약에서 대제사장이 되려면 두 가지 조건이 갖춰져야 했다. ㉠ 레위 자손이어야 하고 ㉡ 레위 자손들 중에도 하나님의 선택이 있어야 했다.

그런데 대제사장보다 더 우월하신 그리스도는 ㉠ 신성을 가지신 하나님의 아들이신데 하늘의 모든 영광을 버리시고 낮고 천한 인간이 되어 오셨다(빌 2:7). 이것은 레위 지파의 대제사장보다 더 우월하신 영원한 대제사장이심을 의미한다. ㉡ 구약의 대제사장은 인간들 중에 선택되지만 그리스도는 하나님의 선택에 의한 화목 제물(요일 2:2)로 오셨다. 이것이 "그리스도께서 대제사장 되심도" "너는 내 아들이니 내가 오늘 너를 낳았다"(히 5:5)라는 말씀대로 하나님의 아들로 멜기세덱의 반차를 따른 영원한 구원자이시기 때문이다.

④ 옛 언약보다 우월하신 그리스도

히브리서 8장 6-7절에 그리스도께서는 첫 언약이 흠이 많으므로 더 좋은 새 언약의 중보자로 오셨다. 새 언약은 첫 언약이 낡아지고 쇠하는 것이고 없어져야 되기 때문에 새 언약이 필요하다(히 8:13-10:18). 유언은 유언한 사람이 죽어야만 그 효력이 있다(히 9:17).

마찬가지로 과거의 옛 언약은 그리스도께서 오셔서 그것을 개혁하실 때까지 한시적으로 기능을 수행했다. 그러나 옛 언약은 짐승의 피로써는 구속할 능력이 없기 때문에 옛 언약을 폐하신 그리스도가 새 언약 완성자이시다. 새 언약의 완성자이신 그리스도는 죽으셨다. 그렇기 때문에 그의 유언이 죽은 후부터 효력이 나타나는 것이다. 여기서 저자는 히브리인들이 익숙하게 잘 알고 있는 유언의 법적 효력을 예로 들어 옛 언약보다 우월하신 그리스도를 변증하고 있다.

⑤ 성소보다 우월하신 그리스도

히브리서 9장을 보면 옛 언약에 따른 구약의 성소가 단지 하늘에 있는 것들의 모형에 불과함을 말한다(히 9:23). 과거 구약 때 장막, 등잔대, 상, 진설병, 휘장, 언약궤, 속죄소 등 이 모든 것들은 한낱 비유에 불과하다(히 9:9). 그것은 그리스도께서 개혁할 때까지 맡겨 두신 비유였다. 그리스도께서 오셔서 짐승의 피가 아닌 성령으로 말미암은 단번의 속죄를 이루셨다. 그러므로 과거의 모형이었던 구약의 성소 요소들은 더이상 필요 없게 되었다. 그리스도는 구약의 성소보다 우월하시다.

⑥ 율법보다 우월하신 그리스도

히브리서 10장에서 율법은 장차 올 좋은 일의 그림자요 참 형상이 아니다. 하나님은 제사와 예물 같은 번제나 속죄제를 기뻐하지 않으신다. 그리스도의 단번의 제사로 우리가 거룩함을 얻었다(히 10:10). 과거 율법 시대 때는 제사장마다 섬기며 제사를 드렸으나 그것으로 죄를 없애지 못했다. 그리스도께서 죄와 불법을 다 사하셨은즉 다시 죄를 위하여 제사를 드릴 것이 없다(히 10:17-18). 그리스도는 율법보다 우월하시다.

히브리서 저자는 구약의 해박한 지식과 그리스도에 대한 정확한 신앙으로 구약과 그리스도를 여러 가지로 비교하면서 그리스도의 우월성을 설명한다. 히브리서 저자는 구약과 신약을 관통하는 참으로 해박한 복음의 해석자이다.

(2) 배교에 대한 경고

히브리서를 보면 전체적으로 시시때때로 배교에 대한 경고가 반복된다.

> "우리가 이같이 큰 구원을 등한히 여기면 어찌 그 보응을 피하리요"(2:3).
> "피차 권면하여 너희 중에 누구든지 죄의 유혹으로 완고하게 되지 않도록 하라"(3:13).

"지으신 것이 하나도 그 앞에 나타나지 않음이 없고 우리의 결산을 받으실 이의 눈앞에 만물이 벌거벗은 것같이 드러나리라"(4:13).

"때가 오래 되었으므로 너희가 마땅히 선생이 되었을 터인데 너희가 다시……초보에 대하여 누구에게서 가르침을 받아야 할 처지이니"(5:12-14).

"게으르지 아니하고…기업으로 받는 자들을 본받는 자 되게 하려는 것이니라"(6:12).

"우리가 진리를 아는 지식을 받은 후 짐짓 죄를 범한즉 다시 속죄하는 제사가 없고…대적하는 자를 태울 맹렬한 불만 있으리라"(10:26-31).

"너희는 만질 수 있고 불이 붙는 산과 침침함과 흑암과 폭풍과 나팔 소리와 말하는 소리가 있는 곳에 이른 것이 아니라"(12:18-29).

히브리서 저자는 수많은 기회 때마다 배교에 대한 무서운 결과를 경고하고 있다. 1세기 후반기 교회들의 양상을 잘 보여준다. 오늘날 개신교의 구태의연함에 염증을 느끼고 겉모습만 보면 순수해 보이는 가톨릭으로 배교하려는 이들과 비슷한 양상이다. 히브리서는 오늘날 힘을 잃고 방황하는 세대에 가장 절실하게 필요한 진리서이다.

(3) 신앙 선진들의 모범

히브리서의 대표적 사상은 11장인 '믿음장'이다. 여기서 저자는 믿음의 정의를 설명한 후 믿음의 모범을 보인 구약의 인물들을 소개한다.

저자는 "믿음은 바라는 것들의 실상이요 보이지 않는 것들의 증거"라고 했다. 여기서 '실상'이라는 말은 '휘포스타시스'(ὑπόστασις)라고 했다. 이 단어는 '아래에'라는 '휘포'(ὑπό)와 '서 있는 것'이라는 뜻의 '스타시스'(στάσις)의 합성어다. 이 단어에 대한 해석이 다섯 가지로 엇갈리고 있다.

① 확신(confidence)

② 보증(quarantee)

③ 현실화(realigation)

④ 실체(substance)

⑤ 토대, 기초(foundation)

이상을 종합해 보면, 믿음이란 바라는 바 소망을 지탱해 주는 토대라는 뜻이 된다.

또 "보이지 않는 것들의 증거"라고 했다. '증거'라는 말은 '엘렝코스'(ἔλεγχος)다. 이 말은 '밝히 드러내다, 폭로하다, 납득시키다'라는 뜻이다. 이 말은 하나님에 의해 약속된 미래 세계의 실현에 대한 강한 확신을 뜻한다. 성경이 말하는 믿음이란 과학적으로 증명할 수 없고 경험할 수도 없는 미래 사항을 현재 신뢰하는 것처럼 믿고 자신의 행동을 결정하는 것을 의미한다.

현대인들은 경험할 수 있고 과학적인 근거가 있어야 지식이라고 믿는다. 성경의 지식은 경험할 수 없고 과학적 증명도 안 된다. 성경의 믿음은 미지의 영역이고 경험할 수 없으나 하나님의 말씀을 신뢰하고 그 말씀을 따라 인생의 방향을 결정하고 선택하는 행위를 뜻한다.

히브리서 저자는 하나님의 말씀 따라 인생 방향을 결정하고 중요한 선택을 따라 살아간 많은 인물들을 소개한다. 아벨, 에녹, 노아, 아브라함, 이삭, 야곱, 요셉, 모세 등 이 모든 사람들이 "믿음으로 증거를 받았으나 약속된 것을 받지 못"한 사람들이라고 했다(히 11:39). 여기에 열거된 선진들이 모두 다 하나님을 위해 순교를 각오할 증거를 갖고 살아갔다.

그러나 하나님과의 교제라는 축복은 받지 못한 미래 사항으로 살아갔다. 믿음은 이처럼 현실적 축복이 없어도 미래의 축복을 믿고 하나님의 증인답게 살아가는 것을 의미한다. 신앙의 선진들이라는 모든 인물들은 세상에서 부귀영화를 따라 살지 않고 현실에서 고달파도 미래의 더 좋은 하나님과의 영생을 믿고 살아간 사람들이다. 믿음은 미래의 확신에 대한 현재의 순종이다. 이처럼 신앙 선진들의 모범을 통해 믿음의 진수를 설명해준다.

전 세계 교회들 중에서 한국 교회들이 크게 자랑하는 것이 있다. 그것은 수많은 교회들 중에서 한국에 가장 많은 신자들이 모이는 세계적 대형교회들이 전국 각지에 있다고 자랑한다. 이렇게 눈에 보이는 거대한 현상들인 건물, 군중, 많은 헌금들로 이루어 낸 각종 기업형 기관들가 기하급수적인 재정으로 세력을 과시한다. 이렇게 눈에 보이는 거대한 현상을 축복의 개념과 동일시하는 한국 교회의 축복은 성경적 복이 아닌 세상의 물질적인 축복의 개념이다.

성경에 "믿음은 바라는 것들의 실상이요, 보이지 않는 것들의 증거(히 11:1)라고 했다. 설교자들이 "주님의 이름으로 축복합니다"라는 말을 상투적으로 사용한다. 설교자들이 말하는 '축복'이 성경적 축복인가? 결코 아니다. 그런데 이렇게 왜곡된 축복 개념이 일반화된 현대 교회는 세상의 빛과 소금의 기능을 상실하고 말았다. 세상적 축복이 교회적 축복으로 변질된 세상에서 히브리서의 진리는 새로운 각성을 준다.

히브리서 전체 내용은 참된 진리를 위해 용감하게 살아가지 않고 현실에서 성공하기 위해 모든 것을 타협하며 세상의 조롱을 받고 유명해지기 원하는 사이비 지도자들이 꼭 깨달아야 되는 진리의 내용이다.

2. 쿰란 공동체

1) 유대 나라의 분파와 쿰란 공동체

쿰란 제4동굴

성경에는 유대 나라의 분파들에 대한 소개의 기록이 있다. 그러나 쿰란 공동체는 성경에 소개가 없다. 이들은 유대 나라 4개 분파들 중 에세네파에 속하는 약 4천여 명의 회원들 중 일부가 사해 서북 연안 '쿰란'(Qumran) 지역에서 수도사 생활을 하며 '쿰란 사본'(Codex)을 남겼다(1947년). 그것이 발견된 후 이들에 대한 명예가 크게 부각되었다.

유대 나라의 최고 법정 기관은 '산헤드린'(Sanhedrin)이었다. 산헤드린의 기원은 여호사밧 왕(BC 870-848) 때로 본다. 역대하 19장 5-11절을 보면 여호사밧 왕이 레위 사람들과 제사장들과 족장들 중에서 주민들의 송사를 재판하게 한다. 이것이 차츰 발전하여 유대인의 최고 법정 기관으로 주후 70년까지 사회와 종교 분야의 송사일을 처리하였다. 주전 250년 경부터는 대제사장이 의장이 되고 70명의 회원이 있는 산헤드린 또는 공회(마 26:59; 행 5:34)라고 했다.

그리고 유대교 안에는 네 분파가 있었다.

① 사두개파(Sadducees)

이들은 성문화된 율법만 받아들이고 구전은 반대했다. 부활, 영혼, 불멸, 영적 세계를 부인했다(막 12:18; 눅 20:27; 행 23:8). 수적으로 작은 집단이었으나 귀족적이며 세속화된 제사장들이 많았고 헬라 문화를 수용하여 호전적인 책략과 교묘한 수완으로 세속적 영달을 추구하는 성향의 종파였다.

사도들과 사두개인들과의 논쟁(행 26:1~3), 15세기, 프란체스코회의 미사 전서의 세밀화, 파리 국립 도서관 소장

② 바리새파(Pharisees)

세 종파 중 가장 수적으로 많아 전성기 때는 약 6천 명에 이르렀다. 따라서 그 영향력도 대단히 컸다. '바리새'(Φαρισαῖος)는 '분리된 자들'이라는 뜻이다. 이들은 자기들끼리는 대단히 충성스럽게 결속했으나 타 집단이나 동족들과는 분리를 주장했다. 이들은 가장 미세한 항목까지 전통의 모든 면에 복종할 것을 서약하고 성전세 외에 모든 소유의 십일조를 바치기로 맹세한다. 그들은 자신과 같지 않은 이들을 멸시하며 오만하고 거만했다. 이들은 헤롯과 로마인들을 멸시했고 메시아 대망이 간절했다. 자신들만이 말씀의 유일한 해석자라 믿기에 사두개파와 만날 때마다 논쟁을 했다.

안식일날 소경의 치료에 대해 논쟁하는 바리새인(요9:8~34), 오슈 대성당 성가대석 조각

그런데 바리새인 출신 중에는 좋은 인물들도 있었다. 니고데모(요 3:1), 가말리엘(행 5:34), 바울(빌 3:5) 등으로 바울은 바리새인임을 명예로 여겼다.

③ 서기관과 에세네파(Scribes Essenes)

서기관들의 성경 필사가 주된 일이었다. 이들과 조금 다른 에세네파는 바리새파나 사두개파 같은 파당이라기보다는 금욕적인 분파로 역시 성경 필사를 주력하는 수도사적인 집단이었다. 쿰란 공동체는 에세네파에 속한다.

시리아(수리아)의 왕 앞에 서 있는 서기관(잠14:35), BC 8세기, 베르린 국립미술관 소장

④ 열심당 (Zealot)

헬라어로 '젤로테스'(ζηλωτής)라는 이들은 로마 통치에 반항하던 매우 과격하고 호전적인 유대인 반항자들이다. 예수님의 제자 중에 '셀롯이라는 시몬'(눅 6:15)이 바로 열심당원이었다. 이들 열심당의 극단적 애국 운동은 주후 6년에 시작되어 주후 70년 예루살렘 함락 때까지 지속되었다.

이들 네 분파들 중 에세네파에 속하는 쿰란 공동체(Qumran Community)를 살펴보자. 쿰란은 지상에서 가장 낮은 지중해 해면보다 낮은 해저 393m에 있는 사해(The Dead Sea) 서북 연안의 지명이다. 사해의 경우 30% 정도가 염화염임은 널리 알려진 사실이다. 이곳 쿰란에 주전 150년부터 주후 68년 사이에 함께 모여 살던 금욕주의적 신앙 집단이 있었다. 이들은 기도와 묵상 그리고 성경 필사를 주된 일과로 삼는 공동체였다.

양식은 독지가들이 후원해 주었고 채소류는 자기들이 경영했다. 이들이 성경 필사를 해오던 때 주후 70년 4월에 로마 군대가 예루살렘 전투를 시작했고, 8월 28일에 예루살렘이 함락된다. 예루살렘을 함락하기 전 68년경에는 로마군이 여리고를 정복한다.

이때 여리고에서 가까운 쿰란 공동체 단원들을 필사해오던 구약 성경 두루마리를 가까운 동굴들 속에 숨겨 놓고 도망을 갔다. 이렇게 숨겨 놓은 두루마리들이 2,000여 년의 지난 1947년에 발견된다. 이것을 쿰란 사본, 또는 사해 사본(Dead Sea Scrolls)이라고 한다. 이 사본의 발견 후 신학계는 큰 변화가 생긴다.

2) 쿰란 사본 또는 사해 사본의 가격

(1) 쿰란 사본이 발굴되기까지[22]

1947년 2~3월경에 아랍 유목민 중의 하나인 베두인(Bedouin)족의 한 소년 목동이 옛 쿰란 지역에서 양을 지키고 있었다. 그런데 어느 날 양의 새끼 한 마리가 무리를 이탈하여 도망을 쳤다. 목동 소년이 양 새끼를 추격하자 양 새끼는 사해 서쪽 해안에 위치한 여러 개의 절벽들 중의 한 동굴로 들어갔다. 목동은 양 새끼를 찾으려고 평소 관심을 갖지 않던 비좁은 동굴 속으로 들어갔다.

동굴 속을 들어간 소년은 동굴 안에 여러 개의 질그릇 항아리들이 있음을 발견했다. 질그릇 항아리 속에는 아마포로 싼 두루마리들이 들어 있었다. 그것이 무엇인지 모르는 목동 소년은 그것을 삼촌에게 갖다 주었다. 삼촌 역시 그것이 무엇인지 모르지만 가치 있는 것으로 추측하고 그것을 베들레헴에 있던 시리아 정교회 대주교에게 100달러를 받고 팔았다.

이렇게 되자 사해 쿰란 동굴 속의 흙 항아리 속의 두루마리가 큰

22) 정수영, 성경의 역사, 쿰란출판사, 2016, pp. 93-96.

가치가 있음이 세상에 알려지게 되었다. 이스라엘이 1948년 독립 선언 후 정치적 독립 문제로 관심을 갖지 못할 때 1949년부터 요르단의 고고학 담당자와 도미니크 신부가 합세하여 동굴 조사 작업이 시작되었다. 제2, 3, 4 동굴에서 또 다른 사본들이 발견되었다. 그 다음 제5, 6, 7, 8, 9, 10 동굴에서는 발견된 것이 없다. 그런데 제11 동굴에서는 비교적 완벽한 두루마리 몇 편이 나왔다.

이렇게 해서 쿰란 사본들이 200개 이상 발견되었다. 시리아의 베들레헴 대주교는 100달러에 산 쿰란 사본을 만 배로 늘려 미국에다 100만 달러에 팔았다. 1954년에야 이스라엘은 히브리대학의 고고학 교수의 주동으로 미국에 팔린 쿰란 사본을 다시 반환해 온다. 그래서 예루살렘의 '성서의 전당'(The Shrine of The Book)에 쿰란 사본을 비롯하여 많은 사본들이 전시되어 있다. 이곳 '성서의 전당'은 건물 3분의 2가 지하에 있어서 성경 고대 사본들이 발견된 당시의 상황을 재현시키고 있다. 관광객들이 이곳에 들어가려면 카메라를 휴대하지 못하게 하고, 이곳은 관람만 하도록 법규화되어 있다.

이스라엘은 이렇게 귀중한 쿰란 사본의 제작지였던 '쿰란 공동체' 현지를 완전히 새롭게 재현시켜 놓았다. 사해 서북 연안의 이곳은 북쪽에 여리고가 있고 남쪽에 마사다(Masada) 관광지가 있는 중간 지점이다. 필자 또한 쿰란 공동체 유적지를 가서 보았을 때 참으로 숙연함을 느끼게 되었다. 그들은 생존을 유지하기 위해 최소한의 식생활을 유지해 가며 자기들의 시간 전체를 기도, 묵상, 성경 필사에 몰두했다. 그들은 큰 홀에서 단체 생활을 했고 식당, 부엌, 세탁방, 토기로 만든 화로는 완전 원시적 생활 공간이었음을 알려준다.

이들은 모든 시간과 정력을 다해 구약성경을 필사하며 살아갔고 그들이 남긴 '쿰란 사본'은 그들이 죽고 난 후 2천 년이 지난 후에야 세상의 빛을 보았다. 얼마나 값진 세상을 살았는가의 진가가 2천 년 후에 나타났다.

(2) 쿰란 사본의 가치

구약성경들의 원본이나 신약성경의 원본은 아무것도 존재하지 않는다. 성경의 원본들은 파피루스(Papyrus)라는 갈대 종이류였기에 이것들은 시간이 흐를수록 부서지고 파괴되어 사라져 갔다. 그렇게 파손되어 사라지는 원본들을 보존, 유지하기 위해 손으로 필사한 것들이 사본이다. 성경을 손으로 필사하는 작업은 여간 정성과 노력이 아니고서는 매우 힘든 사역이었다.

파피루스가 종이 대신 사용되다가 거기서 발전한 것이 양의 가죽을 펴서 다듬어 말린 후 종이 대신 쓰는 양피지(羊皮紙)였다. 파피루스는 주전 2600년 전 노아 후손들이 쓰기 시작해서 주전 11세기 다윗, 솔로몬 때는 중동의 보편적인 종이였다. 양피지는 주전 2세기 때부터 매우 부유한 일부가 사용했고 대중화된 것은 주후 5세기 이후로 본다. 주전 586년의 예레미야가 파피루스가 된 두루마리를 사용했음을 성경이 말한다(렘 36장 여러 곳; 겔 2:9, 3:1; 슥 5:1).

이와 같은 구약 사본들 중 쿰란 사본이 발견되기 이전까지는 구약 사본으로 권위가 인정되어 온 사본이 마소라(Massora) 사본이었다.

'마소라'학파는 주후 5~6세기에 시작된다. 구약성경이 전부 자음으로만 기록되었기에 히브리어를 아는 유대인이게는 불편이 없으나 모음을 모르는 이방인들은 히브리어 원문 이해에 혼란이 많았다. 이 같은 불편을 해소하기 위해 자음 원문에다 모음까지 첨부하는 모음 부호와 억양법을 살려 구약을 보존하려는 학자들의 운동을 '마소라 학파'(Masoretes)라고 했다. 이들 마소라 학파가 현재와 같은 구약 모음이 된 구약을 완성한 때가 주후 900년경이다. 이들 '마소라 학파'들이 근거로 삼은 수많은 사본들 연구 결과가 있는데, 하나님의 호칭을 'Y, H, W'에서 '여호와'라고 한 것이 알려져 왔다.

그런데 쿰란 동굴들에서 발견된 274개의 단편 사본들 중에는 주전 8세기경의 파피루스가 나왔다. 그리고 유대인의 제2차 반란의 지도자였던 주후 132~135년경의 시몬 바르 코크바의 이름이 서명된 파피루스도 나왔다. 이렇게 '마소라 학파'들 견해보다 더 오래된 주전 8세기경의 사본에서 'Y, H, W'는 '야웨'라는 것이 판독되었다. 그 결과 구약성경의 '여호와' 호칭은 잘못이었음이 드러났다. 그래서 1950년대 이전의 성경들은 '여호와'였으나 그 이후 오늘날은 '야웨'로 바뀌어졌다.[23)]

그리고 쿰란 사본들에는 기록된 언어로 히브리어가 가장 많고 그 다음에 아랍어, 헬라어, 라틴어, 아라비아어 등이 있다. 이들 쿰란 사본들은 구약과 신약의 중간 시대 때 어떤 성경을 사용했는가의 자료를 제공해 주고 신약성경 연구에 중대한 영향을 미친다. '쿰란공동체'의 수도사들의 이름을 아는 바는 아무것도 없다. 그러나 저들은 생명 유지를 위한 최소한의 생활 외에는 주택도, 문화도, 후손도 다 포기하고 오로지 성경 필사로 종신했다. 그들의 희생이 2천 년 후에 새롭게 광명으로 드러났다.

결론

히브리서의 저자가 누구인지는 알 수가 없다. 히브리서 저자는 하

23) 정수영, 앞의 책, p. 95.

나님만이 아신다. 그런데 자기 이름이나 배경을 밝히지 않은 히브리서 저자는 신약성경 중 가장 독특한 히브리서를 남겼다. 마태가 유대인을 위한 복음서를 쓴 것처럼, 바울 사도가 율법을 능가하는 믿음의 진리를 쓴 것처럼 히브리서 기자는 구약에 기록된 천사, 모세, 대제사장, 옛 언약, 성소, 율법보다 우월한 그리스도를 주장한다. 히브리서를 제대로 이해한다면 구약과 신약의 진리를 조화롭게 이해할 수 있으니, 이는 독특한 성경이다.

쿰란 공동체도 마찬가지다. 저들은 유대 나라가 친로마냐, 친헬라냐 하는 시대적 유행에는 전혀 관심이 없었다. 또 저들은 사두개파, 바리새파, 열심당원 등 파벌에도 전혀 관심을 두지 않았다. 오로지 삶이 유지되는 한 성경 필사에만 전념했다. 그들의 고달픈 인생을 아무도 알아주지 않았다.

그러나 2000년이 지난 후 그들의 숭고한 삶의 가치를 전 세계가 새롭게 알게 되었다. 우리도 이 시대가 알아주지 않고 사람들이 관심을 갖지 않는다고 해도 진리를 추구하는 삶은 하나님께서 알아주시고 후손들이 알게 될 것이라는 희망을 갖는 것이 바른 삶의 철학이라 할 수 있겠다.

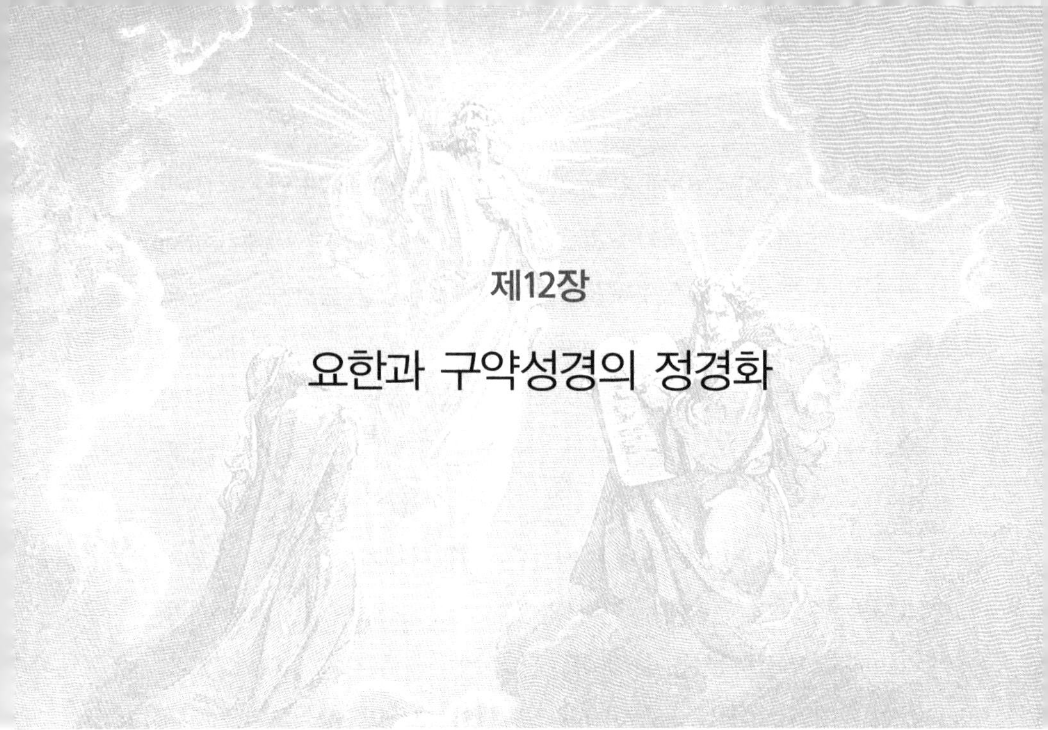

제12장

요한과 구약성경의 정경화

서론

사도 요한은 96~98년을 살아간 장수의 수명을 누린 자로 알려졌다. 그는 형 야고보와 함께 예수님의 사랑 받는 제자로 살아갔다. 예수님은 십자가에 매달리신 채 고통 중에도 자기 어머니 마리아를 요한에게 부탁하신다(요 19:26-27). 그 후부터서 요한은 마리아를 자기 집에 모신다. 66~98년까지는 요한이 에베소 교회 목회를 한다. 이 무렵에 세 종류의 성경을 기록한다.

하나는 예수님을 모르는 비기독교도들을 향한 예수님의 성육신 진리를 소개하는 요한복음을 기록한다. 두 번째는 예수를 믿는 성도들을 향해 사랑을 실천하고 살라는 요한1, 2, 3서를 기록한다. 세 번째는 예수님께서 세우신 교회가 어떤 식으로 전개될 것인지, 세상의 최후와 천국을 설명한 계시록을 기록한다. 요한은 자기가 기록한 계시록이 계시의 완성으로 종결되었음을 선언하는 것으로 결론 내린다.

또 구약성경은 사도 요한이 활동하는 주후 90년 얌니아(Jamnia) 랍비 회의에서 현재와 같은 24권이 정경으로 완성된다. 구약성경의 최초 기록은 주전 1,500년경의 모세 5경이다. 그 후 1,600여 년 동안 외경이나 가짜 위경들이 헤아릴 수 없이 많이 나타나면서 어느 책이 올바른 정경이고 어느 책이 잘못된 책인가에 대한 논란을 거듭해 왔다. 그러다가 히브리 구약성경이 24권으로 최종 결정된 때가 주후 90년이다.

신약도 마찬가지다. 신약성경의 최후 성경이 계시록으로 완성된 때가 주후 95~96년 경이다. 그런데 이후에 신약 외경과 위경이 헤아릴 수 없이 쏟아졌다. 그래서 300여 년 동안을 외경, 위경과 정경을 구별하려는 노력이 계속 이어졌다. 그러다가 주후 397년에 카르타고 종교회의에서 현재와 같은 27권만을 정경으로 채택하게 된다.

'구약성경 중에 잠언서, 전도서, 애가서, 에스더서 등을 경전으로 채택할 수 있는가?'라는 시비가 계속 따랐고 신약성경 중에는 히브리서, 야고보서, 베드로후서, 요한2, 3서, 계시록 등이 계속 논란이 되었다. 그런데 이 같은 논란 속에서도 각 성경 자체가 갖고 있는 영적 감화력이 스스로 권위를 드러냈다. 그래서 모든 교회들이 현재와 같은 66권 성경이 자체적 권위에 의해 더 이상 논란을 자제하도록 최후 합의를 본 것이 구약이 90년이고 신약이 397년이다.[24)]

이것을 가톨릭교회는 교회 회의에서 정경들을 결정했다고 주장하며 교회 회의는 과거의 정경뿐 아니라 교회 공의회에서 교리도 결정

---

24) 정수영, 앞의 책, pp. 204-206.

할 수 있다고 주장하며 소위 '공의회' 결정을 성경과 동일시한다. 참으로 정경 형성의 위대한 섭리를 부정하는 무지하고 오만한 발상이다. 이제 요한과 구약성경의 정경화를 살펴보겠다.

1. 요한

1) 요한의 생애

'요한'이라는 이름 '요아네스'('Ιωάν(ν)ης)는 '여호와는 은혜로우시다'는 뜻이다. 그래서 성경에 요한이라는 이름이 많이 있다. ① 침례자 요한 ② 사도 요한 ③ 마가 요한 ④ 시몬 베드로의 아버지 요한(요 1:44) ⑤ 유대교 종교지도자인 요한(행 4:6) 그 외에 외경에도 요한이 많다.

복음서를 기록하고 있는 사도 요한2, 에히텔낫하의 복음서 초록, 뉘른베르크 국립도서관 소장

우리가 살피려는 요한은 사도 요한이다. 사도 요한은 세베대와 살로메의 아들이며 사도행전 12장에 기록된 사도 야고보의 아우이다. 그는 갈릴리 벳새다 사람(요 1:44)이고 직업은 어부였다(막 1:19). 요한은 처음에 침례자 요한의 제자였으나(요 1:35) 침례자 요한이 예수님을 "하나님의 어린양"이라고 하는 안내를 듣고 예수님을 따르는 제자가 된다.

예수님의 제자가 된 요한은 베드로와 형 야고보와 함께 예수님의 가장 가까운 제자가 된다. 회당장 야이로의 딸이 죽었을 때 예수님은 베드로, 야고보, 요한만 데리고 회당장 집에 가서 죽은 딸을 살려 내신다(막 5:37-43). 또 변화산상에도 베드로, 야고보, 요한만 데리고 따로 높은 산에 올라가셔서 변형하심을 보여 주신다(마 17:1; 막 9:2; 눅 9:28). 야고보와 요한 두 형제에게는 '우레의 아들'이라는 뜻으로 '보아너게'라는 별명을 주셨다(막 3:17; 눅 9:54). 예수님께서는 겟세마네 동산에서 그들을 좀 더 가까이 두시고 고민하고 슬퍼하며 기도하셨다(마 26:37; 막 14:33).

야고보와 요한의 어머니 살로메가 주님께 절하면서 자기의 두 아들을 주의 나라에서 하나는 우편에, 하나는 좌편에 앉게 해달라고 요청한다(마 20:20-21; 막 10:35). 주님의 최후 만찬 때 요한은 예수님의 품에 의지하여 누웠다(요 13:23). 겟세마네 동산에서 철야기도를 하시던 주님은 제자들을 한 곳에 모아 놓고 베드로, 야고보, 요한은 가까이 두시고 기도하셨다(마 26:37; 막 14:33).

예수께서 로마 군대와 대제사장의 하솔들에게 체포당하신 후, 사람들은 예수님을 전직 대제사장인 안나스에게 끌고 갔다. 이때 시몬 베드로는 다른 제자로 표현되는 요한과 함께 대제사장의 집 뜰까지 따라가서(요 18:15-18) 안나스의 심문을 목격한다(요 18:25-27). 나중에 요한은 십자가상에 달리신 주님으로부터 어머니 마리아를 부탁받는다(요 19:26-27).

부활하신 주님이 갈릴리 호수에 고기 잡는 제자들 앞에 나타나셨을 때 요한이 제일 먼저 주님을 알아보았다(요 21:7). 초대교회 사역의 주역은 베드로와 요한이었다(행 3:1, 4:13, 19, 8:14-25). 성경에 기록된 사도 요한의 행적은 여기까지다.

그러나 많은 자료들은 사도 요한이 주후 66~98년까지 에베소에서 목회하며 예수의 모친 마리아를 모셨다고 한다. 그리고 그는 세 종류의 성경을 기록한다. 80~90년경 기록했을 것으로 추정되는 요한복음은 예수를 모르는 사람들에게 예수를 믿고 구원을 얻도록 구원의 진리를 설명한다.

그리고 이미 그리스도를 믿는 자들을 위한 요한1, 2, 3서를 기록한다. 그리고 95~96년경 밧모섬 유배지에서 미래 세계를 위한 계시록을 기록한다. 그는 98세까지 장수한 후에 에베소에서 죽어 에베소에 그의 무덤이 남아 있다. 그리고 마리아의 무덤도 남아 있는데 마리아의 무덤 전설은 진위가 불분명한 상태다.

2) 요한의 사상

(1) 성육신의 진리

사복음서는 예수님의 생애와 교훈을 다 각각 다른 대상을 염두에 두고 성격이 다른 복음서를 기록했다. 마태는 유대인을 염두에 두고 유대인들을 위한 복음서를 썼다. 그래서 예수 그리스도의 출생과 사역과 죽음이 모두다 구약성경에 예언된 성취의 결과라고 설명한다. 마가는 로마인을 염두에 둔 복음서를 썼다. 그래서 족보나 구약 예언 등에는 관심 두지 않고 즉각 행동하시는 예수 그리스도상을 설명한다. 누가는 헬라인을 염두에 둔 복음서를 썼다. 그래서 예수 그리스도에 대해 유대 종교를 뛰어넘는 전 세계인의 왕으로 모든 계층의 모든 사람을 위한 그리스도라고 설명한다.

요한복음은 어떤가? 앞의 세 공관복음서가 쓰여진 70년 이전의 초대교회 상황과 달리 80년대 이후의 초대교회 사정은 많이 달라졌다. 주후 70년 예루살렘의 함락 이후 유대인과 기독교도의 관계가 심각하게 벌어졌다. 그 이유는 예루살렘 함락을 두고 유대교와 기독교도의 태도가 완전 달랐기 때문이다. 유대교도들은 열심당원들의 충동도 있었으나 유대교의 위기의식을 느낀 모든 유대인들이 로마군의 예루살렘 함락을 저지하기 위해 필사적으로 예루살렘에 응집해 몰려들었다.

그 결과 유대인들은 100만 명이 희생당하고 10만 명이 포로로 로마에 끌려갔다. 그런데 기독교도들은 어떠했는가? 예수님께서 말세의 징조를 설명하시면서(마 24:3-14) 징조가 보이거든 산으로 도망하라(마 24:16)고 하셨다. 이 말씀에 근거해 로마군 공격 전에 예루살렘을 떠났다. 그 후 유대인들은 기독교도들을 자기들의 동족이 아닌 비겁한 자라고 비난하고 증오했다. 주후 90년 유대교 회당들의 기도문 속에는 "나사렛파 이단들은 순간에 망할지어다. 그들을 생명책에서 지워 의인과 함께 섞이지 말게 하소서"라는 저주의 기도문이 회당의 기도문 내용이었다. 초대교회는 이렇게 동족에게 증오의 대상이 되었다.

거기에다 바울 사도가 골로새서에 경계한 것처럼(골 2:8, 20) 초기의 영지주의 사조가 소아시아 전역에 유포되고 있었다. 사도 요한이 복음서를 기록할 80~90년대의 유대 나라와 소아시아는 과거 초대교회 이후의 상황과 너무도 많이 달랐다. 이때 사도 요한은 영적이며 우주적인 복음서를 기록해야 할 필요를 느낀다.

사도 요한은 예수 그리스도는 유대인의 왕이나 이 세상의 왕 정도가 아니라 영원하신 창조주이신 성부 하나님과 똑같은 분이신 성자 예수님의 선재성을 설명한다. 이렇게 선재하셨던 성자 하나님이 성부 하나님의 인류 구원의 뜻에 따라 인간의 몸을 입고 오신 그리스도라는 성육신 진리를 설명한다.

사실 예수 그리스도를 어떻게 이해하는가? 이 문제는 성경의 핵심이고 복음의 핵심 내용이다. 2000년 교회 역사와 오늘날까지도 예수의 정체성을 놓고 수많은 논쟁과 싸움들이 신학적으로 분열을 낳고 있다. 과거 교회사에서는 예수는 단지 인간일 뿐이었다. 반대로 예수는 신이었는데 잠시 인간으로 활동했다가 다시금 신으로 환원했다. 예수와 하나님과는 어떤 관계인가? 이 문제는 과거의 논쟁만이 아니라 현재의 신학계에도 뚜렷한 의견 대립으로 자유주의와 보수주의로 나누어져 있다.

사도 요한은 이 문제를 '성육신'이라는 진리로 설명한다. '성육신의 진리'가 무엇인가? 먼저 예수 그리스도는 영원한 선재(Eternal Preexistence)이신 하나님이셨음을 설명한다. 요한은 예수님이 아브라함이 태어나기 이전에 계셨으며(요 8:58) 천지 창조 이전에(요 1:1) 계셨던 분이심을 설명한다. 이렇게 선재하신 그리스도에 대한 설명으로 예수님의 신성을 강력하게 주장한다.

그뿐만이 아니다. 예수님의 신성만으로는 인간을 구원할 수가 없다. 인간을 구원하려면 신성을 잠시 유보하고 인간이 되어 인간들과 교류되어야만 구원이 가능하다. 예수님이 이 세상에 육신을 입고 세상의 빛으로 오셔서 세상 사람들에게 진리의 계시자로 활동하셨다. 예수님이 세상에 계시는 동안 하나님의 계시자로 활동하신 증거들은 그가 모든 말과 행동을 자기 뜻대로 하지 않고 항상 아버지의 뜻대로 일한다고 하시는 그의 사역을 통해 증명된다.

요한은 예수님의 사역이 성부 하나님의 뜻과 일치된 사역이라는 점을 여러 면에서 부각시킨다.

요 4:34 "나의 양식은 나를 보내신 이의 뜻을 행하며 그의 일을 온전히 이루는 이것이니라"

요 5:19 "아들이 아버지께서 하시는 일을 보지 않고는 아무것도 스스로 할 수 없나니 아버지께서 행하시는 그것을 아들도 그와 같이 행하느니라"

요 8:28 "내가 스스로 아무것도 하지 아니하고 오직 아버지께서 가르치신 대로 이런 것을 말하는 줄도 알리라"

요 14:10-11 "내가 아버지 안에 거하고 아버지는…내 안에 계셔서 그의 일을 하시는 것이라 내가 아버지 안에 거하고 아버지께서 내 안에 계심을 믿으라"

예수님이 인간으로 오셨으나 하나님과 일치된 그의 사역들을 증명함으로 그가 하나님이시며 인간이셨음을 증명했다. 이 같은 '성육신의 진리'가 요한의 핵심 사상이다. 요한은 복음서에서 '아버지'라는 말을 137회나 사용한다.

(2) 성자의 자기 선언(Self-Manifestaion)

공관복음서들은 짧은 설교들과 비유 형식으로 예수님의 가르침들을 소개한다. 그에 반해 요한은 상당히 신학적인 설교 형식으로 예수님의 가르침을 소개한다. 그것이 요한복음서 21장 중에 23회 나오는 "나는…이다"라는 '에고 에이미'(Εγώ εἰμι)라는 말이다(요 4:26, 6:20, 35, 41, 48, 51, 8:12, 18, 24, 28, 58, 10:7, 9, 11, 14, 11:25, 13:19, 14:6, 15:1, 5, 18:5, 6, 8).

이 모든 내용을 종합하면 7개의 멋진 비유로 표현된다.

① 나는 생명의 떡이다(요 6:35, 41, 48, 51).

② 나는 세상의 빛이다(요 8:12).

③ 나는 양의 문이다(요 10:7, 9).

④ 나는 선한 목자이다(요 10:11, 14).

⑤ 나는 부활이요 생명이다(요 11:25).

⑥ 나는 길이요 진리요 생명이다(요 14:6).

⑦ 나는 참 포도나무이다(요 15:1, 5).

이와 같은 "나는…이다"라는 표현은 예수님의 정체성과 사역의 성격을 다각도로 설명해주는 내용이다. 이와 같은 예수님의 자기 선언은 예수님이 스스로 존재하는 자존자이신 하나님이심을 천명하는 신성과 또 그의 사명이 무엇인지 밝히는 인성을 알려주는 계시적 자기 선언이라고 할 수 있다.

(3) 성령의 인격적 사역

다른 성경들에도 성령의 사역이 설명되고 있다. 마태는 예수님의 성령에 의한 잉태(마 1:18, 20), 예수님의 침례시 임한 성령(마 3:16), 성령에 이끌린 시험(마 4:1), 성령의 교훈(마 12:31) 등을 말한다. 마가도 성령의 사역을 말한다(막 1:10, 12). 누가도 성령의 사역을 말한다(눅 2:27, 4:1, 14, 18). 이들 공관복음서와 사도행전에서 설명하는 성령은 역동적이고 능력 있는 성령으로 설명된다.

그런데 요한복음의 성령 설명은 사람의 내면에 역사하여 그의 본성을 변화시키며 영혼 깊은 곳에서 만족과 위안을 주며 진리의 안내자가 된다는 성령의 인격적인 특성을 강조한다. 성령은 거듭나게 하는 영(요 3:5), 배에서 생수의 강이 흘러나오게 함(요 7:38), 보혜사로서 영원토록 함께 있음(요 14:16), 보혜사가 죄에 대하여, 의에 대하여, 심판에 대하여 책망함(요 16:8) 등 요한이 강조하는 성령은 성도들 속에서 역사하는 인격적 성령임을 설명한다.

이 같은 성령의 인격적 사역은 바울 사도도 강조한다. 로마서 8장 16절을 보면 성령이 친히 우리의 영과 더불어 우리가 하나님의 자녀인 것을 증언한다. 고린도후서 1장 22절을 보면 우리 마음에 성령으로 보증해 주신다. 갈라디아서 5장 22절을 보면 성령에는 열매들이 있는 것을 알 수 있다.

요한의 성령은 인격을 변화시키고 인격을 통해 드러나는 성령이다.

(4) 성도와 세상과의 관계

사도 요한은 에베소에서 약 30여 년간 목회를 했다. 사도 요한은 에베소를 중심으로 소아시아 여러 교회들에 전도자를 보내 소아시아 교회들을 확장해 가고 있었다. 그런데 소아시아에서는 초기 영지(靈知)주의자들의 세력으로 교회들이 혼란을 겪고 있었다. 영지주의자들은 영만이 선하고 물질은 악하다는 이원론에 근거하여 그리스도의 성육신을 부정했다. 영지주의자들은 오로지 신성한 영적 지식만 추구함으로 육체를 가혹하게 취급하는 극단적 금욕주의, 반대로 구원 얻는 것은 영일 뿐 육체는 썩을 것이라는 극단적인 방종과 쾌락주의를 추구했다.

사도 요한은 요한 서신을 통해 세상에 유행하는 이단들을 경계하도록 바른 신앙 지도를 위한 깨우침과 또 믿는 성도들 사이에 믿는 자로서의 특징을 나타내려고 하면 사랑을 실천해야 한다고 권면하고 있다. 세상은 성도들이 살아가야 하고 일해야 되는 곳이다. 그러나 세상과 동화되어서는 안 되는 긴장과 균형이 필요하다. 성도가 세상을 향해서는 긴장과 균형을 이뤄야 하고, 교회 내에서는 사랑의 실천만이 하나님 자녀의 신분을 유지하는 비결이다.

죄를 범했을 경우 자백하고 회개함으로 성결한 삶을 유지하도록 노력할 때 하나님의 참사랑이 깨달아지고 경험되는 것이다. 요한 서신은 세상과는 긴장, 성도 간에는 사랑을 권면하는 교훈서이다.

(5) 종말에 대한 예언

사도 요한은 인류의 종말을 성령님의 계시로 기록한 계시록을 남겼다. 계시록 속에는 많은 내용들이 있는데 그것을 요약하면 다음 몇 가지로 정리할 수 있다.

① 교회 시대를 향한 성령의 계시(계 2–3장)

당시 소아시아와 알렉산드리아, 로마 교회 등 많은 교회들이 있었다. 그런데 아시아 일곱 교회만 선택한 것은 교회 시대가 어떻게 전개될 것인가를 계시해 준 것이다. 이에 대한 구체적 설명은 필자의 요한계시록 강해 1권 《교회시대》를 참고하라.[25)]

② 교회 시대 후에 있을 대환난의 계시(4–18장)

교회 시대 후에 있을 다니엘의 예언(단 9:24-27)에 의해 7년간의 대환난을 계시해 주고 있다. 이에 대한 자세한 설명은 필자의 요한계시록 강해 2권 《대환난시대》를 참고하라.[26)]

③ 만물의 갱신과 새로운 신천 신지(19–22장)

현재 누리는 우주 만물이 다 사라지고 새로운 하늘과 새 땅이 시작되는 천국에서 찬양과 경배의 삶을 살게 된다. 성도는 주님 재림을 사모하는 신앙생활을 해야 한다. 이 같은 내용이 핵심적인 계시록의 내용이다. 이에 대한 자세한 설명은 필자의 요한계시록 강해 3권 《새 하늘과 새 땅》을 참고하라.[27)]

---

25) 정수영, 교회시대, 쿰란출판사, 2023.
26) 정수영, 대환난시대, 쿰란출판사, 2023.
27) 정수영, 새 하늘과 새 땅, 쿰란출판사, 2023.

2. 구약성경의 정경화

1) 구약성경의 정경화 작업의 필요성

구약성경 중 가장 오래된 성경은 주전 1450년경 모세가 기록한 5경(창, 출, 레, 민, 신)이다. 그리고 구약성경 중 가장 늦게 기록된 성경은 에스라서 주전 424년경이나 느헤미야서 주전 400년경으로 본다. 구약성경 맨 마지막 책인 말라기는 주전 425년으로 본다. 이렇게 본다면 구약성경들은 약 1,000년이라는 기나긴 세월 속에 완성된 책들이다.

그렇다면 구약성경들은 처음부터 현재처럼 39권만 존재했는가? 그렇지 않다. 구약성경의 최후 책이 주전 400년경 느헤미야서 이후에 400년 중간 시대 때 여러 개의 외경들과 위경들이 계속 쏟아져 나온다. 구약 외경들은 주전 400년 이후 주후 2세기까지 그 사이에 쓰여진 책들이다.[28]

① 에스드라 1서(BC 150) ② 에스드라 2서(AD 70~135)
③ 토비트(BC 175) ④ 유딧(BC 110)
⑤ 에스더서 추가(BC 145) ⑥ 솔로몬 지혜서(AD 40)
⑦ 집회서(BC 190) ⑧ 바룩서(AD 70)
⑨ 예레미야 서간(BC 317) ⑩ 세 청년의 노래(BC 163)
⑪ 수산나(BC 100) ⑫ 벨과 용(BC 100)
⑬ 므낫세의 기도(BC 50) ⑭ 마카비 제1서(BC 63)
⑮ 마카비 제2서(?)

이들 외경들이 구약성경과 함께 병행해 오고 있었다. 그런데 주후

28) 정수영, 성경의 역사, 쿰란출판사, p. 117.

70년 예루살렘 함락 후에 로마 제국의 정치적 탄압으로 유대교 지도자들은 종교적 위기의식을 느낀다. 그래서 주후 90년에 랍비인 아키바(Akiba AD 55~137) 주도로 얌니아(Jamnia)에서 공의회가 소집되었다. 얌니아는 현재 텔아비브 공항 남쪽 20km 지점에 있는 현재의 '예브나'(Yebna)와 같은 성읍으로 전해지고 있다. 이때 아키바는 느헤미야 8장 8절에 에스라가 율법책을 낭독하고 그 뜻을 해석했다는 구절을 근거로 '마소라'(Masora) 창안을 제시했다. 이들이 '마소라'를 창안한 배경이 중요하다.

① 과거의 구약성경들이 자음으로만 기록되어 있으므로 세계화된 세상에서는 히브리어의 모음과 억양법을 추가하여 사본을 만들어야 한다는 사실

② 부정확한 필사본들을 보존한다는 것은 잘못이므로 훨씬 오래된 필사본들을 고의로 폐기했다는 사실

③ 이들은 중간기 때의 외경들과 묵시 문학의 난립과 기독교의 경전들인 복음서, 행전, 서신서들로 유대교에 위기의식을 느끼게 되었다는 사실

④ 저들에게는 이미 70인역(BC 250~150)이 외경을 수용하고 있으므로 70인역이 순수하지 않다는 사실

이러한 이유들로 순수한 히브리적 구약 전승만 고수해야 한다는 의견의 일치를 본다. 그래서 순수한 히브리적 전승으로 24권만을 구약성경이라고 합의를 도출한다. 이들 마소라 학파들은 이미 70인역 구약성경을 배제하고 히브리 원전 24권만을 결정한다.

(2) 구약 원전 24권

구약 원전은 주후 90년 얌니아 회의 이후 현재까지 24권으로 유지

되어 오고 있다. 구약 원전 24권의 내용은 다음과 같다.

① 토라(תּוֹרָה)=율법서(창, 출, 레, 민, 신)=5권

② 느빔(נבים)=선지서, 예언서=8권

전기 선지서 = 수, 사, 사무엘, 열왕기(4권)

후기 선지서 = 사, 렘, 겔, 소선지서(12권)

③ 케투빔(בתוכים)=성문서=11권

시가서=시, 잠, 욥(3권)

두루마리=아가, 예레미야애가, 에스더, 전도서(5권)

역사서=다니엘, 에스라, 느헤미야, 역대기(3권)

이렇게 구약성경을 세 부분으로 24권으로 완결한 것이 주후 90년의 구약 정경화 결론이었다.

(3) 구약 70인역을 따른 39권

그런데 주전 250~150년 사이에 히브리 원전을 헬라어로 번역한 '70인역'이 히브리 원전 24권을 현재와 같은 39권으로 개편했다. '70인역'은 주님이나 사도들이 인용하지 않았다. 그 이유는 70인역 속에 구약 외경들 일부가 포함되었기 때문이다. 그러나 신약성경 중 누가복음, 사도행전, 히브리서는 70인역을 사용했음이 드러난다. '70인역'과 히브리 원전이 병행해 오던 중 교부들 간에는 찬성과 반대가 엇갈린다. 그런데 신약성경이 27권만으로 정경화가 결정된 주후 397년의 카르타고(Carthago) 종교 회의 후에 히에로니무스(Hieronymus, 342~420)가

404년에 라틴어역 불가타(Vulgata)를 번역했다.

히에로니무스는 히브리어 원전 24권만을 '정경의 책들'이라고 고집하면서 외경들을 교화를 목적으로 한 '교회의 책들'로 읽을 수는 있으나 교리의 권위를 확증할 목적으로는 읽을 수 없다고 했다. 그러면서 '불가타'를 성경의 부록으로 외경을 첨부했다.

그 후 루터(1483~1546)도 자신이 번역한 독일어 성경(1534)에 외경을 포함시켜서 "읽기에 유익하고 선하다"라고 했다. 그러나 츠빙글리와 칼빈은 외경을 삭제시켰다. 그 후 가톨릭교회는 트렌트 공의회(1545~1563)에서 성경은 라틴역 불가타만 인정하면서 동시에 외경들을 다 인정했다. 그리고 가톨릭은 '성경'과 '전통'(종교회의 결정, 교황칙서 등 등)을 성경과 동일한 권위로 인정하도록 공표하였다.

현재는 성경에 관한 입장이 세 갈래로 나뉘어져 있다.

① 구약 히브리 원전 24권을 헬라어로 번역한 39권의 전통을 따르는 개신교

② 구약 39권과 외경 모두를 인정하는 가톨릭교회

③ 구약 39권과 외경 중 4권만 인정하는 동방 정교회

이렇게 세 갈래로 나뉘어진 상태에 이르렀다.

이상으로 사도 요한을 살펴보았다.

사도 요한은 장수를 누리고 살아갔다. 그는 주님의 살아생전에 사랑을 많이 받았기에 '사랑하는 자'라는 긍지를 가졌다. 그는 사복음서 중 독특한 영적 복음서와 미래 세계를 알려주는 계시록을 남겼다. 그의 복음서로 우리는 성육신의 진리, 성령이란 인격 속에 나타남 등 귀중한 진리를 깨닫게 되었다. 그뿐만 아니라 그는 하나님께서 계획해 놓으신 교회의 미래에 대한 종말론 진리도 가르쳐 주었다. 요한이

100세 가까이 살았으나 그가 가르쳐준 진리들은 2,000년이 지난 지금까지도 찬란하게 빛을 내고 있다.

사도 요한과 동시대에 구약성경 24권이 정경화되었다. 이때의 정경화된 구약성경도 2,000년이 지난 지금까지 귀중한 진리로 전승되고 있다. 그러나 구약 책은 요한복음, 계시록과는 비교의 대상이 되지 못한다. 구약은 메시아 예언은 있으나 성취가 없다. 신약은 구약성경 전체가 대망했던 메시아의 성취를 알려 주고 있다. 그리고 구약의 막연한 미래의 종말 내용을 신약에서 확실하게 밝혀주고 있다. 계시록이나 구약성경 정경화가 다 똑같은 시기에 이루어졌다.

그러나 진리의 정확성이나 미래 세상에 대한 정보는 구약성경과 비교할 만한 수준이 못 된다. 다 똑같은 시기에 랍비들이 수고했고 사도 요한도 수고했다. 그러나 수고한 결과는 비교할 만한 수준이 못 된다. 그 차이는 무엇을 믿었느냐는 신앙 내용의 문제에서 온다. 구약성경이 아무리 오랜 기간 동안 수많은 저자들이 희생하며 성경을 이루었다고 해도 그들이 믿는 메시아관이 잘못되었다. 그 결과 수천 년의 종교적 열정이 허망하게 끝이 났다.

그러나 사도 요한은 100년 기간 동안에 제대로 신앙 내용을 가졌기에 영원한 가치 있는 공헌을 남겼다. 이것은 지금도 마찬가지다. 세상에는 불교, 유교, 이슬람교, 로마 가톨릭, 동방 정교회 등 수많은 종교들의 신앙 내용들이 있다. 그러나 영생을 얻지 못하는 종교를 가지면 헛된 인생이 되고 만다. 사도 요한과 동시대에 있었던 구약성경의 정경화 사건이 유한한 가치에 끝나고 만 사실을, 우리는 크게 반면교사로 삼아야 하겠다.

결론

이상으로 《동시대 두 세상Ⅱ》(신약편)을 마무리한다. '동시대 두 세상'은 과거, 현재, 미래에 항상 존재할 것이다. 신약편에서는 AD 30-100년 어간의 두 세상 인물들을 살펴보았다. 한 세상은 정치, 권력, 부귀, 영화 등 당시 세상에서 찬란하게 살아간 인물들이다. 또 다른 세상은 하나님의 진리와 성령에 사로잡혀 살아간 인물들이다. 이들 두 부류의 사람들의 삶의 족적이 사라지지 않고 그대로 전승되고 있다. 두 부류의 사람들 중 찬란하게 살아간 사람들이 당시 성공한 사람들로 부러운 사람들일 수 있으나 그들의 삶을 답습하고 싶지는 않다. 왜냐하면 저들은 한시적으로 성공하기는 했으나 영원한 영생은 얻지 못했기 때문이다.

똑같은 시기에 이 세상과 전혀 다른 세상을 살아간 하나님의 사람들이 있다. 그들은 온갖 수난과 역경과 고통 속에서 살면서 성령님의 힘으로 현실을 극복해 나갔다. 이렇게 성령님의 힘으로 기록한 신약성경은 세상의 영향을 받지 않고 모든 인류에게 영생을 주는 능력으로 계승되어가고 있다. 놀라운 사실은 과거의 역사는 단지 과거인들의 정보 소개로 끝나지 않는다. 과거는 오늘의 우리에게 영향을 미치고 또 우리의 삶은 후세대 세상인에게 영향을 미치는 것이 역사의 법칙이다. 이 책을 통해 과거사 이해만이 아니라 오늘날 우리가 어떻게 살아가야 마땅할 것인가 각성하고 자극받아 변화를 일으키는 동기가 제공되기를 바란다. 하나님의 크신 은혜에 감격할 따름이다.

신약교회 사관에 의한

동시대 두 세상 III

[교부시대편]

정수영 지음

쿰란출판사

머리말

하나님의 은혜로 《동시대 두 세상 Ⅲ》(교부시대편)을 내놓는다. 앞서 《동시대 두 세상 Ⅰ》(구약편)과 《동시대 두 세상 Ⅱ》(신약편)에서는 성경과 대조가 되는 세상사를 비교했었다. 그러나 이번에 《동시대 두 세상 Ⅲ》(교부시대편)은 사도들 이후인 AD 100년 이후부터 AD 500년까지 교회가 시작된 후 제2기 지도자들 몇 명을 선별해서 정리했다.

필자뿐 아니라 제대로 된 역사 인식을 가진 자라면, 제1기 신앙 지도자 사도들이 완벽한 진리를 터닦아 놓은 것을 제2기 교회 지도자들인 교부들이 개인의 견해와 당시 유행하던 철학들을 도용해 사도들의 신앙을 변개시키고 기독교 진리를 변질시킨 것을 알 수 있을 것이다.

참으로 안타까운 역사적 사실이 오늘의 현실이다.

기독교는 신구약 성경의 진리에서 시발되었다. 그런데 그 진리를 AD 100년 이후 600년까지의 제2기 교회 지도자들인 교부들이 변개·왜곡시켜 놓았다. 그렇게 변개·왜곡시킨 교부시대의 변개자와 왜곡의 내용을 제대로 알아야 그 다음의 가톨릭시대(600~1500)와 종교개혁시대(1500~1600)가 이해된다.

본 《동시대 두 사상 Ⅲ》(교부시대편)은 가톨릭과 개신교 신학자들이 초대교회(33~100)를 교부시대(100~600)와 혼합시켜 놓은 역사 왜곡을 완벽하게 분별할 수 있도록 만든 작품이다.

여기 교부시대편의 내용들은 성경 진리를 변개시킨 제2기 지도자들 중 10여 명을 선별해 정리한 것이다. 오늘날 현대 교회의 문제점의 시발은 이들 제2기 지도자들의 성경 궤도에서 탈선한 유산들임을 알아볼 수 있도록 제시했다. 제2기 교회 지도자들이 성경의 진리에서 탈선하여 왜곡된 유산을 남긴 사례들을 지적해 보겠다.

1장, 이그나티우스(98?–117)

그가 최초로 '보편적 교회'라는 '카톨리케, 에클레시아'(καθολικη ἐκκλησία)라는 용어를 시작했다. 현재 로마 가톨릭 교회가 사용하는 가톨릭(catholic)이라는 말은 성경에 근거하지 않은 이그나티우스에게서 시작된 말이다. 또 '주의 만찬'은 죽음을 막고 죄를 없애는 해독제와 같다는 그의 주장이 오늘날 가톨릭의 화체설(Transubstantion)의 기초가 된다.

2장, 유스티누스(저스틴, 100–165)

그는 로마교회에서 기독교를 변증하는 변증가로 활동했다. 그의 변증서들은 헬라 철학 내용을 기독교 진리인 양 변개시킨 내용들이어서 철학을 모르는 자들은 따랐으나 철학을 아는 이들은 기독교가 철학의 한 주장으로 곡해하게 만들었다.

3장, 테르툴리아누스(160-222)

그는 법률을 공부한 변호사로 법률 용어인 '삼위일체'를 채용했고, 예레미야 31장 31-34절을 근거로 '구약'과 '신약'이라는 용어도 만들었다. 그러나 그는 철저한 금욕주의적 신앙가여서 믿음을 가진 자에게 명확한 행위들을 주장하였으며, 그것이 훗날 가톨릭의 금욕주의가 공적 구원사상으로 발전하게 된다.

4장, 히폴리투스(160-236)

그는 로마교회 장로이며 성경 교사였다. 사도행전 20장 17절을 보면 에베소 교회 장로들은 교회를 보살피는 감독자였다(28절). 신약성경에는 감독과 장로는 한 사람이 갖는 다른 호칭이며 다른 직능이었다. 사도 베드로는 자신을 장로라(벧전 5:1) 했고, 사도 요한도 자신을 장로라 했다. 바울 사도는 목사이며 교사임을 말했고(엡 4:11), 잘 다스리는 장로들을 배로 존경해야 되는 이유로 말씀과 가르침에 수고하기 때문(딤전 5:17)이라고 했다. 이 같은 신약성경을 근거로 2-3세기 로마교회 히폴리투스는 장로이며 성경 교사였다.

이와 같은 감독과 장로제도는 중세기 때에도 계승된다. 그런데 종교개혁자 칼빈(1509-1564)이 스위스 제네바 사역 때 에베소서 4장 11절의 '목사와 교사'를 분리시켜 목사와 장로 제도를 만들었다. 현 장로교 장로인 '다스리는 장로'는 신약성경을 벗어난 것이고, '성경을 가르치는 장로'가 성경의 진리임을 알 수 있다.

5장, 오리게네스(185-254)

오리게네스는 3세기 알렉산드리아 교회 장로이며 평생 성경 교사로 활동하며 수많은 저서들을 남겼다. 그런데 그는 플라톤 철학 사상에 입각해 성경 진리들을 수없이 왜곡시켜 놓았다. 성부만이 원래 계신 분이고, 성자는 태어난 제2의 신이라면서 모든 인류는 다 구원받는다고 했다. 고린도전서 15장 25-28절을 왜곡해 만인이 다 구원받는다고 했다. 또 영혼만이 구원받는다는 '영혼불멸설'(고전 15장의 왜곡) 외에도 고린도전서 3장 13-15절에 의한 '연단장'인 연옥설 등을 주장했다.

6장, 에우세비오스(유세비우스, 265-339)

그는 신학적으로 성부만이 창조주이고 성자는 제2의 신이라는 이단 아리우스파에 속했고, 정치적으로 콘스탄티누스 황제(274-337)와 동시대인으로 황제 예찬가로 살아았다. 그는 《교회사》 5권을 남겼다. 그의 《교회사》는 초대교회 이후 4세기까지의 교회사 정보와 많은 자료를 제공한다. 그런데 그가 최초로 베드로가 로마 사역 후 순교했다는 전승을 말한다. 오늘날 가톨릭교회가 로마에 베드로성당을 건축한 것과 베드로의 순교 설화는 이 에우세비오스의 교회사에서 비롯된다.

그와 동시대를 살아간 콘스탄티누스 황제는 기독교 박해를 멈추는 기독교의 로마제국 국교화 선언을 했고 동·서방 최초의 종교지도자 회의인 '니케아 종교회의'(325) 소집자이고, 또 모친 헬레나를 통해 예루살렘에 성묘교회 등을 건축한다. 그러나 기독교를 황제 예하에 부속시키는 국교화의 기초를 만들어 놓는다.

7장, 아타나시우스(295-373)

성경의 안디옥교회(행 11장)는 선교의 모범교회였다. 그런데 3-4세기 안디옥 교회는 아리우스주의(Arianism)를 주장하는 변질된 안디옥 학파로 타락한다. 아리우스주의는 삼위일체를 거부했다. 이때 알렉산드리아 감독 아타나시우스가 정치와 종교가 야합된 아리우스주의와 투쟁한다. 아리우스파는 황제를 책동시켜 정통파 아타나시우스를 5차례나 추방시킨다. 이로 인해 아타나시우스는 전후 17년간 추방자로 방랑한다. 이렇게 제2기 교부시대 때 삼위일체를 부인한 이단이 아리우스주의자였고, 종교개혁기 때 또다시 삼위일체를 부인하는 소치니아주의(Socinianism)이 나타나고 현대는 하버드대학 신학부를 본산지로 유니테리아니즘(Unitarianism)이 계속되고 있다.

이렇게 삼위일체 진리를 부정하는 이단과 투쟁한 이가 아타나시우스다.

8장, 카파도키아 3성인

카파도키아를 신약성경에서 '갑바도기아'(행 2:9; 벧전 1:1)라고 했다. 이곳에 세 명의 성인이 살아갔다. ① 바실리우스(329-379) ② 나지안주스의 그레고리우스(329-390) ③ 니사의 그레고리우스(335-395)였다.

이들 세 명은 당시 이단사상으로 황제권과 결탁해서 세력을 확장하는 아리우스파와 투쟁을 했다. 그런데 교활한 황제 세력을 업은 아리우스파에게 3명이 모두 추방을 당하여 속세를 떠나 조용한 수도원 생활로 경건을 유지하여 살아가게 되었다. 이렇게 세속 권력을 회피하려고 시작된 수도원의 시작이다. 이들과 달리 중세기 수도원의 대부분은 가난하고 무능한 자가 호구지책의 수단과 경건을 혼합한 수도원으로 변질된다.

9장, 암브로시우스(339-397)

암브로시우스는 이탈리아 제2의 도시 밀라노(Milano)에서 23년간 목회를 했다. 그는 당시 창궐해가는 이단 아리우스주의와 대결을 하며 또한 잔인한 황제와도 맞서 싸우는 정치권과의 투쟁도 했다. 그가 정치권과 대립함으로 많은 핍박과 수난들을 당한다.

그러나 구약성경의 인물들을 소재로 알레고리적, 도덕적 해석을 하는 그의 설교에 많은 청중들이 따른다. 그는 자기를 따르는 청중들에게 용기와 격려를 위한 대중 찬송가 보급으로 핍박들을 극복해 나간다. 그가 남긴 수많은 찬송가들 중 오늘 우리들에게 전승되는 찬송으로 130장(통 42장)이 있다. 그의 신학사상은 알레고리적, 도덕적 해석들이어서 당시 현지인들에게는 감동을 주었으나 후세인들에게는 진리로 간직할 만한 배울 바가 별로 없다. 그러나 그가 황제권의 탄압에도 굴하지 않고 당당하게 맞서 진리를 선포한 담대한 용기는 많은 이들에게 큰 교훈을 준다.

10장, 크리소스토무스(344-407)

그의 본명은 '요한'이며 안디옥 출신이다. 안디옥교회가 3세기 때 안디옥학파에 의한 '아리우스'주의 이단으로 많은 이들에게 악영향을 끼치고 있었다. 그런 속에서도 어머니 안투사(Anthusa)의 경건한 신앙 훈련을 받아 안디옥학파와 구별된 자였다. 그는 경건한 신앙과 당시 최상의 교육을 받은 후 또 산속에 들어가 6년 동안 신학, 경건, 순수함으로 영성을 함양시킨다. 그리고 고향 안디옥 교회의 설교자가 된다(380).

그런데 그가 뛰어난 웅변술과 경건한 신앙 지도와 생활 설교를 시리즈로 해 나가다가 그의 명설교 소문으로 당시 황제가 출석하는 콘스탄티노플 감독으로부터 강제 납치당해 사역지를 옮기게 된다. 콘스탄티노플 교회는 황제 비위를 맞추는 어용 신자들이 득시글거리고 있었다. 여기서 부패의 온상이 황후임을 알고 황후를 새로운 헤로디아(마 14:67)라고 빗대어 비난하다가 아르메니아 쿠쿠수스(cucusus) 벽지로 유배당해 죽는다. 그가 죽은 후 30여 년 후(438) 콘스탄티노플 교회 신도들은 그의 유해를 콘스탄티노플로 이장을 한다. 그리고 그를 '황금의 입'을 가졌다는 '크리소스토무스'라고 명명한다.

11장, 히에로니무스(제롬, 345-419년)

히에로니무스는 라틴식 이름이고 제롬은 영어식 이름이다. 그는 로마감독 다마수스[후에 제37대 교황 다마소1세(366-384] 비서였다가 베들레헴 수도원을 창설한다. 거기서 헬라어 신약성경을 라틴어로 번역하고(387년) 히브리어 구약성경도 라틴어로 번역한다(405년). 이와 같은 히에로니무스의 라틴역 신·구약성경을 불가타(Vulgata, 표준, 일반적, 통속적)라고 한다. 히에로니무스의 불가타는 7세기 이후부터 로마 가톨릭의 공식 성경으로 1950년까지 계속됐다. 이 불가타에 외경이 첨가됐기에 가톨릭은 지금도 외경을 동일한 성경으로 포함시키고 있다.

12장, 펠라기우스(350-431)

펠라기우스는 브리타니아(영국) 출신이다. 그는 로마에서 27년 동안 후학들을 가르치고 저술 활동을 했다. 410년 고트(Gots) 족의 로마 침략으로 아프리카와 팔레스타인으로 가서 아우구스티누스와 여러 가지로 논쟁을 거듭한다. 두 신학자들이 영혼의 기원, 인간의 본질, 인간 타락 후 상태, 죄의 유전, 구원, 예정, 유아 세례 등 많은 논쟁에서 두 가지 대조를 드러냈다. 모든 신학 내용이 전혀 다른 두 가지 입장을 드러낸다.

이 두 사람 간의 차이는 훗날 계속해서 양대 신학의 산맥으로 분리된다. 이 때의 펠라기우스 주장이 종교개혁기에 에라스무스(1466-1536)에 의해 자유의지론으로 발전되고, 아우구스티누스의 주장이 루터(1483-1546)에 의해 노예의지론으로 발전된다. 칼빈(1509-1564)은 하나님의 절대주권 신봉자로 노예의지론을 따르는 입장이었다.

이와 같은 교부시대 펠라기우스의 사상이 훗날 아르미니우스주의(Arminianism)로 발전하고 아우구스티누스의 사상이 칼빈주의(Calvinism) 형태를 바꾸어 계승되고 있다.

13장, 아우구스티누스(354–430)

아우구스티누스는 로마령 북아프리카에서 로마인 아버지와 아프리카인 어머니 사이에서 태어났다. 그는 초기에 방탕자로, 마니교(Manichaeism) 신봉자로 살아가다가 30대에 회개하고 기독교인이 된다. 《고백록》(401년경)과 《하나님의 도성》(*The City of God*: 413-427)을 저술했다. 그의 두 저서는 전 세계인의 사상전집으로 전승되고 있다. 그렇기에 그를 '교회 박사'들 중 하나로 기억한다.

그의 신학이 그대로 라틴 신학의 기초가 되고 오늘날 가톨릭 신학의 근원이 되었음은 물론이고, 종교개혁자 루터와 칼빈도 그의 신학의 계승자다. 그렇기에 아우구스티누스는 로마 가톨릭과 개신교 사상적 기초를 세웠다.

아우구스티누스 사상이 가톨릭과 개신교에서 그대로 계승되고 있는 핵심적 내용 세 가지만 지적해 보겠다.

하나, 세례 중생론(Baptism regeneration)

요한복음 3장 5절을 보면 물과 성령으로 거듭나야만 하늘나라에 들어갈 수 있다. 로마서 6장 3-5절에서는 구원 받은 자는 침례로 그리스도와 함께 죽는 장사와 다시 살아나는 부활을 상징하는 의식을 갖는다. 이것이 성경의 진리다.

그런데 아우구스티누스는 세례가 원죄를 씻고 구원시키는 신비한 효력을 발휘한다고 했다. 루터와 칼빈도 세례만 받으면 하늘나라에 입적된다고 본다. 이 모든 주장이 완전 성경 진리와 위배된다.

둘, 아우구스티누스, 루터, 칼빈 모두가 무천년 신봉자들이다. 요한계시록 19장 11-21절에 주님이 지상으로 재림하신 후 땅의 반대자들을 정리하실 것이 예언됐다. 그리고 요한계시록 20장 1-6절에는 주님과 재림 때 부활한 성도들과 함께 땅에서 천년 동안 그리스도와 더불어 왕노릇한다고 예언됐다. 이것을 '천년왕국설'(Premillennialism)이라고 한다.

그런데 아우구스티누스, 루터, 칼빈 등은 재림 후에 있을 '천년왕국'은 없다는 '무천년왕국설'(Amillennialism)을 주장했다. 이 같은 믿음에 근거해 루터와 칼빈은 요한계시록 주석이나 강해서를 만들지 않았다. 아울러 칼빈 이후 모든 칼빈주의자들은 칼빈을 따라 '무천년설'을 따른다.

셋, 루터나 칼빈은 교회를 보이는 유형의 교회(visible church)와 보이지 않는 무형의 교회(invisible church)가 있다고 했다. 여기서 보이지 않는 무형의 교회 개념 속에는 성령으로 거듭난 그리스도인이라고 이해된다. 그러나 보이는 유형의 교회 개념에는 예배당, 군중들, 막강한 능력을 발휘하는 외면적 세력들을 의미한다.

현대교회는 기복신앙(祈福信仰)의 영향을 받아 대형 빌딩과 구름떼처럼 많은 청중들이 모여드는 곳을 복 받은 교회로 믿는다. 그래서

100년을 계속할지도 모르는 예배당 건물을 천문학적인 재정을 투자하는 것이 일반화되어 있다. 왜 이 같은 현상이 생겼는가? 잘못된 지도자들이 '보이는 교회'도 교회라고 잘못 가르쳤기 때문이다.

우리가 어떻게 다시금 성서적인 교회를 회복할 수 있을까? 과거 교회 역사 속에서 왜곡된 지도를 했던 잘못된 문제점들을 깨달을 때부터 문제의식이 시작된다. 필자는 그와 같은 과거의 왜곡된 역사가 제2기 지도자들이었던 교부 시대(100-600년) 지도자들로부터 시작됐다고 확신한다.

본서는 성격상 큰 흥미를 일으킬 만한 내용은 아니다. 그러나 오늘의 교회들 문제의 시발이 현대가 아닌 먼 옛날의 잘못된 지도자들에게서 시작됐다는 역사적 사실을 깨닫는다면 오늘날의 문제들 해결에 희망이 있다고 믿는다.

끝으로 본서의 완성을 위해 원고 정리를 해준, 첫사랑으로 키운 외손자 종원이와 종민이 그리고 아내에게 감사를 전한다. 그리고 10여 년을 한결같이 후원해주시는 후원회 여러분께도 감사를 드린다. 또 쿰란출판사 대표 이형규 장로님께서 실질적인 도움을 주심에 감사하며, 더불어 책을 완성해 주는 교정, 편집자들께도 감사드린다.

2024년 8월

평촌에서 정수영

제3권

동시대 두 세상Ⅲ (교부시대편)

차례

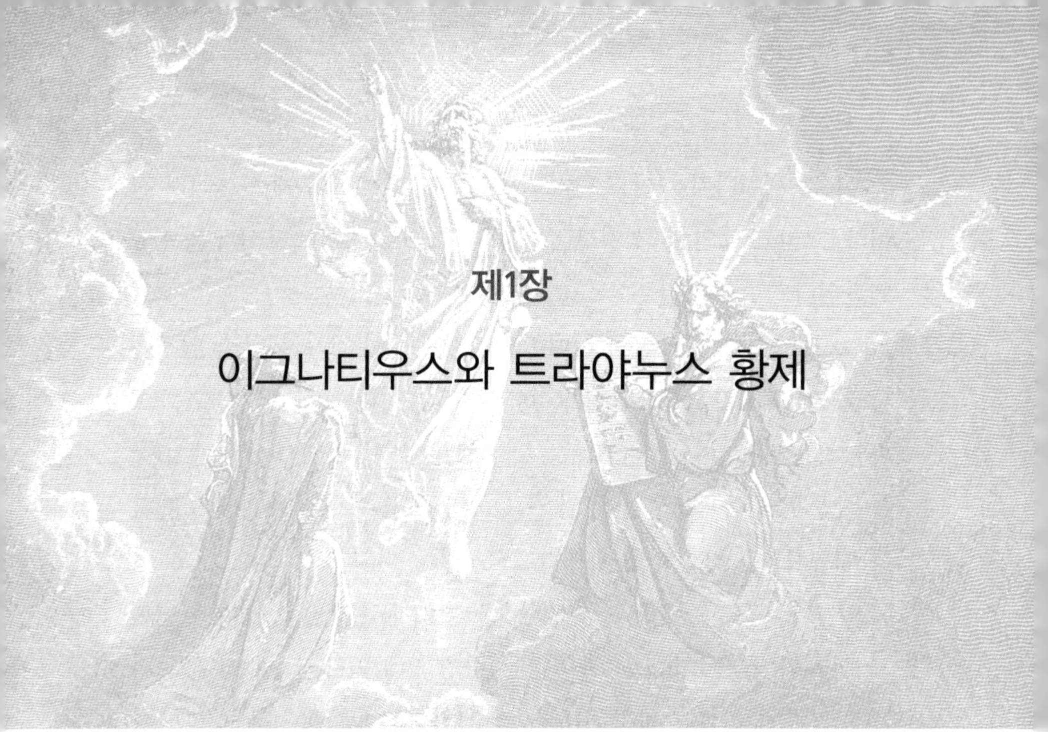

제1장
이그나티우스와 트라야누스 황제

서론

이그나티우스(AD 98?-117)는 시리아의 안디옥 교회 감독이었다. 그는 로마 제국 초기 5현제(五賢帝) 중 하나로 알려진 제13대 로마 황제인 트라야누스(재위: 98-117)와 동시대인이었다.

이그나티우스는 트라야누스 황제의 기독교 핍박에 의해 116년에 시리아 안디옥에서 체포당해 로마 군인 10명에 의해 튀르키예와 그리스를 거쳐 이탈리아까지 1년여 동안 호송을 당했다. 이그나티우스는 호송되는 1년여 여정 중에서 자기가 아는 이들에게 7통의 편지를 남겼다. 그리고 117년 로마의 한 원형극장에서 야수들에 의해 순교했다.

이그나티우스가 남긴 7통의 서신 내용을 보면 안디옥 교회의 개척자인 바나바, 바울의 사상과는 전혀 다르다. 그럼에도 불구하고 그의 사상이 후대 교회에 그대로 영향을 미친다. 그 대표적 영향이 2세기 이후 4세기까지 그리스도를 위해서 순교의 대열이 계속 이어진 점이다. 그리고 그의 탈 성경적 주장들이 그대로 가톨릭교회 신앙으로 계승된다.

그리고 로마 제국 전성 시대 5명의 황제들이 각각 훌륭한 업적을 남겼기에 역사가들은 5현제(네르바, 트라야누스, 하드리아누스, 안토니누스 피우스, M. 아우렐리우스)라고 부른다. 그러나 기독교 역사 입장에서 이들은 모두 기독교도들을 탄압하고 죽인 폭군들이다. 여기에 소개하는 이그나티우스를 죽인 황제가 트라야누스다.

이그나티우스는 순교자로 기독교도들에게 존경받고 특히 최초로 가톨릭 즉 보편적이라는 용어를 시작한 인물이다. 그에 반해 트라야누스 황제는 로마에 '트라야누스 기념주'(Column of Trajan: AD 113)가 남아 있다.

이그나티우스는 2000년 전 기독교 신앙을 고수하면서 황제의 탄압에 희생된 인물이다. 트라야누스는 당시 세상을 장악한 황제로 자기 뜻대로 살상을 행했던 인물이다. 2000년이 지난 오늘날 이 두 사람 중 누가 더 잘 살아갔는가? 과거의 신앙인과 권력자의 삶을 비교하며 오늘 우리들이 어떻게 살아가야 할 것인가를 깨닫도록 하자.

1. 이그나티우스(Ignatius)

1) 이그나티우스의 생애(AD ?98-117)[1]

이그나티우스는 라틴어로 '불'이라는 뜻을 가진 남성명사에서 유

1) 정수영, 교부시대사, 쿰란출판사, 2014, pp. 67-74.

래된 이름이다. 그래서 불같이 뜨거운 사람이라는 뜻이다. 그가 유명해지자 그의 어린 시절에 대한 격에 맞지 않는 전설이 생겨났다. 마태복음 18장 2, 5절, 마가복음 9장 36-37절, 누가복음 9장 47-48절을 보면 예수님께서 한 어린아이를 가슴에 안고 교훈해 주신 내용이 나온다. 이때의 어린아이가 바로 이그나티우스였다고 한다.

안디옥의 이그나티우스

만약 이 전설이 사실이라면 이그나티우스는 110여 년을 살았다는 것인데 이는 불가능한 이야기다. 그리고 이그나티우스는 유대인이 아니라 헬라인이다. 헬라인 아이가 예수님의 공생애 때 예수님을 따랐다는 전설은 진실이라고 이해하기 어렵다. 또한 이그나티우스의 출생지는 알 수가 없다.

교회사가인 에우세비오스는 이그나티우스가 주후 69년경 안디옥 교회의 감독이 되었다고 한다. 이 같은 에우세비오스의 교회사 기록에는 의심이 따른다. 안디옥 교회는 바나바와 바울이 개척한 후(행 11:22-26) 교회 내에 선지자들과 교사들이 있었다(행 13:1).

안디옥 교회 선지자들과 교사들은 바울의 제3차에 걸친 선교 후원을 주후 57년까지 계속했다. 그리고 주후 57년에 안디옥에서 갈라디아서를 기록한 것으로 추정된다. 에우세비오스의 말대로 이그나티우스가 주후 69년경 안디옥 교회의 감독이 되었다면 그가 죽은 해인 주후 117년을 감안할 때 이그나티우스는 46세 때에 안디옥 교회의 감독이 된 셈이다. 그가 46세부터 주후 116년까지 70년 동안 목회했으나 그의 안디옥 사역에 관한 내용은 전설 한두 가지뿐이다. 이그나티우스가 안디옥 감독이었음은 사실이지만, 주후 69년에 안디옥 감독이 되었다는 에우세비오스의 기록은 신뢰성에 문제가 따른다.

2) 이그나티우스의 사상

이그나티우스는 트라야누스 황제(AD 98-117) 때 기독교 박해령에 의해 117년경 시리아 지방에서 일어난 국지적 박해로 로마 관헌에게 체포당한다. 이그나티우스는 체포당한 후 거의 1년여에 걸친 장기간 동안 수리아 안디옥에서 로마까지 압송을 당한다. 전해지는 전승에 의하면, 이때 10명의 로마 관헌이 호송하면서 각 지역들을 경유했다고 한다. 그 이유는 기독교 지도자가 특정 지역에서 순교하는 것으로 끝내지 않고 많은 지역을 경유하면서 중간에 변심했다고 하면 더 많은 기독교 변절자가 나올 것으로 기대했던 것 같다.

그는 시리아 안디옥에서 밤빌리아 해안을 지나 서머나에 도착한다. 여기서 네 편의 편지를 써서 전한다. 그리고 다시 드로아에 가서 세 편의 편지를 쓴다. 드로아에서 해로로 네압볼리, 빌립보를 거친 후 로마로 간다. 이렇게 1년여 동안의 호송 중 가는 곳마다 교인들의 환대를 받고 교인들이 호송 관헌들에게 뇌물을 주어 이그티아누스는 편한 상태로 접견을 하고 글을 써서 전할 수 있었다.

이그나티우스가 도착하는 곳의 교회들은 그의 구명운동을 계속했으나 이그나티우스는 교회 지도자가 죽음을 두려워 도피한다면 교회에 대한 부정적 영향을 주게 될 것을 크게 두려워했다. 그리고 당당하고 용감하게 순교해야 예수님의 제자답고 교회의 인식을 바로 알릴 수 있다고 믿었다. 결국 이그나티우스는 주후 108년 로마의 한 원형 경기장에서 수많은 관중들이 지켜보는 앞에서 사나운 짐승들에게 찢겨 순교한다.

그가 남긴 7편의 서신이 오늘날까지 전해지고 있는데, 여기서 그의 편지들을 통해 그리스도와 사도들의 사상과는 전혀 걸맞지 않는 그의 사상을 살펴보자.

(1) **군주적**(君主的) **감독제**(監督制)

그는 에베소 교회 교인들이 자기에게 친절을 베풀어준 것에 감사하면서 교인들로 하여금 감독에게 절대 복종하라는 권면을 한다.

여기서 그의 편지 내용 중 특이한 내용만 지적해 보겠다.[2)]

"우리는 하나님께 복종하기 위해서 감독들에게 반항하는 것을 피해야"
"감독에게 하나님의 은혜를 대하듯 복종하고"
"장로에게 예수 그리스도의 법을 대하듯 복종해야"
"감독으로 하나님을 대신하여 다스리도록"
"감독이 하나님 아버지의 역할을 가지고 있고"
"감독의 승인 없이는 교회에 어떤 일도 해서는 안 된다"

이렇게 감독을 하나님의 대리자로 추앙했다. 이그나티우스가 안디옥 감독이었기에 감독들의 고충을 이해할 만한 요소가 있다. 그러나 아무리 감독의 고충을 이해한다고 해도 성경에 근거한 감독이나 장로의 근거 위에서 권면했어야 한다.

성경에서 말하는 감독, 장로상은 무엇인가?

바울 사도는 에베소 교회 장로들에게 눈물로 훈계했고(행 20:31),

2) 정수영, 교부시대사, 쿰란출판사, 2014, pp. 74-77.

주는 것이 받는 것보다 복이 있다(행 20:35)는 것을 실천한 모범을 말한다. 또 디모데에게 감독의 자격을 말한다(딤전 3:2-7). 베드로 역시 주장하는 자세를 하지 말고 양 무리의 본이 되라고 말한다(벧전 5:3).

이그나티우스가 주장하는 감독직은 마치 군주와 같은 독단적 감독직을 말한다. 이 같은 주장은 성경에 기록된 성령의 교훈이 아니다. 그런데 이그나티우스의 주장은 중세기 천 년 동안 모든 교황들이 가졌던 군주적 감독 정신이었다. 참으로 어처구니 없는 독단적 영향이었다.

(2) 최초의 가톨릭이라는 용어[3)]

그가 서머나 교인들에게 보낸 편지 속에는 "예수 그리스도께서 계신 곳에 보편적 교회가 있는 것처럼 감독이 있는 곳에 회중이 모이게 하십시오"라고 기록되어 있다. 여기서 말하는 '보편적 교회'라는 헬라어는 '카도리케 에클레시아'(καθολικη ἐκκλησία)다. 이그나티우스가 표현한 '보편적 교회'는 '예수 그리스도께서 현존하고 계시는 모든 곳'이라는 뜻으로 사용되었다.

그런데 이 말이 역사를 거듭하면서 점차 달라졌다. 주후 450년경 빈켄티우스는 "어느 곳에서나 언제나 그리고 모든 사람들에게 믿어져 왔던 것"이라고 한다. 또 중세기에는 "신앙과 생활과 예배의 통합체로서 하나님의 교회의 이상적 교회"라는 개념으로 발전한다.

종교개혁 후에는 개신교와 구별되는 교황을 그리스도의 대리자로 인정하는 그리스도교 신도 공동체라는 뜻으로 발전한다. 현재는 가톨릭만이 전 인류를 위한 유일한 교회라는 개념으로 사용하고 있는 것이 사도신경의 "I believe in the Holy Catholic church"이다.

---

3) 정수영, 교부시대사, 쿰란출판사, 2014, pp. 86-87.

이 내용은 가톨릭교회에서는 '보편 교회'라고 암송하나 개신교에서는 무슨 뜻인지조차 알지도 못한 채 "거룩한 공회를 믿습니다"라고 암송하고 있다.

"거룩한 공회를 믿습니다"라는 뜻이 무슨 뜻인지 목사들에게 물어보라. 100명에게 물어보면 100명의 답이 모두 다르다. 이것이 개신교의 현 실태다.

왜 교회가 보편 교회인가? 보편(普遍: Universality, Catholicity)이란 일반적, 대중적이라는 뜻이다. 교회가 왜 일반적이고 대중적인가? 교회는 이 세상의 온갖 대중들 무리 속에서 성령으로 거듭난, 특수하게 구원받은 자들이지 일반 대중이 아니다. 안디옥 교회 성도들은 너무도 이 세상과 구별되어 그리스도를 닮았다는 뜻으로 '그리스도인'이라는 별명으로 불렸다. 그리스도인은 결코 일반적이고 보편적인 대중이 아니다. 그리스도인은 그리스도적이어야 하고 보편적이어서는 안 된다. 이그나티우스가 '보편적 교회'라는 말을 쓴 것은 너무도 비안디옥 교회다운 변질이다.

(3) 주의 만찬은 '불멸의 약'처럼 죽음을 막고 죄를 없애는 '해독제' 같다[4]

이는 이그나티우스가 에베소 교인들에게 보낸 편지내용이다. 바울 사도가 말하는 고린도전서 11장 20절의 '주의 만찬'은 '퀴리아콘 데이프논'(κυριακὸν δεῖπνον)이다.

이때 말하는 '데이프논'은 마태복음 23장 6절에 나오는 '잔치'로 누가복음 14장 12절의 '점심이나 저녁'으로도 번역되는 단어다. 주의 만찬은 예배 후에 이어지는 공동식사인 '애찬'(love feast)이었고, 감사의

---

4) 정수영, 교부시대사, 쿰란출판사, 2014, pp. 77-79.

축제인 '유카리스티아'(εὐχαριστία)였다.

왜 주의 만찬이 '불멸의 약'이 되고 '해독제'가 된단 말인가? 이그나티우스가 당시 교회에서 주의 만찬에 동참하기를 거부하는 자들을 독려하는 뜻으로 이런 주장을 했는지 모르겠다. 그러나 이런 주장이 오늘날 가톨릭의 성체(聖體)사상으로 발전하는 근거가 되었다.

개신교는 주의 만찬 때 '떡'과 '잔'을 의미 없이 받으며 1년 중 연중행사로 여기기도 한다. 반면에 가톨릭에서는 '잔'은 신부만 마시고 교인들에게는 잔에 담근 '떡'만 먹게 하고 있다. 그것은 거룩한 주님의 살과 피인 '떡'과 '잔'이 하나님의 무소부재하심에 근거하여 그리스도께서 진실로, 실제로, 실체적으로 그리스도의 몸이 되는 변화가 일어난다는 화체설(化體說: Transubstantiation) 교리에 근거한다.

주님의 보혈화된 잔은 성직자만이 마시고 평신도들에게는 떡만 먹게 해서 성직자와 평신도 간에 영원한 차별을 두어야 한다는 것이 가톨릭의 교리이다. 이것은 성경의 '주의 만찬'과는 완전히 다른 떡과 잔이 그리스도의 몸과 피로 변화된다는 미신적 신앙이다. 이와 같은 미신 신앙의 기초를 닦은 이가 이그나티우스다.

(4) 과격한 순교 강조[5)]

그가 보낸 서신 중에 다음과 같은 기록이 있다.

> "만약 우리가 예수 그리스도의 수난과 하나가 되어 기꺼이 죽지 않는다면 우리는 우리 안에 그분의 생명을 가지고 있지 않다."
>
> "제가 예수 그리스도께 가는 길에…불이여, 십자가여, 야수와 싸우

---

5) 정수영, 교부시대사, 쿰란출판사, 2014, pp. 79-84.

는 것이여, 뼈들을 비트는 것이여, 사지를 토막내는 것이여, 내 몸 전체를 분쇄하는 것이여, 악마의 잔인한 고문들이여, 오라. 나로 하여금 다만 예수 그리스도에게로 가게만 하라."

이그나티우스가 실제로 죽음을 겁내지 않고 자진해서 순교의 길로 걸어간 것은 확실하다. 그가 주님의 종으로 권력자의 협박에 굴하지 않고 당당하게 죽는 길을 걸어간 것은 만세에 칭찬할 일이다. 하지만 그는 그리스도의 제자가 되는 길은 반드시 순교를 해야만 되는 것처럼 순교를 너무 과격하게 강조했다.

그리스도인의 최고의 영광은 순교이다. 그러나 살아서 산 제물(롬 12:1)이 되는 것도 순교이고, 살든지 죽든지 내 몸으로 그리스도를 존귀케 하는 것(빌 1:20), 그리스도의 남은 고난을 내 육체에 채우는 것(골 1:24)도 순교다. 꼭 죽어야만 그리스도와 하나가 된다는 주장은 지나친 과장이다.

이렇게 과격한 순교에 대한 강조의 영향으로 순교를 열망하는 성도들이 계속되는 좋은 영향을 끼쳤다. 그런데 순교를 하지 못하는 이들은 자기 삶을 학대함으로 순교의 대리만족을 얻으려 했고, 이를 통해 수도원주의가 만들어졌다. 중세기 수도원주의는 순교에 대한 대리만족의 변형제도였다.

이그나티우스는 사도시대가 끝나고 난 후 최초의 속사도시대 지도자인 교부시대의 첫 지도자였다. 이그나티우스가 과연 사도 베드로나 바울이나 요한에게서 진리를 배운 바가 있을까?

그의 수명으로 보아서는 사도들의 영향을 받았을 것으로 추측된다. 그러나 그의 주장들을 보면, 사도들의 가르침과는 완전하게 다른 변질된 주장들이다.

그가 주장한 군주적 감독직 강조는 성경에 '장로'(행 20:17)와 '감독'(행 20:28)이 한 사람이 갖는 직분인 것을 교부시대에 감독과 장로로 구분하는 결과를 가져왔다. 중세시대에는 감독을 '주교', '총 대주교', '교황'이라는 것으로 발전하게 하였다. 또 '주의 만찬'을 불멸의 약, 해독제라고 해서 성례전 미신 신앙으로 발전하게 했다. 또한 '그리스도인'으로 세상과 구별되게 살아야 할 성도들을 대중적이고 일반적인 '가톨릭' 교인으로 살아가도록 기초를 닦았다.

이그나티우스는 순교로 명예롭게 죽었다. 그러나 그가 남긴 7통의 편지들은 성경의 진리와 완전히 위배되는 오류덩어리들의 유산이었다. 이를 볼 때 교회를 개척한 사도들보다 더 중요한 악영향을 끼친 이들이 사도들을 계승한 제2세대 지도자들인 교부들임을 알 수 있다. 아울러 교회는 개척자도 중요하지만 제2대 지도자가 어떤 인물이냐 하는 것이 더욱 중요함을 배우게 된다.

2. 트라야누스 황제

트라야누스 흉상

트라야누스(Trajanus: 재위 98-117)는 로마 제국의 전성시대에 잇따라 군림한 5인의 명(名) 황제들을 '오현제'(五賢帝)라고 부르는데 이들 중의 한 명이다. 오현제는 네르바(재위 96-98), 트라야누스(재위 98-117), 하드리아누스(재위 117-138), 안토니누스 피우스(재위 138-161), 마르쿠스 아우렐리우스(재위 161-180)를 지칭한다.

이들을 왜 '오현제'라고 하는가? 그것은 네르바 이외의 네 명의 황제들이 각각 전(前) 황제에 의해 양자(陽子)가 된 후에 황제를 계승한 방법으로 황제가 되었고, 또 훌륭한 업적들을 남겼기 때문에 후대 역사가들이 붙인 칭호다. 이 시기에 황제들은 황제 계승에 대한 투쟁을 하거나 우매한 아들에게 무조건 계승시키지 않고 자질이 가장 뛰어난 인물을 양자라는 방법으로 계승시켰기 때문이다. 그리고 이 시기에는 로마 제국이 대체로 평화롭고 번영한 시기여서 각 지역에 로마의 속주(屬州)와 속 주민들이 로마 도시의 문화 혜택을 입었다고 보기 때문이다.

그러나 이 같은 역사 평가는 로마 제국을 우월시하는 편파적 식민사관에 근거한 편견 같다. 왜냐하면 이들 황제들의 재위 기간 중에 기독교도들의 핍박과 순교는 계속 이어져 갔다. 앞에서 소개한 이그나티우스는 트라야누스 황제 때인 117년에 로마 원형 경기장에서 순교했다.

또 하드리아누스(재위 117-138) 황제 때는 제2차 유대인 전쟁(132-135)을 일으킨 바르 코크바(Bar Kokbar)와 많은 유대인들을 살해하고 유대인들을 예루살렘에서 추방시키는 법령을 내렸다. 이로써 유대교가 소멸되게 만들었다.

또 안토니누스 피우스(138-161) 황제는 원로원에서 경건한 황제라는 뜻으로 '피우스'(Pius)라는 호칭을 붙여 주었다. 그러나 피우스 황제가 다스리던 시기에 서머나의 폴리캅 감독(156년경)과 초기의 위대한 변증가 유스티누스(또는 저스틴)가 순교를 했다. 황제들이 기독교 지도자들을 죽였는데, 저들을 어찌 현제라고 할 수 있는가?

트라야누스 황제는 그의 재임 시 다뉴브 변경의 다키아(Dacia)인을 정복한 것을 기념하는 기념탑(113년)을 건립하였다. 다뉴브(Danube)강은 길이가 약 2,860km가 되는 유럽 남동부의 하천이다. 이 강의 이름은 각 나라마다 다르다. 독일에서는 도나우(Donau), 헝가리에서는 두나, 루마니아에서는 두나레아, 불가리아에서는 두나브, 그리고 영어로는 다뉴브라고 한다.

이 강은 스위스, 독일, 오스트리아, 헝가리, 체코슬로바키아, 유고슬라비아, 불가리아, 루마니아, 러시아에 흐르는 전형적인 국제 하천이다. 다뉴브강은 유럽에서 볼가강(江) 다음으로 긴 강이다. 트라야누스 황제는 다뉴브강 변경의 한 지방인 다키아를 정복하며 이곳을 101-107년까지 로마의 속주(屬州)로 삼았다. 그러나 아우렐리우스 황제 때는 고트(Gots)족에게 양도했다. 현재 이 지역의 대부분은 루마니아에 속해 있다.

그렇기에 트라야누스 황제가 정복한 다키아 지방의 땅은 영구한 로마 제국 영토가 아니었다. 그럼에도 불구하고 트라야누스는 '다키아'(Dacia) 정복을 기념하는 트라야누스 기념탑(Column of Trajan)을 주후 113년에 건립하였다. 지금도 남아 있는 기념탑은 높이 약 375m, 지름 약 3.9m의 팔로스 대리석으로 되어 있다.

기둥 표면은 나선 모양으로 23회 회전시킨 공간에는 황제가 정복한 두 전쟁의 장면들을 표현해 놓았다. 거기에는 사람 약 2,500명, 수많은 말, 건축, 요새, 풍경 등이 얕게 부조되어 있다. 기둥 꼭대기에 처음에는 황제의 입상(立像)이 있었으나 가톨릭 전성기에 성 베드로 상으로 바뀌어졌다. 그리고 밑바닥 면에는 사각형의 불상 따위를 올려놓는 대좌(臺座) 속에 황제의 유골이 안치되어 있다.

로마, 트라야누스 기둥

결론

이그나티우스와 트라야누스는 동시대를 살아간 인물들이다. 그런데 두 사람의 삶과 죽음은 너무도 대조적이며 그들은 극과 극으로 살다가 죽었다.

이그나티우스는 기독교 신앙을 고수하다가 황제의 명을 어긴 죄인으로 그의 시신이 맹수들에게 찢겨 흔적 없이 사라졌다. 트라야누스 황제는 로마 제국 최고 권력가로 모든 영화를 누린 후 트라야누스 기념탑을 세우고 그 기초대 위에 유골이 안치되어 지금도 그의 기념탑이 관광물로 소개되고 있다.

이들 두 사람이 동시대를 살다 갔는데, 누가 더 많은 사람들에게 알려졌는가? 아마도 트라야누스 황제를 아는 이는 서양사나 역사에 관한 상식이 있는 사람 외에는 그리 많지 않을 것이다.

그러나 이그나티우스는 어떤가? 전 세계 10억이 넘는 가톨릭교도 중에서 가톨릭이라는 용어를 처음 사용한 이그나티우스를 모르는 이가 많지 않을 것이다. 그의 주장이 기초가 된 화체설의 비진리로 오늘날 10억이 넘는 가톨릭교도들이 잘못된 길을 걸어가고 있다. 이그나티우스는 본인이 의도하지 않았을지 몰라도 잘못된 소신으로 2000년 역사에 커다란 오점을 남겼다.

트라야누스 황제의 공적과 이그나티우스의 공적을 비교한다는 것 자체가 격에 맞지는 않는다. 한 사람은 별로 알려지지 않았고, 다른 한 사람은 잘못된 오도자로 그를 좋아하는 사람들만이 그를 추앙하는 편파적인 공적을 남겼다. 두 사람의 인생을 보면서 이 세상의 지도자가 된 사람들이 어떻게 살아가야 할 것인가를 크게 깨닫고, 이를 반면교사의 교훈으로 배워야 하겠다.

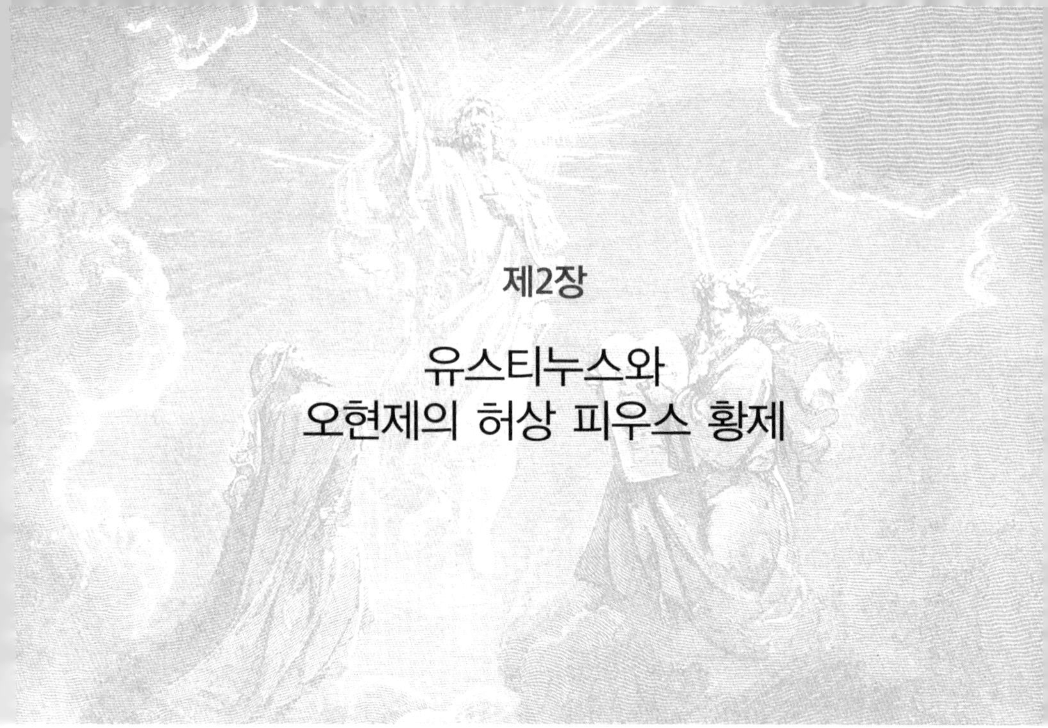

제2장

유스티누스와 오현제의 허상 피우스 황제

서론

유스티누스(저스틴, 100?-165)는 2세기 때 기독교 변증가로 많은 책들을 저술했다. 그러나 그를 시기하던 견유학파(犬儒學派: Cynicism) 크레센스의 선동에 의해 이교 제사를 강요당했을 때 제사를 거부함으로 같은 그리스도인 6명과 함께 참수형을 당했다. 그의 사후에 그의 저서들로 인해 이름이 많이 알려졌고 영어식으로 '저스틴 마터'(Justin Martyr)라는 이름을 남겼다.

유스티누스와 동시대를 살아간 로마 제국 제15대 황제 안토니우스 피우스(Antonius Pius: 재위 138-161)는 로마 원로원에서 경건한 황제라는 뜻으로 '피우스'(Pius)라는 칭호를 붙여 주었다. 그러나 그의 치세는 경건과 정반대였다. 그는 로마의 헤르마스(Hermas)라는 기독교 문필가를 체포한 후 재산을 몰수하고(150년경) 활동을 금지시켰다. 또 156년경에는 서머나 교회 감독이자 86세의 고령인 폴리캅(Polycarp)을 화형에 처해 죽였다. 그리고 2세기 때 탁월한 기독교 변증가인 유스티누스를 참수형으로 죽였다(165년경).

유스티누스, 헤르마스, 폴리캅은 모두 2세기 때의 기독교 성도들이었다. 그들은 기독교 성도라는 단 한 가지 이유로 재산을 몰수당하고 참수형이나 화형을 당해 죽어 갔다. 같은 시대를 살아간 피우스 황제는 그가 가진 권세로 수많은 기독교 성도들을 갖가지 방법으로 잔인하게 핍박하고 죽이는 살인 행위들을 저질렀다.

오늘날 우리들의 신앙은 어떤가? 예수 믿는다는 이유로 재산을 빼앗기고 감옥에 가거나 죽는 일을 당하는 사람이 몇이나 되는가? 오히려 예수 믿는 이유가 더 잘살기 위한 복 받는 수단으로, 신앙이 타락한 기복신앙 위주로 살아가는 것이 아닌가? 우리는 "환난과 핍박 중에도 성도는 신앙 지켰네"라는 찬송을 무슨 의미로 알고 부르는가? 사도들과 가장 근접한 2세기 때의 신앙 선배들의 삶을 통해 우리의 신앙생활을 되돌아 보아야 하겠다.

1. 유스티누스

1) 유스티누스의 생애

변증가 유스티누스(저스틴)

유스티누스(100-165)가 저술한 《제1변증서》를 보면 자신의 출신을 다음과 같이 소개한다.

그는 시리아 팔레스티나의 플라비아 네아폴리스에 살고 있는 프리스쿠스의 아들이고 바키우스의 손자라고 했다. 이 같은 설명은 로마인들을 의식한 설명이다. 이 내용을 풀어서 설명하면 다음과 같은 내용이다.

주후 67년 로마의 플라비우스 베스파시아누스 장군이 제1차 유대인 반란 때 과거 북왕국 이스라엘 수도였던 세겜성을 파괴해 버렸다. 베스파시아누스 장군이 반란군 진압 중에 69년에 황제가 되어 귀국했는데, 베스파시아누스 장군이 로마로 귀국하기 전 유대인 반란작전을 아들 티투스에게 맡기고 귀국했다. 티투스 장군은 70년에 예루살렘을 함락하므로 유대인들의 반란을 종결시킨다.

그 후 베스파시아누스 황제(69-79)는 자기가 섬멸했던 과거 이스라엘 수도 세겜성을 다시 로마 식민지 도시로 재건하면서 자기 가문의 이름을 따서 '플라비아 네아폴리스'라고 개명한다. 결국 플라비아 네아폴리스는 과거 구약성경에서 '세겜'이라고 불렸던 곳이다(창 12:6; 수 24장; 왕상 12:25; 요 4:19-20).

유스티누스의 할아버지 바키우스는 헬라인으로 세겜에 정착했다. 그의 아버지 프리스쿠스는 로마 시민권을 가진 유복한 중산층으로 아들에게 많은 재산을 물려주었다. 유스티누스는 경제에 구애받지 않고 자기가 공부하고 싶은 대로 공부하기 위해 보다 큰 도시인 에베소로 진출했다.

그는 에베소에서 철학을 공부하려고 했다. 당시 철학에는 에피쿠로스 학파와 스토아 학파(행 17:18)가 있었다. 에피쿠로스 학파는 향락주의로 알려졌기에 스토아 학파를 배웠다. 스토아 학파 철학은 인간의 이성이 신적인 요소라고 믿는 범신론적 인본주의적 무신론 경향이기에 실망하게 된다. 다시 아리스토텔레스의 소요 학파로 옮겨 공부하는데 소요 학파는 철학이 자연주의와 결합한 것이다. 그러한 흐름으로 인해 그는 다시 피타고라스 학파를 거쳐 결국에는 플라톤 학파로 간다.

플라톤 학파로 간 유스티누스는 거기서 대단히 만족한다. 그 이유는 플라톤 학파가 다른 학파들보다 철학적으로 하나님에 관한 문제를 깊이 다루었기 때문이다. 유스티누스는 하나님에 관한 종교적 관심이 컸던 사람이다. 그런 그는 철학으로 하나님을 깨닫기 원했다.

그가 플라톤 철학에서 깨달은 하나님은 이성적인 하나님이었다. 이 무렵에 유대인 트뤼폰(Tryphon)을 만난다. 트뤼폰은 제2차 유대인 전쟁(132-135) 후에 로마 하드리아누스 황제가 유대인들을 예루살렘에 거주하지 못하도록 추방령을 내리자 팔레스타인을 떠나 에베소에 온 기독교인이었다.

어느 날 유스티누스가 바닷가를 걸으며 사색하던 중 표정이 밝고 기품이 있는 유대인 노인 트뤼폰을 만났다. 그는 유대인 노인과 이틀에 걸쳐 많은 대화를 나누었다. 노인은 유스티누스에게 그리스 철학자들의 책들보다도 더 오래된 구약성경의 선지서들을 소개했다. 이사야서, 다니엘서, 예레미야서들은 그리스 철학자들의 책들보다 더 오래된 책들이고, 그 예언서들이 그리스도의 오심을 예언했던 대로 예수 그리스도의 생애와 사역에서 성취된 사실들을 소개했다.

이렇게 노인과 이틀간 계속된 대화를 통해 유스티누스는 하나님에 관한 철학적 이론보다 먼저 예언되고 뒤에 이루어진 증인의 관점에서 본 성경 내용이 철학보다 확실한 진리임을 깨닫는다. 이와 같은 노인과의 대화로 유스티누스는 인생행로를 바꾸게 되는 개종을 하게 된다.

유스티누스는 새롭게 깨달은 진리의 확신으로 더 큰 꿈을 위해 로마 제국의 수도인 로마로 간다. 로마에 도착한 후 마르키온(Marcion) 이단들과 논쟁을 거듭하며 자기 확신을 위해 성경 연구를 거듭한다.

그는 평신도 설교자처럼 자기가 깨달은 바를 다른 이들에게 전한다.

주후 150년경에는 로마시 티모티누스 공중 목욕장 부근에 학교를 세운다. 학교와 교회 기능을 병행하는 학교를 세워 철학과 성경을 가르치면서 제자들에게 수업료는 받지 않았다. 그는 자기가 구원받은 사실에 대해 빚진 자(롬 1:14)라는 바울 같은 의식을 갖고 학교를 통한 사역을 계속했다. 그러면서 집필 활동을 한다.

주후 150년대 전반에 《제1변증서》로 당시 로마 황제인 안토니누스 피우스와 그의 양자로 다음 차기 황제가 될 사람에게 기독교를 변증하는 저서를 저술했다. 그리고 《제2변증서》도 저술했다. 이 책의 내용은 당시 로마인들이 판테온(Panthon)의 만신전에서 온갖 신들을 다 숭배하는 참상을 그대로 지적한다. 또 희랍, 로마인들이 믿는 신들의 갖는 부도덕한 죄악상들을 낱낱이 지적한다. 그리고 기독교만이 인류를 위한 화해와 회복이라는 참다운 도덕성을 가진 참 진리의 종교임을 역설한다.

그다음에 160년경에는 자기가 30여 년 전에 만났던 유대인 노인 트뤼폰과의 대화를 회상하여 《유대인 트뤼폰과의 대화》라는 책을 저술한다. 이 책은 유대인들이 기독교를 중상모략하는 것에 대한 기독교의 변증서이다.

유대인들은 기독교를 세 가지 이유로 비난했다.

① 하나님을 저버리고 단순한 인간 나사렛 예수를 믿는다.

② 모세에게 직접 준 율법을 지키지 않고 예수가 말한 것을 믿는다.

③ 구약의 메시아가 아닌 그릇된 메시아관을 믿는다.

유스티누스는 유대인들의 모략에 대해 선지자들의 예언이 그리스도에게 성취된 구약 내용의 사실과 할례, 제사 등의 의식이 더 이상 무효함을 변증한다.

그러면서 기독교에 대한 오해들로 불법적인 재판에 의해 계속되는 기독교에 대한 핍박에 대한 시정을 호소한다. 이외에도 《모든 이단 논박서》, 《시편 찬송》, 《영혼에 관하여》라는 저서들이 있다고 하나 전해지는 것은 없다. 유스티누스의 사상은 두 권의 변증서와 《유대인 트뤼폰과의 대화》에 담겨 있다.

이렇게 기독교 변증을 위해 학교 교수와 저술 활동을 계속하던 유스티누스를 시기하는 견유학자(犬儒學者) 크레센스(Cresence)가 로마의 제신들을 부정하는 무신론자라고 선동하여 유스티누스와 다른 6명의 그리스도인은 로마의 집정관에게 재판을 받게 된다. 이때 집정관은 만신전의 신들에게 경배하면 석방하겠다고 설득한다. 그러나 유스티누스와 다른 그리스도인들은 이방신 경배를 거부한다. 유스티누스는 "우리 주 예수 그리스도를 위하여 형벌을 받는 것은 복 있는 자이니(마 5:11) 이것은 그분이 온 세상을 심판하실 때 심판대 앞에서(계 20:12) 구원의 확신을 가질 것이다"라는 최후 진술을 남겼다. 그는 채찍질을 당한 후에 목을 베는 참수형을 당했다. 이로써 유스티누스는 주후 165년경 순교로 생을 마친다.

2) 유스티누스의 사상[6)]

유스티누스는 이방인들이 기독교는 무신론이라는 비난에 대하여 기독교를 변증하는 《제1변증서》와 《제2변증서》를 썼다. 그리고 유대인들이 기독교를 잘못 이해하고 비난하는 내용도 《유대인 트뤼폰과의 대화》로 변증했다. 이렇게 기독교 수호를 위해 이방인들과 유대인

---

6) 정수영, 교부시대사, 쿰란출판사, 2014, pp. 148-165.

들에게 대항하고 기독교를 보호하려는 그의 정신만은 참으로 고매하다. 그는 그 고매한 정신 때문에 순교까지 하였다. 순교한 그는 영원한 상급을 주님으로부터 받았을 것이다.

그러나 저술들을 통해 나타난 그의 사상 속에는 성경적 사상이 아닌 것들이 많이 드러난다. 주님을 위해 목숨을 바치는 순교신앙은 본받아야 하지만 그가 주장한 사상들 속에는 걸러내야 할 오점들이 많다. 여기서 그의 사상 중 문제가 되는 몇 가지를 살펴보자.

(1) 변증의 수단으로 사용된 철학 사상들

그가 《제1변증서》 또는 《제2변증서》라고 말한 '변증'이라는 말은 《소크라테스의 변명》이라는 책 이름에서 빌려온 용어이다. 유스티누스는 변증을 할 때 성경 내용으로 변증을 하는 것이 아니라 철학자들의 말을 통해 변증을 했다. 그는 기독교를 "유일하고 유용한 철학"이라고 했다. 그는 평생 철학자들이 입고 다녔던 망토(Pallium)를 입고 살아갔다.

중기 플라톤 철학자들은 하나님을 인식하기 위해서는 매개자가 있어야 한다고 하면서 매개자로 'idea'를 말했다. 유스티누스는 철학자들이 말하는 매개자로 철학이 필요함을 역설했다.

유스티누스는 기독교를 변증한다고 하면서 성경 내용이 아닌 철학 용어와 개념으로 변증서를 저술했다. 기독교를 변증하려는 목적이었으나 결과적으로 철학 사상을 보급하는 결과를 가져왔다.

바울 사도는 세상의 갖가지 철학 내용들을 잘 알고 있었다. 그러나 그는 사람들이 이해하지 못할지라도 진리대로 전했다. 주님은 세상 학문, 철학을 결코 인용하지 않으셨다. 주님은 만인이 공감하는 자연계의 상식들을 비유로 들어 교훈하셨다.

유스티누스가 철학으로 기독교를 변증한 잘못된 오도는 시간이 흐를수록 더 심화되어 갔다. 그래서 사도들의 순수한 진리가 세상 철학과 혼합되어 진리의 오묘함이 상실되고 기독교 신학이라는 기독교 용어를 철학의 뼈대 위에 덧입혀 기독교의 약화를 가져오게 만들었다. 그 같은 첫 시작이 유스티누스에게서 비롯되었다.

(2) 창조주가 아닌 조화(調和)의 신인 하나님

유스티누스는 하나님을 "만물을 지으신 자요", "통치자"라고 말한다. 그런데 《제1변증서》에서 하나님을 변증하는 내용을 보면 부분적으로 성경의 용어를 말하지만 내용적으로는 플라톤 철학을 말한다. 그는 하나님이 형상이 없는 질료들을 변화시켰다는 플라톤의 말을 인용하거나 플라톤의 '티메우스'(Timeus)에 나타난 사상이 모세에게서 빌려온 것이라고 한다.

유스티누스는 하나님에 대해 창세기 1장 1-3절처럼 무로부터의 창조가 아니라 혼돈의 세계를 조화의 세계로 변화시킨 분이라고 한다. 이것은 성경의 창조주 신앙이 아니다. 오히려 하층 물질을 점진적으로 조화시키며 발전시켰다는 플라톤의 신의 개념이다.

(3) 혼합된 로고스론

사도 요한은 말씀(로고스)이 육신이 되어 오신 그리스도(요 1:14)를 가르쳐 주었다. 그런데 스토아 철학에서는 온전한 로고스로부터 분여(分與)되는 산출적(産出的) 로고스를 말했다. 또 필론은 로고스를 하나님의 천사라고 했다. 그런데 유스티누스는 스토아 철학에서 말하는 산출적 로고스론을 따른다.

그는 모든 철학들에 '진리의 씨앗'이 있다고 주장한다. 그들이 가진 진리는 온전한 로고스이신 그리스도로부터 분여받은 것이라는 스토아 철학과 로고스를 하나님의 천사라고 한 필론의 주장을 그대로 설명한다. 이것은 성경의 로고스론과 전혀 다른 이론이다.

(4) 화체설(化體說: Transubstantiation)의 창시자

유스티누스는 초대교회가 안식일 토요일이 아닌 주일날 예배드렸음을 설명한다. 첫째 날은 하나님께서 흑암과 질료를 변화시킴으로 우주를 만드신 날이고 우리 구주 그리스도께서 죽은 자들로부터 살아나셨기에 주일 예배가 마땅하다고 한다.

그러면서 주일 예배 때 공동기도, 입맞춤의 인사, 빵과 물컵 그리고 포도주가 섞인 물을 회중의 장(長)이 가져온다. 그것을 앞에 놓고 감사기도를 드린 후 집사들이 성별된 빵조각과 포도주와 물잔을 준다. 그때 주는 빵과 포도주는 평범한 것이 아니라 기도와 말씀에 의해 축성된 화신(化身)한 예수님의 살과 피라고 했다. 이렇게 빵과 포도주가 축성을 통해 예수님의 피로 변한다는 주장은 바울 사도가 "이것을 행하여 마실 때마다 나를 기념하라"(고전 11:25)고 한 진리와 완전 위배된다.

루터는 화체설 교리와 똑같은 동체설(同體說)을 주장했다. 지금 기독교 안에는 가톨릭의 화체설, 루터교의 동체설, 개신교의 기념설 등으로 나뉘어져 있다. 빵과 잔이 예수님의 살과 피로 변한다는 화체설을 처음으로 주장한 사람이 유스티누스다.

이와 같은 유스티누스의 사상들은 결코 성경에 근거한 사상이 아니다. 그는 기독교를 변증한다고 하면서 당시 유행한 철학 사상으로 기독교 용어를 빌려 살아간 철학 사상의 기독교 종교인이었다. 그의 존경스러운 삶은 기억되지만 마치 일제강점기 때 독립운동을 위해 희생했던 이가 공산주의자였던 것처럼 씁쓸한 여운을 남긴다.

2. 피우스 황제

안토니누스 피우스(Antoninus Pius: 86, 재위 138-161)는 로마의 제15대 황제였다. 그는 집정관 급의 귀족의 가문에서 태어났다. 재무관, 법무관을 지낸 다음 34세에 집정관이 되었다. 소아시아 총독으로 명성을 떨치고 제14대 하드리아누스(Hadrianus: 76, 재위 117-138) 황제의 신임을 받고 그의 후계자로 지목되어 양자가 되었다.

히드리아누스가 죽자 피우스는 제15대 황제가 되었다. 원로원에서 새 황제가 된 피우스에게 매사 조심하는 인품을 칭송하는 뜻으로 '경건한'이란 뜻의 '피우스'(Pius)라는 칭호를 주었다.

피우스 황제는 귀족들이 죽은 후 남는 상여금을 백성들에게 거저 주게 했고, 부양기금을 설치해서 혼자 살아갈 능력이 없는 사람들의 생활을 돌봐주도록 했다. 그리고 로마 제국 산하의 속주(屬州)들에게 재정 부담을 경감해 주었고 국가 재정 절약과 규율 준수를 철저히 했다. 또 소아시아, 그리스, 로도스 등의 도시가 지진으로 파괴되자 이를 돕는 재건에 힘을 쏟았다.

또 그의 아내 파우스티나 황비가 죽자 기념사업으로 여자 고아원을 설립하였다. 또 제국 수호를 위해 브리타니아(영국)에 안토니우스 장성(長城)을 쌓은 것이 현재까지 남아 있다.

그가 다스린 기간은 '로마의 평화' 시대를 실현한 시대였다. 그가 죽자 그를 칭송하는 만인의 여론에 따라 신격화되어 기념비와 신전이 세워졌다. 안토니누스 피우스 황제는 살아 있을 때 에스파냐(스페인) 출신의 마르쿠스 아우렐리우스(Marcus Aurelius: 121, 재위 161-180)를 양자로 삼았고, 이후 그가 왕위를 계승한다.

안토니누스 피우스 황제에 대한 서양사의 기록은 이처럼 좋은 면만 기록되었다. 이와 같은 기록들은 황제들의 평가를 국익을 위해 어떤 일을 했느냐 하는 해당 국가 차원에서의 평가이다.

그렇다면 기독교 입장에서는 어떻게 평가해야 하는가? 기독교를 이해하는 입장이 우호적이었느냐, 가해적이었느냐로 판단하게 된다. 기독교 입장에서 본 소위 5현제들은 어떠했는가? 트리아누스(98-117) 황제 때 안디옥 교회 감독인 이그나티우스(98-117)가 로마 원형 경기장에서 짐승들에게 찢겨 순교를 했다. 하드리아누스(117-138) 황제 때에는 유대인 전쟁(132-135)을 진압한 후 유대인들이 예루살렘에 주거하지 못하도록 철거령을 내렸다.

피우스(138-161) 황제 때에는 로마의 그리스도인 헤르마스(Hermas)가 체포되어 재산을 몰수당했다(150년경). 또 서머나 교회 감독인 폴리캅이 화형을 당해 죽었다(156년경). 초기 변증가인 유스티누스가 목 베어 죽는 참수를 당했다(165년경). 그렇다면 이들 황제들을 어떻게 '오현제'라고 하는 데 동의할 수 있겠는가? 기독교 입장에서 이들 황제들은 수많은 의로운 성도들을 잔인하게 처벌한 박해자요 핍박자라고 할 수밖에 없다.

결론

유스티누스(저스틴, 100-165)와 안토니누스 피우스 황제(138-161)는 같은 시대를 살아간 인물이다. 유스티누스는 기독교 변증가로 활동하다가 참수를 당해 순교했고, 피우스 황제는 살아서 황제로 칭찬을 받고 죽어서 신격화되어 신전이 세워졌다. 결과를 놓고 보면 피우스 황제가 훨씬 영광스러운 인생이었다고 할 수 있다.

그러나 영원한 세계를 믿는 그리스도교 신앙적 입장에서 이들 두 사람은 어떻게 평가할 수 있을까? 유스티누스는 하나님의 자녀로 최상의 상급을 받을 순교자이다. 그러나 피우스 황제는 구원받지 못한 멸망자이다. 피우스 황제의 영화는 고작 몇십 년으로 끝났으나, 유스티누스의 영광은 영원히 지속될 것이다. 우리가 이 세상에서 세상 사람들과 구별되게 살아가야 할 이유는 잠시 동안의 세상의 판단보다 영원한 판단이 더 소중하기 때문이라는 사실을 깨닫게 되는 것이다.

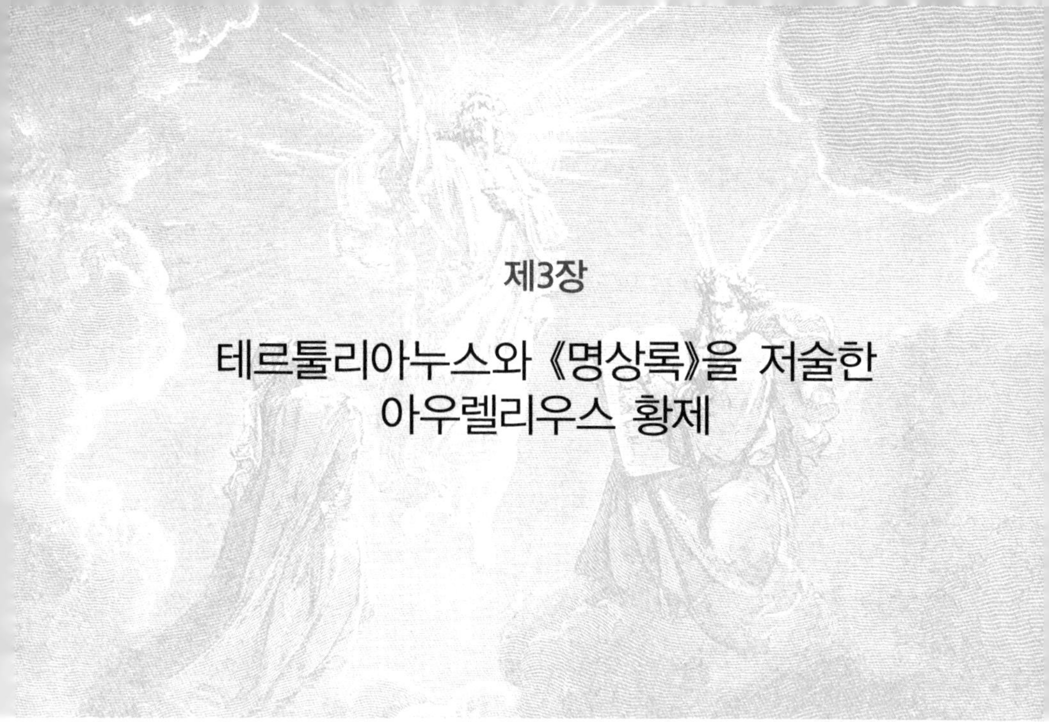

제3장

테르툴리아누스와 《명상록》을 저술한 아우렐리우스 황제

서론

테르툴리아누스(160-222)는 로마 군인의 아들로 카르타고에서 출생하였다. 그 후 로마에서 법률, 철학을 공부하고 변호사가 되었다. 그는 변호사로 활동하는 중에 기독교인들이 뚜렷한 죄목이 없는데도 억울하게 재판받고 사형되는 장면들을 계속 목격했다. 그때 기독교도들이 죽어 가면서도 평안을 유지하면서 즐겁게 죽어 가는 모습에 충격을 받는다. 그래서 기독교에 관심을 갖게 된다.

그러나 세상과 타협하는 로마 교회의 모습에 실망한 그는 로마를 떠나 고국 카르타고로 간다. 거기서 엄격한 금욕주의적인 몬타누스파의 신앙에 감동을 받고 몬타누스파 조직에 가담한다. 그 후 그는 몬타누스파의 신앙을 옹호하는 30여 편의 글을 쓴다. 테르툴리아누스는 학문을 갖춘 지식인이 기존 로마 교회를 떠나 몬타니스트라는 분리주의자가 되는 첫 모범을 보여 주었다. 그 후로 분리주의자들은 교회 역사 속에 계속 이어진다. 그 같은 분리주의자를 계승한 현재의 양상이 독립교회들이다.

테르툴리아누스와 같은 시대를 살아간 로마 제국 제16대 황제로 마르쿠스 아우렐리우스(재위: 161-180)가 있다. 그는 소위 5현제 중의 마지막 황제다. 그가 진중(陣中)에서 쓴 《명상록》(暝想錄)은 후기 스토아철학의 대표적인 작품으로 오늘날 세계 사상 전집 중 하나로 전해진다.

테르툴리아누스는 2-3세기 기독교 지성인으로 알려졌으나 그가 로마 교회라는 국가 공인 교회를 떠나 자유 교회인 몬타니스트를 따른 것으로 그에 대한 평가가 제대로 이뤄지지 않고 있다. 이것은 성경의 개교회 존중사상이 변질되어 국가 교회, 교단 교회를 지향하는 변질된 교회 개념의 유산이다.

같은 시대를 살아간 마르쿠스 아우렐리우스는 황제로서 작품을 남긴 매우 고상한 인품의 인물이었다. 두 사람의 생애와 사상을 비교하면서 오늘 우리들의 신앙 행보를 되돌아보아야 하겠다.

1. 테르툴리아누스

1) 테르툴리아누스의 생애

테르툴리아누스

테르툴리아누스의 본명은 퀸투스 셉미티우스 플로렌스 테르툴리아누스(Quintus Septimius Florens Tertullianus)다. 그는 전형적인 로마인이다. 그런데 라틴어 이름의 어미에 -us를 생략하므로 보통 터툴리안이라고 한다.

그의 부친은 북아프리카를 속주로 삼은 수도 카르타고(Carthago)에 주둔한 로마 군단의 총독 지휘하에 있는 군 지휘관으로 그는 이교적 분위기 속에 소년기를 보냈다. 이들 가족은 165년경 로마로 귀환했다. 그의 부모에 의해 마음껏 교육받도록 후원을 받은 그는 법률가가 되려고 법률과 철학, 수사학 등을 공부했다.

그는 법률공부 후 변호사가 되었다. 185년경 부터 로마시에서 변호사로 일하기 시작했는데 그때 충격적인 사건들을 접한다. 그는 기독교도들이 편파적 재판을 받고 부당하게 죄인이 되는 것에 양심의 부담을 느끼게 된다. 그보다 더 충격적인 것은 편파적, 비합리적 재판으로 사형 판결을 받았음에도 불구하고 사형장에서 너무 감격적으로 죽어 가는 기독교도들의 모습이었다.

테르툴리아누스는 호기심이 발동되어 로마 교회를 찾아가 보았다. 그런데 기대했던 로마 교회는 그에게 커다란 실망을 주었다. 테르툴리아누스가 로마 교회의 어떤 점에 실망을 했는가? 그것은 그와 동시대의 로마 교회 감독이었던 제피리누스(Jephyrinus: 199-217)나 후임자인 칼리스투스(Callistus: 217-222)가 주장한 바에서 당시 로마 교회의 실상을 알 수가 있다.

이들은 로마 교회가 사도적 전승을 받은 전통적인 교회이므로 오로지 로마 교회에 소속만 되어 있으면 구원받은 것으로 주장했다. 그래서 거듭나야 한다, 청결한 삶을 살아야 한다, 세상과 구별되게 살아야 한다는 강조는 전혀 하지 않았다. 그 결과 국법으로 금지하고 있는 상류계층의 여인들과 노예였다가 자유민이 된 자들의 결혼도 로마 교회는 다 허용했다.

테르툴리아누스는 로마 교회 실상을 보고 실망한 끝에 193년경 자기 고향인 카르타고로 간다. 카르타고에서 변호활동을 하던 중 도덕적으로 엄격한 삶과 신앙적으로 열광적인 몬타누스(Montanus)파에 매료당한다. 그래서 207-208년경부터 몬타누스파에 가담해 몬타누스파를 변증하는 저술서들을 쓴다. 그는 197년경부터 222년에 죽기 전까지 31편의 저서를 남겼다.

2) 테르툴리아누스의 사상과 공적[7]

그의 저서들은 ① 기독교인의 생활 윤리에 관한 책, ② 기독교 변증서, ③ 논쟁서 등으로 구분된다. 이들 그의 저서들을 통해 그의 사상을 정리해 보자.

(1) 철학에 대한 그의 견해

테르툴리아누스는 법률 공부와 함께 철학을 공부했다. 그렇기에 철학을 아는 학자이다. 그런데 그는 희랍의 모든 철학들을 기독교의 순수한 진리를 오염시키는 이단과 동일한 것으로 취급했다. 그는 플라톤의 아이온(aeon) 개념, 스토아학파의 신의 무활동성 개념, 에피쿠로스파의 사멸하는 영혼의 개념, 제논의 하나님과 물질의 동등 개념, 헤라클레이토스의 무엇이든지 불의 신과 연관시키는 사상 등 모든 철학자들의 잘못된 개념들을 다 열거한다. 그러면서 유명한 말을 남겼다.

"예루살렘이 아테네와 무슨 상관이 있으며, 교회가 플라톤 학파의 아카데미와 무슨 상관이 있다는 말인가?…나는 스토아 학자나 플

---

7) 정수영, 교부시대사, 쿰란출판사, 2014, pp. 343-352.

라톤 학자, 또는 변증적인 기독교를 필요로 하지 않는다. 예수 그리스도 이후로 우리는 사변이 필요 없게 되었고 복음서 이후로 연구가 필요 없게 되었다. 왜냐하면 우리가 믿어야 할 것은 그분밖에 아무것도 없기 때문이다."

테르툴리아누스는 모든 이단 사설들의 근원이 희랍 철학에서 차용된 것으로 믿고, 철학자들이 기독교를 박해한 사실을 들어 단순한 신앙만이 최상의 신앙이라고 믿었다.

(2) 삼위일체론 신앙

우리가 현재 사용하고 있는 '삼위일체'라는 기독교 신앙은 변호사였던 테르툴리아누스가 최초로 법률 용어를 기독교 용어로 사용한 것이다. 그는 본체(substantia), 위격(Persona)이라는 용어를 사용해서 성부, 성자, 성령의 신성이 삼위일체로 계신다고 했다. 그런데 삼위일체이지만 성부에게서 성자가, 성부와 성자로부터 성령이 나왔다는 종속설(從屬說: Subordinationism)을 벗어나지 못했다. 이것을 완전하게 구별한 것은 카파도키아의 바실리우스(329-379) 때였다.

(3) 구원론

테르툴리아누스의 구원론은 행위 구원론의 기초를 만들었다. 그는 '인간이 구원을 얻기 위해서 반드시 선을 행해야 한다. 그런데 인간은 왜 선 대신 악을 행하는가?' 하는 문제를 원죄론으로 설명한다.

테르툴리아누스는 아담의 타락으로 영성의 결핍된 죄성이 후손들에게 유전된다고 했다. 그런데 그가 말하는 결핍성이 갓 태어난 아이들에게는 가능성으로만 존재하고 현실성은 아니었다. 왜냐하면 타락한 후에도 자유의지가 주어져 선과 악을 선택할 수 있는 능력이 계속되었기 때문이다. 테르툴리아누스는 자유의지로 악을 행할 수 있고 선을 행할 수 있는 가능성이 있다고 주장했다. 이에 반해 아우구스티누스와 칼빈은 "타락한 후의 인간의 자유의지는 그리스도의 은혜를 받은 선택된 자만이 자유의지를 선하게 사용할 수가 있다. 그러나 누가 선택받았는지를 알 수 없으므로 유아세례를 통해 죄를 씻어 중생이 가능하다"는 이론을 펼쳤다.

테르툴리아누스는 "자유의지는 비기독교인들도 가지고 있다. 비기독교인들 속에 있는 영혼들이 선을 행할 수 있는 가능성을 의미한다. 따라서 구원을 받기 위해서는 자유의지로 선한 본성을 사용해야 하며 과거의 범죄를 깨달은 자는 합당한 보상(Satisfacere)을 해야 한다"라고 주장했다. 그는 법률가답게 죄를 깨달은 자의 금욕의 실천과 나아가서 순교까지도 예로 들었다.

테르툴리아누스는 하나님의 은혜보다는 인간의 공로(meritum)를 더 중요시했다. 이와 같은 공로주의 즉 행위의 실천사상은 종교개혁 이전까지 서방 로마 교회에 지대한 영향을 미쳤다. 이와 같은 공로주의를 아우구스티누스가 극복하려고 노력했으나 서방교회에 영향을 미치지는 못하였다.

서방 로마 교회의 공로주의는 인간의 행위로 구원이 가능하다는 테르툴리아누스의 보상사상에서 비롯되었다. 테르툴리아누스는 라틴신학의 건설자요 수립자인데도 그가 국가 교회를 떠나 분리주의자였다는 이유로 가톨릭교회에서 인정을 받지 못하고 있다. 더욱 개탄스러운 것은 분리주의자 성경적 신앙임에도 불구하고 오늘날 교단주의를 신봉하는 이들은 테르툴리아누스의 몬타니스트 운동을 가톨릭처럼 이단운동으로 보고 있다는 사실이다.

(4) 테르툴리아누스의 공적

테르툴리아누스가 이룬 공적으로 기독교가 큰 혜택을 보고 있는 것이 두 가지가 있다.

① 하나는 앞서 설명한 대로 성부, 성자, 성령, 즉 삼위일체라는 법률용어를 기독교 신앙용어로 도입시킨 사실이다. 삼위일체 교리는 참으로 신비하고 오묘한 진리이다. 그렇기에 신앙으로만 용납되는 진리이다. 그러나 이성을 최고로 존중하는 자유주의 신학자들은 삼위일체 신앙을 불신하는 자들이 많다. 테르툴리아누스의 삼위일체 신앙도 종속설로 불완전했다. 그러나 '삼위일체'라는 용어 자체는 2천년 교회 역사에 계속 사용되고 있다. 이것은 큰 공헌이라고 할 수 있다.

② 두 번째는 '구약'과 '신약'이라는 용어를 만든 자이다. 테르툴리아누스는 예레미야 31장 31-34절 내용에서 '새 언약'의 약속과 함께 애굽 땅에서 인도하여 내던 날에 맺은 언약을 '구약'이라 했다. 그리고 '새 언약'의 예언이 누가복음 22장 20절에 나오는 주님의 최후 만찬에서 '내 피로 세우는 새 언약'에서 성취된 것으로 보고 '신약'이라는 용어를 만들었다.

오늘날 전 세계 기독교인이 '구약'과 '신약'이라는 용어를 쓰고 있는 것은 테르툴리아누스의 공헌이 남긴 혜택을 누리고 있는 것이다. 그렇기에 모든 기독교인들은 테르툴리아누스의 공헌을 기억해야 할 것이다.

(5) 테르툴리아누스의 과오

일반적으로 원죄론 교리를 아우구스티누스가 최초로 창안한 것으로 잘못 알고 있다. 원죄론 용어나 유전설의 최초 사용자는 테르툴리아누스다. 그런데 원죄가 유전된다는 사실을 어떻게 해결할 수 있는가? 이 문제에 대해 테르툴리아누스는 믿음의 증거로 행위를 주장했고 아우구스티누스는 유아세례를 주장했다. 이렇게 해결방법의 차이가 각각 다른 결과를 가져온다. 믿음의 증거로 행위를 주장한 테르툴리아누스의 주장은 이것이 점점 발전되어 가톨릭의 공로주의로 발전한다. 그리고 아우구스티누스의 유아세례 주장은 점점 발전되어 오늘날 가톨릭의 '칠성사'(七聖事)에 의한 성례주의로 발전한다.

원죄론, 유전설은 모두 이해되는 견해이다. 그러나 성경의 진리를 떠나게 하는 아주 위험한 요소가 내포되어 있기에 잘못 적용하지 않도록 유의해야 한다. 바울 사도는 우리에게 원죄라는 말 대신에 "본질상 허물과 죄로 죽은 존재"(엡 2:1)라고 했다. 그런데 죽은 자가 살아나는 것은 하나님께서 이미 베풀어 주신 은총을 믿음으로 받아들일 때 구원받는다고 했다(엡 2:8-9). 행위라든지, 유아세례라든지 하는 주장은 다 성경 진리를 부정하는 부질없는 주장들에 불과하다.

법률가인 테르툴리아누스나 수사학자인 아우구스투스는 원죄, 유전설과 그것을 해결할 방법을 설명하는 데 모두 실패하였다. 성경에 기록된 대로 가감 없이 믿어야 됨을, 과거를 통해 크게 배울 우리의 과제로 기억해야 하겠다.

2. 마르쿠스 아우렐리우스

1) 아우렐리우스의 생애

M. 아우렐리우스(121. 재위 161-180)는 로마 제국 제16대의 황제였다. 그가 황제가 된 것은 그의 조상들에 의한 가문의 혜택이었다. 그의

증조부는 스페인 코르도바 근교인이었다. 증조부가 마르쿠스 안니우스 베루스였는데 그는 올리브유로 부를 쌓은 후 로마 정치가로 길을 열어 놓는다. 아우렐리우스의 조부와 외조부는 집정관으로 세 번 오르면서 라테란 궁궐 가까이에서 황제들과 가까운 가문으로 큰 권좌에 오른다. 이 같은 조상들 덕분에 아우렐리우스는 로마 귀족들 마을에서 태어났다.

아우렐리우스 흉상

그러나 아우렐리우스가 세 살 때 부친이 세상을 떠나자 할아버지는 손자를 자기 양자로 삼고 라테랑 궁궐 주변에서 소년 시절을 보내게 한다. 하드리아누스 황제(재위 117-138)는 양성애자로 궁궐에 나쁜 추문이 계속되는 중에 유대인 전쟁(132-135) 때 유대인 50만 명 이상을 학살한다. 하드리아누스 황제는 60세 때(138) 성적인 질병으로 코에서 피가 흐르면서 죽음을 예측하고 자기 후계자로 예정되었던 콤모두스가 폐결핵으로 죽자 안토니누스 피우스를 후계자로 지정한다. 그리고 17세 된 아우렐리우스를 안토니누스 피우스의 양자로 삼도록 지시한다. 아우렐리우스는 하드리아누스로 인해 차차기 황제가 되는 길이 열리게 되었다.

하드리아누스 황제가 138년에 죽자, 그해 하드리아누스의 양자가 된 안토니누스 피우스(Pius: 재위 138-161)가 황제로 즉위한다. 그해에 아우렐리우스(17세)는 안토니누스 피우스의 딸 파우스티나와 약혼을 한다. 그리고 아우렐리우스는 19세(140년) 때 첫 집정관이 되어 장인 피우스를 보좌한다. 아우렐리우스는 24세(145년) 때 황제의 딸 파우스티나와 결혼해 14명의 자녀들을 낳았으나 대부분 유아 때 죽는다. 아우렐리우스가 40세(161년) 때 황제 피우스가 죽게 되고, 아우렐리우스가 제16대 로마 황제가 된다(161-180).

새 황제가 된 마르쿠스 아우렐리우스는 자기의 의제(義弟) 루키우스 베루스(Verus: 161-169)를 공동 황제로 삼아 공동정치를 시작한다. 그런데 황제 즉위 후 계속 전쟁이 계속된다. 먼저 이란 북동부의 파르티아(Parthia) 동맹군이 161년에 아르메니아 로마 속주를 공격해 왔다. 이에 두 황제 중 하나인 베루스가 동방에 가서 직접 진두지휘를 하며 165년까지 5년간의 전쟁을 계속했다. 그리고 166년에 베루스의 로마 군대가 돌아왔다. 그런데 동방에서 전쟁을 치르고 귀국한 군인들에 의해 역병이 일어나 10여 년 동안 로마시에 수많은 피해를 주었다. 이에 더하여 전염병에다 167년 초 북방의 다뉴브강 국경 지역에 게르만족이 쳐들어왔다.

168년 두 황제는 게르만족을 물리치러 출정했다가 게르만족이 퇴각했고 베루스가 중병에 걸려 로마로 돌아왔다. 베루스 공동 황제가 169년에 병으로 죽는다. 그 후 아우렐리우스 황제는 169년부터 5년 동안 다뉴브강 북쪽의 게르만족과 전쟁을 계속한다.

아우렐리우스는 게르만 부족들과 5년 동안 전쟁을 하는 동안 야전 숙소에서 진두지휘를 했다. 5년 동안 겨울에는 얼어붙은 다뉴브강 위에서 전투를 해야 했고 여름에는 찌는 듯한 헝가리 평원에서 전투를 해야 했다. 이 전투 기간 중 로마 군단들은 더위와 목마름과 추위와 적군의 공격으로 수많은 위기들을 겪었다. 이렇게 원정 기간 동안 시간을 내서 재판 심리와 제국의 업무를 해결하는 황제의 통상적 통치를 병행했다. 그리고 틈을 내어 그가 신뢰해 온 스토아 철학 입장에서 《자성록》을 쓴 것이 오늘날 《명상록》으로 전해진다.

아우렐리우스 황제가 게르만 부족과 전쟁을 치르고 있는 사이에 175년경 공동 황제 베루스의 부하였던 시리아 총독 카시우스가 아우렐리우스의 아내인 황후 피우스티나와 함께 손잡고 원로원을 포섭해 반란을 일으켰다. 그러나 카시우스가 반란을 실천하려고 할 때 아우렐리우스 황제에게 충성하는 군인에 의해 암살을 당함으로 반란은 좌절된다. 그 후 아우렐리우스 황제는 마녀 사냥 식으로 반란 관련자들을 색출하지 않고 황후를 의식해 사건을 무마시킨다.

그는 176년, 로마를 비운 지 8년 만에 돌아왔다. 그는 게르만 부족들을 물리친 것을 기념하는 뒤늦은 개선식과 함께 '트라야누스 기둥'처럼 아우렐리우스 기념 기둥을 세웠다. 그는 180년에 오랜 야전군 지휘로 얻은 병으로 인해 죽게 된다. 그의 전쟁을 기념하는 기마상이 로마시에 남아 있다.

2) 아우렐리우스의 사상[8)]

앞서 설명한 대로 아우렐리우스 황제는 다뉴브강 전선에서 169년부터 5년 동안 야전 지휘를 하며 《자성록》을 기록한다. 이것이 오늘날은 《명상록》이라는 사상 전집으로 전해진다. 그가 쓴 원 제목은 "Ta eis heauton"(타 에이스 헤아우톤)이다. 이 말의 뜻은 "자기 자신에게"라는 뜻이다. 그렇기에 자기 성찰이라는 《자성록》이라고 해야 한다는 입장과 《명상록》이라고 해야 한다는 입장으로 나뉜다.

《명상록》의 내용은 지혜롭게 살아가기, 자신과 마주보기, 인간이라는 존재, 우정이란, 사랑과 행복, 인간관계, 일하는 기쁨, 죽음, 역경, 선과 악, 더 나은 인생, 무엇을 배울 것인가 등 12가지 항목에 대한 그의 깨달음들을 제시했다.

---

8) M. 아우렐리우스, 명상록, 김소영 역, 동서문화사, 2016

그의 작품 속에 나타난 사상은 후기 스토아 철학 사상의 산물이다. 스토아 철학은 키프로스의 제논(Zenon: BC 335-263)이 아테네에서 아고라(agora: 광장)에 면한 채색 주랑에 본거지를 두고 공회당에서 가르침으로 인해 생겼다. 스토아 학파의 영향을 받은 아우렐리우스 황제는 인간이 지혜로운 인생으로 살아갈 수 있도록 다양한 면의 깨달음들을 정리했다.

지금도 그의 《명상록》을 보면 인생의 지혜가 무엇인가, 자기 자신을 어떻게 봐야 하는가, 진정한 우정이란 무엇인가, 행복이 무엇인가, 죽음이 무엇인가 등등 많은 부분들을 새롭게 깨닫게 해주는 내용들로 구성되어 있다. 그는 스토아 철학자답게 많은 교훈을 주며 로마 황제들 중에 보기 드문 사상가라고 할 수 있다.

결론

테르툴리아누스와 아우렐리우스 황제는 동시대를 살아간 인물이다. 테르툴리아누스는 로마에서 변호사로서의 안정된 직업을 버리고 그가 믿는 신앙을 따라 열악한 카르타고에서 몬타니스트주의자로 고독하고 어렵게 살아갔다. 그의 삶이 어려운 것과 함께 그가 주장한 많은 것들이 기독교 신앙들 속에 큰 공적으로 남아 있다.

그러나 국가 교회나 교단 교회만을 정상적인 교회로 믿는 잘못된 편견이 그를 제대로 평가하지 못하고 있다. 과거나 현재에도 국가가 인정한 교단, 세상 사람들이 인정하는 교파라야 신뢰를 하고 독립교회들을 이단시하려는 경향이 있다. 이 같은 판단대로 본다면 신약교회들은 다 이단교회들이었다.

과거나 지금이나 많은 숫자나 눈에 보이는 건물이 있어야만 위대한 것으로 보려는 물질 지상주의가 큰 세력을 이루고 있다. 테르툴리아누스는 그의 생애나 사후가 물질 지상주의로 파묻혀서 잊혀진 인물이 되었다. 그러나 하늘나라에서는 큰 상급을 받고 큰 자로 영광스럽게 살아갈 것이다. 그 근거는 그의 신앙 내용과 삶이 증명해 준다.

아우렐리우스 황제는 황제들 중 보기 드문 저서를 남겼다. 그는 정치가이며 동시에 철학도였기에 다른 황제들이 하지 못한 공적을 남겼다. 그의 《명상록》은 2천 년 인류 역사에 유익한 마음의 양식으로 계승되고 있다. 그러나 철학이 인간을 구원할 수 없으므로 그의 공적은 이 세상 인류에게만 국한되는 한계를 남겼다. 다시금 영생의 가치가 얼마나 영원하고 참된 가치인가를 깨닫게 해 준다.

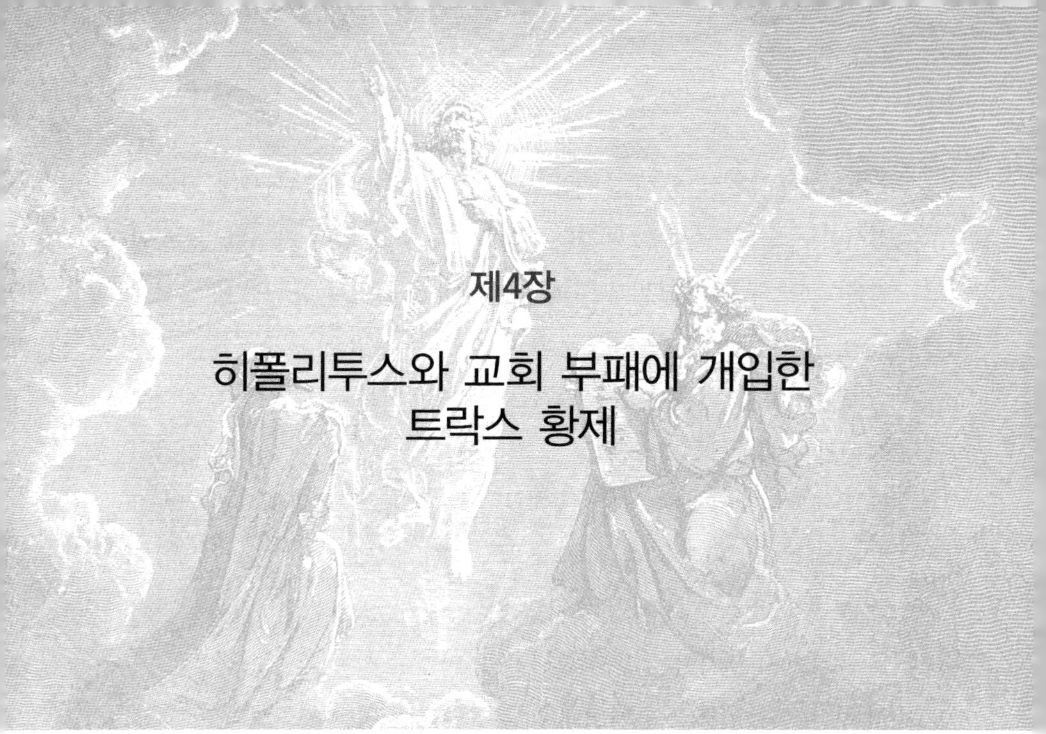

제4장

히폴리투스와 교회 부패에 개입한 트락스 황제

서론

히폴리투스는 2-3세기 로마 교회 장로였다. 그는 자기와 동시대의 로마 교회 감독들이 순수한 성서적 교회를 지향하지 않고 타락한 자들을 교회의 회원으로 용납하는 데 대하여 투쟁을 했다. 그는 당시의 이단들을 반박하는 논쟁서와 함께 변질된 목회자들의 잘못된 신앙을 반대하는 저술서들로 싸워 나갔다. 그러나 로마 교회 감독들은 5대에 걸쳐 세상과 타협하고 잘못된 신학을 반복했다. 이와 같은 로마 교회 내 감독과 장로 간의 오랜 투쟁은 결국 나쁜 소문으로 이어져 M. 트락스 황제 때 히폴리투스 장로를 지중해 사르디니아(Sardinia) 섬으로 귀양을 보내서 거기서 죽게 하였다. 그 결과 로마 교회를 이끌어간 로마 교회 감독들은 로마 가톨릭의 초기 교황으로 추앙되고 귀양을 가서 죽은 히폴리투스는 단지 순교자로 추앙되고 있다.

또 히폴리투스 장로를 귀양 보낸 자는 로마 제국 제27대 황제인 막시미누스 트락스(235-238)였다. 황제가 왜 교회 일에 간섭하는가? 이것은 그 당시 로마 교회가 부패해서 세상에 악취를 풍겼음을 암시해 주는 사건이기도 하다.

오늘날의 교회들은 정교(政敎)분리라는 잘못된 편견으로 정치에 예속되어서 굴종하거나 또는 전혀 관심을 갖지 않는 것이 성경적이라고 착각하는 이들이 있는 형태로 살아간다. 지금 세상에는 정치가들을 해바라기처럼 계속 따라다니는 소신 없는 교회 지도자가 있는가 하면 극소수는 정치와 대립을 하는 이가 있거나 대다수 많은 이는 중간에서 눈치만 살피고 살아간다. 자기 소신을 지키다 귀양을 가서 죽은 히폴리투스의 사상과 삶은 2천 년이 지난 지금까지도 큰 교훈을 주고 있다.

그와 반대로 성서적 진리를 외면하고 현실적인 교회 보전에만 급급했던 당시 로마 교회 감독들은 로마 가톨릭교회가 역대 교황으로 둔갑시켜서 성자라고 인식되어 전해지고 있다. 이렇게 과거에 부패한 자가 성자로 둔갑된 부정직한 역사를 바로 보면서 오늘 우리들의 삶의 방향을 바르게 선택하는 계기를 삼도록 해야 하겠다.

1. 히폴리투스

1) 히폴리투스의 생애[9]

히폴리투스(Hippolytus: 160-236?)의 출신에 관해서는 알려진 것이 별

9) 정수영, 교부시대사, 쿰란출판사, 2014, pp. 352-361.

로 없다. 그는 로마 교회 빅토르(Victor: 189-199) 감독 때에 로마 교회의 장로가 된 후 로마 교회에서 가르치는 사역을 했다. 이 당시만 해도 교회 직제는 신약성경 직제를 지켰다.

사도행전 20장 17절에는 바울 사도가 밀레도에서 에베소 교회의 장로들을 초청한 후 그들에게 3년 동안의 에베소 교회 목회생활을 설명한다. 그리고 장로들을 교회를 보살피는 감독자로 삼았다고 한다(28절). 여기에서 보면 감독과 장로는 같은 한 사람이 두 가지 기능을 가졌음을 말해준다. 디모데전서 5장 17절을 보아도 장로는 다스리는 일과 가르치는 사역을 함께하는 한 사람이었다. 이 같은 신약성서의 모범을 따라 로마 교회에서 목회적 기능을 하는 감독과 진리를 가르치는 사역을 장로가 수행했다. 감독과 장로를 분리한 것은 500년 전 장로교의 창시자로 알려진 칼빈 때부터이다.

그런데 로마 교회의 감독들과 성경을 가르치는 장로 사이에는 시간이 흐를수록 계속 격차가 벌어졌다. 빅토르 감독(189-199) 다음의 제피리누스(Zephyrinus: 199-217), 그 다음의 칼리투스(Callitus: 217-222) 감독 때에는 히폴리투스 장로와 의견 충돌이 표면화되었다. 로마 교회는 칼리투스 감독을 따르는 교인들과 히폴리투스 장로를 대립감독(對立監督)으로 내세워 따로 모이는 분열을 가져왔다.

이때 당시의 분열의 주된 이유는 크게 두 가지였다.

(1) 목회신학 문제

당시 로마 교회는 기독교 신앙을 배척하는 다신교 우상숭배들 속에서 유일신 신앙을 지켜나가야 했다. 그로 인해 다신교 우상숭배자들인 대중들로부터 계속된 핍박을 받는 시대였다. 이렇게 핍박이 계속되는 세상 속에서 로마 교회가 안정을 얻으려면 우상숭배자이든지, 도덕적으로 문란한 자이든지를 불문하고 모든 이를 교회가 용납해야 한다. 더욱이 교회가 보호를 받으려면 도덕적 약점이 있는 고위 공직자들이 많이 들어와야 정부의 핍박으로부터 보호를 받는다.

이 세상의 모든 사람들은 다 약점이 있는 사람이다. 약점이 있는 사람들이 모이는 교회 역시 불완전한 곳이다. 그렇기에 약점을 용납하고 대중을 영입해야 교회가 살 수 있다. 완전한 사람만 추구하는 소수 교회는 약체 교회를 면할 수 없다. 이런 주장이 감독들의 주장이었다.

여기에 반해 히폴리투스 장로의 주장은 달랐다. 교회가 무엇인가? 교회는 세상의 죄인이 과거 세상 신들과 관습들을 단절하고 새롭게 주님 뜻대로 살겠다고 결단한 회개한 자들의 모임이다. 회개한 자는 과거를 단절하며 그리스도와 함께 죽고 그리스도와 함께 연합한 자로 세상과 구별되게 살겠다는 결단으로 물속에 과거를 장사 지내는 침례의식을 공개적으로 시행한 사람들이다. 교회가 약체가 되는 것은 바라는 바가 아니다. 교회가 굳건하게 서서 세상의 빛과 소금이 되려면 성도들 하나하나가 모두 깨끗한 그리스도의 군사답게 정예자로 살아야 한다. 부도덕한 자를 교회가 용납함은 교회 됨을 포기하는 것이다. 이렇게 목회 신학이 다른 것이 충돌의 원인이었다.

(2) 신학 문제

앞서 두 감독 때는 목회신학 문제였으나 세 번째 칼리투스(217-222) 감독 때는 신학 문제까지 대두되었다. 칼리투스 감독은 삼위일체 하나님을 양태론(樣態論: Modalism)으로 주장했다.

하나님은 한 분이신데 구약 시대 때는 성부 하나님의 모습으로 나타났고 복음서 시대에는 성자의 모습으로 나타나셨으나 오늘날 교회 시대에는 성령의 모습으로 나타나신다. 이렇게 몸이 하나인데 시대에 따라 각각 다른 모습과 다른 기능자로 나타난 분이 삼위일체라고 했다.

여기에 대해 히폴리투스 장로는 하나님은 전능자요, 창조주요, 세상의 주인이시며 만물의 통치자이시고, 의로운 심판자로 삼위일체임을 주장했다.

이렇게 신학적 차이로 히폴리투스를 장로에서 대립감독으로 삼고 싸우다 칼리투스 감독이 죽었다. 그 후 우르반(Urban: 222-230) 감독과 폰티안(Pontian: 230-235) 감독 때에도 양태론 주장이 계속되었다. 로마 교회는 칼리투스 감독 때부터 10여 년 이상을 계속해서 신학 문제로 대립하여 싸워 나갔다. 이렇게 10여 년간 계속된 싸움 속에 히폴리투스는 이단들과도 싸우고 로마 교회와도 싸워가며 30여 편의 저서들을 남겼다. 그런데 그의 저서들은 라틴어 세상에 살면서 전부 헬라어로 저술되었다. 그렇기에 그의 출신을 로마 제국 동부인 소아시아 지방으로 추측한다.

이들 로마 교회의 분쟁에 대한 소문을 들어온 로마 황제 막시미누스 트락스(235-238)는 폰티안(Pontian) 감독과 히폴리투스 두 사람을 지중해 사르디니아(Sardinia)섬의 광산으로 귀양을 보낸다. 이들 두 사람은 귀양지에서 화해하고 죽는다.

그 후 로마 교회 감독 파비안(Fabian: 236-250)이 히폴리투스의 시신을 로마시로 옮겨 티부르티나(Tiburtina) 가도 묘지에 안장시켰다. 그리고 1551년에 히폴리투스 묘지에서 대리석으로 된 조각상을 발견했다. 그 조각상에는 히폴리투스의 저서들 제목이 열거되어 있었다.

로마 가톨릭교회는 히폴리투스가 대립감독으로 로마 감독들과 투쟁을 했음에도 불구하고, 로마 감독들은 교황의 반열에 올리고 히폴리투스를 순교자로 추앙한다. 히폴리투스의 조각상은 현재 바티칸의 도서관 입구에 세워져 있다.

2) 히폴리투스의 사상[10)]

히폴리투스는 여러 종류의 저서들을 남겼다.

대표적인 것들은 다음과 같다.

(1) 《모든 이단에 대한 논박》

이 책은 모두 10권으로 이단들 32가지를 열거한다. 그들은 주로 영지주의자들의 부류와 에비온주의자들 그리고 마르키온주의자들이다. 이 저서 속에서 로마 감독 제피리누스는 성부 수난설을 주장하는 이단자들에게 도움을 준 유약하고 무식한 자로, 칼리투스 감독은 교활하고 부정을 저지른 범법자여서 유죄 판결을 받았는데도 범법자들에게 관용을 베풀어 기강을 무너트린 자라고 격렬하게 비난한다.

(2) 주석서들

그는 많은 주석서들을 썼으나 오늘까지 남아 있는 것은 몇 가지뿐이다. 다니엘서 주석, 아가서 주석, 계시록 주석 등이 남아 있다. 계시록 12장의 여자는 교회, 해는 주님, 달은 침례자 요한, 열두 별은 12사도, 두 날개는 소망과 사랑이라고 했다. 계시록 16장 16절의 아마겟돈은 여호사밧 골짜기, 계시록 17장 10절의 일곱 왕 중의 다섯은 느부갓네살, 고레스, 다리오, 알렉산더 그리고 계승자들, 여섯째는 로마 황제, 일곱째는 적그리스도라고 했다.

---

10) 정수영, 교부시대사, 쿰란출판사, 2014, pp. 361-366.

(3) 역사서

그는《연대기》라는 역사서도 저술했다. 히폴리투스는 세계 역사를 6,000년으로 보고 그리스도 탄생까지 5,500년이 지나갔으므로 그리스도 재림이 300여 년 남았다고 주장했다.

(4) 사도전승이라는 신앙 고백서

이 책은 히폴리투스가 개인적으로 사용한 신앙 고백서였다. 히폴리투스는 자기를 따르는 성도들에게 의문문 형식으로 신앙을 묻고 답하게 했다. 예컨대 "산 자와 죽은 자를 심판하러 오실 이를 믿느뇨? 몸이 사는 것을 믿느뇨?"와 같은 신앙 고백서를 개인적으로 만들어서 사용했던 사례들이 많이 나타나고 있다.

유스티누스(100-165)가 개인이 만든 신앙 고백서를 사용했고 히폴리투스와 동시대인 테르툴리아누스(160-220), 훗날의 가이사랴의 에우세비우스(325), 앙키라의 마르켈루스(336-374)도 개인 신앙 고백서를 만들어 자기가 관리하는 교인들에게 사용하게 했다. 이렇게 개인이 만든 다양한 신앙 고백서들을 여러 지역에서 사용하였기에 고백서들이 통일되지 않았다.

그러자 동서교회가 니케아 종교 회의 때(325) 공동 신앙 고백서를 정했고, 이것이 니케아 신조가 된다. 그런데 공동 신앙 고백서 내용에 문제가 따르는 것을 훗날 다시 수정해서 콘스탄티노플 신조(381) 또는 칼케돈 신조(451)로 발전하였고 사도신조는 7세기경 갈리아 지방 서남부에서 서방 로마 가톨릭 중심으로 만들어진다. 오늘날 사도신경이라는 것은 서방 로마 교회만을 옹호하는 신조로 개인적 신앙 고백서들이 발전되어 750년경에 만들어진 것으로 전해진다.

2. 막시미누스 트락스 황제

막시미누스 트락스(Thrax: 235-238) 황제는 로마 제27대 황제이다. 그가 황제로 재위한 기간은 불과 3-4년 밖에 안 된다. 그가 히폴리투스를 유별나게 귀양 보낸 것은 당시 로마 교회가 분쟁과 갈등으로 세상의 비난과 욕설로 인해 온갖 혐오의 대상이 된 것을 처리한 것에 불과하다.

왜 로마 교회가 비난을 받게 되었는가? 그것은 로마 교회가 사도들이 아닌 평신도들에 의해 세워졌기 때문이다. 지금 로마 가톨릭교회는 성서적 기초가 아닌 교부들의 역사적 주장에 근거해 로마 교회 설립자를 베드로라고 주장한다. 그러나 주후 57년경 로마서를 기록한 바울 사도는 인구 100만이 넘는 당시 세계 최대 도시 로마시를 동경하면서 로마시에 가려고 했던 마음을 표현한다(롬 15:22-23). 그러면서 바울은 자기는 이미 예루살렘으로부터 마케도냐 서북쪽 이탈리아 해안 동쪽에 해당되는 일루리곤(롬 15:19)까지 편만하게 복음을 전했다고 했다. 그러면서 로마시를 동경하는 이유로 "내가 그리스도의 이름을 부르는 곳에는 (이미 복음이 들어갔으므로) 복음을 전하지 않기를 힘썼다"라고 했다. 그 이유는 "이는 남의 터 위에 건축하지 아니하려 함이라"는 목회자의 목회 윤리에 속하는, 목회자의 소신임을 밝힌다.

그 같은 바울은 로마서 16장 3-16절에서는 자기가 알고 있는 로마 교회의 성도들 26명의 개개인의 이름과 개성을 밝히며 문안을 전한다. 이 내용을 보면 바울이 아직 로마에 가지 않은 상태인데도 바울이 알고 있는 로마 교회 성도들이 이미 존재하고 있었음을 의미한다.

그런데 성경 내용을 위반하고 역사 내용을 왜곡하는 교부가 갈리아 지방 남부의 루그두눔(Lugdunum: 현재 프랑스의 리옹)에서 목회한 이레나이우스(Irenaeus: 140-200)다. 그는 로마 교회가 베드로와 바울이라는 두 사도에 의해 설립되었고 바울 사도는 리노(딤후 4:21)에게 로마 교회를 인계했다고 하면서 리노 후의 로마 교회 감독들 열두 명을 소개한다. 이렇게 이레나이우스가 주장한 베드로와 바울 사도의 로마 교회 설립 주장은 성경과 완전 배치된다. 그리고 이레나이우스가 소개한 12명의 로마 감독들은 오늘날 로마 가톨릭교회의 제2대 교황으로부터 제13대 교황 명단에 올라 있다. 로마 가톨릭교회가 베드로를 로마 교회의 설립자라고 주장하는 것은 성경적 근거가 전혀 없는, 사도들이 세상에 존재하지 않는 때의 후세인들의 잘못된 주장에 근거한다.

그리고 여기 히폴리투스(160-235) 때 히폴리투스와 투쟁한 로마 감독들은 모두가 신앙적으로 문제가 있고 신학적으로도 양태론 신앙 추종자들이었다. 그런데도 불구하고 가톨릭교회는 단지 로마 교회 초기 감독이었다는 그 한 가지 사실로 인해 성자들로 추앙하고 있다.

결론

우리는 과거 초기의 교회 지도자들의 모습을 살펴보았다. 여기서 살펴본 히폴리투스와 로마 교회 감독들은 2000년 전 초기의 교회 지도자들이었다.

히폴리투스의 신앙 정신은 배울 점이 있다. 교회를 순수하고 깨끗하게 보전하려던 그의 열정은 크게 본받아야 할 정신이다. 그러나 그의 주석서나 기타 기도문 같은 것은 오늘날 보기에는 너무 초라하다. 그의 신앙 정신은 후세인들에게 귀감이 되는 좋은 모범을 보여주었다. 반면에 초기의 로마 교회 감독들은 어떤 과정을 거쳐 감독들이 되었는지를 알 수가 없다.

그렇게 지도자가 된 로마 교회 감독들은 교회를 보존해야 한다는 생각에 가득 차서 세상 모든 것을 혼합하는 데 아무런 가책이 없는 목회를 했다. 로마 교회는 사도들이 세운 교회가 아니고 여기저기서 모여든 평신도 중심의 자생교회였다. 교회 지도자들 또한 어떻게 해서 지도자가 되었는지도 알 수가 없다.

이렇게 시작부터 불분명한 정체성으로 시작된 로마 교회는 계속해서 세상과 혼합하고 야합을 반복해 왔다. 이처럼 정체성이 불분명한 로마 교회에 순수성을 주장하는 히폴리투스나 테르툴리아누스는 함께 공생하기가 어려웠을 것이다.

이 같은 진리는 지금도 마찬가지다. 모든 수단과 방법을 가리지 않고 교회만 부흥시켜서 큰 예배당에, 많은 교인들에, 넘치는 재정만 이뤄지면 목회에 성공했다고 한다. 그에 반해서 몇십 년 동안 작은 상가를 임대해서 100명 미만의 영세한 교회는 실패한 교회라고 한다.

성공과 실패의 기준이 주님이 아니라 인간들이다. 이 같은 평가가 계속되는 세상에서는 과거 로마 교회와 똑같은 전철을 밟게 될 것이다.

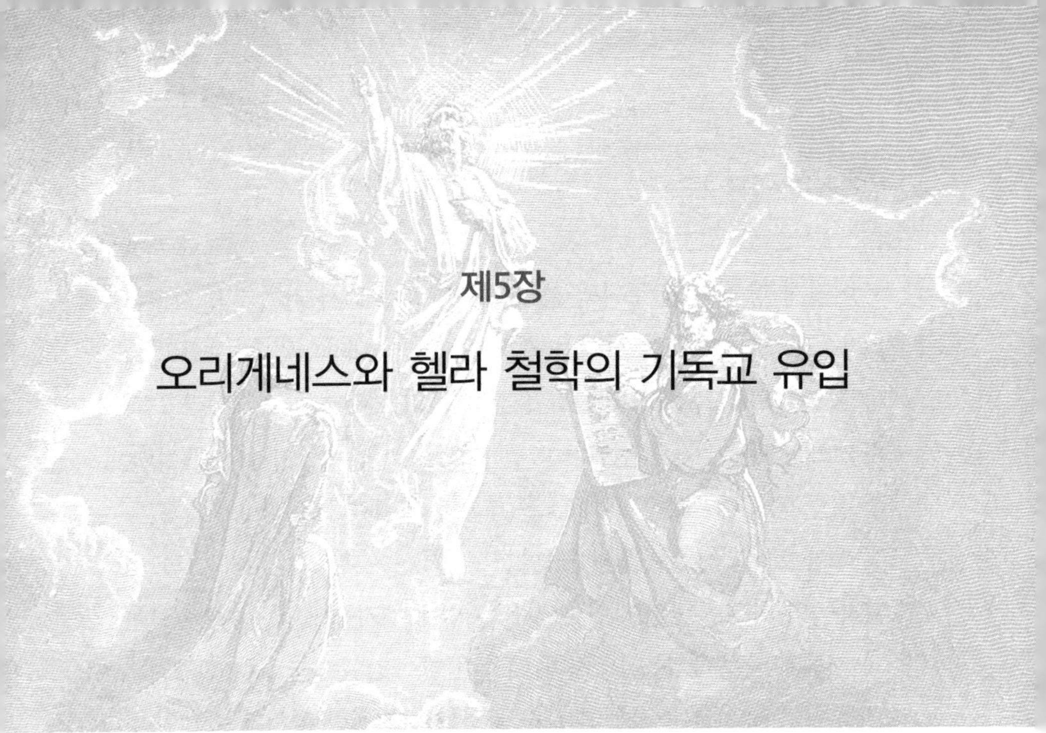

제5장

오리게네스와 헬라 철학의 기독교 유입

서론

오리게네스(오리겐)는 교회사 중 위대한 신학자 3명(오리게네스, 아우구스티누스, 루터) 중 하나로 알려졌다. 오리게네스는 69년 생애 중 50여 년 동안 성경을 가르쳤고 6천여 권의 저술서들을 남겼다고 한다. 그는 주님의 사역을 위해 일찍이 스스로 고자(鼓子: 마 19:12)가 되어 잠을 많이 자지 않으려고 맨 바닥에서 잤다고 한다. 그는 18세에 알렉산드리아 성경학교 교장이 되어 평생을 가르치는 일과 성경에 관계된 저서들을 남기는 데 주력했다.

그가 30세가 되었을 때 그는 국제적으로 명성을 날렸다. 그래서 아라비아 지방을 다스리는 로마 총독의 초청을 받아 가르쳤고 로마 황제의 어머니의 초청을 받아 가르침을 주기도 했다. 이 같은 인기를 시기한 알렉산드리아 감독은 오리게네스를 평생 동안 갖은 방법으로 괴롭혔다.

이렇게 평생 동안 주님의 사역을 한다고 하면서 가르치며 저술한 내용들은 모두가 철학 사상을 전하는 이단적 내용이었다. 자신의 삶과 사역이 주님을 위한 것이라고 믿고 교회를 위하는 충성이라고 가르쳤으나 모두가 성경 진리가 아닌 세상의 철학 내용이었다. 그저 성경 용어를 통해 궤변을 늘어놓은 허황된 것이었다.

그의 학문과 삶은 출중했으나 그의 사상은 성경 진리가 아닌 철학자들의 사상을 펼쳤다면 이것을 어떻게 평가해야 하는가? 솔로몬의 지혜가 출중해 이방의 시바 여왕이 찾아왔었지만 그는 신앙적으로 우상 숭배자로 백성을 타락하게 하고 나라를 분열하게 만들었다.

오리게네스의 삶과 학문은 출중하지만 그의 신앙 내용은 성경 진리가 아닌 세상 철학이었다. 그의 학문과 삶이 고매했기 때문에 그의 사후에도 그를 따르는 수많은 이들이 진리를 떠난 세상 철학으로 방황하게 만들었다. 바울 사도는 세상의 철학을 초등학문(골 2:20)으로 격하시켰다. 그런데 위대한 신학자라는 오리게네스는 철학을 섬기고 성경을 이용하기만 했다. 참으로 부끄럽고 안타까운 것은 이 같은 오리게네스를 교회사 중 세 명의 위대한 학자라고 추앙하는 것이다.

그렇다면 오리게네스를 이토록 사로잡은 철학은 어떤 철학인가?

오리게네스는 플라톤, 아리스토텔레스, 스토아, 에피쿠로스 등 모든 철학들을 다 배웠다. 그는 알렉산드리아 성경학교 교장으로 재직하고 있으면서 25세 때인 210년부터 215년까지 신플라톤주의 창시자를 모시고 철학을 공부했다. 좋게 말하면 성경학교 교장으로 풍부한 성경교사가 되기 위해서 세상 학문을 배웠을 것이라고 이해할 수 있다. 그런데 그의 저술서들을 보면 성경 진리의 증명이 아닌 철학사상을 골자로 성경을 이용한 것뿐임을 알 수 있다.

그가 성경을 말하고 성경을 해석했지만 그 내용들은 전부 플라톤 철학의 사상이었다. 이렇게 어처구니없는 과거사를 우리가 알아야 할 이유가 있는가? 오늘날 젊은이들을 열광시키고 있는 모든 인기있는 화제들인 현대 신학이라고 하는 모든 신학들은 철학자들이 구축해 놓은 철학 사상을 성경이나 교회 용어로 대치시켜 놓은 것들이다.

오리게네스의 변측은 오늘날에도 그대로 반복되기에 배워야 할 충분한 이유가 있다. 여기서는 오리게네스의 생애와 사상을 살펴보고 오리게네스가 가장 많은 영향을 받은 플라톤 철학 내용을 비교해 보도록 하겠다.

1. 오리게네스

1) 오리게네스의 생애

학자·금욕주의자
오리게네스

오리게네스(Origenes: 185-254)는 알렉산드리아 기독교 가정에서 태어났다. 그는 헬라인이 아닌 애굽 원주민 콥드(Copt)인 혈통이다. 아버지는 수사학자로 알렉산드리아의 클레멘스(150-220) 지도하에 신앙과 지식을 교육받았다. 그 같은 아버지 덕분에 오리게네스는 소년 시절에 성경전서 중 상당 부분을 암기했다고 한다.

그런데 오리게네스의 아버지는 로마 황제 셉티미우스 세베루스(재위 193-211)의 박해로 202년 참형을 당해 순교하였다. 오리게네스는 만 17세 때 부친과 재산을 몰수당하고 모친과 7남매의 가장이 된다. 그는 귀부인의 후원으로 공부를 하며 사본들을 필사하는 것으로 어려운 경제를 돕고 있었다. 오리게네스가 만 18세 때 알렉산드리아 신앙 입문학교 교장이던 클레멘스가 황제의 핍박을 피해 카파도키아로 떠난다. 오리게네스는 클레멘스의 후임으로 신앙 입문학교 교장이 된다. 여기서 그는 학생들에게 월사금을 받지 않고 금욕주의적 최소한의 생활로 가족들을 부양해 나갔다.

신앙 입문학교는 오리게네스의 열성과 노력으로 기독교 신자만이 아니라 비신자들까지 많이 찾아왔다. 가르침을 받는 이들 중에는 여자들도 있었다. 여자들 중에는 어리고 젊은 오리게네스가 잘 가르치자 호감을 갖고 접근하는 이도 있었다. 오리게네스는 이성의 유혹에 넘어가지 않고 철저하게 주님께만 헌신하고자 마태복음 19장 12절을 근거로 스스로 고자가 된다.

오리게네스가 신앙 입문학교 교장으로 계속 성실하게 가르침으로 많은 사람들이 모여드는 성과가 나타났다. 그런데 성경을 좀 더 잘 가르치려면 철학을 공부해야겠다고 생각한다. 그래서 만 25세가 된 210년경부터 215년까지 신 플라톤 창시자로 알려진 암모니우스 사카스(Ammonius, Saccas 174~242년경)를 스승으로 모시고 철학의 모든 것을 배웠다.

오리게네스는 모든 철학 중 플라톤 철학에 가장 많은 영향을 받았다. 212년경에는 로마 교회를 방문해 앞서 소개한 히폴리투스 장로의 설교를 듣고 큰 감명을 받는다. 215년경 로마 황제 카라칼라의 알렉산드리아 방문 때 지식인들 검거령이 내려졌다. 오리게네스는 지식인 범주에 속하므로 위험을 느끼고 팔레스타인으로 피신한다. 이때 신앙 입문학교는 철학 동문인 헤라클라스에게 맡기고 예루살렘과 가이사랴로 피신해 갔으나 그곳의 감독들은 오리게네스의 명성을 알고 성경과 신학 강연, 설교를 하게 했다.

그런데 알렉산드리아 감독 데메트리오스(189-232)가 성직자가 아닌 오리게네스가 공예배 시 감독들 앞에서 강연 또는 설교하는 것을 항의하므로 그는 217년에 다시 알렉산드리아로 돌아온다. 알렉산드리아 감독은 신앙 입문학교를 자기 수하에 두려고 했으나 오리게네스는 소극적이었다. 그러면서 30세 경에는 국제적으로 명성을 떨치는 인물로 부상한다. 그래서 아라비아 총독과 로마 황제 어머니의 초청을 받고 아테네까지 가게 되었다.

오리게네스가 이렇게 명성이 높아지자 알렉산드리아 감독은 231년 애굽 교회들을 소집해 고환이 상한 자는 여호와의 총회에 들어오지 못한다(신 23:1)는 구절을 근거로 오리게네스를 애굽 교회에서 출교하기로 결정한다.

그 후 오리게네스는 가이사랴로 이주한다. 231년경 이후 오리게네스의 활동무대는 가이사랴가 된다. 오리게네스는 가이사랴 교회의 장로가 되어 254년까지 왕성한 신앙 입문학교의 가르침과 저술활동을 하였다. 그리고 크고 작은 교회 분쟁 때마다 자문해 주며 서신으로 폭넓게 교류를 한다.

오리게네스는 고국에서 쫓겨났고 고향 교회로부터 배척을 당했으나 가이사랴에서는 외국인들에게 더 많은 인기를 얻었다. 그런데 250년경 로마 데키우스 황제(249-251)의 박해 때 당대 유명한 신학자를 배교시킴으로 기독교계에 타격을 주는 엄청난 효과를 기대하고 오리게네스를 투옥시킨 후 가혹한 고문으로 배교를 유도했다. 육순(六旬)이 넘은 오리게네스는 숱한 고문에도 굽히지 않고 신앙을 지켜나가던 중 황제의 죽음으로 석방되었다. 그러나 석방 후 고문의 후유증으로 두로에서 69세에 세상을 떠난다.

2) 오리게네스의 사상[11)]

알렉산드리아 신앙 입문학교 교장 시절 오리게네스에게는 강론과 설교를 속기(速記)해 주던 7명의 속기사들과 필사자들, 또 청서(淸書)해 주던 사람들이 있었다. 또 자신이 직접 저술한 책들과 서신으로 현안 문제들에 대하여 답변해 준 것들도 있다. 그렇기에 그의 저작들이 6천여 편이 된다는 말은 다소 과장된 표현이지만 많은 것은 사실이다.

그의 저서들을 다음과 같이 분류할 수 있다.

(1) 성경과 관계된 저서

① 성경 본문 비평서

오리게네스가 210년부터 240년까지 약 30여 년에 걸쳐서 이룩한 구약성경 히브리 원문과 헬라어역과 기타 다른 번역서들을 대조하여 표를 만든 두 가지 종류의 비평서가 있다.

● 육부공관(六部空觀: Hexapla)

히브리어 구약성경 원문과 70인역 등 4종류의 헬라어 번역 성경들을 함께 여섯 단으로 배열해 놓았다. 이 육부공관은 구약성경만 다루었고 성경 원문 회복을 추구한 것이 아니라 여러 가지 성경들을 대조하고 비교해 보면서 구약성경이 무오하다는 것을 주로 변호했다. 이 책은 28년에 걸친 왕성한 노력의 결과물이다.

● 사부공관(四部空觀: Tetrapla)

이 책은 앞서 네 종류의 헬라어역만을 대조시킨 책이다. 이 책들은 부피가 커서 가이사랴의 도서관에 소장되어 있는 것을 히메로니

---

11) 정수영, 교부시대사, 쿰란출판사, 2014, pp. 397-403.

무스(345-419)가 벌게이트(Vulgat) 라틴역 때 사용한 대본들이다.

그런데 653년 이슬람의 3대 칼리프인 오트만(644-656)이 예루살렘과 알렉산드리아를 정복했을 때 불을 질러 소실시켜 버렸다. 현존하는 것은 그 책의 일부 단편들을 성공회 학자가 수집, 편집하여 알려지고 있을 정도다(1875년).

② 성경 주석서

오리게네스는 구약과 신약의 거의 모든 책들을 주석했다. 그의 주석들 중 영역된 것으로 마태와 요한복음서가 있는데, 요한복음 주석은 32권으로 되어 있고 그중에 제1권은 요한복음 1장 1절 한 절로 책 한 권을 저술했다. 방대한 성경 주석들이 그의 독창적이고 심오한 견해이지만 매우 의도적인 알레고리적 신비적 공상들을 담고 있다. 주석서와 함께 강해 설교집들도 있다.

그가 축자 영감설을 믿는 것은 확실하나 그는 성경을 육적인 의미(문자적, 역사적), 혼적인 의미(도덕적), 영적인 의미(비유적, 신비적)로 이해했다. 그러므로 그의 신앙은 축자적 영감을 믿었으나 그의 해석들은 공상적, 신비적, 철학적, 사변적 해석들로 전부가 오류 덩어리들이다.

그래서 성부 하나님만 참 하나님이시고 성자 로고스는 제2의 하나님, 생성되신 분이라는 종속설을 주장했다. 또 하나님이 우주만물 창조 전에 천사들을 먼저 창조했고 천사들은 인간과 마찬가지의 자유의지를 가졌기에 천사 중 일부가 자유의지로 타락하여 사탄과 악령이 나왔다고 했다. 우주는 하늘, 땅, 지하의 세 영역으로 창조되어 하늘에는 선한 천사들, 땅에는 인간, 지하에는 사탄과 악령이 거주한다고 했다. 특히 고린도전서 15장 25-28절에 '만물'이라는 단어 '판타'(παγτακ)와 '복종'이라는 단어 '휘포타게세타이'(ὑπακοή)라는 두 단어를 근거로 장차 세상 모든 만물이 모두가 하나님과 그리스도께 복종하게 된다는 해석으로 장래에는 타락한 천사나 타락한 인간들 모두가 구원받는 '만인 구원설'을 주장했다.

그리고 고린도전서 3장 13-15절에 각 사람의 공적이 시험 받을 것이라는 구절을 근거로 이 세상에서 그리스도와 연합한 자라 할지라도 죽은 후 곧장 천국에 직행하는 이는 극소수에 국한되며, 거의 모든 인간들은 죽은 후 연단장(Training School)에 가서 불로 죄를 정화받은 후 하늘나라로 승급해 올라간다는 '연옥설' 교리를 제공했다. 그리고 타락한 천사도, 죄인도 다 궁극적으로 구원받는다는 만인 구원설을 주장했다.

(2) 논쟁, 반박서와 기타

《켈수스(Celsus)에 대한 반박》이라는 8권으로 된 논박서가 있다. 켈수스가 누구인지는 알 수 없다. 이외에 무수한 논쟁서들이 있으나 《켈수스에 대한 반박》만이 영어로 번역되어 전해지고 있다. 그리고 기타 부분으로 주기도문 강해 논문, 순교론, 헤라클레이데스와의 대화, 800통이 넘는 서신들의 모음집 등 이 모든 자료들이 전해지고 있다.

이와 같은 저서들은 그의 생전에 그의 제자들을 비롯해 그의 사후에 그의 사상에 동조하는 이들에 의해 '오리게네스학파'라는 말로 수세기 동안 많은 영향을 끼치게 된다.

(3) 그의 사상에 대한 비판

오리게네스는 수많은 교부들 중 가장 탁월한 학자였고 또 가장 근면 검약했고 가장 진실하게 살아간 신앙의 모범자임에는 틀림이 없다. 그러나 그의 신학사상은 전통적 신앙이라고 할 수 없는 이단적 요소가 너무 많다. 오리게네스 사상의 문제점들을 정리해 보겠다.

① 기독교를 이교 철학으로 오해

과거 테르툴리아누스(160-222)는 "예루살렘이 아테네와 무슨 상관이 있느냐?"라고 철학을 배제했다. 그런데 한 세대 늦은 오리게네스는 성경 진리를 전한다고 하면서 오히려 성경의 진리를 철학 내용으로 뒤바꾸어 놓았다. 성경의 진리는 성령의 감동으로 기록되었기에 성령을 받은 자가 성령의 지시대로 전할 때 성령을 받은 자가 화답을 하게 된다. 성령이 배제된 인간의 철학으로는 성경의 진리가 전달될 수 없고, 아름다운 소리로만 들려질 따름이다. 이 점에서 오리게네스는 크게 실패한 학자이다.

② 종속설의 오류

오리게네스는 삼위일체 신앙을 알지 못했다. 그리하여 성부 하나님은 태어나지 않으신 원래 계신 분이시지만 성자는 태어나신 분으로 제2의 하나님이고, 성령은 성자에 의해 생성된 제3위로 차이가 있다고 했다.

③ 영혼 선재설과 역사 전 타락

영혼의 기원에 관해 세 가지 설이 있다.

- 영혼 창조설 : 가톨릭과 칼빈
- 영혼 유전설 : 루터
- 영혼 선재설 : 플라톤과 오리게네스

오리게네스는 철학자의 주장을 따랐다.

④ 허황된 구원설

오리게네스는 고린도전서 15장 25-28절을 근거로 '만인 구원설'을 주장했다. 그러나 바울의 고린도전서 15장 26절의 사망을 의인화(擬人化)한 설명을 오리게네스는 오해했다. 계시록 2장 7-10절에 세상 마지막 때에 사탄이 불과 유황 못에서 세세토록 괴로움을 당한다는 종말론 신앙을 오리게네스는 파악하지 못한 것 같다.

⑤ 신령한 몸의 부활신앙의 무지

바울 사도는 부활의 몸이 영혼만 있는 영이 아니라 주님께서 부활하신 후 40일 동안 보여 주신 시간과 공간의 제약을 받지 않는 신령한 몸의 부활을 가르쳐 주었다(고전 15:46, 49, 54). 그런데 오리게네스는 "헤라클레이데스와의 대화"에서 신령한 몸의 부활을 부인한다. 그는 육체는 해체되고 영혼만이 영생한다는 플라톤의 영혼 불멸설의 신봉자였다.

오리게네스의 생애와 사상을 통해 배울 점이 무엇인가? 오리게네스는 금욕주의적 삶을 살면서 주의 일을 해나갔다. 그래서 결단하기 어려운 길을 선택해 스스로 고자(鼓子)로 살아갔다. 그는 철저한 금욕주의자로 살아가면서 자기 일을 돕는 사람들에게 지나치게 많은 일을 요구하는 것을 당연시했다. 속기사들, 필사자들에게 항상 자기 지시를 위해 대기하고 있도록 했다. 그렇게 해서 많은 저술서들을 남겼다. 그러나 그를 가까이 했던 많은 사역자들이 그를 떠났다. 다만 그의 박식함을 흠모하는 이들만이 사후에도 그를 따랐다.

그렇게 해서 이룬 결과가 무엇인가? 그는 박식한 지식으로 성경의 진리를 증언한 것이 아니라 성경을 증언한다고 하면서 성경 내용이 하나의 철학 사상인 것처럼 왜곡시켜 놓았다. 그가 이룬 학문 성과로 성경이 진리의 책임을 증명하려는 《육부공관》으로 그의 박식함은 드러났다. 그러나 그의 주석과 강해서들은 성경 진리의 증명이 아닌 이교 철학 사상을 성경 내용인 양 거짓된 길로 오도했다. 그는 성경 진리를 하나의 철학서로 둔갑을 시켰다. 솔로몬은 완전 이교도들과 같은 삶을 살았으나 그의 몇 권의 성경책은 귀중한 진리를 전해 주었다. 오리게네스 역시 주님의 종으로 산 것 같았으나 애석하게도 그의 가르침은 완전 이교도 헬라 철학 사상의 뼈대 위에 성경 용어들의 옷을 입혀 놓았을 뿐이다.

2. 헬라 철학의 기독교 유입

서양의 사상사(思想史)를 주도해 온 양대 물줄기가 있다. 하나는 12세기까지의 플라톤주의이고, 다른 하나는 13세기 이후 가톨릭 신학의 뼈대가 된 아리스토텔레스주의이다. 12세기 이전까지 서양 역사에 지대한 영향을 미친 사상가는 플라톤이다.

본서는 교부시대(주후 5~600년경) 내용이 주된 관심사이므로이무렵에 방대한 영향을 미친 플라톤 철학 내용을 살펴보고자 한다.

1) 플라톤 철학의 핵심

플라톤 철학은 다음 네 가지로 요약할 수 있을 것이다.

(1) 이상적인 정치 철학

"국가론"에서 그는 이상적인 정치 철학을 주장했다. 그에 의하면, 통치자는 전문적 정치학을 배운 철학자가 정치를 해야 한다는 주장이다. 이 주장은 민주화 운동 전력만 있으면 정치가가 되는 현실 세상에 크게 배울 만한 이론이다.

(2) "이데아"(Idea)론

이 주장은 플라톤의 상상력과 시(詩)로 꾸며진 그의 독특한 이론이다. '이데아'가 무엇인가? 이것은 그것이 속해 있는 유(類)의 일반 관념이나 작용하는 법칙이며 그것이 발전 지향하는 완전한 목적과 이상이다. 이것은 관념이나 법칙이나 이상일 것으로 이해가 된다.

그런데 이것을 제대로 이해하려면 '기하학'을 알아야 한다. 여기 다리(橋)가 있다. 이것을 감각적 시각을 가진 사람은 몇억 톤의 콘크리트와 철제로 조형된 것의 모습만 보고 감탄할 것이다. 그러나 수학적 시각을 가진 사람은 거대한 다리가 역학, 수학, 공학의 여러 법칙들의 조화로 구성된 것을 깨닫고 경이를 느낄 것이다. 반면에 수학자요, 시인인 사람은 이 법칙들 위에 떠 있는 다리를 보고 그 이상의 상상적 표현을 할 것이다.

플라톤의 "이데아"론은 그가 기하학자요, 시인의 관점에서 설명한 이론이다. 이렇게 그의 심원한 이데아론은 훗날 그것을 각각 다른 각도로 이해한 사람들이 생기며 발전한다. 그래서 플라톤 사상이 ① 고대 아카데미학파 ② 중기 플라톤학파 ③ 신플라톤학파로 구별된다. 이 내용은 뒤에 언급하겠다.

(3) 영혼 불멸설

플라톤의 죽음의 문제를 취급한 "파이돈"에서 영혼 선재론과 함께 영혼 불멸설을 주장했다.

이 사상이 기독교에서 바울의 부활사상과 유사한 것처럼 오해되어 기독교 부활 사상에 심각한 오류들을 일으킨다. 기독교 교부들인 오리게네스나 아우구스티누스는 바울의 부활체를 믿지 못하고 플라톤의 영혼 불멸설 사상의 추종자가 되었다.

(4) 플라톤의 우주론

플라톤의 "타마이오스"라는 글을 보면, 신은 무에서 유를 창조한 창조주가 아니라 무질서인 혼돈에서 질서를 이룬 분이다. 신은 먼저 보이지 않는 영혼을 만든 다음에 육신을 만들었고 육신 속에 영혼을 넣어 주었다. 신은 모든 별들에게도 각각의 영혼을 주었다. 이 같은 플라톤의 우주론이 오리게네스의 "만물 회복론"으로 이어지고 이원론적 세계관으로 이어진다.

2) 플라톤 철학의 발전과 기독교 유입

플라톤(BC 427-347) 사후에 플라톤 철학은 세 단계로 발전한다.

(1) 고대 아카데미학파

플라톤 사후에 주전 3세기 초까지 플라톤의 학풍을 그대로 계승하던 시대를 말한다. "진리는 발견되지 않고 탐구될 뿐이다"라는 주장대로 학문을 끝없이 회의적 시각으로 탐구하던 시기였다.

(2) 중기 플라톤학파

주전 2세기 말에는 회의적 시각을 벗어나 종교적 문제에서 해답을 찾으려 한다. 필론(BC 20-AD 50), 키케로(BC 106-43), 플루타르코스(AD 46-120)는 중기 플라톤학파에 속한다. 이들 중기 플라톤학파는 고대 학파처럼 회의주의나 불가지론으로 끝내지 않는다. 저들은 하나님의 세계와 인간의 세계에 매개자 또는 매개자 군을 설정한다. 그래서 매개자로 "로고스"와 "영들", 우주를 "대우주"와 "소우주"로 분류한다. 이들 중기 플라톤 학파는 플라톤의 저서 《테아이 테토스》에 제시된 "가능한 한 하나님을 닮는 것"을 인생의 최고 목표로 삼는다.

그래서 대우주인 세계 이성, 세계 혼과 소우주인 인간의 이성과 영혼이 하나님의 세계로 상승하는 하나님의 모방을 추구했다. 이런 사상이 오리게네스의 "만인 구원설"에 반영되고 있다.

(3) 신플라톤주의

신플라톤 철학의 창시자는 알렉산드리아 사카스(Sakkas)다. 그것을 서방세계에 널리 보급시킨 것은 플로티누스(Plotinos)였고 그 사상을 기타 사상들과 혼합시킨 것이 신플라톤주의다. 신플라톤주의는 플라톤 철학과 아리스토텔레스 철학, 스토아 철학과 동양의 신비사상 등 온갖 사상이 혼합되어 있다. 이 사상은 과거 플라톤의 정치적, 철학적 관심보다는 형이상학적, 신학적 국면으로 치우쳤다.

이 사상에 영향을 받은 아우구스티누스는 세례 시 성삼위의 이름으로 시행되기에 구원이 신비에 이루어진다는 "세례 중생론"을 주장한다. 그리고 계시록의 천년왕국은 이미 실현된 교회시대라는 무천년설을 주장한다.

결론

플라톤(BC 427-347)이 남긴 수많은 저서들은 플라톤의 의사와 상관없이 다양한 학파로 발전한다. 플라톤학파들은 모두 다 플라톤의 저서들 중 특정 부분만을 자기류로 해석하여 더 많은 이들에게 전파되어 학파를 이루었다. 이 점은 기독교에도 예외가 아니다.

성경 중 구약만 인정한다는 학자들에 의해 유대교가 존재한다. 기독교 중에도 성경과 동일한 신앙 권위로 전통을 믿는 가톨릭과 성경만 고집하는 개신교로 나누어졌다. 개신교 중에도 루터의 성경 해석을 가장 최고 권위로 삼는 루터교가 있고, 칼빈의 성경 해석을 가장 최고 권위로 삼는 장로교가 있다. 그런가 하면 기독교의 핵심을 영성운동에서 찾으려는 감리교, 성결교, 하나님의 성회(순복음) 등이 있다.

기독교가 플라톤 학파를 비난할 만큼 우수한 것은 기독교에 영생의 복음이 있기 때문이다. 이렇게 기독교는 영생을 주장하지만, 플라톤 철학에는 영생이 없고 끝없는 불멸의 반복만 있을 따름이다. 과거 기독교 초기의 위대한 신학자로 알려진 오리게네스(185-254)는 성경의 영생의 진리를 제대로 깨닫지 못하고 플라톤 철학에 예속된 학문으로 살아갔다.

우리들에게는 제대로 된 신학 교육이 절실히 필요하다. 그러나 제대로 된 신학이라는 이름이 인간들의 철학에서 형태만 뒤바꾼 철학화된 신학이라면 단연히 배격해야 된다. 참된 신학은 성경에 계시된 하나님의 신비하고 오묘한 진리를 가장 쉽고 정확하게 알려주는 신학이라야만 한다.

오리게네스가 성경의 영생의 진리를 가르치지 않고 플라톤의 철학의 개념으로 변질시킴으로 그의 후학자인 아우구스티누스(354~430)

도 똑같은 성경 진리를 플라톤 철학 사상으로 둔갑시켜 놓았다. 더욱이 개탄스러운 것은 종교개혁자로 알려진 루터(1483~1546)와 칼빈(1509~1564) 두 사람 또한 아우구스티누스 사상을 그대로 계승시켰다는 것이다. 플라톤은 주전 428~348 시대 사람이고, 아우구스티누스는 주후 354~430 시대 사람이고, 루터와 칼빈은 500년 전 사람이다. 그런데 지금도 2,300년 전 플라톤 사상이 그대로 영향을 발휘한다는 것은 너무도 한탄스러운 사실이다.

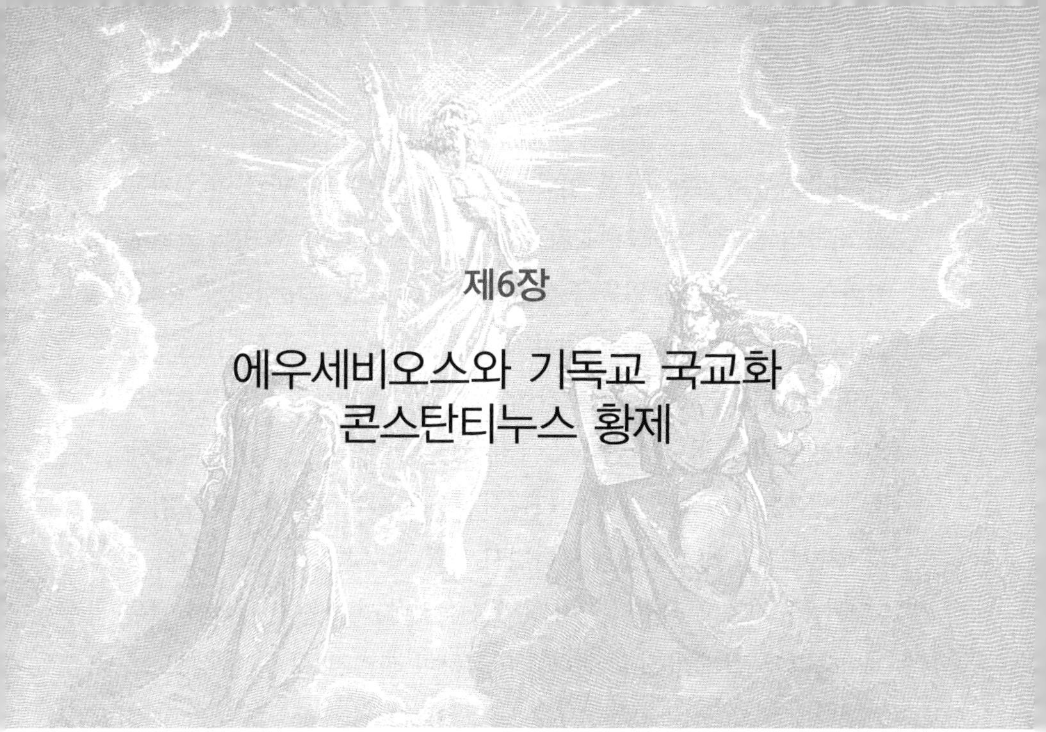

제6장

에우세비오스와 기독교 국교화 콘스탄티누스 황제

서론

에우세비오스(265-339)는 가이사랴 교회의 감독이었다. 그는 74-5년의 인생을 살아갔다. 그는 정통 보수주의 신앙이 아니라 자유주의 이단에 가까운 아리우스(Arius)주의로 살아갔다. 아리우스주의에 대하여 뒤에서 설명하겠지만 아리우스주의는 안디옥 학파들이 주장한 예수 그리스도의 영원성을 부정하는 사상이다. 이들은 성부 하나님은 영원 전부터 계셨지만 성자 예수는 하나님의 아들로 낳으면서 시작되었으므로 성자 예수는 성부 하나님만 못한 제2의 신이라고 주장한다.

이 같은 아리우스주의가 318년경부터 시작되어 381년까지 약 70-80년간 계속 논쟁과 싸움을 계속했다. 이는 기독교 동·서방교회들이 최초로 모인 니케아 종교회의(325년)부터 양파로 나누어져 싸우기 시작해서 콘스탄티노플 회의(381년)에서 종결된다. 바로 이런 기독교 최초의 삼위일체 교리 때 자유주의의 원조라고 할 수 있는 안디옥 학파들은 아리우스주의를 주장했다. 그리고 정통 보수파라 할 수 있는 알렉산드리아 학파는 삼위일체를 주장한다.

이와 같은 기독론 논쟁 기간에 여기에서 소개하려는 에우세비오스는 자유주의 안디옥 학파의 아리우스를 신봉했다. 그리고 다음에 소개하려는 알렉산드리아 아타나시우스는 아리우스파들의 모함으로 5차례나 유배로 추방을 당하면서 정통 보수신앙을 지켜나갔다.

오늘은 기독교 최초의 자유주의 신학자에 속하는 역사가인 에우세비오스의 철새와 같고 권력에 아첨하며 살아간 삶을 살펴보도록 하겠다.

그리고 에우세비오스와 동시대를 살아간 로마 제국 대황제 콘스탄티누스(재위: 306-337)를 살펴보겠다. 기독교 역사 속에 콘스탄티누스 황제는 대단히 중요한 인물이다. 기독교가 탄생한 1세기 때 사도 야고보를 처형한 헤롯(행 12:1-2)이나, 또 바울 사도를 처형한 네로 황제(AD 54-68)로부터 모든 황제들이 기독교를 탄압했다. 그래서 사도 요한은 도미티안 황제(81-96) 때 밧모섬으로 유배당해 가서 계시록을 기록한다.

트라야누스 황제(98-117) 때는 안디옥 감독 이그나티우스가 순교하고 피우스 황제(138-161) 때는 서머나 감독 폴리캅이 순교했고, 또 로마 교회 변증가 유수티누스(저스틴)가 순교했다. 그런데 가이샤라 교회 감독인 에우세비오스 때인 콘스탄티누스 황제(306-337) 때 핍박이 멈춰진다. 그리고 에우세비우스는 《콘스탄티누스의 생애》라는 책과 《콘스탄티누스 예찬》이라는 책을 저술한다.

또 에우세비오스는 《교회사》도 저술한다. 에우세비오스는 과거 자유주의 신봉자였고, 콘스탄티누스 황제는 기독교 핍박을 멈추고 기독교가 로마 국교가 되게 한 황제이다. 이제 동시대의 이 두 사람의 삶을 비교해 보자.

1. 에우세비오스

1) 에우세비오스의 생애(265-339)

(1) 출생과 성장기

에우세비오스

에우세비오스(Eusebius)는 라틴식 호칭이고 영어로는 유세비우스(Eusebius)로 알려졌다. 그의 출생지, 출생 연도는 정확하게 알려진 것이 없다. 그의 소년 시절에 가이샤라에서 초등, 중등교육을 마친 것으로 보면 그는 팔레스타인 출신 같다. 그는 어렸을 때부터 신앙교육을 받는 가정에서 자라나서 성인이 된 후 오리게네스(185-254)가 설립한 신앙 입문학교에서 교육을 받는다. 에우세비오스는 오리게네스의 후임자인 팜필루스(Pamphilus: 240-310) 신앙 입문학교 교장과 동년배이면서 스승으로부터 교육을 받는다.

에우세비오스는 신앙 입문학교에 소장된 각종 도서들을 "교회사"와 "연대기" 저술의 자료들로 사용한다.

(2) 수난기

에우세비오스에게 온갖 도움을 준 팜필루스는 청년 시절에는 관직에 있었다. 그러다가 나이 50세 전후에 신학을 공부하기 위해 알렉산드리아로 가서 오리게네스의 수하에서 신학을 공부했다. 그 후 가이사랴 교회의 장로가 되었고 오리게네스가 가이사랴에 세운 신앙 입문학교 책임자로 활동할 때 에우세비오스를 만났다. 그런데 팜필루스 장로는 307년 막시미아누스(Maximianus) 황제의 핍박 령으로 체포되었다가 309년 막센티우스(Maxentius) 황제 때 가이사랴에서 순교를 당한다.

에우세비오스는 스승인 팜필루스 교장이 순교하는 것을 보고 가이사랴를 피해 떠난다. 그는 레바논을 거쳐 애굽으로 피신을 하였으나 거기서 로마 관헌에게 체포당한다. 이 당시 그리스도인으로 신앙고백을 견지하는 자들은 모두가 체포와 죽음의 대상이었다. 그런데 에우세비오스는 잠시 얼마 동안 감옥생활을 했다가 당시 신앙고백을 거부만 하면 살아나가는 관행대로 쉽게 풀려 나왔다. 이때의 석연치 않은 사건으로 에우세비오스는 그리스도를 부인하고 살아났을 것이라는 의심이 뒤따르게 되었다. 그래서 그때로부터 20여 년이 흐른 후에는 공개적으로 공개 석상에서 그의 배교 행위가 비난을 받게 된다.

(3) 가이사랴 감독 사역

에우세비오스는 313년경 가이사랴로 돌아온다. 그리고 314-315년경에는 가이사랴 교회의 감독이 된다. 그런데 318년경 정통파 신앙자인 알렉산드리아 감독 알렉산더와 자유주의 신앙자로 유명한 안디옥 학파의 아리우스 장로 사이에 삼위일체 교리로 논쟁이 크게 벌어졌다. 양쪽 두 대표자는 몇 년 동안 조금도 양보하지 않고 치밀하게 논쟁을 계속했다.

이때 에우세비오스는 320년 가이사랴에서 회의를 열고 양편을 중재하려고 하였다. 그런데 이때 양쪽의 주장을 들은 에우세비오스는 자유주의자인 아리우스 편을 지원하기 시작한다.

그러자 정통파들은 에우세비오스가 이단 지지자라는 이유로 출교 결정을 내린다. 이때부터 정통파인 알렉산드리아파와 진보파인 안디옥 학파가 노골적으로 분열되어 치열하게 싸운다.

313년에 기독교를 공인하는 "밀란 칙령"을 선언한 콘스탄티누스 황제는 기독교에 큰 기대를 걸었다. 그런데 기독교 지도자들은 기독론 신학 문제로 알렉산드리아 학파와 안디옥 학파 사이에 분열을 계속해 갔다. 그러자 콘스탄티누스는 325년에 기독교 최초로 동·서방교회 감독과 장로들을 소집하는 니케아(Nicea) 공의회(325)를 개최한다.

이때 콘스탄티누스 황제는 로마 제국 산하 모든 교회의 감독들과 장로 2인, 수행원 3인에게 왕복 여비와 체재비를 부담하고 비두니아 지방의 니케아에서 회의를 열었다. 이때 약 300여 명의 감독들이 모였는데 정통파는 알렉산드리아 감독 알렉산더와 수행자로 아타나시우스를 중심한 20여 명이었고, 진보파는 안디옥 학파를 대표하는 니코메디아의 감독 에우세비오스와 수행자로 아리우스를 중심한 20여 명이었다. 그리고 대다수 중간파는 가이사랴 감독 에우세비오스가 대표자로 참석했다.

회의를 소집한 콘스탄티누스 황제가 개회사를 했다. 회의 진행을 중간파인 에우세비오스가 진행했으나 그는 아리우스주의자들 편에 기울어져 편파적으로 회의를 진행했다. 이때 결정된 사항들을 다음 장인 "아타나시우스"에서 다시 설명하도록 하겠다.

이때 회의는 5월 20일부터 7월 29일까지 계속되었다. 이때의 핵심회의가 성부와 성자와의 관계에 대한 용어였다. 정통파에서는 성부와 성자는 '동일'하다는 '동일 본질'이라는 단어로 '호모 우시오스'(ὁμο-οὐσιος)를 주장했고, 진보파는 '유사 본질'이라는 '호모이 우시오스'(ὁμοι-οὐσιος)를 주장하며 싸웠다. 이때 두 편은 'ι'자 하나를 놓고 싸우게 된 것이다. 그렇게 해서 만들어진 것이 "니케아 신조"(325)이다. 황제는 회의의 다수 의결에 따라 정통파 결정을 선포한다. 이렇게 황제의 결정을 본 뒤에야 에우세비오스는 아리우스 편에서 황제 편이 된다.

(4) 황제 편의 감독 에우세비오스

에우세비오스가 진보파인 아리우스파였다가 또다시 황제파가 되어 335년에는 두로 공의회 때 공의회 의장이 된다. 이때도 에우세비오스는 아리우스파를 지원했다. 이 모습을 보다 못한 헤라클레스 감독 포타몬(Potamon)이 회의를 진행하는 에우세비오스에게 공개적으로 면박을 준다.

"에우세비오스여, 어찌하여 당신이 무고한 아타나시우스의 판사로 앉아 있는 거요? 독재자들이 날뛰던 시절에 당신은 나와 함께 옥에 앉아 있지 않았소? 저들은 나에게 신앙을 고백했다는 이유로 내 눈을 파냈지. 그런데 어찌하여 당신은 성한 몸으로 나왔소? 어떻게 감옥에서 빠져 나올 수 있었소? 당신이 우상들에게 제사 드리겠다고 은밀히 약속한 대가가 아니었소?" 이렇게 공개적 면박을 당했으나 아랑곳하지 않고 에우세비오스는 계속해서 황제에게 접근을 한다. 그래서 황제와 함께 식사하며 황제에게서 들었던 과거 황제 각축전 얘기를 미화한 십자가 군기(軍旗) 이야기나 다양한 내용들을 근거로 콘스탄틴 황제 사후에 《콘스탄틴의 전기》를 저술했다. 여기 보면 황제는 에우세비오스가 설교를 할 때 선 채로 경청했다고 한다.

또 콘스탄티누스 황제는 콘스탄티노플 교회들에게 사용할 양피지 성경 사본들의 필사 작업을 에우세비우스에게 감독하도록 하였다. 336년 7월 니코메디아에서 개최된 콘스탄티누스 황제의 즉위 30주년 기념식에서 에우세비오스는 "콘스탄틴 예찬"이라는 축하 연설을 했다. 축하 연설 내용을 보면 거듭나지도 않은 황제를 "전능하신 하나님의 친구", "하늘에서 내려온 사자", "깊은 하나님의 친구", "새로운 모세", "깊은 신과 겸손한 황제"로 표현하며 온갖 아첨을 했다.

이렇게 핍박이 사라지게 한 콘스탄티누스 황제 편에서 온갖 비위를 맞추며 아첨을 계속한 에우세비오스는 늙어서 영안이 흐리고 권세에 아부하며 임종을 맞이한다. 그는 젊어서 핍박을 당할 때는 배교자로 의심을 받으며 살아갔고, 중년에 교회 사역 때는 이단 사상인 아리우스주의자로 사역했으며, 늙어서는 황제에 아부하는 아첨꾼으로 살다가 죽었다.

2) 에우세비오스의 사상[12)]

(1) 에우세비오스의 저작들

① 역사서

ㄱ) 교회사 5권

초판은 303년 이전, 제2수정판은 313년, 제3수정판은 320년, 제4수정판은 326년경으로 그는 10권을 썼다. 내용은 그리스도의 탄생에서부터 콘스탄틴누스 황제가 기독교를 선언한 313년경까지 썼다. 책의 전체 내용은 뚜렷한 강조점이나 응집력의 표현이 아닌 수많은 단편 자료들을 출처도 밝히지 않고 흥미롭게 이것저것 진술해 놓았다. 대부분 낯선 자료들과 다른 곳에서 찾아볼 수 없는 자료들을 그대

---

12) 정수영, 교부시대사, 쿰란출판사, 2014, pp. 716-718.

로 소개한다.

이 교회사는 3세기 내의 최초의 교회사라는 의미가 있다. 여기서 베드로가 로마 교회 개척자로 사역하다가 네로 황제 때 공개 경기장에서 십자가에서 거꾸로 매달려 순교했다는 터무니없는 기록을 해 놓았다.[13)]

ㄴ) 연대기

제1부는 메소포타미아, 이스라엘, 애굽, 희랍, 로마의 역사이다.

제2부는 아브라함(BC 2016)부터 주후 303년 역사의 연대기이다.

ㄷ) 콘스탄틴의 전기, 콘스탄틴의 예찬

이방인들에게 기독교를 소개하며 콘스탄틴의 송덕문에 해당되는 전기이다.

② 성경 연구서

시편, 이사야, 다니엘, 누가복음, 히브리서 등의 주석서들은 주관적 알레고리적 해석법으로 일관되어 있다. 또 최초의 성경 지명 사전도 저술했다. 그리고 4복음서 총관표, 부활절론 등도 있다.

③ 변증서

보편적 기초 입문서로 히에라클레스(비두니아 지방 총독)에 대한 반론, 마르켈(앙키라 감독)에 대한 반론 등이 있다.

---

13) 유세비우스, 교회사, 엄성옥 역, 은성, 2008(3판), p. 129.

(2) 에우세비오스의 사상

① 처음부터 진보파 아리우스주의자

우리는 앞서 로마의 유스티누스(저스틴)가 플라톤 철학을 도입했고, 오리게네스가 기독교를 각종 철학사상인 것처럼 보는 기독교의 철학화를 살펴보았다. 이렇게 초기 교부들의 철학화는 4세기인 니케아 종교회의(325)와 콘스탄티노플 회의(381) 때까지 계속된다.

철학에는 플라톤 철학의 상징적인 것을 추구하는 알렉산드리아 학파와 아리스토텔레스 철학의 실질적인 것을 추구하는 안디옥 학파로 나누어진다. 알렉산드리아 학파는 상징적, 영적인 것에 특징을 가졌다면 안디옥 학파는 문자적, 실질적인 것에 특징을 가졌다.

그래서 삼위일체 교리 중 알렉산드리아 학파는 성부와 성자가 인간이 납득되지 않아도 성경대로 일체임을 주장했다. 그에 반해 안디옥 학파는 인간이 모호한 것은 믿어지지 않는다는입장이기에 성부 하나님은 처음부터 완전하시지만 성자 예수님은 하나님의 아들이기 때문에 아버지만은 못하다고 믿었다. 그래서 성자 예수는 신성(神性)에 있어서는 완벽하지만 인성(人性)에 있어서는 우리 인간들의 혼(魂)이 아닌 '로고스'(Logos)를 지닌 분이라고 주장했다.

이렇게 성부와 성자와 구별된다고 믿어야 성자 그리스도를 바르게 이해할 수 있다고 믿는 것이 안디옥 학파의 아리우스가 하는 주장이었다. 이 같은 아리우스주의는 삼위일체를 부정하는 이단 사상이다. 사도 요한은 "예수께서 그리스도이심을 부인하는 자, 아버지와 아들을 부인하는 그가 적그리스도"(요일 2:22)라고 했다.

아리우스주의는 아버지와 아들이 같은 한 분이심을 믿지 않는 적그리스도였다. 그런데 수많은 저술서들을 남긴 에우세비오스가 아리우스주의였다는 것은 그가 이단 신앙자였음을 의미한다. 어설픈 신앙으로 인해 그는 평생 동시대 동역자들에게 배교자로 의심을 받고 살아갔다.

② 역사관

에우세비오스는 기독교의 시작인 예수의 탄생과 교회의 시작과 성경들의 완성과 기독교의 국교화가 모두 로마 제국 시대에 이루어졌기에 로마 제국을 하나님의 성육신하신 하나님의 도구로 보았다. 이와 같은 로마 제국 지배 이데올로기에 봉사한 그를 제국 신학자였다고 평가한다. 하나님께서 쓰시는 도구는 이스라엘 민족이든 다윗 왕국이든 로마 제국이든 다양하게 쓰시되 그 쓰임은 한시적이다. 로마 제국은 그 후로 무한대로 부패하다가 망했다. 잠시 쓰임받는 것을 성육신의 도구로까지 확대 이해한 것은 지나치다 못해 완전한 로마 우상숭배자였다고 볼 수 있다.

2. 콘스탄티누스 황제(274. 재위 306-337)

1) 콘스탄티누스가 로마 황제가 되기까지

콘스탄티누스 흉상

콘스탄티누스의 아버지는 콘스탄티누스 클로루스(Chlorus: 305-306)였고 어머니는 여관집 주인의 딸 헬레나(Helena)로 둘 사이에서 태어났다. 그런데 아버지 클로루스가 서방 부제(副帝)가 되자 동방 정제(正帝)인 막시미아누스(Maximianus: 286-305, 306-308)의 딸과의 정략결혼을 위해 헬레나와 이혼을 한다. 그후에 콘스탄티누스는 어머니 헬레나의 영향을 받으며 기독교에 호감을 갖는 소년 시절을 보낸다. 그러나 콘스탄티누스는 성년이 된 후 동방 정제 막시미아누스 수하에서 인질 생활로 청년기를 보낸다. 이 무렵에 라틴 문학 교수인 락탄티우스 문하에서 문학과 기독교의 영향을 받는다.

305년 콘스탄티누스의 부친 클로루스가 서방 정제가 되었다. 이때 동방에서 인질생활을 하던 콘스탄티누스는 동방 정제의 만류를 뿌리치고 서방 아버지 밑으로 달아났다. 그리고 아버지 클로루스가 306년에 임종하자 로마 군인들에 의해 콘스탄티누스가 황제로 옹립된다. 그러나 동방 정제 막센티우스(Maxentius: 306-312)는 콘스탄티누스를 부제로 머물게 하므로 그의 호감을 얻으려고 그의 딸 파우스타와 콘스탄티누스가 결혼하게 한다.

그 후에도 막센티우스는 여전히 부제로 두려고 해서 312년에 콘스탄티누스와 막센티우스와의 전쟁(312년)이 벌어진다. 이때 막센티우스 군대가 로마 근교 밀비안 다리에서 섬멸된다. 이때의 전쟁 일화들 속에 십자가 기적 얘기가 나온다.

콘스탄티누스는 막센티우스와의 전쟁에서 승리한 후(312년 10월 27일) 313년 "밀라노 칙령"으로 기독교를 공인(公認) 종교로 하고 종교의 자유를 허용한다. 이로 인해 기독교에 대한 박해가 종식된다. 그 후 콘스탄티누스는 자기의 처남이 되는 리키니우스(Licinius: 308-324)를 동방 황제로 삼고 자기는 서방 황제로 지낸다. 그런데 리키니우스는 동방에 수적으로 단연 우세한 이교도들 편에서 기독교도들에 대해 박해를 계속한다. 드디어 콘스탄티누스와 리키니우스 간의 전투가 324년에 벌어져서 콘스탄티누스의 승리로 콘스탄티누스 1인이 동·서방 황제 시대가 된다.

2) 콘스탄티누스 황제의 업적

(1) 정치가로서의 업적

그는 중후하고 사람을 압도하는 인격을 갖추고 있었다. 키가 훤칠하고 어깨가 넓고 준수한 얼굴에 매우 활력적이고 건강해서 65세로 죽을 때까지 한 번도 앓아보지 않고 살아갔다. 그는 의상과 외양에 있어서 허영에 가깝도록 항상 동양의 왕관이나 보석을 박은 투구를 썼다. 그리고 진주들로 치장하고 금으로 꽃무늬를 수놓은 비단 자색 망토를 걸쳤다. 지성이 세련됐다고 할 수는 없으나 선천적으로 명쾌하고 강인하고 기민했다. 그래서 어느 때나 허점을 드러내는 일이 드물었다. 그의 도덕성도 당시 황제들과 드물게 혼인의 정절을 지켰고 또 거의 낭비에 가깝게 박애심과 인심이 후했다. 그러나 당시 기독교 지도자들의 아부에 의해 사람들로부터 칭찬받기를 무척 좋아하는 인물로 달라졌다고 한다.

그런데 그의 정치적 행보는 단점들이 많다. 자기와 공동 통치를 약속하고 동방의 정제로 삼았던 처남 리키니우스가 기독교도들을 탄압한다는 이유로 동방을 정복하고 그를 처형시킨다. 그뿐 아니라 후환을 없애려고 11세도 안 된 자기 누이동생의 아들이자 소(小) 리키니우스를 죽여 버린다. 또 자기의 장남 크리스푸스가 역모를 꾸미고 계모 파우스타와 불륜을 도모했다는 이유로 장남도 죽이고 자기 아내인 파우스타도 처형하였다(326년). 또 콘스탄티누스와 파우스타와 20년간 살면서 낳은 아들 크리스푸스도 죽게 했다.

콘스탄티누스 황제가 이룩한 최대의 정치적 업적은 로마 제국 수도를 330년에 이탈리아 로마에서 비잔티움으로 천도한 일이다. 로마시가 이교도들의 전통과 유물들이 가득하여 이교도 분위기가 지배적이기 때문에 두 바다와 두 대륙을 잇는 요충지대인 콘스탄티노플(현 이스탄불)로 천도를 한다. 그래서 콘스탄티노플이 동로마 비잔틴 제국의 수도로 천 년 이상 군림하다가 1453년에 튀르키예에게 망한다. 로마 제국 중 서로마 제국은 330년 이후부터 점점 정치적으로 쇠락해 가고 종교적으로 부상을 한다. 그래서 로마 가톨릭교회가 황제권 대신 계속 성장하는 중에 476년 서로마 제국이 정치적으로 망한다.

로마에 황제가 없는 상태에서 로마 가톨릭은 프랑스 황제와 손잡고 세력을 키운 후 독일 황제들과 손잡은 신성 로마 제국과 19세기까지 교황권으로 팽창한다. 그러다가 19세기에 이르러서야 독립된 교황청으로 오늘에 이르고 있다.

(2) 기독교와 관련된 업적[14)]

콘스탄티누스 황제는 정치가 업적보다 기독교 업적이 더 많다. 몇 가지만 정리해 보자.

① 기독교 지도자들을 황제 고문단으로 추대(313)

② 모든 성직자들에게 군대 징집 면제와 세금 감면, 공민권 의무 면제

③ 그리스도인 노예 해방(316)

④ 일요일을 국정 공휴일로 공포(321)

⑤ 로마 화폐에 새겨진 우상 신상들 제거(323)

⑥ 니케아 공의회 소집(325)

⑦ 어머니 헬레나의 자문으로 예루살렘에 성묘 교회 건립(325-329)

⑧ 황제 자신이 작성한 라틴어 강론을 궁정에서 실시

⑨ 모든 우상 숭배 제사 금지(341)

---

14) 정수영, 교부시대사, 쿰란출판사, 2014, pp. 626-632.

⑩ 임종 세례(337)

그가 죽은 후 원로원에서는 그를 이교 올림포스 신들의 반열에 올려놓음으로 신으로 추대했다. 그는 평생 황제들의 대신관(大神官) 호칭을 유지하였던 이중적 신앙인이었다. 정교회와 러시아 정교회는 그를 "사도들과 대등한 자"로 숭배하였고 로마 교회는 '대제'(위대한 자)로 호칭한다.

이 모든 것을 종합해 보면 콘스탄티누스는 정치적으로 이교도들 의식도 용납했으나 개인적으로는 기독교에 크게 호의를 가졌음은 확실하다. 그러나 그는 거듭난 그리스도인이 아니었고 기독교를 존중하는 종교인이었던 것으로 추측된다.

결론

에우세비오스(265-339)는 가이사랴의 감독이었다. 그는 74-75세 인생을 살아가면서 신앙적으로 이단사상을 갖고 살아갔다. 신앙생활에서도 배교자로 의심받으며 살아갔다. 그가 저술한 《교회사》는 베드로가 로마 사역 후 순교했다는 근거 없는 기록을 남겼다. 그것이 오늘날 로마 가톨릭교회의 베드로 후계자인 교황권 이론의 기초가 된다. 그의 삶은 신뢰하기 어려운데 그의 저서는 2천 년 교회 역사를 왜곡하게 만드는 기초를 닦았다. 그리스도인이라면 반드시 알아야만 되는 중대한 과오의 시발자이다.

또 에우세비오스와 동 시대를 살아간 콘스탄티누스 황제(306-337)가 있다. 그는 모친과 소년 시절의 가정교사 영향으로 기독교 신자가 되었다. 그래서 원로원의 반대들을 물리치고 기독교 핍박을 끝내게 한 결단을 내렸고 기독교 최초의 종교회의인 니케아 공의회(325)도 소집했다. 기독교를 안정되게 한 공로는 있으나 성경적 기독교가 아닌 정치와 종교가 혼합된 가톨릭교회의 기초를 닦는 편파적 공적이 되었다.

오늘날 우리는 무엇을 배워야 하는가? 에우세비오스나 콘스탄티누스 황제는 살아가면서 후세인들에게 영향력을 남겼다. 에우세비오스는 《교회사》 저술로, 콘스탄티누스 황제는 기독교 핍박 종식으로 커다란 업적을 남겼다. 그런데 업적과 함께 저들의 신앙 내용은 비판의 대상이 되고 있다. 세상을 살아가며 업적을 남기지 못한다고 해도 우리가 올바른 성경적 신앙인으로 살아간다면 후세인들에게 존경을 받고 천국의 영원한 백성이 될 것이다. 두 사람을 통해 참된 신앙의 중요성을 크게 깨닫게 된다.

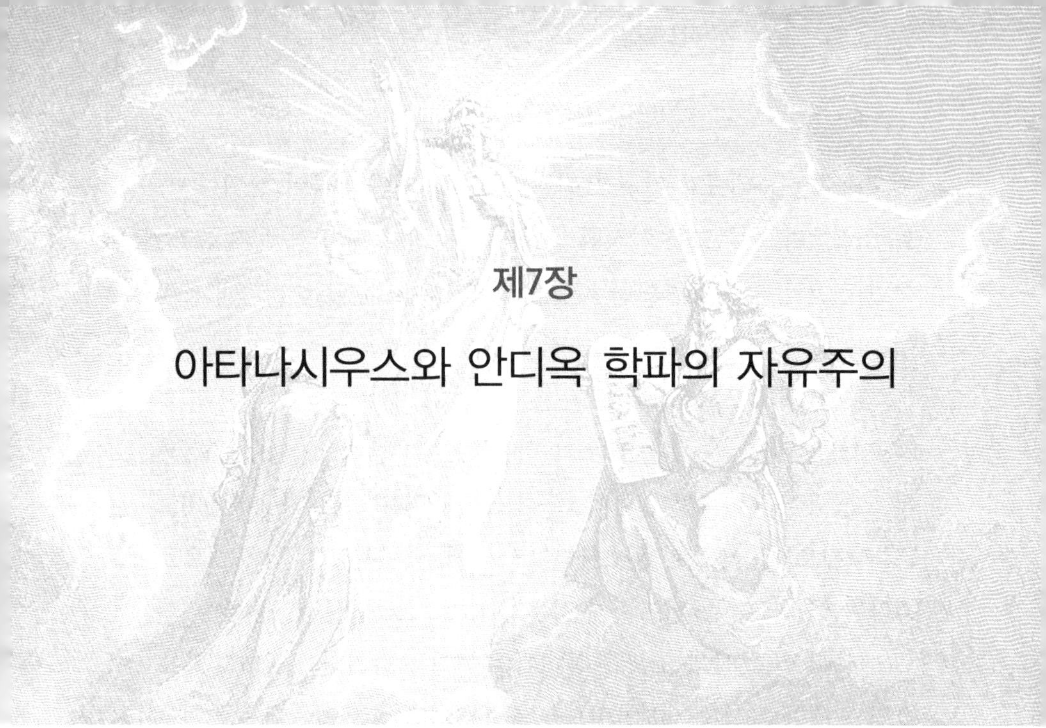

제7장

아타나시우스와 안디옥 학파의 자유주의

서론

여기서 일반적 상식과 다른 4세기 때의 교회 상황을 알아보려고 한다. 일반적으로 안디옥 교회는 신약 성경에 나타나는 수십 개의 교회들 중에서 가장 모범적인 교회로 알려져 있다. 안디옥 교회는 바나바와 바울이 개척한 교회로 '그리스도인'이라는 명예로운 호칭이 최초로 생긴 곳이기도 하다. 또 안디옥 교회는 바울 사도의 3차 전도여행을 후원한 선교하는 교회였다.

성경에 기록된 안디옥 교회는 교회 성도들이 세상 사람들로부터 '그리스도를 너무 닮은 성도들'이라고 인정을 받았다. 그뿐만 아니라 해외선교를 가장 먼저 실시한 교회였다. 성경 속의 안디옥 교회는 자체적으로나 대외적으로 모든 신약교회들 중 가장 모범적인 교회였다.

그런데 교회 역사 속의 안디옥 교회는 어떤가?

3세기 때부터 시작된 양자론(養子論: Adoptionism) 사상부터 4세기에는 성자는 하나님의 아들이므로 성부만 못하다는 소위 종속론(從屬論: Subordinationism)을 주장한다. 종속론은 유스티누스(저스틴), 이레나이우스, 오리게네스에게서도 이미 제기된 이론이었으나 4세기 안디옥 출신 아리우스(Arius)에 의해 교회가 70-80년간(318-381) 계속 논쟁을 거듭했다. 이때부터 안디옥 교회는 자유주의 이단설의 근거지로 낙착된다.

그런데 아리우스 이단 사상을 논리적으로 반대하면서 정통신앙을 고수한 용감한 진리의 투사가 있다. 그가 알렉산드리아 감독이었던 아타나시우스(Athanasius: 295-373)였다. 아타나시우스는 아리우스 이단 사상을 반대하는 것으로 황제와 결탁된 아리우스주의자들에 의해 다섯 차례나 유배를 당하거나 도피를 해야만 했다.

4세기 때의 교회의 특징을 말한다면 안디옥 학파에 의한 아리우스주의(Arianism)와 황제권이 결탁한 기독교 순수성 상실과 교회가 정치 세력에 휘말리는 교회의 정치화 시대가 된다. 그러나 그런 와중에서도 교회가 세상을 따라 변질되는 와중에도 모든 고초를 다 당하고 불이익을 당하면서 정통 신앙을 고수하는 정통주의자 아타나시우스가 있었다. 오늘은 정통주의자 아타나시우스와 동시대를 살아간 이단사상 안디옥 학파의 사상을 비교해 보도록 하자.

1. 아타나시우스

1) 아타나시우스의 생애

아타나시우스(Athanasius: 295-373)는 이집트의 부유한 가정에서 태어난 것으로 추측된다. 313년경 알렉산드리아 감독 알렉산더(312-328)는 소년들이 무리 지어 노는 장면을 보던 중 어린 소년이 예배 후에 침례의식을 행하는 장면을 목격했다. 알렉산더 감독은 그 소년이 커서 큰 인물이 될 것으로 믿고 그를 신앙 입문학교에 입학시켜 공부를 시켰다. 그 소년이 아타나시우스다. 아타나시우스가 성인이 되었을 때 독경사(讀經師: lector)로, 그 후에 집사(執事)로 임명하였다.

아타나시우스

325년에 니케아 종교회의 때는 수행원 중 하나로 동행하도록 했다. 수행원은 회의장에서 발언권이 없었다. 아타나시우스는 작은 키의 인물로 예리한 판단력이 있었다. 그래서 아리우스 이단 사상과 최전방에서 싸우는 알렉산더 감독의 연설문 초안, 회중들에게 알렉산더 감독의 주장을 회람시키는 회람문 내용, 감독의 주장 핵심서 등등을 제공해 줌으로 알렉산더 감독에게 큰 도움을 주었다.

니케아 회의가 끝나고 돌아온 후 알렉산더 감독은 아타나시우스를 부감독으로 임명했고 328년 임종 직전에 아타나시우스를 후임 감독으로 지명했다. 그러나 아타나시우스는 감독이 될 만한 연령이 안 되는 33세였다. 하지만 알렉산드리아 교회 회원들의 지지로 최연소 감독이 되었다. 이때부터 아타나시우스는 이집트, 리비아 등을 관할하는 동방의 감독이 된다.

하지만 니케아 종교회의(325년)에서 알렉산더 감독에 의해 정죄 받은 아리우스는 온갖 정치적 활동으로 자기와 같은 안디옥 학파의 친구인 니코메디아의 에우세비오스 감독을 콘스탄티누스 황제의 고문이 되게 한다.

콘스탄티누스 황제는 니케아 종교회의 때는 정통파가 다수인 점을 참작해 아리우스를 정죄하는 것을 인준했었다. 그런데 아리우스의 집요한 정치적 활약으로 아리우스파 인물인 니코메디아의 에우세비오스를 콘스탄티누스 황제의 교회 정책 고문이 되게 했다.

그 같은 니코메디아의 에우세비우스가 황제를 충동시켜서 황제의 지시로 정통파 아타나시우스를 335년 알렉산드리아 감독직에서 축출하고 트레베로움(현 트리어)으로 귀양을 가게 했다. 그 후 콘스탄티누스 황제가 죽자(337년) 아타나시우스는 338년에 알렉산드리아로 귀환했다. 그 다음에는 콘스탄티누스 황제 아들 콘스탄티우스 황제의 박해로 339년에 로마에 망명했다가 346년에 귀환했다.

세 번째는 콘스탄티우스 황제의 계속된 박해로 356년 사막 지방으로 피신했다가 황제가 죽은 후 362년에 귀환했다. 네 번째는 율리안 황제의 박해로 362년에 다시 사막으로 피신했다가 율리안 황제가 죽은 후 364년에 귀환했다. 다섯 번째는 발렌스 황제의 박해로 365년에 사막 지방으로 피신했다가 366년에 귀환했다.

아타나시우스는 78년 동안 살면서 17년 동안 다섯 번 도피 및 은신 생활을 하면서 46년 동안 감독직을 수행했다. 그리고 373년에 78세로 세상을 떠났다.

2) 아타나시우스의 사상[15)]

아타나시우스의 사상은 그의 저작들에 반영되었다. 그의 저작들은 몇 가지 종류로 분류된다.

---

15) 정수영, 교부시대사, 쿰란출판사, 2014, pp. 727-733.

(1) 다양한 변증서들

① 반 이방인론: 이방인들이 믿는 다신교의 어리석음을 비판하고 기독교의 유일신앙을 변증한다.

② 하나님 말씀의 성육신: 하나님이신 로고스께서 왜 성육신하셨는가? 이교도와 유대교도들을 대항하는 변증이다.

③ 아리우스파에 대한 반론: 아타나시우스는 아리우스주의자들이 주장하는 기독론의 잘못과 삼위일체 교리 논쟁이 정당한 성경적 교리임을 여러 자료들로 반론을 제기한다.

④ 콘스탄티누스 황제에게 바치는 변론서로 아타나시우스가 콘스탄티누스의 지시로 추방당한 동안(335-338) 자신의 무죄를 변증한다.

⑤ 도피에 대한 변론: 콘스탄티누스의 아들 콘스탄티우스 박해로 도피해 숨은 것이 비겁하다는 비난에 대한 변론 등등이 있다.

(2) 수많은 서신서들

아타나시우스는 다섯 차례에 걸쳐 근 20여 년 동안 감독직을 수행할 수 없을 때 서신서로 감독 기능을 수행한다. 여러 교회의 감독들에게 보낸 서신서, 교회 회의에 참석하지 못하는 대신에 자기 의견을 서신으로 표시한 것들, 자기를 반대하는 안디옥 사람들과 황제들에게 보낸 서신서 등 많은 서신으로 감독 직무를 계속했다.

(3) 기타

창세기, 시편 주석이 알레고리적 해석에 의해 삼위일체 교리를 뒷받침해 준다. 또 절기 설교들이 있고 특히 사막에 은신하는 동안 사막에서 은둔생활을 하는 수도사인 안토니를 만난 후 《안토니우스 전기》를 저술했다. 이 《안토니우스 전기》로 자기가 믿는 신념을 지키기 위해 현실 교회와 타협하지 않고 혼자서 수도생활로 자기 신앙을 지켜나가는 수도사들이 알려졌고 그 후 수도원주의가 발전하게 된다.

(4) 아타나시우스의 사상

아타나시우스의 대표적 사상을 다음 두 가지로 요약할 수 있다.

① 삼위일체론에 근거한 기독론

삼위일체 교리는 기독교만이 가지고 있는 최고의 신비교리이다. 삼위일체 교리에 대한 신앙 입장에서 삼위일체 교리를 완벽하게 믿는 것은 정통주의 신앙으로 계승되어 오고 있다. 이와 달리 성부와 성자는 다르다는 주장을 하는 잘못된 기독론에서 시작해 삼위일체를 부인하는 자들이 자유주의 신앙으로 수천 년을 계승하면서 그 이름들을 바꾸어 오고 있다. 그 최초의 이름이 아리우스주의이고 현재의 이름이 유니테리안(Unitarian)이다. 이 내용을 뒤의 "안디옥 학파"에서 설명하겠다.

아타나시우스는 성자의 하나님 되심과 인간 되심에 대하여 골로새서 2장 9절을 들어 우리가 이해하는 것보다 좀 더 깊게 이해한다. 그는 이 구절을 "비록 그리스도는 하나님이셨으나 육신을 취하셨고 육신을 도구로 삼아 인간이 되셨으니 이는 우리를 위함이라"고 했다. 아타나시우스는 그리스도의 완전한 인간 되심과 완전한 하나님 되심을 강조한다. 이와 같은 완전한 기독론에 근거해서 삼위일체 교리가 굳건하게 유지된다고 믿었다.

반면에 아리우스를 대표로 하는 안디옥 학파는 성부 하나님만이 완전한 신성을 가지셨고 성자 예수는 성부 하나님만 못한 제2의 하나님이라는 잘못된 기독론에서 삼위일체 교리를 부정하게 만드는 기초를 제공한다.

교부들 초기에 테르툴리아누스(160-222) 때 이미 삼위일체 신학이 형성되어 있었다. 그런데 100여 년이 지난 후에 삼위일체 신앙이 아리우스주의에 의해 공격받을 때 이를 평생 동안 방어한 것이 아타나시우스다. 이 점에 있어서 아타나시우스의 공적이 높이 평가된다.

② 예정론과 관계된 구원론

예정론이 성경적 진리임은 확실하다. 성경에 예정 사상이 있기 때문이다(행 3:20, 4:28; 엡 1:5, 9, 11). 그런데 예정의 시점을 놓고 그 시기를 다르게 본다. 첫째로 타락 전 예정설을 주장하는 견해로 아타나시우스, 아우구스티누스, 칼빈의 이중 예정설로 이어지고, 둘째로 타락 후에 예정됐다는 조건적 예정설을 주장하는 루터와 타락 전 무조건적 예정설을 주장한 칼빈의 주장이 있다.

필자는 '성경의 예정설이 타락 전인가, 후인가? 조건적인가, 무조건적인가?' 하는 이런 논란 자체가 성경의 예정설과는 전혀 무관한 쓸모없는 논란이라고 생각한다. 예정설의 근원이 되는 에베소서 1장 4절에 "창세 전에 그리스도 안에서 우리를 택하사"라는 구절과 디모데후서 1장 9절에 "영원 전부터 그리스도 예수 안에서"라는 표현은 그 시점을 강조하는 것이 아니라 설명할 수 없는 과거에 대한 신앙적인 감격의 표현일 따름이다. 성경은 첫째로 반드시 구원받은 자에게만 해당되는 내용이고, 둘째로 미래의 예정 사항이 아닌 과거의 사건들 모두 하나님의 섭리에 의한 과거임을 신앙적으로 해석해내는 것이 성경의 예정 사상이다. 구원받지 않은 자를 미래 사항인 예정론에 결부시킨다거나 예정이라는 의미의 '프루리조'(προορίζω), '프로티

세미'(προτίθεμαι)라는 신앙적 감격의 용어를 예정이란 뜻도 모르는 자에게 적용한다는 것 자체가 넌센스이다.

아타나시우스의 타락 전 예정설은 문제가 될 여지를 남겼다. 그러나 우리는 아타나시우스가 잘못된 기독론과 일생 동안 투쟁하므로 정통신앙을 지켰다는 큰 공적을 크게 기억해야 할 것이다.

2. 안디옥 학파

신약성경 속의 안디옥 교회는 가장 모범적인 교회였다. 그런데 교부시대 때의 안디옥 교회는 안디옥 신학교에서 차츰차츰 성경과 멀어지는 안디옥 학파를 이룬다. 이들 안디옥 학파는 교부시대 때인 5-6세기까지 지속됐다. 그 후에는 시대마다 이름을 달리한다. 여기서 최초의 이단인 아리우스주의로부터 현대 삼위일체 신앙을 부인하는, 명색만 갖춘 기독교 유사 단체인 유니테리안까지 각 시대별 이단의 이름들을 살펴보겠다.

1) 아리우스주의(Arianism)

아타나시우스를 박해한 자가 아리우스주의자다. 아리우스(Arius: 336 사망)는 누구인가? 그는 안디옥 교회가 세운 안디옥 신학교 교장인 루키아누스(Lucia: 240-312)의 제자이다.

안디옥 교회의 감독이었던 바울(Paul of Samosata: 260-272)의 영향을 받은 루키아누스는 70인역 성경 개정판을 만들 정도로 박식한 학자였다. 그는 철저한 문자주의적 해설가로 오리게네스의 알레고리적 해석을 배격했다. 그런데 루키아누스의 신학 사상 중 성부와 성자와의 차별을 주장한 내용이 있다. 이 같은 루키아누스 신학을 배운 제자가 니코메디아 교회 감독이 된 에우세비오스였고 알렉산드리아 교회 장로가 된 아리우스였다. 아리우스는 스승에게서 배운 대로 알레고리 신학 근원지인 알렉산드리아 교회 장로가 되어 알렉산더 감독과 배치되는 주장을 펼쳤다.

알렉산더 감독은 아리우스 장로의 주장을 금지시켰다. 그러나 아리우스는 자기 사상을 쉬운 동요로 만들어 어린아이들을 통해 걷잡을 수 없이 유포시켰다. 이것이 화근이 되어 니케아 종교회의(325년) 때 알렉산더 감독과 아타나시우스는 정통파로, 안디옥 학파를 중심한 아리우스 동조자들은 자유파로 서로 대결을 했다.

이 두 세력의 차이는 성자 그리스도가 성부 하나님과 동일 본질이라는 아타나시우스와 성자는 성부와 유사하다는 아리우스의 차이였다. 이와 같은 기독론의 차이의 근원은 앞서 말한 안디옥 감독이었던 사모사타의 바울에게서 비롯된다.

사모사타의 바울은 성자 예수의 양자론(陽子論: Adoptionism)을 주장했다. 양자론이란 성자 예수는 로고스로 세상에 오셨을 때 인격(Person)이 아닌 인성(Humanity)을 입고 오셨다고 본다. 그렇기에 성자 예수는 하나님의 양자가 되었다는 이론이었다. 이 주장으로 바울은 안디옥 감독에 면직을 당했다. 그런데 그 유사한 주장을 신학교 교장인 루키아누스가 계속 가르쳤고 그 영향이 아리우스에게서 나타났다. 그러나 325년 공의회에서 아리우스는 정죄 받고 아타나시우스가 승리했다.

그 뒤 아리우스는 자기 동료인 니코메디아 감독 에우세비오스를 황제의 고문역으로 삼은 후 콘스탄티누스 황제명으로 아타나시우스를 감독직에서 면직하고 귀양을 보냈다(335-338). 이렇게 시작된 안디옥 학파와 알렉산드리아 학파와의 싸움은 5-6세기 네스토리안의 단성론 논쟁으로 계속되었다.

2) 소치니아주의(Socinianism)

아리우스주의는 삼위일체를 부정하는 신학으로 출발했다. 그런데 삼위일체 부정 신학이 중세기 때는 이름을 달리한 '소치니주의'로 등장한다. 소치니(L.Sozzini: 1525-1562)는 이탈리아 시에나에서 법률가로 활동하면서 로마의 우상숭배 전통들을 비난했다. 이로 인해 신변의 위협이 생기자 스위스, 프랑스, 영국, 네덜란드, 독일, 오스트리아, 보헤미아, 폴란드 등으로 유랑하며 자기주장을 펼쳤다. 그가 취리히에서 죽자 조카 파우스토(Fausto: 1539-1604)가 바젤과 폴란드에 가서 삼촌의 사상을 보급하며 《구주 예수 그리스도에 관하여》라는 저서(1578)를 남겼다.

그 핵심 사상은 합리주의적 성경 해석이다. 예수를 단순한 인간으로 받아들이고, 무저항주의, 교회와 국가의 분리, 육체가 죽을 때 영혼도 죽지만 특별한 성도만 선별적으로 부활한다는 주장이다. 이 사상을 17, 18세기 영국 국회의 광교회주의, 케임브리지 플라톤 학파, 그리고 과학과 신학을 결합한 뉴턴(Newton: 1642-1717)과 철학자 로크(J. Loke: 1632-1704)가 경험론자로 보급한다.

3) 유니테리안주의(Unitarianism)

소치니아주의는 1794년 미국으로 건너간다. 1825년 유니테리안 협회가 결성되고 '히버트 저널'(Hibbert Journal)이 강좌와 재정 지원을 한다. 이때 주동자가 미국 3대 대통령 제퍼슨(1743-1826)으로 이들은 미국에서 매사추세츠주를 근거로 유니테리안 교회를 조직해 삼위일체 교리와 그리스도의 신성을 믿지 않았다.

유니테리안주의는 그 후 합리주의자들과 연합된다. 이들은 '예수 그리스도가 하나님인가? 성경이 하나님의 말씀인가?' 하는 주된 문제를 놓고 신학적으로는 하버드대학교 신학부가, 대중운동으로는 9대에 걸쳐 목사가 된 에머슨(R. W. Emerson: 1803-1882)이 《자연론》(Nature: 1836)과 《수상집》(1844) 등으로 대중들에게 범신론적인 혼합사상을 보급했다.

이들은 예수 그리스도를 철저한 인간으로만 보고 그리스도를 믿는 것이 아니라 닮는 것을 주장했다. 이렇게 하버드대학교 신학부는 삼위일체를 부정하고 그리스도의 인간 됨을 주장하며 그리스도를 닮는 구체적 행동 강령으로 미국의 반노예제도 운동과 시민권 운동을 두드러지게 주장한다.

이처럼 삼위일체를 부정하는 사상가가 도올 김용옥 같다. 그는 다양한 지식을 바탕으로 모든 종교들을 넘나들고 대중들에게 많이 알려졌으나 그가 설명하는 많은 동양 사상들의 설명을 곁들인 기독교 해설은 그가 혼합적인 지식인에 불과함을 증명할 뿐 성경 진리를 제대로 믿는 자가 아니며 다양한 학자들의 견해를 소개할 뿐 그리스도인은 아니라고 생각한다.

교회 역사를 보면 정통신앙을 가진 자라도 잘못된 신학을 가졌던 자들이 많았다. 그러나 저들의 삶은 그리스도를 닮으려는 영성을 가졌다. 그렇기에 삼위일체를 부정하는 자라고 모두 다 이단이라고 단정하기는 어렵다. 그렇지만 아리우스주의자나 소치니아주의자나 유니테리안주의자들은 삼위일체를 부정하는 데서 출발하여 예수 그리스도만의 유일한 구원자임을 부정하고 만인구원설과 모두가 납득되는 합리주의를 추구한다.

세상에서 인류를 구원할 분은 오직 예수 그리스도뿐임을 믿는 것이 정통이고, 타 종교의 구원을 인정하는 것은 이단일 뿐이다.

결론

아타나시우스(295-373)는 기독교 최초의 정통주의 신학자이고 동시대를 살아간 아리우스와 안디옥 학파는 예수 그리스도의 신성을 부정하고 인성만 강조하는 이단이었다. 이렇게 시작된 삼위일체 부정 신학은 2천 년 교회 역사 속에 각각 이름을 달리하는 각종 다른 이름으로 나타났다. 그 이름들이 너무 많기에 몇 개만 소개했고, 현재는 '유니테리안'이라는 이름임을 설명했다.

한국에서도 자신을 유니테리안이라고 밝히지 않고 예수의 신성을 믿지 않고 예수의 인성만 주장하는 학자들이 단지 유명한 학위를 가졌다는 이유로 각 대학과 신학대학에 포진돼 있다. 그들 중에 일부가 현직 목회자로 활동하면서 순수한 성도들을 오염시켜 가고 있는 것도 명확한 사실이다.

이 같은 사실을 일반 성도들은 분간할 수가 없다. 누가 이것을 분별할 수가 있는가? 그것은 인간들이 만들어 놓은 다양한 신학의 추종자들이 아니라 하나님의 말씀인 '진리의 성경'에 생명을 걸 수 있는 자들만이 가능한 일이다. 이는 '진리의 성경'을 위해 아타나시우스처럼 귀양, 추방, 도피, 감옥에 갈지라도 "악에게 지지 말고 선으로 악을 이기라"(롬 12:21)는 말씀을 따라 진리의 수호자들이 되어야 가능한 일이다.

"아멘, 주 예수여! 오시옵소서"(계 22:20).

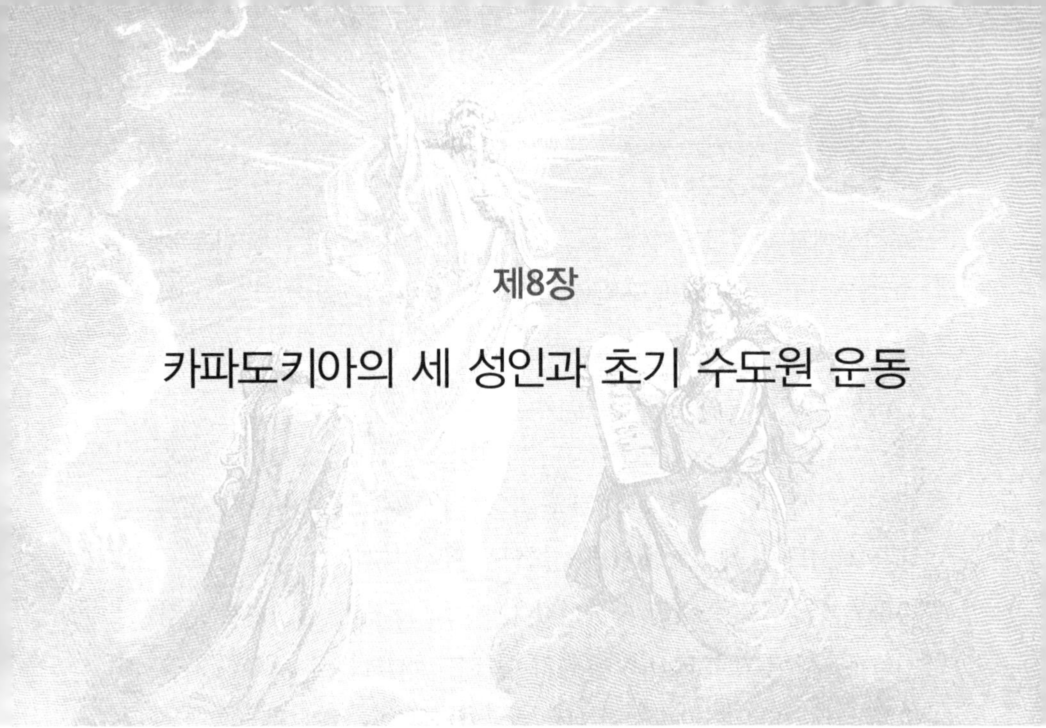

제8장

카파도키아의 세 성인과 초기 수도원 운동

서론

카파도키아(Cappadocia)를 신약성경에서는 갑바도기아로 기록했다(행 2:9; 벧전 1:1). 이곳이 현재는 튀르키예 북동부의 네브셰히르(Nevesehir), 카이막클리(Kaymaki), 젤베(Zelve)라는 새로운 이름으로 삼각 지역을 이루고 있다. 이곳은 신약시대 이전부터 로마의 식민지 영토로 카파도키아는 로마 지배를 받기 시작해 비잔틴 제국 때까지 로마의 영향을 받았다.

이곳이 신약성경에 두 번 기록됐다.

사도행전 2장 9절을 보면 오순절 절기를 지키려고 각 곳에 흩어져 살던 유대인 디아스포라들이 예루살렘으로 모여들었다. 그때 모여든 각지 사람들에 대한 약 16개 지방의 이름들이 소개된다. 그중의 한 곳이 갑바도기아였다. 이를 보면 바벨론 포로 귀환 때 돌아오지 않고 현재의 레바논, 시리아, 이라크, 이란 등 소아시아 전역에 흩어져 살아갔음을 알 수 있다.

이들 소아시아 16개 지방민들이 유대교 오순절 절기를 지키려 왔다가 성령 강림절에 도매금으로 성령을 받는다. 이때는 전 세계에 교회를 확산시키려는 하나님의 비상조치에 의해 유대교 신자들에게 도매금으로 성령을 받게 하신다. 그렇게 해서 예루살렘 오순절 성령강림으로 로마 제국이 과거의 헬라와 페르시아 제국을 정복한 튀르키예 땅 전체에 교회를 확산시킨다.

그래서 베드로 사도는 베드로전서 1장 1절에 본도, 갈라디아, 갑바도기아, 아시아와 비두니아라는 튀르키예 땅 각 곳에 있는 교회에 문안을 전한다. 그래서 베드로전서 5장 13절에는 "택하심을 함께 받은 바벨론에 있는 교회"로 소아시아 여러 교회들에게 문안을 전한다.

성경에 이렇게 기록된 갑바도기아 즉 카파도키아는 어떤 곳인가?

지금은 이곳이 성지 순례지로 이스라엘, 요르단, 애굽 다음에 소아시아 일곱 교회와 그리스 빌립보, 고린도 교회를 관광하는 국제 관광지로 발전되었다.

이곳 카파도키아는 아주 특이한 화산 동굴들이 있다. 어느 때인지 알 수 없으나 사람들은 약 300만 년 전에 생긴 동굴이라고 소개를 하고 있다. 그러나 필자는 노아 홍수 때 이뤄진 지진, 화산의 결과라고 믿는다. 이곳은 지진과 화산의 폭발로 뜨거운 용암이 분출되면서 화산재와 용암이 섞인 응회암이라는 잿빛 암석들을 만들어 냈다. 그런데 그 용암이 산을 만들고 기둥을 만들고 동굴들을 만들면서 굳어졌다.

그래서 현재 카파토기아를 가보면 전 세계에서 볼 수 없는 회색빛 원추형 모양의 석주 현상이 수천 개를 이루고 있다. 이곳이 왜 성지가 되었는가? 계시록 2-3장에 소아시아의 일곱 교회들이 소개되는데 일곱 교회는 튀르키예의 서부에 위치하고 있다. 그런데 카파도키아는 튀르키예의 북동부에 위치하고 있다. 이곳은 세계에서 희귀한 산과 동굴들과 그곳에서 많은 수도사들이 수도생활을 했다는 전설과 함께 성지 관광지로 알려졌다.

여기에서 소개할 내용은 관광지로 알려진 카파도키아가 아니라 이곳 카파도키아의 세 명의 성인들이 제1차 세계 기독교 종교회의인 콘스탄티노플 신조(381년)를 만드는 일에 공헌한 역사이다. 또 최초의 수도원을 국가의 허락을 받고 시작한 것이 이곳 카파도키아에서 비롯되었다는 사실이다.

콘스탄티노플 신조에 기여한 카파도키아 세 성인과 초기의 수도원 운동을 살펴보겠다.

1. 카파도키아의 세 성인

1) 바실리우스의 생애와 사상

(1) 바실리우스의 생애(329-379)

바실리우스

바실리우스(Basilius)는 로마 제국 식민지령인 소아시아 북동부 카파도키아주의 수도 가이사랴에서 태어났다. 일반적으로 가이사랴라고 하면 팔레스타인의 가이사랴를 연상한다. 그러나 '가이사랴'라는 말은 '가이사 황제를 위해 세워진 도시'라는 뜻으로 로마 제국 식민지령에는 가이사랴라는 도시명이 많이 있었다.

바실리우스의 조상 가운데는 로마 제국 원로원에 소속된 분도 있고 할아버지, 할머니는 동부 로마 제국 막시미아 황제(311-313)의 기독교 박해 때 재산을 몰수당하고 목숨이 위태로워지자 산 중에 숨어서 살았다고 전해진다. 또 외할아버지, 외할머니는 디오클레티안 황제(284-313) 때 순교했다. 바실리우스의 아버지는 소아시아 지방에서 명망 높은 수사학자요 변호사였다.

바실리우스의 형제를 보면 누이 5명과 형제 4명이 있었다. 이들 중 장녀인 누나 마크리나(Macrina: 327-379)는 할머니, 어머니와 함께 성녀로 인정받고 최초의 수녀원 창설자로 공적을 남겼다. 그리고 남동생 중 니사의 그레고리우스(325-395)는 니사의 감독으로 형님이 시작한 콘스탄티노플 신조(381)의 완성과 수많은 저서들로 큰 공적을 남긴다.

여기에서 첫 번째로 소개하려는 카파도키아의 첫 성인이 바실리우스다. 바실리우스는 소년 시절 카파도키아 수도 가이사랴에서 공부할 때 동갑의 나지안주스의 그레고리우스를 만난다.

바실리우스는 로마 제국 동부 수도인 콘스탄티노플로 진출하여 5년간(346-350) 공부를 한다. 그 후 철학의 도시인 아테네에 가서 6년간(350-356) 수사학, 철학, 문학, 역사를 공부한다. 이때 동향, 동갑 친구인 나지안주스의 그레고리우스와 함께 공부하면서 평생의 친구가 된다.

공부를 마친 바실리우스는 356년 고향 가이사랴로 돌아온다. 그는 고향에서 수사학교 교사로 활동을 시작한다. 같은 해 고향 교회는 그에게 침례를 베풀고 독경사(讀經師)로 임명한다. 그런데 그 이전 352년경 누나 마크리나와 어머니 에밀리아(Emmilia)가 본도 지방 안네시(Annesi) 산 중에 수녀원을 세우고 수도 생활을 하고 있었다. 이들 모녀는 바실리우스가 돌아오자 수도사가 되도록 강력하게 권면한다. 어머니와 누나가 먼저 수녀원 생활을 한 이유는 아티나시우스(296-373)가 다섯 차례나 추방을 당하면서 저술한 애굽의 《안토니우스 전기》에 크게 감동을 받았기 때문이다. 안토니우스에 대해서는 뒤에서 소개하겠다.

모녀의 강력한 권면을 받은 바실리우스는 소문난 다른 수도원들을 관찰한다. 357년 바실리우스는 시리아, 애굽, 팔레스타인, 메소포타미아 등등 여러 곳의 다양한 수도원들은 방문한다. 거기서 독신으로 은둔생활을 하는 안토니우스형의 수도원과 여러 수도사들이 공동 수도생활을 하는 파코미우스형의 수도원을 관찰한 후 장단점을 배운다.

그 후 바실리우스는 357년 말 누나 마크리나가 세운 수도원과 마주보는 안네시에 남자 중심의 공동 수도원을 세운다. 이때의 수도원은 바실리우스가 국가로부터 승인받은 최초의 수도원이 된다. 깊은 산 속에서의 수도원은 신비적이거나 금욕주의적인 수도원보다는 자연의 아름다움을 통해 천상 세계의 하나님을 인식하는 데 도움이 되는 수도원을 추구한다. 이때 바실리우스는 시편의 내용들과 욥기서를 주된 교재로 삼고 저자들의 심정을 체험할 수 있는 수도원을 추구한다.

그 후 364년 고향 교회 감독의 강요에 의해서 가이사랴 교회의 장로가 되어 감독을 돕는 교사로 목회 일을 하게 된다. 370년에 감독이 소천하자 바실리우스는 자연적으로 감독이 된다. 이때부터 동·서 교회가 계속 싸우고 있는 아리우스주의자들과의 싸움 현장에 뛰어들게 된다. 그래서 아리우스파를 지지하는 황제 발렌스(364-378)와 그의 신하들과 맞서 싸우고 또 교회 내 아리우스파를 형성하고 있는 콘스탄티노플시의 감독들과도 싸운다.

그리고 바실리우스는 조상들이 물려준 재산들을 다 정리한다. 그 재산으로 교회 부속 수도원을 만든다. 이때의 산 중의 수도원이 아닌 도시에다 여행자 숙소, 구빈원, 양로원, 병원, 전염병자를 돌보는 수용소 등 세상의 약자를 위한 수도원을 만든다. 그리고 자기 친구인 나지안주스의 그레고리우스가 콘스탄티노플의 감독이 되도록 돕는다.

이렇게 대내적으로는 감독과 약자들을 돕고 대외적으로는 황제와 아리우스파들과 싸우면서 사역을 하던 그는 젊은 시절에 가족들을 따라 엄격한 수도생활을 하면서 건강이 약해져 만 50세인 379년에 세상을 떠난다.

(2) 바실리우스의 사상[16)]

바실리우스는 삼위일체 사상을 좀 더 발전시킨다. 기독교 역사에 최초로 삼위일체 신앙을 만들어 낸 이는 테르툴리아누스(150-223)였다. 그는 삼위일체를 하나님의 본체(本體: Substantia)는 하나요 위격(位格: Persona)은 셋이라고 표현했다. 이 같은 삼위일체 표현은 성부, 성자, 성령이 한 몸이지만 각각 다른 위격을 가졌다는 표현이었다.

그런데 아리우스주의자들은 성자는 성부만 못한 제2의 하나님이라는 주장을 했다. 이에 대해 정통파 아타나시우스는 니케아 종교회의(325) 때에 성부와 성자는 '동일본질'(同一本質)이라는 뜻으로 '호모우시온'(ὁμοούσιον)을 강조했다.

그런데 바실리우스는 헬라 철학을 공부한 철학도여서 '위격'(位格)이라는 Persona가 '가면'이라는 뜻으로도 사용되는 '프로소폰'(πρόσωπον)의 오해 소지가 있다고 여겨 '위격'이라기보다는 실체, 본질

---

16) 정수영, 교부시대사, 쿰란출판사, 2014, pp. 755-757.

이라는 뜻을 가진 '휘포스타시스'(ὑπόστασις)로 정리한다.

'위격'이 '실체'로 발전된 것은 명확한 발전이다. 그러나 바실리우스를 비롯한 카파도키아 세 성인들은 아타나시우스의 동일 본질 개념을 '유사본질'(類似本質)이라는 개념으로 발전시킨다. 이들 카파도키아 세 성인들의 주장은 아리우스자들의 주장과는 다르다. 그러나 '동일본질'을 믿지 않고 '유사본질'을 주장한 것은 석연치 않은 오해의 소지를 남겼다.

세상 만인들이 다 성경을 소재로 자기 설명을 한다. 그런데 각각의 성경 해석이 과연 성경의 진수대로 해석하는가? 그 차이가 세상 교회들을 혼란케 해오고 있다. 참으로 진리대로였는가는 후세인들이 판단할 영역이다.

2) 나지안주스의 그레고리우스

(1) 나지안주스의 그레고리우스의 생애(329-390)

나지안주스가 로마 제국 시대 때는 카파도키아 지방의 서남부 도시였다. 그러나 현재 튀르키예 땅에 나지안주스라는 곳은 없다. 그레고리우스의 아버지 이름 역시 그레고리우스여서 아버지를 1세로, 아들을 2세로 구별한다. 아버지인 1세는 374년에 죽을 때까지 나지안주스의 감독으로 사역했다. 아들 그레고리우스는 가이사랴에서 초등교육을 받고 아테네로 가서 철학을 공부하던 중 바실리우스와 친구가 된다.

아테네에서 공부를 마친 그레고리우스는 친구 바실리우스가 세운 수도원에서 2년간(358-360) 지내다 척박한 수도생활을 견디지 못하고 고향으로 돌아간다. 연로한 아버지는 그레고리우스에게 장로직

(361)을 주고 자기 후임자가 되기를 바랐으나 그레고리우스는 감독직을 피해 도망친다.

그 후 370년에 친구 바실리우스가 가이사랴 교회 감독이 되어 정통파 신앙 수호를 위해 전면에 나선다. 이를 본 그레고리우스는 자기가 도망다닌 것에 수치를 느낀다. 그는 바실리우스의 적극적인 추천으로 379년에 콘스탄티노플 교회의 설교자가 된다.

콘스탄티노플 교회에서의 명설교는 크리소스토무스(344-407) 다음가는 대중적 호응을 얻는다. 그런데 그해에 친구 바실리우스가 죽는다. 이제는 친구 바실리우스가 추진해 오던 정통 신앙 수호를 위해서 그가 투쟁해야만 했다. 그레고리우스의 명설교와 대중의 호응으로 아리우스파들은 큰 위협을 느끼게 되어 예배 방해와 암살 시도를 한다.

380년 그레고리우스는 정통파 신앙자 데오도시우스 황제의 힘을 빌려 군대로 아리우스파의 본거지인 콘스탄티노플시의 사도교회 감독을 축출한다. 황제는 그레고리우스에게 사도교회 감독직을 주었다. 그러나 그레고리우스는 감독직 수락보다는 삼위일체 논쟁으로 계속 싸움이 진행되는 것을 종식시키기 위해서 황제가 소집하는 동·서방 전체 종교회의인 콘스탄티노플 종교회의(381년)를 요청한다.

삼위일체 논쟁은 니케아 종교회의(325년) 때 결론이 났다. 그러나 아리우스주의자들은 60여 년 동안 계속해서 정치 권력을 힘입어 지속적으로 싸워왔다. 이것을 그레고리우스는 종결시켜야만 된다고 믿었다. 그렇게 381년 5월부터 7월까지 제2의 동서 종교회의인 콘스탄티노플 종교회의가 열렸다.

그런데 회의 시작 초에 이변이 벌어진다. 종교회의 개회와 진행을 이끌어 가던 안디옥 감독 멜레티오스(Meletios: 360-381)가 회기 초에 죽는다. 이때 회원들은 콘스탄티노플 감독 기능을 하는 그레고리우스에게 잔여 회무를 진행하도록 했다. 그러나 아리우스파들은 집단적으로 그레고리우스가 과거 시골 사시마교회 감독이었던 점을 들어 이중 감독은 회의 진행 자격이 없다고 반대했다.

성격적으로 교회 정치가 싫어서 도망다녔던 그레고리우스는 전체 회의장에서 회무 진행은 물론 감독직을 버리는 고별 연설을 하고 고향으로 돌아간다. 고향 아버지 교회에서 2년간 목회를 하다가 또다시 부모의 사유지인 벽지에 가서 7-8년을 보낸다. 이때 기도, 독서, 글쓰기를 하면서 동굴 속에서 짐승들 틈에 기거하며 많은 저서들을 남겼다. 그중에 정통교회를 변호한 《신학 강연록》과 400여 편의 시(詩)들을 남겼다.

그는 390년경 죽은 것으로 추정되고 그의 시는 후세인들에게 감동을 주어 그의 유골이 로마로 이장되었다.

(2) 나지안주스의 그레고리우스의 사상[17)]

나지안주스의 그레고리우스도 삼위일체 교리를 발전시킨다. 삼위일체의 교리가 세 분이 다 똑같다는 '동일본질'을 지나치게 강조하다 보면 몸이 하나인데 한 몸 가진 이가 세 가지의 각각 다른 역할을 한다는 양태론(Modalism)에 빠질 수 있다.

또 세 분이 각각 다르다는 차이점을 강조하다 보면 아리우스주의자나 현대의 유니테리안(Unitarianism)주의자들처럼 성부 하나님만 신성을 가졌고 성자 예수는 우리와 똑같은 인성을 가졌다는 모순에 빠질 수 있다.

---

17) 정수영, 교부시대사, 쿰란출판사, 2014, pp. 765-768.

그레고리우스는 이것을 중용적 논리로 전개한다. 그는 하나님의 본질은 세 분이 다 똑같은 하나이고 3위 간의 의지와 행동에는 차이가 있으나 통일성을 이룬다고 한다. 그래서 성부의 영원하심처럼 성자, 성령도 영원하시다. 성부 하나님은 태어나지 않으셨고, 성자 예수는 태어나셨으며, 성령님이 성부, 성자로 나오신 것은 차별이 아니라 하나님의 실체를 구별하여 세 분의 관계를 믿게 하는 표현이라고 했다.

또 예수 그리스도의 신성과 인성 중 인성은 우리와 똑같은 인성이시다. 그런데 그리스도께서는 부활 승천하신 후에는 신성을 가지신 영체를 가지고 계시며 재림 때에는 영체로 오실 것이다. 이와 같은 신앙은 인성만 가진 인간이 성령으로 그리스도와 연합되면 인성이 하나님의 영과 결합될 수 있는 가능성의 성질로 변화되는 것이다. 이 가능성은 부활 때에야 그리스도의 영체처럼 영화되는 것이라고 했다.

3) 니사의 그레고리우스

(1) 니사의 그레고리우스의 생애(335-395)

니사(Nyssa)는 카파도키아 지방 서부의 소도시다. 바실리우스의 친동생인 그레고리우스가 니사에서 감독 사역을 했다. 나지안주스의 그레고리우스와 구별하려고 니사의 그레고리우스라고 한다. 그레고리우스는 형 바실리우스를 스승이자 정신적 아버지로 섬겨, 그는 형에게서 모든 것을 배웠고 형의 권유로 372년에 니사의 감독이 되었다.

니사의 감독이 된 후 형 바실리우스의 사상을 계승하자 아리우스파들은 그레고리우스가 공금을 횡령했다는 이유로 카파도키아 지방 총독으로 감독직에서 체포해 투옥시켰다. 그레고리우스는 탈출하여

372-377년 동안 피신을 한다. 나중에 모함에 의한 것이 드러나 사면령이 내렸다. 다시 니사의 감독직을 계속하던 중 379년 초에 형 바실리우스가, 연말에는 수도원 경영하는 누나가 세상을 떠난다. 이때부터 형이 추진해 오던 아리우스파와의 투쟁과 누나가 경영하던 수녀원 사역을 맡는다.

381년, 콘스탄티노플 종교회의가 열렸다. 이때 회의를 진행하던 멜레티오스 안디옥 감독이 소천하자 그의 장례식 설교를 맡는다. 그리고 회의 기간 중 형의 주장이 콘스탄티노플 신조에 반영되도록 한다. 회의가 끝난 7월 말에 데오도시우스 황제는 그레고리우스에게 감독 이상 최고의 영예인 '규준'(規準) 감독을 인정한다. 385년 황후 플라킬라가 세상을 떠났을 때 장례식 설교를 한다. 그리고 니사의 감독으로 목회와 저술과 수도생활에 힘쓰다가 395년경 소천한 것으로 전해진다.

(2) 니사의 그레고리우스의 사상[18)]

그의 독특한 사상 몇 가지를 정리해 보겠다.

① 기독교와 문화

그는 철학, 기하학, 천문학, 의학 등 각 분야에 전문가 수준의 교양을 갖추었다. 그리고 고대 희랍 고전과 철학들을 잘 알고 있었다. 그는 철학이 "신학의 시녀"(the handmaid of the theologr)이기 때문에 활용해야 하고 희랍 고전도 이용해야 한다고 했다.

18) 정수영, 교부시대사, 쿰란출판사, 2014, pp. 780-784.

② 삼위일체론

그리스도께서 신성을 가지시고 성육신해 오셨는데, 신성 속에 인성이 흡수된 몸으로 오셨다.

그리스도께서 십자가상에 죽으실 때는 신성과 인성의 분리가 아니라 영혼과 육신의 분리였다.

그리스도는 부활로 영혼과 육신이 그리스도의 신성으로 다시 결합되었다. 우리 구원받은 성도들도 죽으면 영혼과 육신이 분리된다. 그러나 장차 주님의 재림 때에는 그리스도처럼 영혼과 육신이 분리되었던 것이 그리스도처럼 신령한 영체로 결합된다. 이것은 인간의 이성이 아닌 신앙의 신비를 믿음으로만 이해할 수 있다.

③ 종말론

모든 사람은 죽은 후 각각 지은 죄의 정도에 따라서 불로 정화된 후(고전 3:13-15) 모두가 구원받는다는 만인 구원설을 믿었다.

2. 초기 기독교 수도원 운동

1) 기독교에 수도원 운동이 생기게 된 원인

(1) 이교도와 헬라 철학의 영향

기독교 이전에 이교도인 인도의 브라만교(Brahmanism)에서 금욕적인, 속세를 떠나는 은둔 운동이 있어 왔다. 그런데 주전 6-7세기경 브라만교를 개혁하겠다고 새로이 시작한 불교는 좀 더 적극적인 금욕주의에 근거해 산속의 은둔 종교로 발전한다.

브라만교는 범신론적인 세계관을 갖고 있었고, 불교는 무신론적

허무주의와 윤회관에 의한 세계관을 가졌으나 브라만교와 불교는 모두 현존 세상을 거부하는 금욕주의적 입장이라는 공통점이 있다.

그런데 석존 입멸 후 500여 년 후에 인도에서 금욕적인 불교를 소승불교라 하고, 많은 사람을 구제해야 된다는 대승불교가 한 분파로 시작된다. 대승불교의 경전으로 반야경, 법화경, 화엄경, 유마경이 계속 나오면서 불교는 법상종, 화엄종, 천태종, 진언종 등 교파가 생긴다.

우리나라에는 조계종을 중심한 소승불교가 대세를 이루고 있고 다른 파벌들의 대승불교가 공존하고 있다. 불교의 원 근원은 금욕적인 수도생활의 소승불교이다. 이들 소승불교도들은 속세를 떠나 산속에서 기도와 명상으로 성불을 추구하는 것이 기본이다.

또 헬라 철학 중 피타고라스(Pythagoras: BC 570-496) 학파는 내부적으로 여러 가지 계율 밑에서 금욕적인 엄격한 생활을 하고 외부에 대해서는 매우 배타적이었다. 이들은 재산 공유를 원칙으로 하며 학문 연구를 추구했는데 결과적으로 수학 연구라는 결과를 이루었다. 저들의 교리를 추구하는 보조 목적이 다른 결과를 이루었다. 이와 같은 불교나 헬라철학의 금욕주의가 기독교에 유입된 것이 수도원 제도의 먼 원인이 된다.

(2) 유대교의 영향

유대교에는 나실인 제도가 있었다. 민수기 6장 2-21절, 사사기 13장 3-7절과 16장 17절, 아모스 2장 11-12절에 기록되어 있다. 또한 에세네파도 금욕주의적이었다.

(3) 기독교의 타락

기독교는 유대교의 뿌리를 가졌으나 유대교를 개혁하고 미완된 것을 완성하기 위해 시작되었다. 그러나 기독교는 금욕주의와는 구별되는 성령강림으로 변화된 인격이 세상에 소금과 빛의 사명자로 출발한다. 그래서 기독교가 시작된 1세기부터 3세기까지 수많은 핍박 속에서도 영성을 갖춘 기독교 특유의 성격이 유지된다. 그런데 4세기에 콘스탄틴 황제에 의한 기독교의 박해 종식과 기독교가 정치와 야합되면서 기독교 특성이 희석된다.

그래서 성령으로 거듭나지 않은 교회 출석자들이 교회 회원이 되고 강단에서는 높은 자, 가진 자에게 아첨과 아부를 하며 생명력을 잃게 된다. 교회가 순결한 성도들의 집합소가 아닌 부도덕한 자들의 친교 장소로 전락되면서 타락한다. 이와 같은 기독교의 타락에 대한 반동이 수도원 운동을 만들게 한다.

2) 기독교 초기의 수도원 운동가들

(1) 성 안토니우스(St. Anthony: 251–356)[19]

안토니우스의 생애는 니케아 공의회(325) 이후 5차례나 추방을 당한 아타나시우스(296-372)가 기록한 《안토니우스 전기》에 근거한다. 안토니우스는 251년경 이집트 테베 지방의 변경 코마에서 태어났다. 부모는 이집트 원주민 콥트(Catic)족의 기독교 가정이었다. 천성이 과묵하고 사변적인 안토니우스는 친구들과의 사귐을 멀리했고 고등학문도 멸시했다. 그는 자국어인 콥트어 외에는 당시 이집트 전역에 유행된 헬라문화 요소와 이국적인 모든 것들을 무시했다. 어려서 부모를 따라 열심히 예배에 참석하여 성경 강해를 들은 것이 지식의 전부였다.

19) 정수영, 교부시대사, 쿰란출판사, 2014, pp. 685-688.

안토니우스는 어려서 들었던 성경 지식을 평생의 서재처럼 최고의 지식으로 사용하고 철학, 문학, 역사는 완전 무시했다. 그가 18세 되던 270년경에 부모가 돌아가셨다. 부모는 약 37만 평 되는 큰 유산을 남기고 돌아가셨다. 자기 밑에는 5세 아래인 여동생이 있었다. 부모가 다 돌아가셨고 여동생만 남은 가운데 자기 진로에 대한 기도 중에 마태복음 19장 21절로 해답을 얻는다.

예수님이 부자 청년 관원에게 "네가 나를 따르고자 하거든 네 소유를 다 팔아 가난한 자들에게 나눠주고 나를 따르라"고 하신 말씀에서 해답을 찾은 안토니우스는 37만 평의 부모 유산을 모두 다 마을 주민들에게 나누어 주었다. 그리고 여동생을 경건한 신앙 단체에 맡겼다.

재산을 정리한 안토니우스는 마을을 떠나 인근 지역에서 노동자로 일해서 번 돈으로 간단한 식사를 해결하며 기도생활에 주력한다. 그다음에는 외딴 광야에서 숨어서 살아가는 은둔생활자로, 그다음에는 무덤가에서, 그다음에는 폐허가 된 성터에서 20년을 살았다. 마지막에는 아주 외떨어진 산속에서 하루 종일 마귀와 투쟁하며 식사는 하루에 한 번 해가 진 뒤 빵과 소금을 먹는 것이 그의 식생활의 전부였다. 그를 존경하는 사라센의 유랑자들이 때때로 음식을 제공했다. 말년에는 남의 도움을 받지 않으려고 산속에 물이 흐르는 곳에 텃밭을 이루어서 채소 경작으로 음식을 해결했다.

그는 105세로 장수하는 중에 딱 두 번 알렉산드리아 교회를 방문했다. 첫 번째는 45세 때 막시무스 황제의 박해로 체포된 그리스도인들을 격려하고 사형장으로 끌려가는 이들을 격려하기 위해 갔다. 두 번째는 100세가 되었을 때 알렉산드리아 감독 아타나시우스의 정통 신앙을 변호하고 아리우스주의를 비판하기 위해 간 것이 마지막이었다. 이때 털옷과 수척한 유령 같은 모습이었으나 영성 충만한 그의 설교를 듣고 회심한 자들이 그 교회에서 1년 동한 전도한 자보다 몇 배 더 많았다. 이렇게 감화 받은 자들이 그를 찾아갔다. 그는 자기를 찾아오는 이들에게 기도, 노동, 빈민 구제에 힘쓰는 것이 하나님 사랑임을 역설하며 병자들과 귀신들린 자를 기도로 고쳐주었다.

그는 105세로 임종 전에 자기 시신을 이집트식으로 향료를 넣은 후 매장을 하되 매장지를 알리지 말라고 부탁한다. 그런데 561년에 그의 유골을 발견한 유스티아누스 황제는 그의 고귀한 명성에 맞도록 콘스탄티노플을 거쳐 프랑스 남부 비엔으로 옮겼다. 안토니우스는 학식으로나 예술적 작품을 남긴 것이 없다. 단지 하나님을 향한 경건한 생활을 일생 동안 실천한 것으로 성인으로 존경을 받는다.

(2) 파코미우스(Pachomius: 292-370?)[20]

앞서 안토니우스는 개인적으로 은둔생활을 하며 하나님을 향한 경건생활을 실천했다. 이와 달리 파코미우스는 이집트 남부 나일 강변의 타베나이(Tabenhisi) 섬에서 수도사들과 공동 수도생활을 하는 공동 수도원의 창시자가 되었다.

파코미우스

파코미우스는 292년경 안토니우스와 같은 이집트 테베 지방의 남부 조그마한 촌락에서 태어났다. 그의 부모가 이교도여서 그도 이교도였다. 그런데 막시미누스 황제 군대에 징집되어 군인 복무 중에 그리스도인들이 따뜻하게 대해 주는 데 감화되어 그리스도인이 된다.

20) 정수영, 교부시대사, 쿰란출판사, 2014, pp. 690-693.

그는 완전한 그리스도인이 되는 방법을 배우려고 연로한 은둔자 팔레몬(Palemon)을 찾아가 7년 동안 그리스도인의 삶을 배운다. 그 후 섬에 들어가 공동 수도생활터를 만들어간다. 그는 수도생활을 함에 있어서 수도사들에게 기도와 명상만이 아닌 영적 훈련과 함께 노동 실천을 요구했다. 농사, 선박 건조, 바구니 제작, 요와 이불 짜는 일 등 노동을 통해 번 수입으로 자신들의 생계유지는 물론이고 가난한 사람, 병든 사람을 돕는 것으로 연결시켰다.

수도사들은 방 하나에 3명씩 기거하고 식사는 공동식사를 하되 식사 도중에 얼굴을 가린 채 침묵을 지키게 했다. 그의 생활 목표는 "쉬지 말고 기도하라"(살전 5:17)와 "누구든지 일하기 싫어하거든 먹지도 말게 하라"(살후 3:10)였고 이것이 수도원의 행동 강령이었다. 작업 중에 시편 노래나 성경구절 암송은 가능했다. 그 외에는 소리 내지 않는 침묵기도와 하루에 두 번의 공동기도를 가졌고 저녁에는 소그룹으로 나뉘어 예배를 드렸다.

파코미우스 스스로도 50여 년 동안 수도원을 이끌어 가며 한 번도 포식하지 않고 잠은 돌 위에서 앉아서 잠을 잤다. 이렇게 시작한 공동 수도원은 그가 죽기 전에 테베 지방에 10여 개의 수도원으로 확대되었고 수도사들이 3천여 명에 달했다. 그리고 그가 죽은 후 한 세대 만에 5천여 명에 달했다. 이들은 수도원 확장과 함께 리비아 사막에서 묻혀 사는 가난한 자들을 위한 빵 공장 7개를 운영해 보급해 주었다.

이렇게 초기의 수도원들은 콘스탄티누스 황제의 기독교 국교화 운동 이후에 생겨난 운동이었다. 이들은 교회가 순수한 영성을 공급해 주지 못하고 권력과 야합해 세속화되어 가는 데 대한 도피로 수도원을 시작했다. 이와 같은 순수한 수도원의 장점을 계승해 보려는 운동이 이집트에서 시작되어 아르메니아, 메소포타미아로 번져갔다. 이것을 본받아 국가로부터 허락받은 수도원의 시작이 카파도키아의 바실리우스가 만든 수도원이었다. 그렇게 시작된 수도원이 중세기 때 수도원 시대로 발전된다.

중세기 초기의 수도원은 학문적, 신앙적 은둔 훈련원으로 시작되었으나 중반부터는 세력을 형성하여 군림하는 파벌의 온상처로 전락되고 부도덕과 혐오의 대상으로 추락한다. 이 세상에는 죄인이 하는 일이란 그 어떤 것도 시종이 순수할 수가 없기에 죄성의 유물이 될 수밖에 없음을 배우게 된다.

결론

우리는 기독교 역사의 두 번째 대 종교회의인 콘스탄티노플 종교회의(381년)의 핵심 인물 세 명을 살펴보았다. 그들을 카파도키아의 세 성인이라고 한다. 이들 세 성인은 60년 전에 이룬 니케아신조(325년)를 좀 더 발전시킨 콘스탄티노플신조(381)를 만든다.

개신교는 750년경에 만든 로마 가톨릭교회의 신조를 "사도신조"(신경)로 믿고 예배 때마다 암송한다. 그러나 성공회, 가톨릭, 동방 정교회는 니케아신조, 아타나시우스신조, 콘스탄티노플신조, 사도신조 등 4개의 신조를 번갈아 가면서 융통성 있게 사용한다. 그런데 개신교는 사도신조 하나만을 사도들이 만들었다든가 또는 사도들이 고백한 신조라는 거짓된 주장을 따라 마치 성경적인 핵심 요약인 양 왜곡된 관행이 계속되고 있다.

아울러 지금도 전 세계 각 곳에 유명 수도원들이 있다. 주로 가톨릭교회와 동방 정교회가 만든 수도원들이다. 우리 주님은 수도원 운동을 언급한 일이 없으시다. 수도원 운동은 교회의 타락에 대한 반발 운동이었다. 그런데 일부 개신교 지도자 중에는 영성운동이라는 미명으로 준 수도원 형태의 기구들을 만들어 경영하고 있다. 그래서 전국 여러 곳의 기도원들이 변형된 수도원 형태로 지속되어 가고 있다. 다시 한번 수도원에 대한 진지한 각성이 필요하다고 본다.

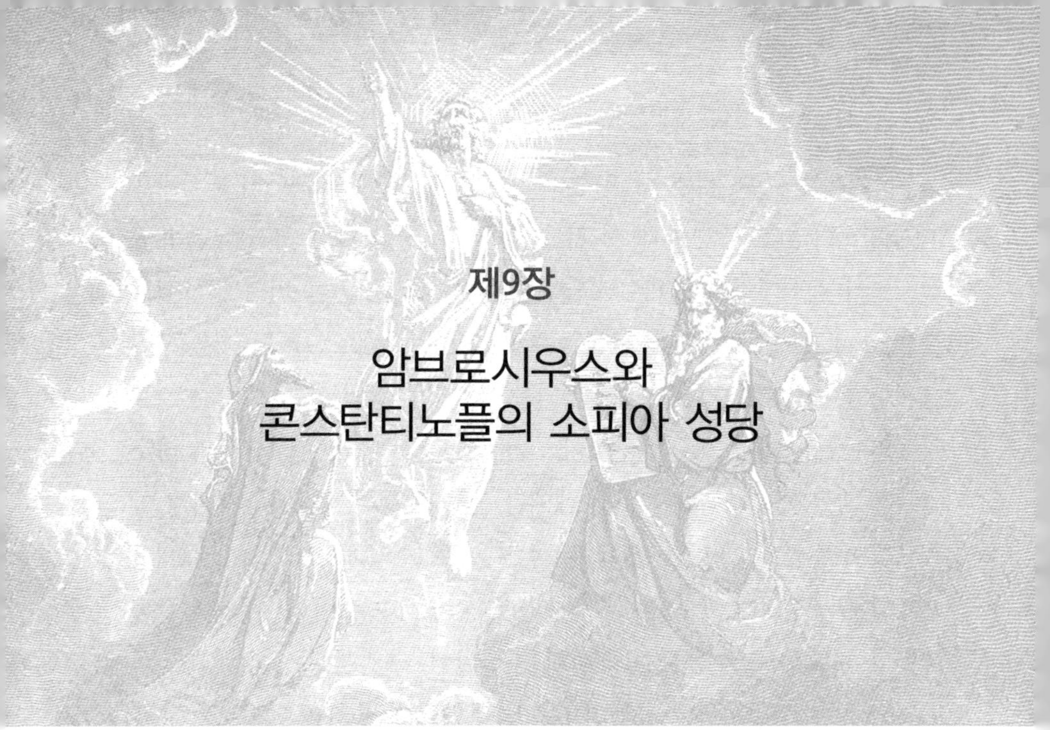

제9장

암브로시우스와 콘스탄티노플의 소피아 성당

서론

암브로시우스(Ambrose, 339-397)는 이탈리아 제2의 도시 밀라노(Milano)에서 약 23년간(374-397) 목회를 했다. 그의 목회는 이단 아리우스파와 대결을 하며 또 잔인한 황제와도 맞서서 싸우는 투쟁의 목회였다. 그는 투쟁 속에서도 감동을 주는 설교와 찬송 보급으로 고독을 헤쳐 나갔다. 그 영향으로 아우구스티누스가 회개와 함께 기독교 사상가로 발전했고 그가 활용한 찬송가들이 대중 찬송가로 확대되었다.

그가 활동하던 때 동로마 수도 콘스탄티노플에서는 오늘날까지 세계 명물로 알려진 소피아 성당이 건축되었다(360). 소피아 성당은 그 후 537년에 현재의 모습으로 개축되었다. 소피아 성당은 동로마 비잔틴 제국의 역대 황제들이 1천여 년 동안 예배를 드렸던 곳이다.

그런데 동로마 제국이 멸망한(1453) 이후에는 이슬람교도의 도서관으로 전락했다. 구약 시대 때 건물인 솔로몬 성전, 헤롯 성전이 구약 종교의 핵심이었으나 예수님께서는 건물 성전을 헐어 버리라 하셨고(요 2:19-22) 건물 성전의 파괴를 예언하셨다(마 24:2). 그리고 바울 사도는 건물 성전이 붕괴되고 성령님을 모신 하나님의 성전(고전 3:16-17)을 열어주신 것을 가르쳐 주셨다. 그럼에도 불구하고 주님의 뜻과 디르게 오늘날도 생명력이 없는 예배당 건물을 '성전'이라고 착각하게 만들어 수많은 재정을 낭비하는 현상을 보고 있다. 교부 시대 때에도 같은 동시대에 암브로시우스가 권력과 투쟁하는 목회를 할 때에 동방 교회는 죽은 건물에 치중하는 상반된 신앙 형태를 이어갔다. 이와 같은 상반된 과거사를 비교하면서 오늘의 우리를 돌아보는 교훈을 얻도록 하자.

1. 암브로시우스

1) 암브로시우스의 생애(339-397)

(1) 감독이 되기 이전

암브로시우스(Ambrose)의 조부모와 외조부모는 디오클레티안 황제(284-305, 313) 때 순교한 순교자들이었다. 암브로시우스는 갈리아(오늘날의 프랑스령) 트리어(Trier)에서 법무관(Praetorian Prefect)이자 그리스도인이었던 아우렐리우스 암브로시우스의 셋째로 태어났다.

그는 7세 때 초등학교, 11세에 문법학교, 16세에 수사학교, 20대에 로마 법률학교에서 공부했다. 그리고 보모(保姆)로부터 취학 전에 헬라어를 배웠다. 이들 형제들은 반 기독교적인 율리안 황제(361-363)

황제를 질책하는 암브로시우스

때 배교자의 신하라는 불명예를 듣지 않으려고 관직을 사양했다. 그 후 발렌티안 1세(364-375) 때 형과 함께 관직에 나간다.

형과 함께 오늘날의 세르비아, 보스니아, 크로아티아에 해당되는 일루리곤 지방(롬 15:19)의 법관이 되었다. 거기서 일루리곤 지방 장관의 신임을 얻고 370년경 이탈리아 북부 밀라노의 총독으로 급성장을 한다. 암브로시우스의 나이 36세에 밀라노의 총독이 되어 약 4년 정도 지난 때였다.

374년경 당시 밀라노 교회 감독인 아욱센티우스(355-374)가 서방 아리우스파의 수장으로 정통파들이 축출하려던 대상이 되었다. 그런데 그가 374년에 죽자 정통파와 아리우스파에서는 서로 자기파 인물을 세우려고 치열한 투쟁을 벌였다.

암브로시우스는 밀라노 총독으로 교회 분쟁을 수습하려고 양편을 향해 평화적 문제 해결을 호소했다. 그런데 갑자기 청중 속에서 어린 소녀 아이가 "암브로시우스를 감독으로"라고 외쳤다. 그러자 두 편의 파벌들 모두가 다 같이 "아멘"을 외쳤다.

암브로시우스는 본인의 의도와 전혀 상관없이 밀라노 감독으로 추대를 받았다. 암브로시우스는 침례도 받지 않은 초신자의 교리문답자에 불과했고 또한 밀라노 총독은 황제가 임명한 이탈리아 북부 지방 행정가였다. 그래서 암브로시우스는 완강하게 거절을 한다. 그러나 교인들은 황제 발렌티안 1세에게 암브로시우스 총독을 밀라노 교회 감독으로 세워달라고 청원을 한다. 황제는 시민들의 요청을 중요하게 생각하여 허락한다. 황제의 허락 후 8일 만에 암브로시우스는 곧 침례를 받고 374년 12월에 나이 40세로 밀라노 감독이 된다.

(2) 감독이 된 이후

암브로시우스와 같은 침례도 받지 않은 초신자가 당시 교회의 관행을 깨고 감독이 된 이유가 무엇일까? 그의 조상들을 보면, 할아버지 때부터 순교자 가정이었고, 누나는 수녀가 되었고, 형은 세상 관직을 버리고 하급 성직자가 되었다. 암브로시우스는 나이 40세 때까지 미혼으로 수도자의 삶을 살 뿐 아니라 신학 공부를 해서 요세푸스의 《유대인 전쟁사》라는 책을 라틴어로 번역했고, 열왕기상과 열왕기하 주석서도 썼다. 그렇기에 그가 성직자가 될 만한 충분한 소양을 갖췄음을 시민들이 이미 알고 있었기 때문이다.

암브로시우스가 감독이 되자 맨 처음에 한 일은 재산 정리였다. 그는 조상들이 물려준 재산을 다 팔아서 독신으로 수녀생활을 하는 누나의 몫 일부만 남기고는 모두 다 가난한 사람들에게 나눠 주었다. 그리고 자기가 공직생활을 하며 선물로 받은 금은 기명을 모두 팔아 교회에 헌납하였다.

그는 40세까지 독신으로 지냈을 뿐 아니라 평생을 독신으로 살아갔다. 연회 초대를 받아도 가지 않고 아침 식사는 주일, 토요일, 교회 명절 때만 했고 다른 때는 아침 식사를 하지 않았다. 엄격한 채식주의자는 아니었으나 고기와 술은 적극 절제했다. 그래서 성직자들뿐 아니라 교인들에게도 금주를 요청했다. 밤 시간에는 성경 연구와 기도하는 데 몰두하였다. 낮 시간에는 성도들과 가난한 사람들과의 면담에 주력했고 식사 때는 고위 관직자나 가난한 자, 나그네와 식사하는 것을 즐겨했다. 그리고 밀라노 교회의 장로인 심플리키아누스에게 신학의 기초를 배운 후 독학으로 신학 공부를 계속했다.

라틴 교부들, 헬라 교부들, 유대인 철학자들에게 두루 배우며 신학을 공부한 후에 당시 아리우스파 논쟁에 뛰어들어서 정통파 신앙자로 투쟁을 한다.

암브로시우스가 감독 사역 중에 행한 몇 가지 사역을 정리해 보겠다.

① 정치권과의 투쟁

암브로시우스의 사역 중 일반 감독들과 다르게 밀라노의 총독이었던 자답게 로마 제국 정치가들과 대결한 점들이 특이하다. 맨 먼저 로마 제국 고위 관리인 심마쿠스와 로마시의 원로원 의사당 안에 설치되어 있는 승리의 여신상 빅토리아상 문제로 싸웠다.

암브로시우스는 당시 그라티안 황제(367-383)를 설득하여 의사당 안에 설치된 여신상을 제거하였다(382). 그런데 원로원 의원 절대다수가 비기독교인들이었으므로 제단을 다시 복원해야 된다는 주장에 심마쿠스가 앞장을 섰다. 이때 암브로시우스는 심마쿠스의 복원 운동을 논리적으로 저지해 나갔다. 392년 발렌티안 2세가 암살당하고 에우게니우스가 황제를 참칭하며 393년에 빅토리아 제단을 복원했다. 394년 데오도시우스 황제가 에우게니우스 반란군을 진압한 후 또다시 여신상과 제단을 제거하도록 했다. 암브로시우스는 원로원 의사당 안에 설치된 빅토리아 여신상 제거를 위해 10여 년 이상을 줄기차게 싸웠다.

또 막시무스가 그라티아누스 황제(367-383)를 살해하고 스스로 황제가 되었을 때(383) 암브로시우스에게 교제의 손을 내밀었다. 그러나 암브로시우스는 전임 그라티아누스를 살해한 행위를 진심으로 회개하지 않는 한 교제를 받아들일 수 없다고 거절하였다.

386년 유스티나 황후가 밀라노에서 중요한 교회당인 성문교회당을 아리우스파 사람에게 주려고 했다. 이때 암브로시우스는 황후에게 교회는 국가로부터 완전 독립해 있으며 황제는 교회 안에 있을 뿐 교회 위에 있지 않다고 거부했다. 그는 황후의 계속된 시도를 끝까지 막았다.

390년에는 데오도시우스 황제(388-395)와 맞섰다. 사건의 발단은 마케도니아 지방의 데살로니가에서 일어났다. 황제의 부하였던 부테리히가 데살로니가 주둔 사령관으로 있었다. 당시 사령관은 사람들에게 인기가 있는 마차 경주자를 변태 성욕자라는 이유로 구속했다. 그런데 데살로니가 시민들은 곧 마차 경기가 열릴 계획인데 선수가 구속되면 차질이 생긴다고 경주자 석방을 요구했다. 사령관이 시민들의 요구를 거부하자 시민들은 시위를 일으키고 사령관을 죽였다. 이 보고를 접한 데오시우스 황제는 마케도냐 군대들에게 마차 경기장에 모여든 군중들을 닥치는 대로 죽이라고 했다. 이때 데살로니가 시민들 가운데 7,000명 이상이 죽는다.

이 소식을 들은 암브로시우스는 데오시우스 황제에게 학살에 대한 책임을 지고 공개적으로 회개할 것을 촉구하였다. 아울러 황제가 회개할 때까지 성찬 참여를 금지시켰다. 어느 주일 황제와 암브로시우스가 예배당 현관에서 만났다. 이때 암브로시우스는 황제에게 "어찌 피 묻은 손으로 기도를 하려는가? 그런 손으로 주님의 귀한 피를 욕 돌리지 말라. 그냥 돌아가라"고 하면서 막았다. 그러자 황제는 다윗도 살인했고 간음하지 않았냐고 항변했다. 이때 암브로시우스는 다윗을 본받으려면 다윗처럼 회개하는 모습도 본받으라고 했다. 이때부터 암브로시우스는 황제의 측근들로부터 많은 핍박을 받는다. 이 때 암브로시우스는 수많은 찬송시로 핍박을 극복해 나간다.

② 목회 사역

암브로시우스는 40세(374년)에 목회를 시작하여 57세(397년)에 소천하였다. 20년이 채 안 되는 사역이었으나 그의 생애 중의 설교들을 속기사가 속기한 후 수정, 편집한 설교들이 저술들로 남아 있다. 그의 저술 대부분은 구약 강해 설교집들이고 교리서, 신앙 안내서, 찬송가들이 있다. 이들 저서들을 통해 그의 사상적인 면을 엿볼 수 있다.

2) 암브로시우스의 사상[21)]

(1) **독특한 제국신학**(帝國神學, imperial theology)

그는 로마인으로서의 자부심과 애국심이 강한 사람이었다. 그는 로마 제국이 이방적인 로마가 아니라 기독교적인 로마가 되기를 바랐다. 그래서 로마인 전체가 기독교로 개종하여 기독교가 로마 제국을 지배하고 봉사하는 기관이 되기를 바랐다. 이와 같은 애국심과 신앙심은 항상 설교 때 반영되었다. 그의 명 설교를 듣고 회개했다는 아우구스티누스의 일화가 있다. 그뿐만 아니라 아우구스티누스의 《신국론》이라는 명저의 핵심은 암브로시우스의 제국신학에 영향을 입었다고 할 수 있다. 《신국론》의 내용은 뒤에 살펴보겠으나 암브로시우스가 기독교 신앙에 근거한 로마 제국 건설의 신학을 가졌던 것과 무관할 수 없다고 하겠다.

---

21) 정수영, 교부시대사, 쿰란출판사, 2014, pp. 815-821.

(2) 구약 중심의 강해 설교

암브로시우스가 목회할 2세기 때 로마 지역에 보급된 이단인 마르키온(Marcion)파들이나 헬라 마니교(Manichaeism)의 영향으로 구약성경을 배격하는 풍조가 있었다. 암브로시우스는 그 같은 이단 사상을 배격하려고 의도적으로 구약성경 설교들을 많이 했다.

신약성경 설교는 누가복음 외에는 아무것도 없다. 이렇게 구약성경 위주로 문자적 해석을 한다는 것은 대단히 어려운 일이었다. 그래서 모든 설교가 영적, 도덕적, 풍유적(알레고리적) 해석 위주였다. 이렇게 영적, 도덕적 해석에 치중했기에 청중들이 듣기에는 유익했을 것이다. 그러나 시대가 변천된 후에 학문적으로는 취약한 부분이 많다. 그러므로 그의 신학 사상보다는 삶 속에 신앙을 실천한 면을 교훈으로 삼아야 할 것 같다.

(3) 삼위일체론

암브로시우스가 살아간 때는 삼위일체론으로 동·서방교회가 계속해 논쟁과 적개심을 이어갔다. 암브로시우스는 이 논쟁을 성경대로 믿고 나간다고 다음처럼 주장했다.

창세기 1장 1절 "태초에 하나님이 천지를 창조하시니라": 이것은 성부이다.

창세기 1장 2절 "하나님의 영은 수면에 운행하시느니라": 이것은 성령이다.

창세기 1장 3절 "빛이 있으라": 이것은 성부 하나님의 말씀을 실행에 옮긴 성자 하나님이시다.

이렇게 성경 구절을 자기 식으로 믿고 철학적 사변으로 용어들을 만든 논리들을 사용하지 않았다.

(4) 찬송 보급

그는 시편을 근거로 찬송을 작사, 작곡했다. 예배 때 찬양대만 불러오는 관행을 깨고 찬양대와 회중들이 번갈아 부르게 하는 교송성가(交誦聖歌)를 도입하여 오늘날 회중들이 찬송하게 하는 찬송의 대중화에 기여하였다. 그래서 음악사에 암브로시우스 음악(Ambrose Music)이 있다. 그가 지었다는 찬송가들이 많다고 하나 오늘날 전해지는 것은 20곡이 채 안 된다. 우리나라 찬송가에는 130장(통 42장) 한 곡이 수록되어 있다.

이렇게 많은 활동을 하던 암브로시우스의 목회 현장에서는 그 당시 딸을 가진 어머니들이 자신의 딸이 암브로시우스의 설교에 감동되어 암브로시우스를 동경하던 나머지 독신생활을 할까 봐 경계했다고 한다. 그는 소천하기 전 자기의 신학 스승인 심플리누스를 자기 후임자로 지명하고 397년 기도 속에 숨을 거두었다.

2. 콘스탄티노플의 소피아 성당

현재는 튀르키예의 이스탄불에 하기아 소피아(Hagia Sophia) 성당이라고 불리는 이슬람교의 도서관 박물관으로 전용되고 있다. 이 성당의 변천사를 살펴보자.

1) 소피아 성당의 1차 건축

로마 제국 제55대 황제인 콘스탄티누스 1세(306-337)는 제국의 수도를 이탈리아 로마에서 소아시아 콘스탄티노플로 천도했다(330년). 그리고 소피아 성당 건축을 시작했다. 이때 '하기아 소피아'라고 한 것은 '신성한 예지'(叡智)라는 뜻이다.

이 성당은 그의 후계자 아들로 58대 황제가 된 콘스탄티우스 2세(337-361) 때인 360년에 헌당식을 했다. 암브로시우스가 아직 세상에 진출하지 않은 때였다. 그런데 이 소피아 성당이 532년에 니카(Nika: 승리)의 반란으로 파손된다. 니카의 반란은 동로마 제국 제9대 황제인 유스티니아우스(Justinianus: 527-565) 때 일어난 시민 반란이었다.

유스티니아우스 황제는 즉위 전에 자기의 정치적, 종교적 정책을 지지하는 도당으로 청파(青派)를 지지하고, 녹파(綠派)와는 대립했다. 그러나 일단 제위에 오르자 어느 파이든 정치적 압력을 행사할 두 당파를 탄압하기 시작했다. 532년 1월에 대경기장에서 청파, 녹파가 싸움이 벌어져 처형당하는 자가 생기게 되었다. 양 파에서는 더 이상 희생자가 나오지 않도록 황제에게 탄원을 했으나 황제는 탄원을 받아주지 않았다. 이에 흥분한 양 파는 연합을 해서 "니카"(승리)를 구호로 내걸고 방화를 일으켰다.

이 틈을 노린 반(反) 황제파 원로원들은 전임 황제의 조카 히파티오스를 대립 황제로 옹립했다. 다급해진 유스티아누스 황제는 트라기아로 도망하려는데 황후가 만류하고 반 황제파를 역습하도록 고무시킨다. 황제는 게르만 용병대를 활용해 반 황제파를 급습하여 대립 황제를 처형시키고 반대파 원로원 18명의 집안 재산을 압수한다. 이렇게 해서 황제의 전제 권력이 크게 확립된다. 이때 니카의 반란으로 소피아 성당이 크게 파손된다.

2) 소피아 성당의 2차 건축

반란을 평정한 유스티니아우스 황제는 자기의 정권을 안정시켜 준 하나님의 은혜에 보답하려고 한다. 그래서 파손된 소피아 성당을 완전 새롭게 건축한다. 당대 유명한 밀리토스 출신의 이사도로스와 트릴레스의 안테미오스가 공동으로 설계를 맡는다. 그리고 100명의 공사 각 분야 감독 아래 1만 명의 인부가 5년 10개월 만에 공사를 완공한다. 사진에 많이 소개되는 것처럼 바실리카에 대형 원개가 덮여 있는 원개식 바실리카형 성당이다.

안 길이가 77m, 너비 71.7m, 지름이 33m, 마룻바닥부터 높이가 56m 되는 대형 원개의 무게를 떠받치는 네 개의 큰 기둥과 대형 아치 등 독창적인 설계로 되어 있다. 헌당식에 참석한 황제는 깊이 감동하여 "오, 솔로몬이여! 내가 그대에게 이겼노라"고 외치고 경건하게 기도를 올렸다고 한다.

하기아 소피아(Hogia Sohpia)

3) 변용되고 있는 소피아 성당

소피아 성당은 1453년에 이슬람의 오스만 제국으로 넘어갔다. 그동안 수많은 지진들로 많은 피해들 속에서도 몇 천 년을 유지해 오고 있다. 이슬람들은 과거 기독교 성당을 회반죽으로 뒤덮고 박물관으로 사용해 왔다. 그런데 최근 튀르키예 대통령이 이슬람교도의 전용 건물로 사용하려고 하자 서방 국가들로부터 반발을 얻고 있다.

동로마 제국의 수도 콘스탄티노플이 현재는 이스탄불로 바뀌었고 제국의 황제들이 천여 년 동안 예배드렸던 성당이 회교용으로 바뀌게 되었다.

결론

암브로시우스는 밀라노의 총독에서 밀라노의 감독이 되어 20여 년간 정치권과 맞서서 당당한 목회를 했다. 그는 신학사상으로 공헌한 바는 없다. 그는 목회자로서 황제들과 맞서서 황제들의 신앙을 지도했다. 교회 역사에 있어서 목회자가 황제들을 영적으로 제압한 지도자들은 희귀하다. 중세기 때 교황들이 성무 중지라는 카드로 유럽 국왕들을 제압했으나 모두들 변칙과 심각한 후유증들을 남기는 무모한 만용이었다.

요즘 목회자들은 어떤가? 대통령 조찬 기도회 설교자들이 대통령에게 아첨이나 아부는 할지언정 영적 충고를 했다는 얘기를 들어본 일이 없다. 그러나 암브로시우스는 영적 권위로 황제들의 권세를 제압해 나간 통쾌한 목회자였다.

암브로시우스의 동시대에 건축된 소피아 성당이 있다. 1만 명의 인부가 거의 6년에 걸쳐 지은 성당이었다. 옛날이나 지금이나 건물의 위용은 세계적이다. 그런데 그 건물의 주인이 뒤바뀌니까 용도가 천박해져 가고 있다. 건물은 그 주인이 어떤 정신을 가졌느냐에 따라 가치가 달라진다. 오늘날 한국 방방곡곡에도 거대한 예배당 건물들이 기독교 세력의 능력인양 높고 크고 화려하게 세워졌다. 그런데 교회가 저 예배당들의 영원한 주인이 될 수 있을 것인가? 소피아 성당을 보면서 똑같은 의심을 가지지 않을 수 없다.

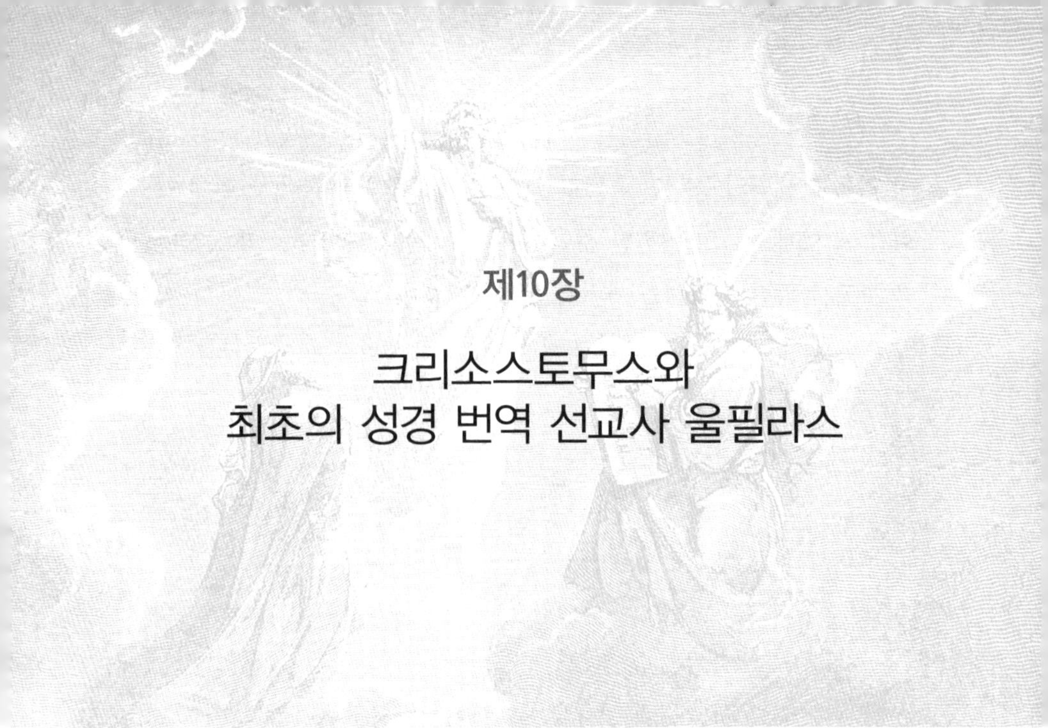

제10장

크리소스토무스와 최초의 성경 번역 선교사 울필라스

서론

모든 목회자들은 명설교가라는 칭찬을 듣고 싶어 한다. 명설교란 어떤 설교인가? 여기 명설교가로 인정을 받아 그의 생애 동안 본명인 요한(John: 344-407)이라고 불렸으나 사후에 '황금의 입'이라는 뜻의 '크리소스토무스'(Chrysostom)라고 불려진 이가 있다. 크리소스토무스는 후대인들이 인정한 명설교자였다. 그는 어떻게 해서 명설교가라는 인정을 받게 되었을까? 그의 생애와 사상을 살펴보자.

크리소스토무스와 거의 동시대를 살아간 울필라스(Ulfilas: 313-383)가 있다. 그는 기독교회 역사에서 사도들 이후에 최초로 성경 번역을 통해 선교한 선교사가 되었다. 울필라스는 독일어 이전의 고트(Goths)어로 성경을 번역해 고트족들에게 선교를 했다. 그런데 그 고트족들이 게르만 민족의 대이동에 따라 울필라스의 잘못된 신학사상인 아리우스주의의 영향을 받는다. 한국 선교 초기에 다양한 장로교 선교사들에 의해 한국 개신교의 성격을 장로교식으로 만든 것과 비슷한 결과이다.

이들 두 사람을 통해 명설교란 어떤 것이며 선교사의 신학은 어떤 사상을 가져야 하는가를 배우도록 하자.

1. 크리소스토무스

1) 크리소스토무스의 생애(344-407)[22]

크리소스토무스

요한은 그가 살아생전에 불린 이름이고 크리소스토무스는 그가 죽은 후에 후대인들에 의해 붙여진 명예로운 이름이다. 여기서는 명예로운 이름으로 살펴보겠다. 크리소스토무스는 안디옥에서 태어났다(344년경). 그의 아버지는 로마군의 유명한 장교였고 어머니 안투사(Anthusa)는 고대 기독교의 세 명의 찬란한 여성으로 알려졌다.

교회 역사가들은 고대 기독교 역사에서 콘스탄티누스 황제의 어머니 헬레나(Helena: 248~327), 크리소스토무스의 모친 안투사(Anthusa), 아우구수티누스의 모친 모니카(Monica: 331~387)를 기독교를 빛낸 여성이라고 한다.

크리소스토무스의 아버지는 아들을 낳은 후 20세밖에 안 된 안투

22) 정수영, 교부시대사, 쿰란출판사, 2014, pp. 785-790.

사를 과부로 남겨두고 세상을 떠났다. 20세에 과부가 된 안투사는 자기의 젊음과 미래를 생각하지 않고 오직 외아들 요한에게 모든 정성과 심혈을 기울인다. 안투사는 어린 아들에게 반드시 좋다고 믿어지는 것만을 가르쳤고 아들의 영혼 속에 거룩한 것과 하나님을 두려워하는 경건을 훈련시켰다. 훗날 요한은 자기의 신앙의 기초가 되는 성경 지식과 경건한 삶을 실천할 수 있는 생활 훈련 모두가 어머니의 모범과 가르침에서 비롯되었다고 술회했다.

그가 소년기에 처음 세상 교육을 받은 것은 당시 안디옥에서 가장 유명한 교수에게 학문을 배운 것이다. 당시 유명한 교수는 리바니우스였는데 그에게서 철학, 수사학, 문학을 배웠다.

그런데 그가 유명한 교수라는 소문은 났으나 이교도였다. 그래서 교수가 추천하는 대로 수사학자가 되었으나 어머니에게서 배운 신앙과 경건 정신으로 만족을 얻지 못한다. 그는 세상 직업보다는 하나님의 일에 더 크게 관심이 쏠려, 안디옥 감독 멜레티오스 밑에서 3년간 신학을 배운다. 그런데 안디옥 감독은 당시 안디옥 학파의 영향을 받은 아리우스주의자여서 신학에도 큰 매력을 못 느낀다. 요한은 어머니에게서 훈련 받은 경건한 생활은 수도생활을 통해 가능함을 깨닫는다. 요한의 나이 20세 때 수도생활을 위해 가출을 하려 한다. 그런데 어머니 안투사가 아들에게 자기 곁에 있어 달라고 간곡하게 만류하므로 어머니 임종 때까지 교회에서 부분적 사역을 하며 지낸다.

요한이 30세 무렵 되었을 때 안투사가 죽는다(373). 이때 요한은 평생 그리워하던 수도생활을 시작한다. 안디옥 근처의 인근 산간 지방에 들어가 은수자로 6년 동안 신학 연구, 묵상과 기도를 하면서 당대 유명한 많은 신학들을 공부하며 행복하게 지낸다. 고향인 안디옥으로 돌아온(380) 그에게 교회는 부제, 장로로 임명하고 교회 설교자로 봉사하도록 한다. 요한은 이때부터 그의 진실한 성품과 순수한 신앙에서 우러난 설교자가 된다. 그는 뛰어난 웅변술로 온 교회의 명성과 사랑을 받게 된다.

그는 강해설교를 하며 한 주제를 가지고 시리즈로 완벽하게 이해되도록 주제별 설교를 해나갔다. 당시의 동·서방교회 설교가들은 삼위일체론, 기독론 등 사변적이고 논쟁적인 주제들을 주로 설교했다. 그는 그 같은 시대적 신학 조류에 전혀 관심을 갖지 않았다. 또 당시의 학풍은 알렉산드리아의 오리게네스를 따르는 영적, 비유적, 풍유적(알레고리) 해석을 따르는 이들과 안디옥 학파의 문자적 해석에 치중하는 두 학풍이 있었다.

그러나 요한은 그 같은 학풍을 따르지 않고 성경의 문자적 해석에 바탕을 두되 그것을 생활에 적용할 수 있는 영적, 도덕적인 면에 체감될 수 있도록 생활 설교를 해나갔다. 그래서 사람들은 그의 학식이 아니라 자기들의 실생활에 적용되는 생활 속에서 구체적 원칙들을 깨닫게 되었다. 요한의 명설교는 학문적이 아니라 생활에서 깨닫는 교훈들로 사람들을 설복시켜 나갔다.

이 같은 직접적 사례가 있다. 387년 안디옥시에는 시민들의 큰 폭동들이 계속 이어졌다. 시민들이 로마 황제에게 과중한 세금부과를 완화해 달라고 수없이 청원을 하는데도 개선되지 않았다. 흥분한 시민들은 황제와 황후의 조각상을 파괴하고 조각상들을 시내로 끌고 다니면서 폭동을 계속했다. 이것을 본 황제는 안디옥 시민들을 말살하겠다고 벼르고 있었다. 양편 어느 누구도 양보하지 않는 긴장이 계속되었다.

이때 요한은 "형상에 대한 설교들"(The Homillies on the, status)이라는 제목으로 몇 달간 시리즈로 설교했다. 설교를 들은 시민들은 그

후로 폭동에 참여하지 않았다. 그렇게 시민의 폭동이 요한의 설교로 진정되었다. 폭동이 진정된 안디옥의 상황을 안디옥 감독은 황제에게 전하고 황제의 분노를 진정시켰다. 이 사건으로 황제와 황제 궁에 요한의 존재가 크게 알려진다.

그 후 379년 말 황제가 주재하고 있는 콘스탄티노플 총 대주교가 죽는다. 이때 콘스탄티노플 교회는 안디옥의 요한에게 총 대주교직을 맡아줄 것을 요청한다. 그러나 요한이 사양하자 황제는 군대로 요한을 납치해서 콘스탄티노플 감독이 되게 한다(398년). 이렇게 해서 요한은 안디옥에서 16-17년간 사역한 후 타의에 의해 콘스탄티노플로 사역지가 옮겨지게 된다.

황제가 출석하는 콘스탄티노플 교회는 겉모습만 화려할 뿐 내용적으로는 부패와 사치와 향락이 만연되어 있었다. 주일예배에 출석하는 황제에게 눈도장이라도 받으려는 시민들이 가득했다. 도시민들은 황제의 눈에 띄어 높은 자리에 오르고자 하는 음모와 술수로 교회생활을 해나갔다. 황제는 자기에게 아첨하는 자들의 술수에 판단력을 잃었다.

요한은 교회를 개혁하려면 성직자, 평신도, 시민, 군인들, 황제까지 단계적으로 개혁을 해야 한다고 판단한다. 요한은 성직자들 중 일부가 결혼은 하지 않고 영적 자매라 불려지면서 관계를 유지하는 자들을 정리했다. 또 성직자들이 부와 재산을 축적하며 교회 재정이 공개되지 않고 사용되고 있었는데, 이런 것을 정리했다. 때문에 교인들에게는 존경을 받았으나 성직자들로부터 증오와 반발을 불러일으켰다.

그래도 예언자의 목소리를 듣겠다는 수많은 군중들로 인해 신도들은은 계속 늘어만 갔다. 이렇게 성직자, 평신도, 시민들을 향해 단계적으로 개혁을 해나가면서 시리즈 설교를 계속해 나갔다. 드디어 최후의 개혁 대상으로 황제권을 향했다. 요한이 황제권을 비판하자 맨 처음 반항한 것이 황후였다. 황후가 요한의 설교를 비난하며 여론을 일으키려고 했다. 그러자 요한은 과거 침례자 요한을 증오 끝에 독살시킨 헤로디아(마 14:6)를 빗대며 유독시아 황후를 새로운 헤로디아라고 비판했다.

그러자 황후는 요한을 교회 내에서 축출하도록 했다. 알렉산드리아 감독 데오필로스가 요한의 명성을 시샘하여 그를 오리게네스의 수호자이며 오리게네스의 이단적 요소의 29개를 들어 콘스탄티노플 감독직에서 쫓겨나게 했다.

그러나 성난 교인들이 유배된 요한을 다시 소환해서 오게 한다. 이번에는 황후가 주동해 황제 명으로 감독 직무를 중단하도록 했다. 그러나 요한은 황제의 명을 거부하고 부활절에 침례식을 거행했다. 이때 군대가 동원되어 요한의 행사를 저지했다. 그러자 분노한 교인들이 일어나 군대와 충돌하며 유혈사태가 벌어졌다.

교인들의 적극적 투쟁에도 황제의 군대 힘을 막을 수 없었다. 요한을 옹호하는 다른 모든 감독들의 진정에도 불구하고 요한은 황제령에 의해 아르메니아 쿠쿠수스(Cucusus)로 유배당한다(404). 유배당한 요한은 유배지에서 글로써 세계를 감동시킨다. 요한의 서신은 황제를 비난하고 요한을 지지하는 시민들을 더욱 확산시켜 나갔다. 황제는 그보다 더 외진 곳에 있는 흑해 동쪽 파티우스로 그를 옮기도록 했다. 요한은 새로운 귀양지로 옮겨 가던 도중에 중병을 얻어 코마나에서 죽는다(407년).

요한이 유배지에서 죽은 지 30여 년 후(438년) 그의 유해가 콘스탄티노플로 이장되어 명예로운 장사가 이뤄졌다. 동방교회와 서방교회는 그를 성인으로 모시고 후세 교회 사가들은 그의 본명 '요한' 대신

'황금의 입'이라는 뜻으로 '크리소스토무스'라고 부르고 있다.

2) 크리소스토무스의 사상

크리소스토무스가 안디옥과 콘스탄티노플 교회에서 행한 600여 편이 넘는 설교문과 갈라디아서 주석, 창세기, 시편, 마태복음, 요한복음, 사도행선, 바울서신 주해서들이 있다. 그의 설교문들 속에는 그의 성경 해석학 사상이 담겨 있다. 그는 성경의 문자적 해석에 의해 기도와 묵상 속에서 설교를 만들어 나갔다.

그는 앞서 말한 것처럼 신학적 주제보다는 그리스도인들의 생활 속에서 체험하는 경험 속에서 주제들을 만들어 냈고 그 주제들을 진리의 보고인 성경 속에서 해답을 찾아내는 설교들을 진행해 나갔다. 그는 고상하고 엄숙하고 생명력 있게 해답을 추구하면서 열정적이고 힘이 넘치는 표현을 썼다. 크리소스토무스는 강단에 섰을 때 동역자, 권세자, 황제 등 그 누구에게도 구애받지 않고 무제한의 권력을 휘두르는 절대 군주처럼 원칙대로 외쳤다. 그의 설교에 감동된 청중들의 우레와 같은 박수가 설교를 중단하게 하는 경우가 종종 있었다. 그럴 때는 그렇게 하는 것이 합당치 않다고 책망했다.

그가 유배 중이던 403-407년에 쓴 262편의 서신들이 있다. 그의 서신들 속에는 한결같이 숭고한 기독교 정신과 진심 어린 우정으로 교회의 앞날을 염려하고 있다. 단 한 번도 자기의 억울함의 변명이나 유배를 면하고자 하는 심정을 표출하지 않았다. 유배지의 척박한 환경 속에서도 하늘의 영광된 삶을 앙망하며 차분하고 기쁨에 차 있는 소망의 기대가 모든 글들 속에 담겨 있다.

여기서 우리는 놀라운 교회 역사의 교훈을 배울 수 있다. 앞장에서 소개한 암브로시우스(334-397)는 황제권과 맞섰고 목회자의 권위를 세운 서방교회는 라틴어를 사용하는 가톨릭과 함께 크게 강성하여 중세기 유럽 세계의 황제권들을 능가해 나갔다. 반면에 크리소스토무스(344-407)가 사용한 헬라어권의 동방교회들은 항상 황제에게 순응하며 지위를 박탈당해도 복종만 하였고 점점 약화되어 소규모 종교로 남아 있게 된다. 교회가 정권에 어떤 자세를 가져야 할 것인가를 크게 깨우쳐 준다.

2. 최초의 성경 번역 선교사 울필라스

1) 울필라스(Ulfilas)의 생애(311-383)[23)]

신약교회 시대 최초의 선교사는 바울 사도다. 바울 사도는 소아시아, 그리스, 마게도니아, 로마까지 가장 방대한 지역에 가장 큰 선교사역을 이뤄냈다. 사도들 중 많은 이들이 형태는 다르지만 선교사역을 했다. 그런데 사도들 이후 300여 년 동안은 뚜렷한 선교사가 없다가 교부시대 최초의 선교사로 울필라스가 등장한다.

울필라스는 어떻게 해서 최초의 선교사가 되었는가? 그것은 게르만 민족의 대이동과 관련된 특별한 섭리가 작용했다고 설명할 수 있을 것 같다. 게르만 민족의 민족 이동을 좁은 의미로 설명하면 4세기 말경부터 6세기까지 200여 년 동안 로마 제국 영토의 각 곳으로 침입하여 각각 다른 왕국들을 세우고 마침내는 서로마 제국을 망하게 한 것을 말한다. 그러나 좀 더 넓은 의미로 말한다면 주전 1000년경부터

23) 안희열, 세계 선교역사 다이제스트100, 침례신학대학출판부, 2013, pp. 82-85.

서서히 민족 이동이 있었다고 말할 수 있다.

울필라스의 아버지는 게르만족의 고트(Goths)족이었다. 이들이 다뉴브강 하류와 흑해 북쪽까지 내려왔다. 로마 제국은 이들과 싸우며 막아냈으나 점차 힘이 약해진 로마는 저들과 공존 관계를 유지한다. 고트족들은 흑해를 건너 소아시아 북동쪽인 카파도키아를 쳐들어가서 약탈물과 함께 많은 인질들을 끌고 가서 노예로 삼았다(264년경).

카파도키아에서 인질로 끌려간 많은 사람들 중 기독교 신자들은 자기들을 포로로 잡아간 고트인들에게 복음을 전했다. 서고트족의 상류 계급에 속하는 울필라스의 아버지는 카파도키아에서 인질로 잡혀온 기독교인의 후손 여인과 결혼을 했다. 그래서 311년에 울필라스를 낳았다. 울필라스는 아버지를 통해 라틴어와 고트족의 언어를 배웠고, 어머니를 통해 헬라어를 배웠다. 울필라스가 성장한 후 고트족 내 있는 교회에서 공예배 때 성경을 봉독하는 하급 성직자인 독경사(讀經師)가 되었다.

울필라스가 17세 되던 해(328년) 고트족의 사절단원들 중 하나로 콘스탄티노플에 가게 되었다. 울필라스가 사절단원이 된 것은 어머니를 통해 배운 헬라어를 잘 알고 또 동로마 관리들이 라틴어를 사용하기 때문이었을 것이다.

콘스탄티노플을 방문한 울필라스는 자기가 기독교 신앙을 갖게 된 뿌리가 어머니의 고국이 카파도키아이며 카파도키아의 행정 중심이 콘스탄티노플이었으므로 큰 기대 속에 콘스탄티노플을 방문한다. 울필라스는 콘스탄티노플의 감독인 니코메디아의 에우세비오스를 만난다. 참으로 서글픈 것은 에우세비오스는 안디옥의 아리우스 학파에서 성자 예수의 영원성을 부인하는 이단 신앙자였다. 울필라스는 학문의 갈증으로 이단 신앙을 분별하지 못한 채 그대로 신학을 배운다. 울필라스는 에우세비오스 밑에서 13년 동안 아리우스주의 이단 신학을 배운다.

울필라스가 30세가 되자 에우세비오스는 울필라스를 그의 고향 고트족이 사는 교회의 감독으로 임명한다(341년). 울필라스는 31세에 고국으로 돌아가 선교사이자 감독으로 7년 동안 열심히 사역을 했다. 그러나 고트족의 선교는 쉽지 않았다. 오랫동안 이방신들을 섬겨온 서고트족들은 그들의 전통적인 민족 종교를 버리기가 쉽지 않았다. 게다가 로마 제국은 313년 이후 기독교를 공인하는 나라가 되었다. 그래서 기독교를 수용한다면 로마 제국의 정치적 지배를 받든지, 아니면 종교적 이름으로 문화적 종속이 된다고 보았다. 울필라스의 동족 선교는 쉽지 않았다.

울필라스는 동족들의 신앙 박해로 고트족의 영지를 떠나 로마족이 있는 영지로 옮긴다. 다뉴브강 남쪽 뫼시아(Moesia) 지방 소고트족이 사는 곳으로 옮긴다. 여기서 울필라스는 새로운 선교 방법을 찾는다. 그것이 성경 번역 사역이었다. 당시 존재하는 성경이란 헬라어와 라틴어역뿐이었으므로 게르만족을 위한 고트어 성경이 없었다. 울필라스는 희랍 문자도 알고, 라틴 문자도 알고, 게르만 민족의 원시 문자인 루네(Rune) 문자도 알고 있었다. 그래서 세 문자를 참고하여 고트문자 27자를 만들었다. 이중에서 19자는 희랍 문자, 6자는 라틴 문자, 2자는 루네 문자를 만들어 360년경 고트어로 된 성경을 번역했다.

이렇게 울필라스가 만든 고트어는 게르만 민족이 문화 민족으로 발전하는 기초를 닦았다. 울필라스는 성경 번역 후 고트족들 중에서 제자들을 양육한다. 울필라스의 고트어 성경 번역은 고트족들의 자존심과 제자 양육의 큰 전기를 마련하게 된다. 이를 통해 고트족들에게 골고루 기독교가 보급된다.

이렇게 고트족들에게 기독교로 개종하게 한 후 게르만 민족의 대이동이 전개된다. 이때 말하는 게르만 민족의 대이동은 4세기 말부터 6세기까지의 좁은 의미의 민족 이동을 말한다. 이들 중 동게르만 민족에 속하는 서고트족, 동고트족, 게피드족, 반달족, 부르군트족들이 민족 이동 이전에 아리우스주의를 신봉하는 기독교로 개종을 했다. 그 후에 민족 이동이 전개되었다.

그 결과 정통신앙을 가진 로마 제국 후에 이단 사상인 아리우스주의가 유럽에 퍼지게 된다. 이 모든 근본 원인이 신학 내용을 제대로 모르는 울필라스가 아리우스주의에 근거한 선교를 했기 때문이다.

우리나라 선교 초기에 장로교, 감리교를 막론하고 미국의 청교도적 신앙 성향이 그대로 도입되었다. 청교도 신앙의 본산지인 영국에서 조롱받던 신앙이 미국에서 미화되어 한국에 그대로 도입된 것이다. 청교도 신앙은 주일 성수, 십일조만 잘하면 최상의 신앙이라 믿는다. 이러한 형식주의가 현재 한국교회를 무기력하고 무능한 교회로 만들고 있다.

결론

크리소스토무스는 생활과 관계된 주제에 대해 성경 연속 강해 설교로 청중들을 사로잡았다.

그는 한두 번의 설교로 효과를 노리지 않았다. 한 주제를 포착하면 그 주제를 가지고 성경 모든 곳에서 해답을 찾으려는 주제 해답의 시리즈 설교를 해나갔다. 그래서 한 문제를 몇 달이라도 생각을 다양하게 하되 해답은 성경에서 제시해 나갔다. 이렇게 생활설교를 하되 그 주제는 교인 문제만이 아닌 사회문제, 정치문제, 경제문제를 다 다루었다. 그의 설교는 가려운 곳들을 시원하게 긁어주는 청량제 같았다. 오늘 우리들도 그런 설교를 듣고 싶어한다.

울필라스는 교부시대 최초의 선교사였다. 그는 최초의 게르만 민족어를 만들어 성경을 번역해서 보급하므로 독특한 선교를 했다. 그런데 그는 이단사상을 선교했다. 잘못된 선교사의 신앙의 후유증을 바로잡기 위해서는 오랜 세월이 필요했다. 오늘날 목회자들도 마찬가지다. 자신들이 영적으로 중생의 변화된 체험이 없는 상태에서 신학을 공부한 후 관습적 종교행사를 반복해 가는 것이 목회인양 착각해 가고 있다. 그러나 교회는 생명을 살려내는 곳이지 목회자에게 순종을 잘하는 착한 교인들을 만드는 곳이 아니다. 두 사람의 생애를 통해 배워야 될 교훈이 많을 것 같다.

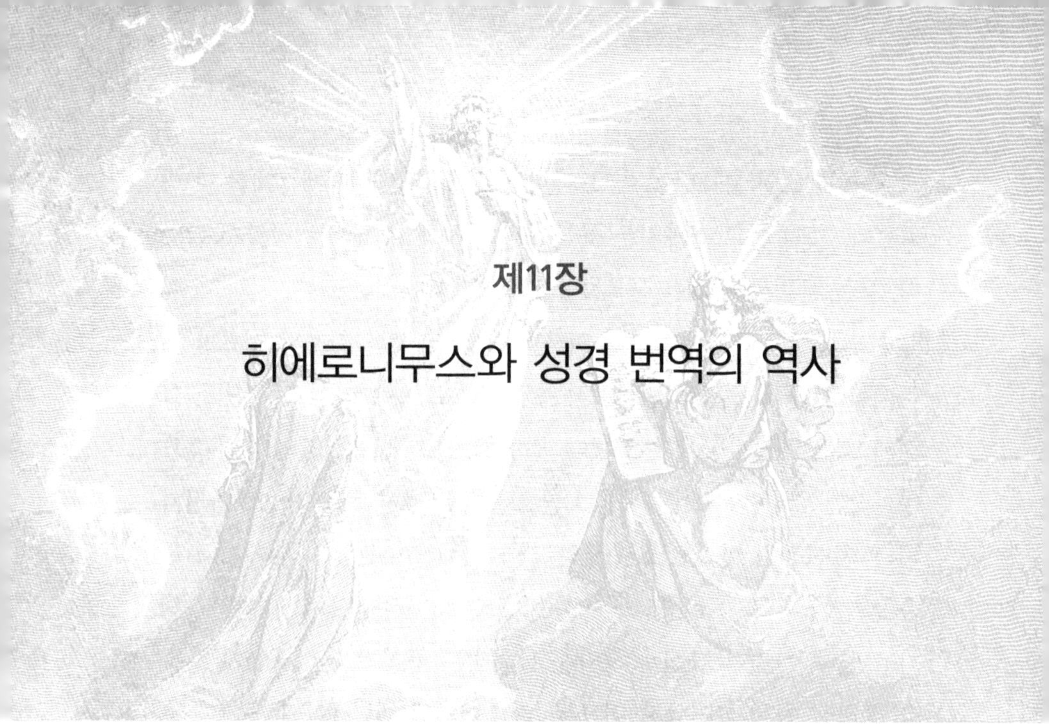

제11장

히에로니무스와 성경 번역의 역사

서론

히에로니무스(제롬)는 라틴어 성경을 최초로 번역했다. 그는 생애 동안 엄격한 수도사 생활을 하며 살아갔다. 그는 성경 번역과 함께 다른 주해들도 저술했다. 또한 자신의 학문에 대한 긍지로 당시대 여러 인물들과 논쟁, 투쟁으로 그의 괴벽한 성격들을 드러냈다.

그런데 문제와 오류가 많은 그의 라틴어 성경 번역이 중세기 가톨릭의 전용 성경이 되었다.

가톨릭이 그의 번역 성경인 불가타(Vulgata)를 전용하면서 그는 위대한 교부가 되었고 불가타 외에는 타 성경들을 인정하지 않는 독선으로 가톨릭이 수많은 오류들에 빠져들어 갔다. 그래서 라틴어 이외의 성경을 소지하지 못하도록 온갖 탄압을 계속하다가 그 주장이 해소된 것이 1958년에서야 전 세계 각 나라의 자국어로 미사드리도록 달라진다. 가톨릭이 종교개혁으로 나눠지지 않았다면 그들의 독선은 지금까지도 계속되었을 것이다.

성경의 번역은 금세기까지 매우 다양하게 이루어져 왔다. 번역 성경들로 선교가 성공을 거두고 전 세계인에게 복음이 전파되는 좋은 성과들을 거두었다. 그런데 번역 성경 중 특정 번역 성경만을 유일한 권위로 인정하려는 주장은 과거나 현재나 문제가 많은 주장이다. 여기서 성경 번역의 폭넓은 역사를 살펴보도록 하겠다.

1. 히에로니무스(제롬)

1) 히에로니무스의 생애(342/347-419)

(1) 출생과 교육[24)]

히에로니무스(제롬)

히에로니무스는 이탈리아 남부 아브루치 주(州) 아퀼라(Aquila)에서 멀지 않은 달마티아(Dalmatia)에서 342년 혹은 347년경에 태어났다. 그의 부모는 부유한 그리스도인이었다. 그는 12세 때 로마에 가서 4년간 문학 수사학을 배웠다. 이때 고전 시인들과 웅변가들과 철학자들의 작품들을 접하게 되었다. 그리고 상당량의 문헌을 수집하게 되었다.

그는 주일이면 친구들과 함께 카타콤의 명문(銘文)들을 번역해 내고 순교자들의 지하 묘비에 새긴 글들을 보고 크게 감동을 받았다

24) 정수영, 교부시대사, 쿰란출판사, 2014, pp. 821-830.

고 한다. 공부를 마친 후 자신을 엄격한 금욕생활로 주님께 헌신하겠다고 결심한다.

(2) 아퀼라 근처의 수도사

고전에 대한 애착을 절제하고 의지적으로 성경 공부에 전념하며 금욕생활을 하게 된다. 그가 이 같은 결심을 하게 된 것은 이집트의 은둔 수도사 《안토니의 생애》를 통해 크게 자극을 받았기 때문이다. 고향과 가까운 아퀼라에서 수도생활을 시작할 때 훗날 안디옥 감독이 된 루피누스를 만나고 로마 교회 감독이 된 다마수스도 만난다. 이때의 다마수스가 최초로 교황제도가 시작된 590년 그레고리 1세(590~604) 이후에 역대 로마 감독들을 교황으로 추서하는 역사 조작에 따라 다마소 감독은 제37대 교황 다마소 1세(366~384)로 추서(追徐)되어 후에는 교황이라고 부른다.

(3) 시리아 사막 칼키스(Khalkis) 수도생활

히에로니무스가 아퀼라에서 좀 더 제대로 된 수도생활을 위해 안디옥으로 갔을 때 특이한 꿈을 꾼다. 꿈에 자극을 받은 그는 시리아 사막으로 가서 금욕생활을 한다. 사막에서 4-5년간 금욕생활 중에 헬라어와 히브리어를 공부한다. 그는 수도생활을 하면서 세상을 등진 채 금욕생활을 할지라도 육체의 정욕이 제어되는 것도 아니고 마귀의 시험을 벗어날 수 있는 것도 아님을 체험한다.

그 후 다시 콘스탄티노플에 가서 나지안주스의 그레고리우스와 니사의 그레고리우스와 공부를 한다. 다시 로마로 돌아가서 금욕생활을 찬양하고 느슨하고 해이한 신앙생활을 비난하는 글들을 쓴다. 그는 로마에서 여성들에게 금욕주의 바람을 일으키고 여성 중심의 금욕생활을 이끌어 가던 중 한 여인을 죽게 만든다. 이 일로 고발을 당하자 로마를 떠난다. 그는 여자 수도사들과 성지순례차 이스라엘로 갔다.

(4) 베들레헴 수도원(386년)

히에로니무스는 베들레헴에 정착한다. 이때 돈 많은 여자들의 후원으로 수도원을 건립한다. 수도원은 남자 수도실, 여자 수도실, 이단을 제외한 여행자들의 보호 시설을 만들었다. 그는 여기서 학문에 몰두하여 성경 번역과 여러 권의 주석서들을 저술한다.

그의 최대 공헌은 20년에 걸쳐 완성한 라틴어 성경 번역이다. 그는 질투심이 강한 성격에다 자기 이외의 다른 이들의 실력을 인정하지 않으므로 수많은 신앙인들과 격렬한 논쟁들을 계속해 나갔다. 그중에는 다음에 살펴보려는 펠라기우스, 아우구스티누스 등이 있고 이들과 수많은 논쟁을 했다. 그는 자기가 아는 학문 외에는 타인을 인정하지 않으므로 그의 인간 됨에서는 부정적인 인식들로 살아갔다.

그는 서로마에 훈(Hun)족이 침입하며 서로마 제국이 게르만 민족의 대이동으로 로마 제국이 편하지 못한 때에 노령으로 419년 혹은 420년에 죽는다. 그의 유해는 그를 따르던 이들이 로마의 바실리카, 피렌체, 프라하, 클뤼니, 파리, 스페인의 왕궁 등에 그의 유사 묘지를 만들어 숭배하고 있다.

2) 히에로니무스의 사상

히에로니무스가 저술한 저서들과 라틴어로 번역한 불가타(Vulgata)를 통해 그의 사상을 살펴보겠다.

(1) 라틴어 성경 불가타

히에로니무스의 최대 공적은 로마 제국의 공용어인 라틴어로 성경을 번역한 일이다. 처음 신약성경 번역을 한 때는 386년 또는 387년이고 구약성경 번역은 405년으로 보인다. 그리고 외경을 번역해서 추가시켰다.

불가타 성경은 성경 문헌학과 해석학의 입장에서 볼 때 많은 오역과 부정확한 번역과 모순과 무원칙이 수두룩하다. 불가타(Vulgata)라는 말은 표준, 일반적, 통속적이라는 뜻이다. 불가타가 처음 나온 5세기부터 7세기까지는 히에로니무스를 과소평가했으나 오히려 로마 제국 정치권에서 라틴어 강국을 위해 라틴어가 강조될 뿐이었다. 그후 7세기 이후부터는 원문 성경과 동등하다는 어처구니없는 권위를 주장하고 9세기부터 불가타 이외의 성경들은 그 어떤 언어로든지 번역되지 못하도록 금지할 뿐 아니라 라틴어 성경 이외의 다른 성경은 사용이 금지된다.

그 같은 독선이 제261대 교황 요한 23세(1958~1963) 때에 성경을 각 나라의 자국어로 사용하도록 해제되었다. 그렇기에 중세기 동안 다른 언어로 성경 번역을 했다가 순교한 틴데일(1484~1556)을 비롯한 부지기수의 희생자들이 따른다. 그리고 트렌트 공의회(1546) 때 라틴역 불가타와 외경까지를 가톨릭 공인 성경으로 정한다. 이때부터 가톨릭은 성경이 외경을 포함해 77권이 된다.

(2) 주석서들

그가 저술한 대표적 주석서들은 이사야서, 에스겔서, 다니엘서 등과 소선지서, 전도서, 욥기, 시편, 마태복음, 갈라디아서, 에베소서, 디도서, 빌레몬서 등이 있다. 그런데 어떤 부분에는 명쾌하게 견해를 밝힌 부분이 있으나 까다로운 부분은 유대교 전승이나 초기 교부들의 해석을 소개하고 독자들의 판단에 맡긴다. 그가 얼마나 문제 되는 주석을 했는지 몇 가지 사례들을 지적해 보겠다.

열왕기상 1장 1-4절에는 다윗 왕이 노년에 기력이 쇠하였을 때 수넴여인 아비삭으로 하여금 잠자리를 같이 하게 한 내용이 있다. 이것을 다윗에게 영원히 순결한 하나님의 지혜를 유지하도록 한 행위라고 설명했다.

또 갈라디아서 2장 11-14절을 보면 바울이 안디옥 교회에서 위선을 떠는 베드로에게 면전에서 책망한 내용이 기록되어 있다. 이것을 히에로니무스는 두 사람이 짜고서 안디옥 교회 교인들에게 교훈을 주기 위한 가짜 연극 다툼이었다고 했다.

고린도전서 7장 1절에 남자가 여자를 가까이 아니함이 좋다는 구절을 근거로 여자를 가까이 하는 것은 나쁜 짓이라고 했다.

마태복음 24장 19절에 아이 밴 자들, 젖 먹이는 자들에게 화가 있다는 구절을 인용해 임신과 육아가 모두 죄악이라고 했다.

또 베드로가 결혼한 사실(마 8:14; 막 1:30; 눅 4:38; 고전 9:5)을 애써 부인했다. 마태복음 4장 20절에서 베드로가 그물을 버렸을 때 아내도 버렸다고 했다.

성경 해석들을 이러한 수준으로 해석한 것은 히에로니무스가 좋게 말하면 자신의 독신생활을 합리화하고 제1대 교황이라는 베드로의 인간적 약점을 해소시키려고 했다고 할 수 있다. 그러나 정직하게 본다면 그는 제대로 된 신학자가 아니다. 그래서 가톨릭은 불가타를 1590년, 1592년에 개정했으나 여전히 지금도 문제가 많다. 그럼에도 불구하고 가톨릭교회는 그를 수호성인으로 존경하고 아우구스티누스 다음가는 교리 박사로 인정하고 있다.

2. 성경 번역의 역사[25)]

오늘날 우리가 사용하고 있는 한글 성경들의 종류가 다양하다. 가장 오래된 개역성경이 있고, 신교와 구교가 합동으로 번역한 공동번역 성경이 있고, 개신교만의 표준 새번역도 있다. 그리고 과거의 개역성경을 개정한 개역개정 성경도 있다. 이렇게 성서공회에서 발행해 오던 번역 사역을 성경공회가 생기면서 성경들이 많아졌다. 여기에다 각 출판사들이 만든 성경과 신학 견해를 달리하는 이들이 만든 사사로운 성경들이 수없이 많다.

한글 성경들이 이렇게 많은 종류가 있는 것처럼 영어 성경들은 더 많은 종류가 있다. 또 신약 원문 성경들도 종류가 많다. 성경 종류가 많다는 것은 다양한 계층들을 다 만족시켜 줄 수 있다는 장점이 있는 반면 초신자들에게는 혼란을 야기시키는 단점도 많은 것이 사실이다.

여기서는 수천 년 동안 하나님 말씀을 사모하는 순수한 열정에서 계속 이어진 성경 번역의 역사를 정리해 보겠다.

1) 고대 역본

(1) **헬라어 구약 70인역**(BC 250–150)

(2) **아람어 구약 일부 타르굼**(Targum)**역 4–7세기**

(3) **고트**(Gothic)**어 4세기 울필라스**

(4) **라틴역**(Vulgata) **405년 히에로니무스**

(5) **시리아**(수리아)**역**

25) 정수영, 성경의 역사, 쿰란출판사, 2016. pp. 209~224.

① 고대 시리아 역본: 170년경 '디아테사론'(Diatessaron)

② 페쉬타(Peshita) 역본: 463-464년경의 구약 일부와 신약성경 22권(5권은 정경 인정을 받지 못하여 빠짐) 5-6세기 작

③ 팔레스타인 시리아 역본: 팔레스타인 중 아람어 사용자용

(6) 애굽 콥틱(Coptic)역

① 사히딕(Sahidic): 3세기경 신약 일부

② 보헤이릭(Bohairic): 오늘날 애굽 콥틱교회 공식 성경

③ 중부 애굽역: 신약 단편

(7) 아르메니아역

아르메니아(Armeniya)는 러시아의 남부와 튀르키예 북동부에 위치한 나라이다. 이 나라는 페르시아, 헬라, 로마, 아랍 오스만, 튀르키예, 소련 등의 지배를 받으며 소련 해체 후 독립된 신생 국가다. 이 나라는 대부분이 높이 1,800-2,400m의 고원지대이다. 노아 홍수 때 최고 높은 산인 아라랏산(창 8:4, 5,165m)이 있던 곳이다.

그런데 이 나라가 301년에 기독교를 국교로 정하고 396년에는 아르메니아 문자를 만들었다. 이들이 5세기 초에 구약은 6개 국어를 대본으로 삼고 신약은 원전 성경을 대본으로 삼아 아르메니아 역본을 만들었다. 이는 번역 성경들 중에 가장 정확하고 아름다운 "역본 들 중의 여왕"이라고 불리고 있다.

아르메니아는 7-9세기 아랍의 지배를 받다가 독립을 하고 11세기에는 비잔틴 제국에게, 13세기에는 몽고의 침입, 16-18세기에는 오스만 제국, 19세기에는 소련의 지배를 받다가 소련이 해체된 후에야 독립되었다. 인구 300만에 수도 예레반은 100만 정도 되는 작은 나라

이다. 그럼에도 이 나라는 전 세계에서 최초로 그리스도교를 국교로 선언한 나라의 전통을 가졌으며, 아르메니아 교회와 미술은 중세기 미술의 독특한 영향을 비잔틴과 서유럽에 미쳤다.

그 원동력이 바로 기독교를 국교로 삼은 초기의 민족정신임을 부인할 수가 없다. 아르메니아 교회는 가톨릭교회의 체제를 받아들이는 동방 가톨릭계 교회와 활기 넘치는 복음주의적 프로테스탄트 교회로 양분되어 있다.

2) 중세 역본[26)]

중세기 천 년 동안은 가톨릭에 의한 암흑시대였다는 것이 일반적인 평가이다. 이때는 오직 라틴어 성경인 불가타만이 전용되도록 온갖 탄압과 제지를 강행했다. 그러나 그렇게 암흑천지에서도 신앙을 바르게 유지하려는 복음적인 소수들이 소규모로 성경을 번역해 사용했다. 여기서는 불가타 라틴역을 거부하고 독자적으로 자기들의 신앙대로 성경을 번역한 몇 가지 사례들을 알아보겠다.

(1) 프랑스어 성경

일반적으로 영어 성경들이 먼저 번역된 것으로 알고 있다. 그러나 중세기 가톨릭의 독재적인 라틴어 성경 강압정책에도 핍박을 받으며 자기들의 신앙대로 독자적 특징을 가진 성경이 프랑스어 성경이다.

---

26) 정수영, 성경의 역사, 쿰란출판사, 2016, pp. 224-249.

① 발도파 성경

발도파를 영어로는 왈도(Waldo)파, 프랑스어로는 '발도파'라고 한다. 이들은 프랑스 남부 페에드몽(Piedmont) 알파인(Alpine) 계곡인 3,000m 높은 고지 속에서 가톨릭에서 탈피해 독자적인 신약성경적 교회를 형성한 분리주의자들이다.

이들은 1170년경 불가타가 아닌 프랑스어 복음서, 바울서신 등 신약성경 부분들을 번역하여 성경으로 사용하였다. 이들이 훗날 1535년 칼빈의 사촌인 올리베탕(Olivetan: 1506-1538)에게 경비를 주고 프랑스어 성경을 번역했다. 이들 발도파는 프랑스, 이탈리아, 독일, 스위스, 오스트리아, 보헤미아, 스페인 등 유럽 전역에 무저항적 그리스도인 신앙생활을 하는 세력으로 번져 나갔다. 이들은 종교개혁 이전의 개혁 정신으로 살아간 무리들이다. 이들 발도파들은 가톨릭, 동방교회, 개신교 등 그 어느 곳에도 소속되지 않고 현재도 이탈리아의 피에몬테 계곡에서 교육기관, 병원, 고아원, 17개의 교회가 유지되고 있다. 또 프랑스와 남북 아메리카에 발도파 교회로 존재하고 있다.

② 최초의 프랑스어 성경

1487년 샤를 8세의 명으로 프랑스어 성경이 출판되었다. 이 성경은 1487-1545년까지 12판을 거듭했다. 이 성경이 프랑스 계몽주의와 혁명의 밑거름이 된다.

(2) 네덜란드어 성경

1271년 야곱 폰 메를란트(Jacob von Maerlant)에 의해 라임 바이블(Rhyme Bible)이라는 네덜란드 성경이 나왔다.

(3) 영어 성경

① 위클리프역(1382)

② 틴데일역(1525)

③ 카버데일역(1535)

④ 매투역(1537)

⑤ 대 성서(1539)

⑥ 대버너(1539)

⑦ 제네바(1560)

⑧ 비숍(1568)

⑨ 두에이(1609-1610)

⑩ 흠정역(1611)

(4) 독일어 성경

루터의 독일어 성경(1522)

3) 현대 영어 성경

① 미국 표준역(A.S.V): 1901

② 영국 개역 표준(R.S.V): 1946, 1952

③ 새 영어 성경(N.E.B): 1970

④ 새 미국 성경(N.A.B): 1970

⑤ 새 국제 성경(N.I.V): 1978

결론

우리는 오늘날 너무 편리하고 안이한 신앙생활을 한다. 가톨릭의 라틴어 성경인 불가타를 만든 히에로니무스는 20년의 수도사적 고역 속에서 성경 번역을 해냈다. 아르메니아는 최초로 기독교를 국교로 삼고 가장 우수한 성경을 보유한 나라이다. 수많은 세월 동안 각각 다른 나라들의 지배를 받으며 짓밟혀 왔으나 그 나라의 신앙만은 짓밟지 못했다.

영국의 위클리프(J. Wyclifle: 1330-1384)는 1382년에 라틴역 성경만 사용하라는 가톨릭령을 어기고 영어로 성경을 번역했다. 그는 1384년에 뇌졸중으로 죽어 장사 되었다. 100년 후 가톨릭교회는 1428년 그를 이단자로 정죄하고 그의 시신을 파헤쳐 화형에 처하고 강물에 뿌려 버렸다.

틴데일(W. Tyndale: 1484-1556)은 위클리프의 뒤를 따라 독일 함부르크에 가서 성경 번역을 하다가 도주해서 퀼른에서 신·구약 영어 번역을 완성했다. 그의 성경을 몰래 영국에 반입해서 보급했다. 그는 네덜란드에 숨어서 성경 수정 작업 도중 영국 가톨릭교회 밀고자의 제보로 신성 로마 제국 황제라는 찰스 5세의 관원에게 체포되어 1556년에 교살형을 당한 후 화장되어 버려졌다.

오늘 우리들이 사용하는 성경이 우리들의 손에 들어오기까지는 이루 말할 수 없이 수많은 희생자들이 있었다. 우리는 이 같은 사실을 알고 성경을 존귀하게 여겨야 하겠다.

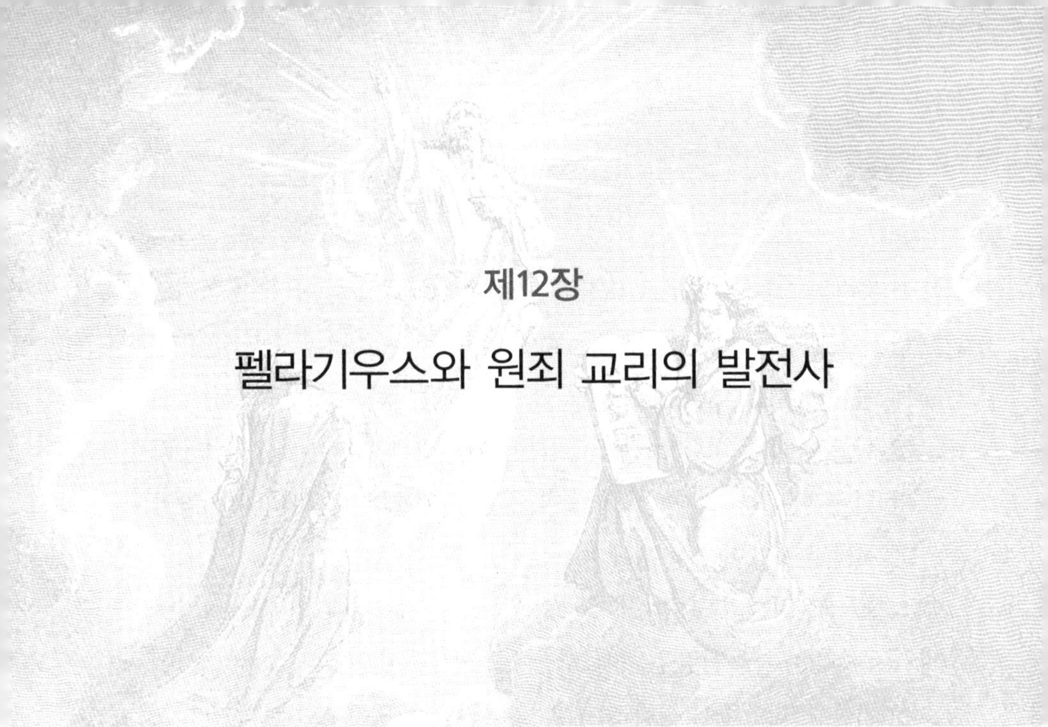

제12장

펠라기우스와 원죄 교리의 발전사

서론

현재 기독교의 개신교 안에는 칼빈주의(Calvinism)와 알미니안주의(Arminianism)라는 양대 신학이 있다. 가톨릭교회 안에도 초자연적 은혜 상실이라는 이름으로 설명되는 알미니안주의와 유사한 신학이 있다.

칼빈주의는 장로교가 루터의 종교개혁이 불완전한 개혁이었고 칼빈주의만이 개혁 신학이라고 말하고 있다. 감리교, 성결교, 하나님의 성회가 알미니안주의에서 발생된 교파들이다.

이렇게 칼빈주의와 알미니안주의는 종교개혁 이후에 나타난 명칭이다. 이 같은 명칭 이전에 교부시대 때 이미 명칭을 달리하는 신학 논쟁들이 있었다. 그 논쟁의 최초 시발자가 펠라기우스다. 그리고 그에 맞서 논쟁을 계속한 이가 아우구스티누스다. 펠라기우스는 알미니안주의의 조상이고, 아우구스티누스는 칼빈주의의 조상이다. 이들 두 사람 간의 논쟁은 교회 역사 속에 명칭만 다르게 계속된 논쟁으로 이어져 왔다.

참으로 끝날 줄 모르는 논쟁의 주제다. 원죄의 교리가 성경에서 출발했으나 다 똑같은 성경을 갖고 해석의 차이로 종파가 갈라지며 교파가 갈라졌다. 여기서는 최초의 원죄 교리 논쟁을 살펴보겠다.

1. 펠라기우스

1) 펠라기우스의 생애(350?-431?)

(1) 초기 사역: 교육과 저술

펠라기우스(Pelagius)는 로마 제국의 한 속주였던 브리타니아(영국) 출신이다. 그가 언제 출생했으며 누구의 후손인지는 알 길이 없다. 그는 383년경부터 410년경까지 로마에서 조용하고 온건한 교육과 저술활동을 했다. 그에게 교육을 받은 이들 중에 몇 명의 감독들이 배출되었고 그는 로마의 귀족들에게도 바른 신앙 교육을 시켰다. 그가 근 27년 동안(383-410) 교육가로 활동한 것을 보면 두뇌가 명석하고 학식과 교양을 갖추었으며 성품이 온순하고 인격이 무흠한 사람으로 보인다.

펠라기우스는 교육과 함께 저술도 했다. 그는 당시 이름 있는 유명인들의 저서들에 대해 비판적인 글들을 발표했다. 히에로니무스는 혼인을 천시하고 금욕주의를 강조하는 사상을 성경적인 근거들로 자기 견해로 주장하며 결혼을 비판했다. 또 요비니아누스(405년경)가 혼인을 독신생활과 동일시하는 주장도 비판했다. 또 아우구스티누스가 쓴

《고백록》(401년경)에 함축된 의미의 문제점도 신랄하게 비판했다.

그는 또 자기 사상이 담긴 저서도 발표했다. 《바울서신 13편에 대한 주해》, 《강퍅해진 바로의 마음》, 《삼위일체 신앙》을 발표했는데, 그의 삼위일체 신앙도 독특했다. 그는 4세기 때 양대 세력으로 나누어진 종속설의 입장에서 아리우스주의를 반대했고, 또 동일 본질 입장에서는 아폴리나리우스(Apollinarius)의 동일 본질 입장도 반대했다. 그 외에도 《독신》, 《율법》 등의 저서도 발표했다.

그는 교회를 완전주의 이상에 헌신된 성인 침례자들로 구성된 공동체로 보았다. 그리고 인간은 죄에서 자유롭게 살 수 있도록 창조된 자유인임을 강조했다.

이와 같은 그의 교육활동 중에 가장 큰 소득은 로마에서 활동하는 저명한 변호사 켈레스티우스(Celestius)를 회심시키고 펠라기우스를 동역자요 제자가 되게 한 일이다.

(2) 후기 사역: 논쟁과 도피

펠라기우스와 켈레스티우스는 410년 고트(Goths)족이 로마를 침입해 들어옴으로 그들을 피해 아프리카로 갔다. 아프리카에는 당시 유명한 아우구스티누스가 있었기 때문이다. 두 사람이 아프리카 카르타고의 아우구스티누스를 찾아갔으나 마침 아우구스티누스는 도나투스파와의 논쟁으로 히포에 없었다. 그래서 펠라기우스는 아우구스티누스에게 정중한 편지만 남기고 팔레스타인으로 갔다. 켈레스티우스 혼자 아프리카에 남아서 아우구스티누스와 관계를 이루려고 했는데 마침 그곳에 밀라노의 부감독 파울리누스가 머물고 있었다.

파울리누스는 412년 카르타고 공회에 켈레스티우스의 사상에 문제가 있다고 고발함으로 공회는 그를 출교한다. 출교를 당한 켈레스티우스는 에베소 교회에 가서 장로 임명을 받고 또 베들레헴에서 수도원장으로 활동하는 히에로니무스의 숙적인 예루살렘 교회 감독 요한에게 환영을 받는다. 이때 펠라기우스와 켈레스티우스는 에베소 교회와 예루살렘 교회에서 환영을 받는데 히에로니무스와 아우구스티누스는 두 사람의 저술을 근거로 펠라기우스에 대한 논박문을 썼다.

펠라기우스와 켈레스티우스를 놓고 아프리카의 아우구스티누스와 베들레헴의 히에로니무스가 합동해 논쟁이 계속되었다. 이 문제의 수습을 위해 415년 예루살렘 회의가 열렸다. 먼저 펠라기우스를 정죄하도록 주장하는 자들이 아우구스티누스가 펠라기우스의 오류를 비판한 내용을 근거로 열심히 펠라기우스를 정죄했다. 그런데 펠라기우스 정죄 주장자는 라틴어만 사용하므로 통역을 해야 했고 현장에서 대응하는 펠라기우스는 라틴어와 헬라어를 구사하며 저들의 핵심 질문에 답변을 회피해 나갔다.

그해 연말에 두 번째 예루살렘 회의에서 켈레스티우스의 사상을 문제 삼고 또 회의가 열렸다. 이때도 예루살렘 감독을 위시한 14명의 감독들은 펠라기우스를 두둔하므로 회의가 끝났다.

이 시대의 교회들은 펠라기우스 사상을 놓고 세 부류로 나뉘어져 있었다. 하나는 아프리카의 아우구스티누스를 중심으로 아프리카 교회들은 펠라기우스를 이단자로 몰아갔다. 두 번째는 예루살렘 교회를 중심으로 한 동방교회들은 펠라기우스를 옹호했다. 세 번째는 서방 로마 교회로 펠라기우스의 사상을 처음부터 이미 잘 알고 있으면서도 시대에 따라 입장을 바꾸어 나갔다.

로마 감독 중에 어느 때 감독은 팔레스타인을 두둔하고 아프리카를 비난하고, 어느 때 감독은 팔레스타인을 비난하고 아프리카를 옹호했다. 로마 교회는 동방과 아프리카 간의 분쟁에서 어떤 형태로든지 서방 로마 교회의 권위를 높이는 실리적 처신을 해나갔다. 이렇게 서방 로마 교회는 자체 권위 향상에 주력하며 동방에서 시작된 기독교가 서방 로마에서 시작되었다는 터무니없는 주장을 수립하는데도 동방교회와 아프리카 교회는 투쟁을 계속했다.

그렇게 중간의 애매한 입장으로 어부지리를 획책하던 로마 교회 감독 조시무스(418)는 처음에는 펠라기우스 편으로 후에는 아프리카 편으로 왔다 갔다 한다.

424년 안디옥 회의 후 로마 황제 데오도시우스는 동방교회와 서방교회의 분쟁의 원인자인 펠라기우스에게 팔레스타인을 떠나라는 추방령을 내린다. 430년경 이후 펠라기우스와 켈레스티우스의 행방은 알 길이 없다. 그 이후로 펠라기우스를 지지하는 파벌 교회는 사라지고 다만 펠라기우스의 신학 사상이 계속 발전되어 오고 있다.

2) 펠라기우스의 사상[27]

여기서는 펠라기우스의 저서들에 나타난 그의 사상과 동시대의 아우구스티누스가 펠라기우스의 저서들을 근거로 비판한 내용들을 근거로 두 사람의 주장과 사상적 차이를 살펴보도록 하겠다.

(1) 펠라기우스의 주장

① 아담은 하나님의 형상대로 창조되었다(창 1:26)

27) 정수영, 교부시대사, 쿰란출판사, 2014, pp. 840-846.

'아담이 하나님의 형상대로'라는 말은 그의 자유의지까지도 하나님의 형상이라는 뜻이며 아담은 그 자유의지로 죄를 선택했다.

② 아담이 타락한 후에도 그에게 자유의지는 계속 있었으며 그에게는 죄의 경향성(tendency)만이 남아 있을 뿐 원죄는 없다.

③ 아담의 후손들에게 죄의 경향성은 있으나 죄의 유전이란 있을 수 없다. 따라서 아담의 후손들은 그 자신의 자유의지로 하나님을 선택할 수 있고 또 세상을 선택할 수 있다.

(2) 아우구스티누스의 주장

① 아담이 하나님의 형상대로 지음받았을 때는 죄와 상관없는 완전한 존재였다. 그러나 그가 자유의지로 죄를 선택한 후에는 하나님의 형상을 잃어버렸다.

② 하나님의 형상을 잃어버린 아담의 후손들은 출생부터 부패한 존재이다. 타락한 아담의 후손들은 하나님을 찾을 수 있는, 만날 수 있는 능력이 전혀 없다.

③ 타락한 인간은 스스로 구원을 성취할 수 없다. 다만 하나님께 선택된 사람만이 하나님을 찾는 의욕을 갖게 되고 하나님을 찾는 능력도 하나님이 주셔야만 가능하다.

(3) 펠라기우스와 아우구스티누스의 사상적 차이점

① 영혼의 기원

ㄱ) 펠라기우스: 창조론(Creationism)

하나님은 모든 개개인의 영혼을 새롭게 창조하신다.

ㄴ) 아우구스티누스: 유전설(Traducianism)

사람의 영혼은 신체와 같이 부모로부터 유전된다.

ㄷ) 헬라 철학: 선재설(Preexistence)

인간이 이 세상에 나타나기 이전에 영혼이 먼저 있다가 임신 초기에 유입된다.

② 인간의 본질

ㄱ) 펠라기우스: 인간의 본싱은 도덕적이다.

ㄴ) 아우구스티누스: 인간의 본성은 부도덕하다.

인간은 선을 행할 수 있는 경향이 있어서 부단히 신께 복종하면 죄를 범하지 않을 능력은 있으나 본성은 악하다.

③ 인간의 타락

ㄱ) 펠라기우스: 아담의 타락으로 모든 인간에게는 악의 기질과 버릇이 있을 뿐이다. 정신적인 죽음은 아담이 준 것이로되 인류에게는 그것이 대표적인 예일 뿐이다.

ㄴ) 아우구스티누스: 정신적, 육체적 죽음은 모두가 아담의 타락으로 얻은 것이며, 전 인류는 그의 유전에 의하여 타락된 존재이다.

④ 타락 후의 인류

ㄱ) 펠라기우스: 모든 인간은 아담의 타락 이전과 같이 무죄한 존재요 자유인으로 태어났으나 후에 죄를 배워 타락한다. 그는 인간이 죄를 지은 것은 죄의 본성이 아니라 악에 길들여진 습관의 결과라고 보았다.

ㄴ) 아우구스티누스: 모든 인간은 부정한 죄의 성질을 가진 채 유전

되어 출생함으로 진정으로 고결함은 불가능하다.

⑤ 인간의 의지

ㄱ) 펠라기우스: 인간의 의지는 늘 자유롭다. 타락 전이나 후나 언제든지 선악을 자유롭게 선택할 능력을 가지고 있다.

ㄴ) 아우구스티누스: 타락 전의 자유의지는 타락 후의 자유의지와 전혀 다르다. 인간은 타락 후 자유의지는 상실되었고 죄의 종이 되었다.

⑥ 죄의 유전

ㄱ) 펠라기우스: 아담의 죄는 유전될 수 없다.
인간 개개인은 유전된 죄가 없으므로 자기가 지은 죄에 대해서만 책임이 있을 뿐이다.

ㄴ) 아우구스티누스: 죄는 유전이어서 모든 인간은 나면서부터 본성중에 죄를 가지고 태어났다.

⑦ 은혜, 또는 구원

ㄱ) 펠라기우스: 인간은 의지, 지혜, 의 등이 각 개인에게 자연스럽게 부여되어 왔다. 따라서 인간은 스스로 은혜의 길을 선택할 수 있다.

ㄴ) 아우구스티누스: 인간의 은혜는 신의 진리와 성령의 활동에 의해 주어진다. 인간의 은혜는 예정의 움직임이다. 인간의 구원은 오직 하나님께서 예정하신 사람에게만 주어진다.

⑧ 신의 예정

ㄱ) 펠라기우스: 절대적인 신의 선택은 있을 수 없다.

ㄴ) 아우구스티누스: 신의 예정은 개인적이어서 영원 또는 절대적이다.

⑨ 유아세례

ㄱ) 펠라기우스: 유아세례는 좋은 일이나 유아의 구원에는 불필요하다. 왜냐하면 유아에게는 죄가 없기 때문이다.

ㄴ) 아우구스티누스: 유아는 나면서부터 죄인이므로 유아의 구원에 유아세례가 필요하다.

이렇게 두 사람 간의 견해는 완전히 다르다. 두 사람의 주장 중에서 아우구스티누스가 아프리카 교회와 로마 교회가 손을 잡고 동방 예루살렘 교회 의견을 묵살시킨다. 그 후 동방교회나 아프리카 교회들은 7세기에 이슬람 세력들에 의해 자취가 사라진다. 아프리카 교회가 사라진 후 로마 교회와 동방교회 후신인 그리스 정교회만 살아남는다. 이들 로마 교회와 동방 정교회는 서로 자기들이 정통이라는 주도권 투쟁을 계속한다. 그러다가 11세기에 서방교회는 가톨릭교회로, 동방교회는 정교회로 분열한 채 오늘까지 이르고 있다. 이 중에서 16세기에 가톨릭교회에서 분리되어 나온 것이 개신교다.

원죄 교리의 근거는 성경에 있다. 다 똑같은 성경을 근거로 하지만 해석을 달리하며 최초로 격돌한 것이 펠라기우스와 아우구스티누스다. 그 후로 중세기 때 또 달라지고 종교개혁 후 또 발전되고 현대에 또 다르게 주장되고 있다. 그것이 현대의 칼빈주의와 알미니안주의이다.

2. 원죄 교리의 발전사

1) 성경적 근거

(1) 구약 성경

인간의 보편적 죄성에 관한 증거

창 8:21 "사람의 마음이 계획하는 바가 어려서부터 악함이라"

왕상 8:46 "범죄하지 아니하는 사람이 없사오니"

시 130:3 "주께서 죄악을 지켜보실진대 주여 누가 서리이까?"

인간이 죄 상태로 태어남에 대한 탄식

시 51:5 "내가 죄악 중에서 출생하였음이여 어머니가 죄 중에서 나를 잉태하였나이다"

욥 15:14 "사람이 어찌 깨끗하겠느냐 여인에게서 난 자가 어찌 의롭겠느냐"

욥 25:4 "하나님 앞에서 사람이 어찌 의롭다 하며 여자에게서 난 자가 어찌 깨끗하다 하랴"

(2) 신약 성경

그리스도의 암시적 말씀

마 7:11 "너희가 악한 자라도 좋은 것으로 자식에게 줄 줄 알거든"

막 2:17 "나는 의인을 부르러 온 것이 아니요 죄인을 부르러 왔노라"

눅 11:4 "우리 죄도 사하여 주시옵고 우리를 시험에 들게 하지 마시옵소서"

바울 사도의 교훈으로 가장 정확하게 준 교훈

롬 5:12-21 "한 사람으로 말미암아 죄가 세상에 들어오고 죄로 말미암아 사망이 들어왔나니 이와 같이 모든 사람이 죄를 지었으므로 사망이 모든 사림에게 이르렀느니라 죄가 율법 있기 전에도 세상에 있었으나…한 사람의 범죄를 인하여 많은 사람이 죽었은즉…한 사람의 범죄로 말미암아 사망이 그 한 사람을 통하여 왕 노릇 하였은즉…그런즉 한 범죄로 많은 사람이 정죄에 이른 것같이…한 사람이 순종하지 아니함으로 많은 사람이 죄인 된 것같이…"

이 모든 표현들은 한 사람 아담의 범죄가 모든 사람의 범죄라는 원죄 교리를 뒷받침해 준다.

또 갈라디아서 5장 19-21절에도 육체의 일이 죄성임을 말하고, 야고보서 1장 13-15절에도 인간의 죄성을 말한다. 성경은 구약·신약 전체에 원죄의 교리를 설명하는 구절들이 많이 소개되고 있다.

2) 교부들의 해석

사도들 다음의 교회 지도자들이었던 교부들은 성경 해석을 달리하며 격렬한 논쟁을 계속했다. 그 내용을 앞서 펠라키우스와 아우구스티누스 간의 해석의 차이로 살펴보았다.

3) 중세시대

중세시대 천 년은 성경 중심의 시대가 아니었다. 중세시대는 성경과 교부들의 사상이 결합되어 자기들이 유리한 방향대로 신학을 만들어 갔다. 중세시대 때는 성경보다는 교부들에 근거한 가톨릭교회 수호를 위한 중세 신학자들의 전성시대였다. 그렇기에 성경 내용 보다는 중세기 스콜라 신학자들이 교부들의 주장을 곁들이거나 헬라 철학을 곁들인 해석이 더 중요했다. 그래서 중세기에는 가톨릭교회 보전을 위한 스콜라 신학이 최고의 권위로 탈바꿈한다.

과거 교부들 중 오리게네스, 아우구스티누스는 헬라의 플라톤 철학에다 성경 용어를 각색했고, 이것이 교부 신학이었다. 그런데 중세기 스콜라 신학자들은 헬라의 아리스토텔레스 철학 위에 교부들의 주장을 곁들이고 성경 내용은 최소화시켰고, 이것이 중세기 신학이었다.

아우구스티누스는 원죄를 해결해 주는 것이 세례이고 세례 후에 주어지는 은혜를 ① 출생의 은혜 ② 작용의 은혜 ③ 협력의 은혜로 발전된다고 했다. 이것을 트렌트 공회(1545-63)에서 가톨릭은 인간이 구원 얻을 수 있는 하나님의 은총이 세 가지가 있다고 했다.[28)]

① 충족은총: 세상 모든 이가 자연적, 보편적으로 받는 초보적 은총
② 주입은총: 영세, 견진, 미사, 고해 등 7성례에 의해 하나님의 은총과 예수의 공로가 기계적으로 주입되는 은총
③ 협력은총: 주입은총을 계속 머물게 하려면 응분의 공로를 쌓는데 그때 협력은총이 더해짐

---

28) 정수영, 교부시대사, 쿰란출판사, 2014, pp. 868-869.

이 같은 가톨릭의 주장은 지금까지 계승되고 있다.

4) 종교개혁 후 현대

종교개혁자 루터와 칼빈은 성경을 근거로 종교개혁을 했다. 그러나 그들의 성경 해석은 아우구스티누스의 해석을 답습한다. 그래서 성경의 물과 성령으로 거듭난다는 진리(요 3:5)를 외면하고 아우구스티누스가 주장한 대로 세례로 중생한다는 세례 중생론(Baptismal Regeneration) 교리를 그대로 답습한다.

개신교 전체는 세례를 받으면 교회의 정회원이 되고 정회원으로 몇 년간 회원 의무(주일성수, 십일조)만 시행하면 제직이 되고 목회자가 된다. 개신교 중에서 의무를 강조하는 것이 언약신학을 근거로 하는 칼빈주의이고 감동을 강조하는 웨슬리안 신학이 알미니안주의이다.

결론

펠라기우스는 아담의 행위가 단지 그 한 사람의 개인적 행위일 뿐 후손과는 별개 문제라는 신념을 가지고 있었다. 아우구스티누스는 아담의 행위가 모든 인류에게 미쳤다는 신념을 가지고 있었다. 그렇기에 아직 죄가 무엇인지도 모르는 유아에게 유아세례로 죄를 씻어줘야 된다는 유아세례를 주장했다. 그러나 아우구스티누스의 유아세례나 세례로 중생이 가능하다는 주장은 완전히 비성서적 주장이다. 세례나 침례가 사람을 구원시킬 수 없다. 다만 모든 인간들이 아담의 범죄로 죄인이 되었다는 원죄 교리는 로마서 5장에 명확한 근거가 있다.

펠라기우스처럼 아담의 행위를 단지 개인적 문제로만 의미를 부여한다면 그리스도의 속죄행위도 단지 개인적 문제라는 모순을 가져올 수 있다. 아담의 죄가 후손들에게 전가될 수 있기에 그리스도의 속죄 공로도 만인에게 적용되는 것이다. 펠라기우스가 평생 동안 싸우는 그의 사상 속에는 구속, 속죄, 중생, 신생에 해당되는 사상이 없다. 반면에 아우구스티누스는 중생, 신생을 성령의 능력을 믿지 않고 세례라는 의식을 헬라 철학자 플라톤의 신비사상으로 기독교에 도입시켰다.

아우구스티누스 사상을 다음 편에서 좀 더 살펴보겠다.

우리는 과거 기독교 초기 지도자들의 신앙과 사상의 잔재들로부터 지금도 영향을 받고 있다. 그것이 아우구스티누스의 세례 중생론이고, 펠라기우스의 인간의 완전주의에 대한 신념이 알미니안주의로 발전된 것이다. 우리는 과거를 깨달음으로 오늘의 우리 모습의 허점을 발견할 수 있는 지혜를 얻어야 하겠다.

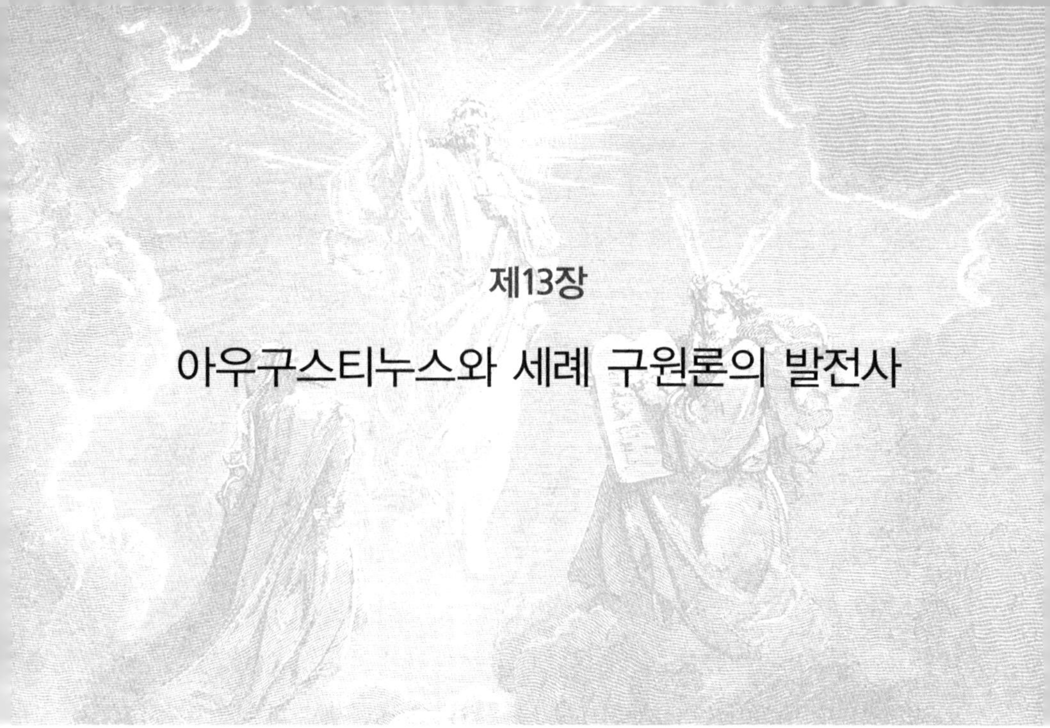

제13장

아우구스티누스와 세례 구원론의 발전사

서론

아우구스티누스는 기독교적 입장에서 역사를 설명한 기독교적 역사관의 최초의 공헌자이다. 그가 심혈을 기울여 13년 동안(413-426) 완성한 22권짜리의 대작 《신국론》은 수많은 사람들에게 큰 감동을 주고 있다. 그가 《신국론》으로 인해 인류에게 끼친 공헌은 그를 최상의 학자로 존중할 만한 가치가 있다.

그가 어린 시절부터 방탕한 생활을 하다가 33세 때 회개하기까지의 생애를 저술한 자전적 《고백록》 역시 솔직한 인간적 심리를 잘 묘사했으므로 대중들에게 공감되는 양서로 인정받고 있다. 이렇게 그에 대해 좋은 면만 부각됨으로 인해 그가 행한 기독교 세계에 치명적인 과오가 희석되거나 묻혀지는 과오가 진행되고 있는 점도 있다.

그것은 그가 최초로 세례로 구원이 가능하다는 "세례 중생론"을 만든 잘못된 신학자였다는 점이다. 그의 학문적, 인간적 공헌과는 전혀 별도로 신학자였고 기독교 지도자였으나 그의 "세례 중생론"은 중세기 가톨릭의 성례전 신학의 기초를 만들었다. 그리고 개신교들에게도 세례만 받으면 기독교인으로 간주하여 교회의 질을 근본적으로 추락시키게 만들었다.

그의 공적을 인정함과 함께 그의 커다란 과오도 함께 살피고 평가하는 것이 우리의 정직한 태도라고 본다. 이에 따라서 필자는 그의 공적과 과오를 함께 살펴보도록 하겠다.

1. 아우구스티누스

1) 아우구스티누스의 생애(354-430)

(1) 회개 이전

히포의 아우구스티누스

아우구스티누스(Augustinus)는 354년 11월 13일에 북아프리카 소도시 타가스테(Tagaste)에서 중산층 지주 파트리키우스(Patricius)와 모니카(Monica) 사이에서 태어났다. 아버지는 누미디아(Numidia) 지방 관리였고 어머니는 아프리카 원주민 베르베르인이었다.

7세부터 16세까지 그는 타가스테보다 큰 대도시인 카르타고(Carthago)에 나가 공부를 했다. 17세 때 아버지가 사망한 후 18세부터 31세까지 신분이 낮은 여자와 동거하며 19세에 아들을 낳는다. 그는 여자의 종교 문제로 모친과 불화 상태로 살아간다. 20세 때 그는 타가스테에서 수사학 교사로 사회생활을 시작하여 22세 때는 카르타고 수사학 교사가 된다. 이때부터 29세까지 마니교에 심취한다. 29세 때 로마의 수사학 교사로 진출한 후 로마에서 신 플라톤 철학을 접한 후 마니교를 떠난다.

30세에 로마 제국의 수도인 로마시의 장관 심마쿠스의 추천으로 밀라노 국립학교 수사학 교사가 된다. 이때 밀라노의 감독 암브로시우스의 설교로 인해 기독교에 호기심을 갖게 된다. 31세 때 어머니 모니카가 밀라노로 찾아와 동거녀와 헤어지게 하고 다른 여자와 약혼을 했으나 결혼은 하지 않는다. 32세 때 신 플라톤 서적을 읽고 영적 세계에 눈을 뜬다. 그리고 밀라노 정원에서 여자아이들의 노래 소리를 듣고 펼친 성경이 로마서 13장 11-14절이었다. 이때에 그는 방탕하거나 술 취하지 말며 음란하거나 호색하지 말라는 구절에 큰 감동을 받는다.

그는 이때가 회개의 때라고 기억한다. 그는 밀라노 수사학 교사를 사임하고 33세에 암브로스 감독에게 침례를 받는다. 그리고 모친과 함께 고국으로 귀국을 결심하고 귀국하는데, 도중에 오스티아(Ostia) 항구에서 모친이 사망한다.

(2) 회개 이후

34세(388년)에 고국에 귀국하여 타가스테에서 공동생활을 시작하며 마니교도에 대한 오류를 증거하는 저서들과 철학, 신앙에 관계된 저술들을 한다. 36세 때 아들이 죽고 37세 때 사제로 서품을 받는다. 그리고 38세 부터 58세 때까지 도나투스파와 논쟁을 하고 펠라기우스와도 논쟁을 계속한다. 그러면서 수많은 저술들을 이어나간다.

그의 저서들 중 지금까지 세상에 알려진 대표적인 것이 두 가지다. 하나는 《고백록》으로 자기가 출생한 후부터 33세에 회개하기까지의 자기의 일생을 진솔하게 밝힌 자전적인 책이고, 두 번째는 13년 동안 심혈을 기울인 《신국론》이다.

2) 아우구스티누스의 사상[29)]

아우구스티누스의 사상은 ① 마니교 ② 신 플라톤 철학 ③ 기독교 신앙 등이 함께 섞여 있는 그의 여러 저서들 속에 담겨 있다. 그렇기에 7년 여 동안의 마니교 사상과 그의 영적 눈을 뜨게 해 줬다는 신 플라톤 철학이 기독교인이 된 후에도 그의 작품들에 반영되고 있다. 그렇기 때문에 그의 과거생활에서 체험된 사상들이 그의 기독교적 작품 속에서 어떻게 영향을 미쳤는가를 구별해 내는 것이 그의 사상을 바르게 이해할 수 있는 기본이 되는 것이다.

여기서는 그가 세계 인류에게 끼친 공헌으로 그의 두 작품과 가톨릭과 개신교에서 치명적 과오라고 인식하지 못하고 있는 그의 부정적인 과오 두 가지를 살펴보겠다.

(1) 아우구스티누스의 공적

① 《고백록》(397-400)

《고백록》은 전체가 13권으로 나누어져 있다. 이중에서 1권부터 10권까지가 그의 자서전적 고백 내용이다.

제1권: 어린 시절

제2권: 16세 때의 일

---

29) 정수영, 교부시대사, 쿰란출판사, 2014, pp. 851-887.

제3권: 카르타고에서의 생활

제4권: 19세에서 28세까지의 일

제5권: 29세 때의 일

제6권: 29세에서 30세까지의 일

제7권: 31세 때의 일

제8권: 32세 때의 일

제9권: 뉘우침과 모니카의 죽음

제10권: 뉘우침의 명상

이렇게 그가 출생 때부터 회개할 때까지의 자기의 생애를 고백하는 심정으로 저술했기에 《고백록》이라고 한다.

제11권: 천지창조와 시간론

제12권: 창세기 1장 강해

제13권: 삼위일체와 성령의 본질

《고백록》은 그의 출생 때부터 히포 교회의 주교가 되기까지의 반생을 기록한 것이다. 이 책은 아우구스티누스의 사상적 배경을 이해하는 데 먼저 참고할 만한 재료의 가치가 있다. 그렇기에 그의 사상적 이해보다는 그의 인간 이해에 참고가 되는 자료이다.

그는 또 임종하기 3년 전에 《재고록》(再考錄)(427)도 저술했다. 이 책은 《고백록》과 다르게 그가 저술했다는 저술 목록만 93편이 되고 편지 300통, 설교 기록 400편 등의 900여 편의 자기 글들을 언제, 어디서, 무슨 목적으로 썼는가를 기록한 저서이다.

우리는 《고백록》과 《재고록》을 통해서 아우구스티누스의 사상적인 면모보다는 그의 인격과 사상이 어떻게 형성되었는지 그의 생애의 발전 과정을 엿볼 수 있다.

② 《신국론》(413-426)

《신국론》은 이방인 로마 제국의 지성인들을 설득시키려는 기독교적인 역사 해설서이다. 그렇기 때문에 《신국론》을 이해하려면 아우구스티누스가 무슨 동기로, 무슨 목적을 갖고 이 책을 13년 동안이나 썼는지 저작 동기와 목적을 이해하는 것이 반드시 선행되어야 한다. 로마 제국은 건국 초기부터 많은 전쟁들을 계속하면서 다른 나라들을 정복한 후 속주로 삼아 나갔다. 속주가 된 다른 나라와 민족들은 각각 그들만의 신(神)들을 섬기어 왔다.

로마 제국은 다른 나라와 민족들의 신들을 다 포용하고 인정했다. 그렇게 다른 민족들의 신들을 포용해 나가다 보니까 로마는 다신교 국가가 되었다. 그래서 모든 신들이라는 신들을 다 모시는 만신전(滿神殿)이 미국 의사당 건물의 두 배 크기로 세워졌었다.

그런데 313년 콘스탄티누스 황제가 기독교를 선언한 후에는 유일신 신앙에 의해 만신전이 소외당하기 시작했다. 그러다가 410년에 로마 제국은 무명의 고트(Goths)족에 의해 처참하게 짓밟혔다.

이때 로마 제국 내 지성인들은 로마가 다신교를 섬겨왔던 많은 신들을 무시한 것에 대한 다신들의 진노의 결과로 외적의 침략을 받았다고 했다. 이에 대한 기독교 신앙의 변증으로 아우구스티누스의 《신국론》이 나오게 된다.

《신국론》의 내용은 《신국론 I》에 제1권부터 제12권에 이르기까지 로마 제국의 과거사들은 다신교가 지배했으나 다신들이 나라를 지켜주지 못했던 역사적 사실들을 지적한다. 그래서 만신전이 한 번도 나라를 지켜주지 못했던 과거사들을 구체적으로 열거한다.

아우구스티누스는 로마 건국 때인 로물루스로부터 트로이 전쟁, 포에니 전쟁, 크라쿠스 형제의 반란 등 다신들이 로마를 지켜주지 못했던 수많은 사례들을 제시한다. 그 다음에는 구약성서에서 여호와 하나님이 이스라엘 민족을 지켜주신 사례들도 제시한다.

《신국론Ⅱ》에는 제13권부터 22권까지 하나님의 명령을 어긴 인간들의 죽음의 역사를 구약 내용과 신약 내용에서 고루 설명한다. 아우구스티누스는 카인과 아벨에서 땅 위의 나라와 하늘나라의 기원을 본다. 땅 위의 나라인 국가 형태는 지상에 보이는 것들을 섬기는 세상 백성(The city of man)의 조상이고 그것이 국가 형태로 나타났다. 국가는 자기애에 집착되어 있으므로 참된 정의나 공의가 있을 수 없다. 반면에 아벨로 시작된 '하나님의 나라'인 신국(The city of God)은 희생과 사랑으로 이루어져 나간다. '하나님의 나라'는 국가 형태와 다른 영원한 사랑의 나라이다. 이렇게 '하나님의 나라'의 영원성을 강조했다.

아우구스티누스의 《신국론》은 종말 신앙에서 말하는 영원한 천국이 교회를 통해 이루어져 간다는 종말 신앙에 근거한 천국론을 '신국'으로 설명한다. 이것은 복음서에서 가르치는 '하나님의 나라' 개념이다. 그렇기에 그의 《신국론》은 이상적인 나라를 추구하는 세상의 많은 사람들에게 공감을 주게 되었다고 할 수 있다.

(2) 아우구스티누스의 과오

한 사람의 진실된 정체는 격렬한 투쟁 때에 그의 속에 담겨져 있는 본성이 제대로 노출된다. 아우구스티누스가 정제된 상태에서 진실을 기록한 《고백론》이나 《신국론》 등에는 그의 정체가 드러나지 않고 화려한 내용들로 가득 차 있다.

그러나 그가 자기와 견해를 달리하는 자들과 격렬한 논쟁을 계속한 논쟁들 속에는 그의 사상과 실력 수준이 고스란히 표출되어 있다. 그는 펠라기우스와 논쟁을 하며 원죄 교리와 함께 원죄를 해결하는 방법으로 세례를 주장했다. 여기서 그는 성경 이해에 한계가 있음이 드러났고 또 그가 주장하는 "세례 구원론"이 자기 사상이 아닌 신플라톤 철학 사상의 도입이었음이 드러났다.

두 번째는 30여 년간 계속된 도나티스트들과의 논쟁 끝에 자기의 대적자들을 어떻게 처리했는가? 도나티스트들에 대한 처리 방법에서 그가 권력을 사용해 대적자들을 멸절시키는 잔인성이 드러났다. 이처럼 아우구스티누스의 약점이 너무 크고 중대하다. 그럼에도 불구하고 아우구스티누스의 공적인 《고백록》과 《신국론》은 로마 가톨릭 교회와 프랑스 샤를마뉴 대제에 의해 크게 알려졌고 그의 과오에 대해서는 아는 이들이 많지도 않고 알려고 하지도 않고 관심도 없기에 위대한 섭리로만 알려졌다. 여기서 필자는 아우구스티누스의 치명적 과오가 되는 두 가지 내용을 살펴보도록 하겠다.

● 펠라기우스와의 원죄 교리 논쟁

이 부분은 앞서 원죄 교리의 발전사에서 그 내용을 설명했다. 원죄를 부정하는 펠라기우스는 죄가 무엇인지도 인식하지 못하고 죽는 유아들이 죽으면 죄가 없으므로 천국과 지옥의 중간 상태로 간다고 주장하며 원죄가 유전된다는 주장을 했다. 이에 반해 아우구스티누스는 원죄와 함께 의인이 없이(롬 3:10) 다 죄인이므로 유아들에게도 죄를 씻어주는 유아세례가 필요하다고 했다.

여기서 아우구스티누스의 성경 이해가 불완전함을 알 수 있다. 주님께서는 마태복음 18장 3절에 어린아이들과 같이 되지 아니하면 천국에 들어가지 못한다고 하셨다. 또한 마태복음 19장 14절에서 천국이 이런 사람들(어린아이들)의 것이라고 하셨다. 여기서 말하는 '어린아이'란 '파이디온'(παιδίον)으로 자기가 어떤 존재인지 스스로 깨닫지 못하는 작은 어린아이로 유아를 뜻한다. 주님의 말씀을 보면 자아 분별을 하지 못하고 죄가 무엇인지도 인식하지 못하는 천진난만한 유아들 같은 진솔한 자는 천국에 간다는 것이다. 주님은 유아들이 아무 의미도 모르는 세례가 없어도 천국에 간다고 하셨다.

세례란 무엇인가? 세례는 죄를 씻는다는 의미로 가톨릭교회가 만든 약식 의식이다. 성경은 주님과 함께 죽고 주님과 함께 다시 산다는 의미로 자신을 물속에 잠그는 침례의식을 실시했다(롬 6:1-5). 어린아이들은 자기가 죄인이라는 의식을 못하는데 침례가 아닌 유아세례를 실시하면 죄가 씻어지는가?

아우구스티누스의 유아세례로 원죄가 해소된다는 주장은 성경의 진리를 모르는 완전한 무지의 결과이다. 펠라기우스는 유아세례의 무효력과 무용론을 주장했다. 이때 아우구스티누스는 소위 3단계의 은혜론을 주장한다.[30)]

① 출생의 은혜: 모든 인간들이 보편적으로 죄를 거부하는 보편적 의지를 출생의 은혜라고 했다.

② 작용하는 은혜: 자아를 절제하고 신앙과 선행을 행하고자 하는 자유의지에 의해 발전되는 은혜가 있다.

③ 협력 은혜: 선한 의지가 있으나 여전히 남아 있는 내면의 죄성을

---

30) 정수영, 교부시대사, 쿰란출판사, 2014, pp. 867~868.

선한 행위를 하도록 하는 협력 은혜가 있다. 그것이 유아세례를 통해 교회 회원이 되는 것이라고 했다.

여기서 아우구스티누스는 '침례'의 뜻을 제대로 인식하지 못한 무지에서 비롯된 결과라고 할 수밖에 없다. 침례는 죄성을 해결해 주지 못한다. 침례란 자기가 죄인임을 자각하고 죄를 해결해 주신 주님을 영접함으로 말미암아 과거를 물속에 장사지내고 미래를 주님과 연합되어 살겠다는 변화된 자의 신앙고백의 의식일 뿐이다. 그런데 아우구스티누스는 왜 침례의 약식인 '세례'로 인해 협력 은혜가 주어진다고 믿었는가?

그 같은 논리는 성경에서 비롯된 것이 아니다. 아우구스티누스의 "세례 구원론"(Baptismal Regeneration) 이론은 플라톤의 철학 이론에서 차용된 논리이다.

플라톤은 그의 저서 《파이돈》에서 영원 불변의 영원한 것을 '이데아'(idea)라고 설정했다.

플라톤이 말하는 이데아는 기독교식으로 표현한다면 '영원한 천국'에 해당되는 개념이다. 그렇다면 인간이 어떻게 '이데아'의 경지에 이를 수 있는가? 그는 이렇게 보았다. "파이돈"과 "파이도로스"에서 불멸의 영혼이 사악한 생각으로 지상에 떨어져 흙인 육체 속에 갇혀져 있다. 지상의 흙인 육체 중에서 가장 천상에 가까운 영혼의 눈인 이성(異性)에 의해서만 이데아의 경지에 이를 수 있다. '이성'이 '이데아' 경지에 이르는 것은 '신비(神秘)에 속하는 일'이라고 했다.

아우구스티누스가 플라톤의 신비 사상을 유아세례에 도입한다. 그는 세례가 성부, 성자, 성령 3위의 이름으로 실시되기 때문에 수세자(受洗者)나 시세자(施洗者)의 인격과 상관없이 신비적 효력이 발생한다고 했다. 이렇게 주장한 아우구스티누스는 세례라는 의식 자체가 신비한 효력을 발생하는 마술과 같은 것으로 변모시켰다. 아우구스티누스의 세례 구원론은 전혀 성경에서 비롯된 개념이 아니다. 그는 이교도 철학자 플라톤의 사상을 기독교에 침입시킨 최초의 반그리스도 지도자이다.

아우구스티누스의 "세례 구원론"은 순수하고 전통적이며 성서적인 진리에서 비롯된 것이 아니라 모든 종류의 다양한 종족들을 모두 다 가톨릭교회 안에 합류시켜서 제국주의적 교회를 만들려는 가톨릭교회의 정치적 야욕에 부응하는 어용 신학의 산물이었다.

그렇다면 왜 아우구스티누스는 이처럼 중대한 과오를 저질렀는가? 이에 대한 이해는 아우구스티누스나 펠라기우스가 아닌 제3자들의 평가에서 객관적인 내용을 파악할 수 있다. 아우구스티누스를 옹호하는 서방 로마 교회 감독 조시무스(Zosimus)가 418년에 팔라기우스와 켈레스티우스를 정죄한 "Epistola Tractoria"를 발표했다. 여기에 이탈리아 무명 시골의 이클레이눔의 율리아누스(Julian of Eclanum: 380-455)가 조시무스의 글을 반박했다.

율리아누스는 "자유의지란 죄를 짓거나 짓지 않을 수 있는 가능성이다. 아담의 죄가 인류에게 모두 다 연대 책임을 져야 한다"는 주장을 거부했다. 율리아누스 감독은 라틴어, 희랍어, 히브리어 등 모든 언어에 통달했고 논리학과 신학에 능통한 학자였다. 그런데 그가 서방교회 조시무스의 견해를 반박했다는 이유로 서방교회에서 황제를 동원해 그를 추방시킨다. 율리아누스는 서방에서 추방되어 동방교회들에서 환대를 받았으나 그는 시칠리아에 돌아가 펠라기우스의 사상을 체계적으로 정리하는 저술 활동을 하다가 생을 마쳤다.

이 율리아누스가 아우구스티누스와 동시대인으로 아우구스티누스를 가장 잘 아는 신학자였다. 그는 아우구스티누스가 당시 모든 감독들이 일반적 지식으로 희랍어 신약성경 원문을 모르는 무식한 감독이라고 비판했다. 그리고 고전문학도 제대로 모르는 시골뜨기였는데 아프리카의 무지한 교회들 속에서는 철학자로 통하는 지식인으로 알려졌다고 했다. 이 같은 율리아누스의 비판에 아우구스티누스는 "율리아누스 반박"을 썼다. 아우구스티누스는 라틴어 번역 성경인 불가타만 알았다. 그렇기에 성경들 원문 속에 담겨 있는 깊은 진리를 제대로 모르는 한계점들이 "세례 구원론"을 주장하게 되었다고 본다.

● 도나티우스들과의 논쟁[31)]

① 도나티스트들(Donatists)은 누구인가?

아우구스티누스가 히포에서 목회하는 동안 가장 오랜 기간 동안 논쟁을 계속한 것이 도나티스트들이다. 아우구스티누스는 40세(394년)부터 58세(412년) 때까지 근 20여 년간 도나티스트와 논쟁을 계속했다. 그런데 대부분의 모든 이들이 아우구스티누스의 화려한 면만 알고 그의 그늘진 부분은 알지 못한다. 또 도나티스트들을 아는 이들도 가톨릭이 일방적으로 매도해 놓은 로마 가톨릭교회의 전승에 의해 아프리카에 존재했던 이단파로 잘못 알고 있다.

그렇다면 도나티스트들은 어떤 존재인가? 도나투스(Donatus)는 311-12년경 북아프리카 카르타고 교회가 디오클레티아누스(245-313) 로마 황제의 박해 때 배교한 자를 카르타고 감독으로 세운 것에 대한 반대운동으로 시작된 운동이다. 도나티스트들은 황제의 기독교 박해 때 배교한 자는 신앙의 순수성을 상실한 자인데 313년 콘스탄티누스

---

31) 정수영, 교부시대사, 쿰란출판사, 2014, pp. 887-897.

황제의 기독교 국교령으로 그가 다시 감독직을 수행한다는 것은 기독교 정체성을 흐리게 하는 기독교의 타락이라고 반대운동에 나섰다. 이 같은 정체성 회복운동은 로마 가톨릭교회가 로마 황제 옹호 세력으로 등장하면서 북아프리카 본토인들의 순수성 회복운동을 주장하는 양대 세력으로 분열이 되었다.

아우구스티누스는 북 아프리카인이며 동시에 로마 교회 편에서 양편을 중재하겠다는 의지로 도나티스트들과 장기간 논쟁을 이어갔다. 그런데 끝까지 좋은 방법으로 중재해 나갔다면 그가 참다운 목회자였다고 인정을 받을 것이다. 그러나 그는 논쟁 속에 결국 증오심을 품고 로마 황제의 정치 세력을 끌어들여 도나티스트들을 잔인하게 처리했다. 이는 씻을 수 없는 과오로 남게 되었다.

② 도나티스트들에 대한 정치적 처리

처음에는 아우구스티누스가 도나티스트들에게 온건하게 처신했다. 그는 394년 도나투스파의 비판, 400년 도나투스파의 침례론 비판, 403년 도나투스 감독과 논쟁 등 온전하게 처신했다.

그러나 도나투스파의 견해가 자기주장대로 진정되지 않자 412년에 황제가 보낸 아프리카 총독 마르켈리누스(Marcellinus)로 하여금 공개토론을 하게 하였다. 이때 로마 가톨릭을 지지하는 286명의 감독을 대표하는 발제자로 아우구스티누스가 나섰고 도나투스파 지지자 279명이 회의에 참석해 3일 동안 양편의 주장을 하였다.

이때 수사학자요 달변가인 아우구스티누스는 '교회가 가증한 죄인들과 사귐을 갖는다면 교회의 본질과 특성이 상실되는가? 교회는 세상 속에 존재하기 때문에 어느 정도의 변질들을 용납할 수밖에 없다'는 논리를 전개했다. 반면에 도나티스트들은 '교회가 세상에 존재하는 이유는 세상에 영향을 주는 빛과 소금의 정체성을 지키려고 노력해야 한다. 교회가 세상의 영향을 받지 않을 수 없으나 세상 사람들로부터 지탄을 받는 공개적으로 부도덕한 자를 교회가 용납한다는 것은 교회의 순수성 유지를 위해 차단시켜야 한다'고 했다. 그들은 계속된 회의에 달변가요 수사학자로 청중 설득력이 탁월한 아우구스티누스의 논리를 막아낼 수 없었다. 결국 회의를 주관한 총독은 다수에 의해 도나투스파를 이단이라고 판정했다.

그것으로 끝나지 않았다. 이단 교회인 도나투스파 성직자들을 고향과 사역지에서 추방시키고 도나투스파 교회에 계속 출석하는 자에게는 벌금이 부과되고 도나투스파 교회 건물들은 몰수케 했다. 로마 제국의 공권력으로 강제 집행하도록 공권력을 옹호하며 도나투스파를 소멸케 하는 데 아우구스티누스가 적극적으로 참여하였다.

과연 아우구스티누스는 선량한 성직자인가? 자기와 견해가 다르고 교회관이 다른 도나티스트들을 황제의 힘을 빌려 공개토론 형식으로 이단이라고 정죄했다. 그리고 도나티스트 세력을 완전 말살시키는 데 적극적으로 옹호했다. 이 같은 아우구스티누스의 행위는 자기들의 주장을 관철케 해준 로마 가톨릭교회 입장에서만 충성스런 성자라고 할 수 있다. 그러나 주님의 입장에서 본다면 도나티스트들은 세속화되어 가는 교회를 정치세력과 분리시키려는 순수한 성도들이었다.

아우구스티누스는 성경적으로 오류인 "세례 구원론"의 기초를 놓았다. 그리고 목회적으로 자기와 견해가 다른 도나티스트들, 특별히 동향인들을 정치 세력으로 말살시킨 살인 교사자이며 반대자들을 척결해 버린, 그리스도인 정신을 위반한 실패자다.

2. 세례 구원론의 발전사

세례 구원론(Baptismal Regeneration)은 세례로 구원이 가능하다는 아우구스티누스의 사상이다. 세례는 또 다른 의식들과 함께 발전된 성례전(聖禮典) 신학의 요소다. 여기서는 세례 구원론을 성례전(Sacrament) 신학의 발전이라는 전체적 틀에서 살펴보도록 하겠다.

1) 성경에 성례전 사상이 있는가?

성경에는 성례전이라는 개념이 없다. 구약성경에서 5대 제사와 3대 절기는 하나의 의식(儀式)이었을 뿐 그 의식이 특별한 효력을 발휘한다는 개념이 없다. 신약성경에서 주의 만찬과 침례는 좀 더 명확한 의식적인 개념이였음이 확인된다.

주의 만찬은 주님을 기념하는 의식이었고(고전 11:24-25) 침례는 자기가 주님과 연합하겠다는 공개적 신앙 표현이었다(롬 6:5). 따라서 성경에서는 구약이나 신약에 성례전 사상이 없다.

구약에서 성소(성전)는 הֵיכָל(헤칼) 또는 מִקְדָּשׁ(미크다쉬), קֹדֶשׁ(코데쉬) 등 전부가 건물이었고 신약에서는 하나님의 영을 모신 성도(고전 3:17; 계 21:22)를 성전이라는 의미의 "나오스"(ναός)라고 했다. 그렇기에 구약과 신약 전체에 성례전이라는 개념은 없다.

2) 교부들 시대에 만들어진 성례전

교부들 중에 최초로 테르툴리아누스(160-220)가 《침례》라는 저서에서(200년경) 침례나 주의 만찬은 "신적인 성사"(Sacramentra Divina)라고 했다. 그는 '세례'(洗禮)라고 하지 않고 물속에 잠기는 의식인 '침례'(浸禮)를 말했다. 그가 말하는 침례나 주의 만찬이 성사(聖事)가 된다고 말할 때 그리스어에 신비란 뜻을 가진 '무스테리온'(μυστήριον)을 성사라고 했다. 테르툴리아누스는 침례나 주의 만찬이 신비한 효력을 발생한다는 뜻으로 신비라는 말을 쓰지 않았다. 그는 단지 침례나 주의 만찬은 신비한 의식이라고 설명을 했을 뿐이다.

그런데 아우구스티누스는 세례가 신비한 효력을 발생한다는 의미로 '성례'라는 말을 사용한다. 그래서 아우구스티누스로부터 '신비'라는 mystery와 '성례'라는 Sacrament가 동일시되는 개념이 된다. 그는 "눈으로 볼 수 없는 희생 제사와 볼 수 있는 희생 제사가 다 같은 거룩한 상징인 Sacrament"라고 정의한다.

3) 중세시대

아우구스티누스에게서 시작된 '신비한 성례'는 중세기 때 계속해 발전하며 '성례'의 숫자가 늘어난다. 아우구스티누스는 성례로 세례와 주의 만찬 2가지를 말했다.

베른하르트(베르나르: 1090-1150)는 성례 수를 10가지로 말한다. 아벨라르(1079-1142)는 5가지를 말한다. 파리의 위그(Huge: 1141)는 30가지를 주장했다. 이처럼 성례 수가 중세시대에 사람마다 다 달랐다. 그렇게 숫자는 달라도 성례의 효과에 대해서는 공통적인 견해였다.

하나님은 의사이고, 인간은 병자이고, 사제는 심부름꾼이나 간호사이고, 은혜는 해독제이고, 성례는 해독제를 담은 그릇이라고 했다. 성례의 숫자를 7로 축소시킨 것이 아퀴나스(1224-1274)다. 아퀴나스가 주장한 7성례는 트렌트 공의회(1545-1563)에서 가톨릭의 칠성사(七聖事)

로 결정되어 오늘에 이르고 있다. 그래서 7성사에는 모두 효력이 발생한다고 믿는다.

① 세례로 구원받는다.

아우구스티누스의 "세례 구원론"이 가톨릭의 첫 성사가 된다.

② 견진성사로 성령을 받는다.

③ 미사 때 성체인 주님의 몸을 받는다.

미사 때 주님의 보혈인 잔은 평신도에게 허용되지 않는다.

④ 고해로 사죄의 축복을 받는다.

⑤ 결혼으로 부부가 성결의 복을 받는다.

⑥ 도유식(종유식)으로 죽은 몸이 거룩해진다.

⑦ 사제들의 서품식으로 구별된다.

이상 7가지 성사에 대한 신학 이론을 "성례전 신학"이라고 한다.

4) 종교개혁 후

루터교는 7가지 성사 중 ① 세례 ② 성찬식 ③ 고해로, 칼빈은 7가지 성사 중 ① 세례 ② 성찬식으로 줄였다. 그리고 종교개혁 후 모든 개신교들은 세례가 교회 회원이 되는 기본단계가 된다. 세례만(유아세례 포함) 받으면 그가 거듭났는지, 구원받은 자인지 불문에 부치고 교회 회원과 제직이 되고 목회자가 된다.

결론

우리는 1세기 때의 주님과 사도들이 물려준 성경을 통해 신앙과 행위의 원칙을 배우며 살아가고 있다. 그런데 2세기부터 시작된 교부들의 작은 탈선과 왜곡이 드디어 5세기 때 모든 교부들의 신학을 총정리한 아우구스티누스(354-430)에게서 정리된 완전한 탈선이 계속 이어져 왔다.

아우구스티누스는 공적과 과오의 양면이 있다. 공적으로 그의 《고백록》과 《신국론》은 믿지 않는 불신 세계에 성경 내용과 성경에 근거한 역사신학을 깨우쳐 주었다. 그의 작품이 미친 인류사의 영향은 심대하고도 넓다. 그렇기에 그는 훌륭한 신앙 지도자로 존경을 받아야 한다.

그러나 그가 교회에는 씻지 못할 과오를 남겼다. 그가 "세례 구원론"을 주장한 것은 플라톤의 이교적 사상을 기독교 진리인양 변개시켜 놓은 것이다. 신약교회가 주장하는 '세상을 변화시키는 교회'가 아니라 '세상 조직 단체와 똑같은 교회'로 교회의 질적 수준을 추락시키는 커다란 과오를 만들어 놓았다.

앞으로 교회가 다시금 세상을 변화시키는 교회로 회복되려면 아우구스티누스의 비성서적인 과오를 제대로 깨닫고 성서적인 교회로 환원하려는 각성이 시작되어야 한다. 아우구스티누스의 공적에만 현혹되어 그의 과오를 크게 각성하지 않는 한 제도적 교회의 무능력은 계속 가속화될 것이다.

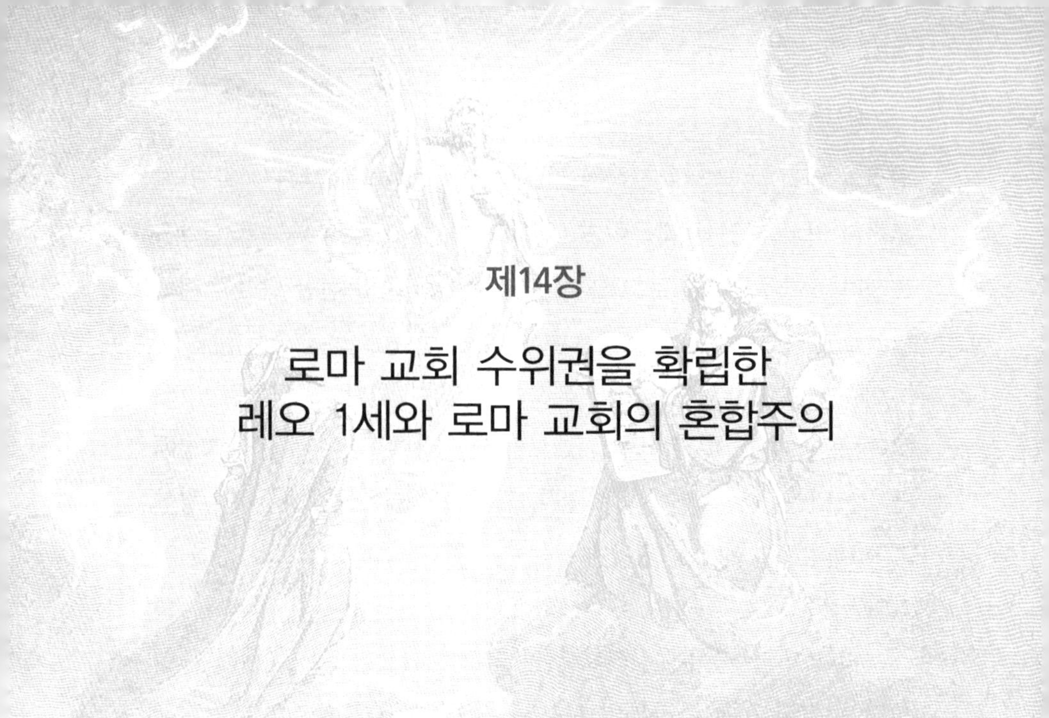

제14장

로마 교회 수위권을 확립한 레오 1세와 로마 교회의 혼합주의

서론

레오 1세(Leo I: 440-461)는 21년간 로마 감독직을 수행했다. 그는 재임 기간에 로마 교회가 사도 베드로가 세운 수위권 교회이며 로마 교회가 모든 교회의 모 교회라는 황당한 주장을 수립했다. 레오 1세의 이처럼 황당한 주장이 어떻게 가능했는가? 그것은 서로마 제국의 멸망(476년) 이전에 여러 차례의 외적들의 로마 침략 때 레오 1세가 정치력을 발휘함으로 로마시의 멸망을 연장시킨 공로가 있었기 때문이다.

그뿐만 아니다. 동방교회들은 니케아 공의회(325년) 때부터 100년 이상 각종 교리들을 놓고 계속 투쟁을 거듭했다. 이렇게 오랜 세월의 동방교회들 간의 투쟁에 있어서 레오 1세는 양편 주장을 절충한 혼합 의견을 제시했다. 그 혼합 의견이 칼케돈 신조(451년)로 낙착된다.

레오 1세는 국가 위기 때도 적장과 타협안으로 수습하고 교회 분쟁도 혼합 의견으로 수습한다. 레오 1세의 이와 같은 타협 정치술은 어디서 비롯된 것인가? 그것은 로마 제국이라는 국가가 타민족, 타종교, 타문화를 혼합시켜 제국화하는 국가 시책의 영향을 받은 것이다.

로마 제국의 시책을 닮은 로마 교회는 처음부터 현재까지 계속 혼합주의 일변도로 지향해 나가고 있다. 여기에서는 레오 1세의 행적과 로마 교회의 혼합주의를 직접 살펴보도록 하겠다.

1. 레오 1세[32)]

1) 레오 1세의 생애(Leo I : 400 재위 440-461)

레오 1세는 이탈리아 중부 토스카나(Toscana)에서 출생했다. 그의 가정 배경은 전혀 알려져 있지 않다. 그는 로마 교황으로 추서된 제43대 첼레스티노 1세(422-432) 때와 제44대 식스토 3세(432-440)의 두 감독 때 대 부제로 지냈다.

그는 로마 교회 특사로 능력을 인정받아 식스토가 죽은 후에 성직자들과 로마 원로원, 대중들의 요구로 제45대 감독이 된다. 가톨릭은 그를 교황이며 "대(The Great) 레오 1세"라고 추앙한다.

그가 행한 사역을 두 가지로 정리해 보겠다.

(1) 로마시를 위기에서 구한 국가적 사역

로마 제국의 제55대 콘스탄티누스 1세(Constantinus: 306-337) 황제가 330년에 제국의 수도를 이탈리아 로마에서 비잔틴 콘스탄티노플로

---

32) 정수영, 교부시대사, 쿰란출판사, 2014, pp. 917-920.
정수영, 중세교회사 I (교황들의 역사), 쿰란출판사, 2015, pp. 53-56.

천도를 한다. 로마시는 황제가 없는 도시가 되었다. 이렇게 황제가 없는 공허한 시기에 410년 게르만족의 한 부족인 고트(Goths)족이 쳐들어와 로마시를 크게 파괴했다.

이렇게 로마시의 파괴는 로마가 수백 년간 섬겨 오던 다신교의 제신들을 무시하고 유일신 기독교를 도입한 콘스탄티누스 1세 이후 모든 제신들의 진노로 비극이 왔다는 국민들의 비난 여론이 쏟아졌다. 이 같은 비난을 잠재우는 저서가 아우구스티누스의 《신국론》이었다. 그런데 그 후에도 외적들의 침략이 계속되었다. 그때 외적들의 침략을 수습한 것이 레오 1세였다. 452년 훈(Hun)족의 왕 아틸라(Attila)가 아퀼레이아(북부 프랑스)를 정복한 후 로마시를 위협하고 있었다. 이때 레오 1세는 수행원 둘을 데리고 대범하게 적진을 찾아갔다. 그는 적장을 만나 기품 있는 행동과 간곡한 언사로 예물을 주며 적장의 마음을 돌려놓았다. 이로써 로마시를 위기에서 구출시켰다.

그 후 455년 반달(Vandal)족 왕 게네세릭(Geneseric)이 또다시 로마를 쳐들어왔다. 이때에도 레오 1세는 게네세릭을 만나 살인과 방화만은 하지 않겠다는 약속을 받아낸다. 야만족들은 로마시를 14일 동안 점령한 후 막대한 재물들을 빼내어 북아프리카 카르타고로 갔다. 레오 1세는 약탈로 인해 피폐화된 로마 시민들의 고통을 덜어주려고 많은 노력을 기울였다. 이와 같은 두 차례의 재난 때 레오 1세는 국가를 위해 커다란 일을 수행한다. 그로 인해 그의 신망도는 크게 고양되었다.

(2) 교회를 위한 사역

동방교회는 이미 안디옥 학파와 알렉산드리아 학파 간의 신학 논쟁이 320년대에 시작되었다. 이때 알렉산드리아 감독 아타나시우스는 정통적 신앙대로 성부, 성자 간의 "동일 본질"(同一本質))이라는 뜻의 '호모우시오스'(ὁμοουσιος)를 주장했고 반면에 진보적인 안디옥 학파는 아리우스주의로 대변되는 성부, 성자와의 사이에는 차이가 있다는 '유사본질'(類似本質)라는 뜻이 '호모이오스'(ὁμοιος)를 주장했다.

두 개의 다른 주장 중 맨처음 니케아 공의회(325년)에서 '동일 본질' 주장이 승리했다. 그러자 아리우스파는 황제의 힘을 업고 정통파 주장을 철회시키려는 온갖 책동을 계속했다. 그래서 381년 두 번째 콘스탄티노플 공의회에서 "유사 본질파"(호모이우시오스, ὁμοι−ουσιος)가 채택된다. 그런데 콘스탄트노플 공의회에서 채택된 '유사 본질파'의 견해는 '유사파'와는 다르나 '동일 본질파'와도 같지 않았다.

동방교회는 오리게네스의 학풍을 계승하는 알렉산드리아 학파와 루키아누스의 본문 비평을 중시하는 안디옥 학파 간의 투쟁을 200년간 계속 이어간다. 그 투쟁이 라오디게아 감독인 아폴리나리우스의 논쟁이었고 콘스탄티노플 감독인 네스토리우스(Nestorius) 논쟁이 431년 에베소 회의에서 종결된다. 또 콘스탄티노플 근교의 수도원장인 유티케스(Eutyches)의 단성론 논쟁이 일어났다.

이와 같은 싸움의 주체들은 모두가 안디옥 학파들 출신이었다. 신약성경 속 안디옥 교회의 훌륭한 모습과 전혀 다르게 역사 속의 안디옥 교회는 참으로 많은 신학적 문제들의 제기로 동방교회들 간의 균열을 계속해 나갔다. 이 싸움을 해결하려고 451년에 칼케돈(Chalcedon) 공의회가 열렸다. 공의회가 열렸으나 동방교회들은 치열한 논쟁만 계속할 뿐 해결될 기미가 보이지 않았다. 이때 동방교회들은 서방 로마 교회의 의견을 청취하도록 한다. 이렇게 동방교회들의 투쟁에서 자문을 받으려는 요청에 정치적 수완이 탁월한 레오 1세가 로마 교회 수위권 확보의 최적의 기회로 활용한다.

레오 1세는 지략이 민첩한 자다. 그는 동방교회들의 투쟁 내용을 잘 알고 있었다. 그래서 안디옥 학파의 의견 일부와 알렉산드리아 학파의 일부 의견을 잘 혼합해서 절충안처럼 만든 자기 의견을 "레오의 공한"(Leo of Tome)으로 서신만 보낸다.

칼케돈 공의회는 레오의 공한 내용이 양쪽의 의견을 만족시킨다고 보고 "레오의 공한"에 근거한 "칼케돈 신조"를 채택한다. 레오의 혼합에 의한 절충안이 상기간 동안 투쟁만 계속한 동방교회들을 만족시켜 주었기 때문이다.

2) 레오 1세의 사상

레오 1세는 일생 동안 아무런 논문을 발표하지 않았고, 설교문 96편과 서신 173편이 전해져 온다. 그 속에서 그의 사상을 찾아볼 수 있다. 그는 일평생을 로마 교회가 베드로가 세운 수위권 교회이며 모든 교회들의 모 교회라는 신념으로 살아갔다. 그는 성경의 마태복음 16장 18-19절만 철석같이 믿고 설교하고 행동했다. 그는 자기 자리가 베드로가 앉았던 자리라고 믿고 행동했다.

그는 또 요한복음 21장 18-23절 말씀대로 베드로가 로마 광장에서 순교했다고 확신을 가졌다. 그렇기에 두 곳 설교는 수없이 반복했으나 사도행전 2장 내용들에는 관심을 갖지 않았다. 그는 그리스도께서 로마 교회를 통해 세상을 다스린다는 확신으로 일생 동안 살아갔다. 그렇다면 레오 1세는 이 같은 확신의 근거를 어디서 찾았는가?

그는 성경에서 근거를 찾지 않고, 또 베드로 사후에 가장 근접한 초기 라틴계 교부들에게서도 근거를 찾지 못했다. 초기 라틴계 교부인 클레멘스(30-101), 유느티누스(100-165), 히폴리투스(160-236) 등은 베드로의 로마 사역을 전혀 언급하지 않는다. 왜냐하면 역사적으로 사실이 아니기 때문에 성경이 베드로의 로마 사역을 언급할 가치를 느끼지 못했기 때문이다. 그러나 후기 라틴계 교부들이 모호하게 베드로를 언급한다.

후기 라틴계 교부들에 의해 베드로에 관한 언급들이 점차 발전한다. 아프리카 카르타고의 감독이었던 키프리아누스(190-258)는 마태복음 16장 18절 설명 중 베드로의 권좌(Cathedra Petri)는 항구적인 권좌라는 모호한 말을 했다. 또 아프리카 누미디아(Numidia) 감독 옵타투스(390년경)는 베드로의 권좌는 움직일 수 없는 권좌라고 했다. 밀라노의 암브로시우스(334-397)는 로마 감독에 대해 로마 황제처럼 종교적 통치권이 있다고 주장했다. 베드로의 수사도 수위권은 서열이 아닌 신앙고백적 수위권이라고 했다.

히에로니무스(345-419)는 베드로의 신앙고백이 그리스도에 대한 고백이라고 했다가 다른 때는 베드로 개인적 고백이라고 한다. 아우구스티누스(354-430)는 초기에는 베드로의 개인 신앙고백이라고 했다가 후기에는 그리스도에 대한 신앙고백이라고 수정한다.

레오 1세(400-461)는 이들 라틴계 신학자들의 주장을 근거로 로마 교회가 베드로가 세운 수위권을 가진 모 교회라고 한다. 레오 1세의 사상은 한 가지다. 그는 일생 동안 오로지 로마 교회가 베드로가 세운 모든 교회들의 모 교회라는 로마 교회 수위권 사상을 위해 살아갔다. 그렇다면 레오 1세는 왜 이토록 한 가지 사상에만 몰두해서 살아갔을까? 그것은 로마 제국의 역사와 로마 교회의 성격을 이해해야만 알 수 있다. 여기서 로마 제국과 로마 교회의 성격을 '혼합주의'라는 측면에서 살펴보겠다.

2. 로마 교회의 혼합주의[33]

로마 교회가 과거부터 지금까지 시행해 오고 있는 각종 사례들 중에서 그 근원이 성경과는 전혀 무관한 이방 종교에서 시행하는 것들을 도입해서 사용하고 있는 것들을 살펴보겠다.

1) 폰트 막시(Pontifex Maximus) 도입

로마 제국의 단독 지배자가 된 카이사르(G. J. Caesar: BC 100-44)는 자신을 종신 대신관(大神官)이라 칭했다. 대신관을 라틴어로 Pontifex Maximus라 하고 이 말은 최고 신들의 의장 단장이라는 뜻이다.

카이사르는 자기가 행정적으로 황제이지만 그는 인간이 아니라 신들 중에서 최고의 신으로 숭배의 대상이라는 뜻으로 이 말을 사용했다. 그 후 초대 황제 아우구스투스 카이사르(BC 27-AD 14)를 원로원에서 '최고의 존엄자'라는 뜻으로 아우구스투스를 쓰고 그가 죽은 후에는 신(神)으로 추대했다. 그리고 로마의 주화에는 '폰트 막시' 즉 'Pontifex Maximus'를 줄인 말이 새겨지면서 로마의 황제들은 '최고의 신'으로 불린다. 이처럼 황제를 신(神)으로 믿도록 만들어진 주화를 주님께서 "이 형상과 이 글이 누구의 것이냐?"(마 22:20)라고 물으셨다.

로마의 모든 황제들이 자신을 신으로 믿도록 강요할 때 기독교도들이 황제 신앙을 거부함으로 300여 년 동안 박해가 계속되었다. 이와 같은 로마 주화의 '최고 승원장'이라는 근원은 바벨론의 신화에서

---

33) 정수영, 교부시대사, 쿰란출판사, 2014, pp. 907-916.

비롯되었다. 이 같은 로마 주화의 '황제 신앙'은 376년 기독교 황제인 그라티아누스(375-383) 때 폐지된다.

그런데 로마 감독 다마소 1세(366-384)는 로마 황제들이 사용하던 '최고 승원장'이란 뜻의 '폰트 막시'를 사용하기 시작한다. 그래서 성 베드로 성당 입구, 베드로의 동상 위, 성당의 돔 안, 희년에만 열리는 성년의 문 등에 '폰트 막시'가 새겨져 있다.

이 개념은 종교개혁 당시의 교황인 레오 10세(1513-1521)가 차고 다니던 메달까지 지속되었다. 로마 교회는 이처럼 이교적 개념인 '폰트 막시' 개념을 지금도 유지하고 있다.

2) 베드로가 교황의 시조가 된 까닭

로마 교회는 교황의 창시자로 베드로를 주장한다. 그러나 바벨론 종교의 최고의 승원장이라는 직위 개념이 '폰트 막시'이고 신의 이름은 갈대어로 발음하면 '페드로'(פרל)가 된다.

갈대어로 '페드로'는 최고의 통역자란 뜻이다. 로마 교회 지도자들은 바벨론 종교의 최고 승원장 이름이 '페드로'이고 성경의 '베드로'와 이름이 같으나 베드로가 로마에 왔다는 성경적 근거는 없다. 여기서 레오 1세(400-461)는 평생토록 베드로가 로마 교회를 개척한 모든 교회의 모 교회라는 주장을 펼친다. 베드로가 로마 교황의 시조가 된 것은 이교적 유산이다.

3) 천국 열쇠

베드로 성당 입구에는 베드로가 천국 열쇠를 들고 있는 동상이 만들어져 있다. 사람들은 그 열쇠가 마태복음 16장 19절의 '천국 열쇠'에서 근거된 것으로 알고 있다. 그러나 열쇠 신앙은 타종교들에서 영향을 받았을 가능성이 크다. 인도 최고의 사제인 브라마트마(Brahma)는 힌두교의 창조신으로 머리에 두건을 썼는데, 두건 중앙에 십자형 열쇠가 새겨져 있다. 로마 신화에서 태양신 미드라(Mithra)는 두 개의 열쇠를 가지고 있다. 헬라 신화의 야누스(Janus)와 키벨레(Kybele)는 열쇠를 가지고 있다. 로마 감독 다마소 1세가 378년부터 자기도 베드로처럼 천국 열쇠를 가졌다고 주장한다. 그 후로 교황들은 열쇠를 상징하는 커다란 지팡이처럼 보이는 홀(笏)을 들고 다닌다.

4) 교황을 Pop이라고 부름

마태복음 23장 9절에 "땅에 있는 자를 아버지라 하지 말라"고 했다. 그런데 로마 교회는 교황을 "아버지들 중의 아버지"라는 뜻으로 Papa 혹은 Pope라고 한다. 사실은 바벨론의 비밀 종교 중 한 분파인 태양신 숭배가 있었다(왕하 23:5, 11; 겔 8:16).

바벨론의 태양신 종교는 페르시아, 그리스를 거쳐 로마에 유입되었다. 로마의 태양신 숭배자들이 제사장 우두머리를 '페이터 파트룸'(Pater Patrum) 즉 '모든 아버지들의 아버지'라고 했다. 로마 교회는 마태복음 23장 9절을 알면서도 교황을 Pope라고 쓴다.

5) 교황이 쓰고 있는 사교관(Mitre)

교황은 굽이 갈라진 모자를 쓴다. 황제들이 썼던 모자도, 장군이 썼던 모자도 아니다. '마이터'(Miter)라고 불리는 독특한 물고기 모양의 모자는 갈대아 제사장들이 물고기 모양의 두건을 썼던 것에서 비롯되었다.

6) 신도들이 사용하는 로사리오(rosary)

로마 교회 신도들은 마리아에게 드리는 기도로 15단 구성의 묵주(구슬을 꿰어 둥글게 묶은 줄)가 있다. 이것은 12세기, 13세기 시토회와 탁발 수도회의 수사들과 수녀들이 사용하기 시작했다. 그러나 이것은 불교도가 108번뇌를 제거하는 염주(念珠)에서 채용된 것이다.

7) 교황 손에 입 맞추는 행위

교황 손에 입 맞추는 행위는 바알 종교에서 행했던 이교도의 행위였다(왕상 19:18 참조).

8) 기타

교황이 끼고 있는 '폰티픽스 막시무스'가 새겨진 반지와 교황만 양털로 짠 흰 팔륨(Pallium)을 어깨에 두르는 것, 베드로의 보좌 즉 베드로의 의자(Chair of Peter)를 비롯한 추기경들의 의자 등 이루 헤아릴 수 없는 미신적 요소들이 가득하다.

결론

로마 교회가 수사도 베드로에 의해 세워진 모교회라는 주장은

5세기 때 레오 1세(440-461)부터 시작되었다. 그는 구국 공신으로 정치 역량을 발휘해 외적들의 침략을 완화시키는 공헌을 했다. 그는 그렇게 얻은 명성을 통해 성경과 역사에 있어서 근거 없는 주장으로 오늘의 로마 교회의 기초를 닦았다.

레오 1세는 정치력뿐 아니라 탁월한 협상과 절충자로 동방교회들의 반발을 제압해 나갔다. 이렇게 타협과 절충을 하기 위해서는 다른 종교들의 이단적 요소들을 적당하게 혼합시켜야만 했다. 오늘날 로마 교회는 기독교만의 유일한 구원을 믿지 않는다. 불교든 유교든 이슬람이든 심지어 사회적 지탄을 받는 동성애까지도 다 수용한다.

그 결과 로마 교회는 기독교가 종교의 한 부분적 요소일 뿐 유일한 근거는 아니라고 믿는다. 로마 교회는 기독교 이름을 상용하는 혼합 종교단체가 되었다. 이들이 옳고 그름을 판단한 근거가 무엇인가? 로마 교회는 성경은 절반만 믿고 전통이라는 또 다른 신앙 규범들을 따랐다. 그것은 각종 종교회의에서 결정된 회칙들과 교황의 칙서들이 성경과 동일한 권위의 근거가 되고 있다. 이들과는 성경만 가지고는 대화가 안 된다. 저들의 허점과 잘못이 무엇인지를 파악하기 위해서는 과거의 교회 역사를 알아야 한다. 그래야 대화가 가능해진다. 필자가 지적한 로마 교회의 혼합주의 내용을 가장 명확하게 이해하려면 로마 교회의 미신적인 칠성사(七聖社)를 제대로 깨닫기 바란다.

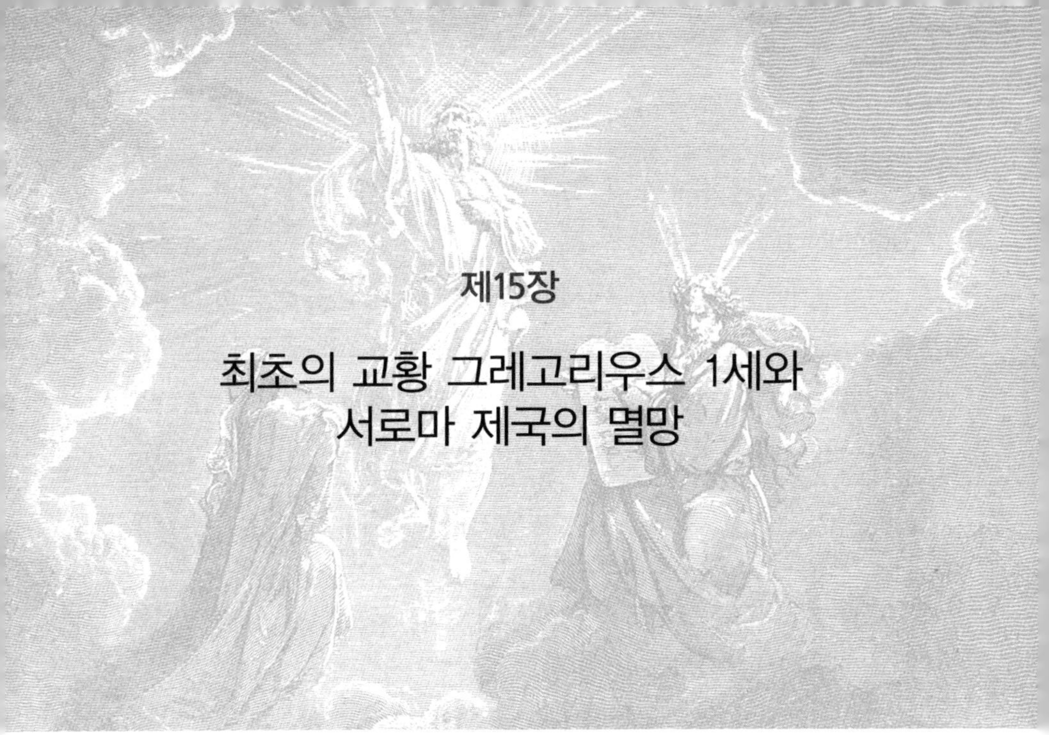

제15장

최초의 교황 그레고리우스 1세와 서로마 제국의 멸망

서론

우리는 현재 "예수 그리스도의 대리자"라는 말도 안 되는 교황제도를 보면서 살아가고 있다. 어떻게 인간이 예수 그리스도의 대리자가 된다는 말인가? 전 세계 기독교인 중 60% 이상이 가톨릭 신자들인데, 그들은 "교황이 예수 그리스도의 대리자"라는 사실을 믿고 인간 교황을 신처럼 떠받들고 믿는다.

이 같은 현상이 언제부터 시작되었는가? 그것은 590년 로마 감독 그레고리우스 1세 때부터 오늘날까지 발전되어 온 결과다. 그렇다면 그레고리우스 1세는 어떤 사람이었고, 어떤 이유로 이와 같은 엄청난 주장을 했는가? 그렇게 주장하는데도 다른 나라 기독교인들은 침묵을 지키고 그 황당한 주장을 수용했는가? 그레고리우스 1세가 살아간 당시의 서로마 제국은 게르만 민족들에게 멸망 당한 후 게르만족들이 유럽 각 곳에 제각각 다른 왕국들을 세워 나가던 때였다.

그렇기에 그레고리우스 1세의 주장은 서로마 제국 멸망 이후의 유럽의 민족적, 국가적, 정치적 시대사상을 함께 이해해야만 하는 내용이다. 여기서 먼저 그레고리우스 1세에 대하여 살펴보고 그 다음에 서로마 제국 멸망 후의 유럽의 민족적, 국가적 정치 상황을 살펴보도록 하겠다.

1. 최초의 교황 그레고리우스 1세[34)]

1) 그레고리우스 1세의 생애(540: 재위 590-604)

(1) 가정과 로마의 생활

그레고리우스 1세는 원로원 의원이며 의전관(儀典官)인 아버지와 독실한 로마 교회 신도인 어머니에게서 540년경 출생한다. 그가 태어났을 때는 서로마 제국이 고트(Goths)족에게 멸망당한 후(476) 이민족들이 각 곳에서 과거 로마 제국 영토 안에 다양한 왕국들을 세워 나가던 때였다. 그래서 라틴 문화를 지키려 하는 수구적 세력이 강력하게 작동하는 시대였다. 그렇기에 그는 성경 지식에 있어서 라틴역 외에 성경 원문들에 대한 이해가 전혀 없었다.

아버지가 일찍 세상을 떠나자 어머니는 수녀원으로 들어갔다. 그의 부모를 잘 아는 유스티누스 황제에게 발탁되어 그레고리우스는 로마 관료의 최고위직 중 하나인 총독에 임명되었다(574). 그러나 정치계

34) 정수영, 교부시대사, 쿰란출판사, 2014, pp. 920-921.
정수영, 중세교회사Ⅰ(교황들의 역사), 쿰란출판사, 2015, pp. 58-67.

의 타락상에 실망하고 모친의 신앙의 영향으로 곧 정치계를 떠난다.

그는 부친이 남긴 재산을 정리하여 로마 근처에 성 안드레 수도원을 짓고 자신이 수도사가 된다(575). 남은 재산으로 시칠리아에서 수도원 6곳을 설립하였는데, 그래도 남은 재산은 가난한 사람들에게 나눠준다. 이와 같은 그레고리우스 1세의 공적을 크게 인정한 로마 감독 베네딕투스 1세(575-579)는 그레고리우스 1세를 로마 교회의 부제로 임명하고(578) 이듬해에는 콘스탄티노플에 로마 교회 특사로 파송한다(579).

(2) 콘스탄티노플의 특사

당시 서로마에는 황제가 없었고 동로마 콘스탄티노플에 황제가 있었으므로 서로마 교회의 안전을 위해 동로마 콘스탄티노플에 로마 교회 대표 특사가 필요했다. 그레고리우스의 조국 로마는 처음에 고트족(Goths) 왕국이었다가 후에는 동로마 비잔틴 제국의 한 속주가 된 상태였다. 그런데 고트족 다음의 롬바르드족이 울필라스의 영향을 받은 아리우스(Arius)주의자들로 로마 가톨릭교회들을 업신여기고 온갖 약탈을 계속했다. 로마를 비롯해 이탈리아 각곳 예배당들을 불태우고 성직자들을 학살하고, 수도원을 약탈하고, 수녀들을 범했다. 그리고 경작된 생산지들을 황무지로 만들었다.

이때 그레고리우스 1세는 콘스탄티노플 황제로 하여금 로마시 복구를 요청했으나 받아들여지지 않았다. 그리고 그레고리우스 1세가 크게 못마땅하게 느낀 것은 당시 콘스탄티노플의 대표 감독을 "총 대주교"라고 호칭하는 것이었다. 이제까지 동·서방의 모든 교회들은 교회 목회자를 '감독'이라고 호칭해 왔다. 그리고 좀 더 넓은 지역의 대표자에게는 '주교'라고 불렀다. 그런데 콘스탄티노플 주교는 황제가 주재하는 곳의 주교라는 이유로 그에게만 '총 대주교'라고 호칭했다. 그레고리우스 1세는 콘스탄티노플 주교의 총 대주교라는 단독 호칭에 대해 많은 불만을 느끼고 있었다. 그 후에(585년) 그레고리우스 1세는 다시 로마 수도원으로 환원한다.

(3) **로마 교회 감독**(590-604)

그레고리우스 1세는 콘스탄티노플의 특사로 6년간(579-585) 머물게 된다. 이 체험이 그로 하여금 '총 대주교' 이상의 더 높은 직명에 대한 야심을 불러일으키게 만든다. 그가 자기가 세운 성 안드레 수도원장으로 복귀했을 때(585) 로마 감독 펠라기우스 2세(579-590)는 그레고리우스 1세를 로마 교회 7부재 중 하나로 임명한다. 그 후 펠라기우스 2세가 590년에 죽었다. 이때 성직자단과 원로원 등이 로마 감독을 추대하자 그레고리우스는 강력하게 고사하다가 결국 590년 감독이 된다.

이때부터 로마 교회 감독으로서 그의 사역이 전개된다. 여기서는 그의 대표적 사역들을 요약해 보겠다.

① 로마시 보호

그레고리우스 1세는 롬바르드(Lombard)족이 로마시를 계속 약탈해 옴으로 동로마 황제의 도움 요청을 위해 많은 논쟁을 벌였으나 효과가 없었다. 이에 용병(傭兵)제도를 만들어 지원자에게 봉급을 주고 병사로 복무하도록 한다. 그는 용병 군대로 하여금 롬바르드 군대와 싸우게 했다. 그러다가 휴전을 하고(592) 다시 쳐들어왔을 때(594)는 막대한 배상금과 매년 조공을 바치는 것으로 로마시를 전쟁의 피해에서 막아냈다. 그리고 로마시의 가난한 자, 약자를 위한 구제에 모든 역량을 쏟았다.

그는 3천 명의 처녀들, 약탈로 가난하게 된 귀족들의 후손들, 억울한 일을 당한 과부들, 고아들, 노예들, 포로들을 석방해 주었다. 도시에 전염병으로 사람들이 죽어 가는 때도 행렬을 벌려 거리를 돌면서 기도와 찬송으로 도시민을 격려했다.

② 교황청 재산의 증가

그는 이탈리아 시칠리아, 코르시카, 사르데나, 갈리아, 북아프리카와 같은 방대한 영토들을 교황령으로 넓혀 나갔다. 이렇게 넓은 영토에서 생긴 수입으로 빈민과 포로들의 생계를 지원했다.

③ 잉글랜드의 개종과 교황청 관할권

그는 596년 안드레아 수도원장 아우구스티누스를 대표로 삼고 40명을 잉글랜드에 파송한다.

이들은 잉글랜드 켄드 왕을 비롯한 1만 명의 신하들을 개종시키고 세례를 받게 한다. 그리고 캔터베리에 주교 관구를 세운다. 이들이 훗날 앵글로 색슨족 출신의 선교사들을 배출해 유럽 대륙에 영향을 미친다.

2) 그레고리우스 1세의 사상과 공적[35)]

그의 사상은 그가 남긴 저서들 속에 나타난다.

---

35) 정수영, 중세교회사 I (교황들의 역사), 쿰란출판사, 2015, pp. 63-67.

(1) 도덕 대전(Magna Moralia)

모두 35권으로 된 욥기서 강해서이다. 그는 라틴 문화만이 최고로 인식되는 수구적 영향을 받아 라틴 성경과 라틴계 교부인 암브로시우스, 히에로니무스, 아우구스티누스 등의 학문만 배웠다. 그래서 당시 일반화된 헬라어를 몰랐고 또 헬라어를 사용하는 콘스탄티노플 생활을 6년 동안 했는데도 헬라어를 무시했다. 그래서 그가 행한 설교들은 전부가 알레고리적, 해학적 해석이었다.

욥기서 1장의 강해 내용을 보자. 욥은 그리스도, 욥의 아내는 육체적 본성을 가진 인간, 그의 아들 일곱은 사도들과 성직자들의 상징, 세 딸은 삼위일체 하나님을 경배하는 신실한 평신도, 7천 마리의 양들은 온전한 그리스도인들, 3천 마리 약대는 이교도들과 사마리아인들, 친구들은 이단들… 이런 식으로 해석한 후 그때그때 적당한 교훈들의 의미를 설명하여 신앙의 덕을 세우는 교훈적 해석이었다.

에스겔서 설교 22권, 복음서 설교 40편, 목회 지침서로 목회자들의 책임과 의무 등을 다룬 저서들이 있다. 그의 성서 해석은 완전 밑바닥 수준이었다. 그렇기에 그는 성서학자로의 공헌은 없다고 할 수 있다.

(2) 대화록 4권

그는 풍문으로 들은 귀신들의 미신적 내용들을 자기가 죽은 영혼들과 환상의 상태에서 대화했다는 대화록을 남겼다. 이 내용들은 미신 내용을 당시 로마 교회 대표자가 그대로 믿었다는 창피함의 극치를 보여준 증거이다. 그는 수준 미만의 지적 수준에 온전치 못한 정신으로 다듬어지지 않은 상스러움의 극치를 보여주고 있다.

어떻게 원로원 가문의 아들이 이 정도로 수준 낮은 지성과 사회

양식을 갖춘 기괴하고 유치한 내용들을 믿었는가? 이것은 서로마 제국 멸망 이후의 로마시 교육 수준의 정도가 얼마나 추락했는가를 보여준다. 더구나 참으로 불행한 것은 이렇게 형편없는 그의 《대화록》이 훗날 그의 명성으로 중세기 로마 교회만의 '연옥' 교리를 만들게 하는 주요 발상지가 되었다는 사실이다.

(3) 성례전 신학

그는 주의 만찬 때 사도들이 사용한 기도문이 "주님의 기도"(마태복음 6장)만 사용했다는 주장으로 많은 논란을 불러 일으켰다. 그리고 과거 암브로시우스가 시(詩)적이고 선율적인 운율로 이루어 놓은 암브로시우스의 교송(交誦: Antiphon)인 것을 단순한 찬송 형식의 그레고리우스 성가(Cantus Gregorianus)로 회귀시킨다.

(4) 최대의 공적인 교황직 시작

그는 콘스탄티노플의 '총 대주교'가 반기독교적이고 신성모독 행위라고 규정했다. 이와 같은 그의 신념으로 처음에는 콘스탄티노플 총 대주교에게 서신으로 항의한 후 황제와 황후에게도 보냈다. 그리고 그런 호칭을 사용하는 자들을 루시퍼와 같은 적그리스도의 선구자라고 악평했다. 그러면서 자신을 '세계적 주교'(Universal Father)이며, '하나님의 종 중의 종'이라고 했다.

그는 로마 교회 감독만이 '세계적 주교'라는 용어를 쓸 수 있다는 주장을 일평생 펼쳐나갔다. 이렇게 '세계적 주교'라는 주장이 로마 제국 카이사르 이후부터 '최고 신들의 의장단장'이라는 뜻의 '폰트 막시'(Pontifex Maximus) 사상과 맥을 같이한다.

과거 로마 황제들이 카이사르부터 그라티아누스 황제(383) 때까지

'폰트 막시'를 사용해 왔었다. 그러나 그라티아누스 황제는 황제를 '최고의 신'이라고 하는 것이 우상숭배라고 금지시켰다. 그런데 그레고리우스 1세는 590년에 황제가 버린 용어 대신 '세계적 주교'라는 용어로 새롭게 부활시킨다.

우리는 그레고리우스 1세의 상반된 면모를 많이 보게 된다. 그는 부모의 유산으로 수도원을 건립하는 데 사용하고, 로마 시민들을 구제하는 데 많은 노력을 기울인다. 그런가 하면 그는 로마 제국 전역에 수많은 영토들을 교황령으로 만드는 영토 확장에 주력했다. 그는 또 잉글랜드 선교를 하며 개척하는 선교의 열정이 있는가 하면 다 같은 콘스탄티노플 총대 주교에게는 끝없는 증오를 한다.

그는 로마 교회 감독의 화려한 지도자 위치에 있었으나 그의 신학과 학문은 유치하기 그지없는 초보 수준도 못 된다. 그럼에도 불구하고 오늘날 '교황'이라고 불리는 직명을 최초로 시작한 대학자로 추대받고 있다. 그래서 로마 가톨릭교회는 로마 교회 수위권을 확보한 레오 1세와 교황직을 만든 그레고리우스 1세, 이 두 사람에게만 '대 교황'(Great)라는 호칭을 부여해 주었다.

2. 서로마 제국의 멸망

로마라는 나라는 주전 8세기에 시작되어 주후 1453년에 멸망한 장구한 역사를 가지고 있다.

그렇기에 길고 긴 역사를 성격에 따라 몇 단계로 구분해서 이해할 필요가 있다.

1) 로마의 전체적 역사

(1) 선사시대: BC 8세기–BC 6세기
(2) 왕정, 공화정 시대: BC 6세기–BC 27
(3) 제정시대: BC 27–AD 1453

이것도 또 세분할 수 있다.

① 제1기: BC 27-AD 68: 원로원 중심의 황제
② 제2기: AD 69-395: 황제 중심의 전제주의
③ 제3기: 동·서로마 분열기
서로마: 395-476
동로마: 395-1453

2) 서로마 제국 멸망의 과정

서로마 제국의 멸망 원인을 로마 제국의 동·서 분열 이후(395)에 서로마의 쇠퇴와 게르만 민족들의 민족 이동에 의한 남진의 결과로 본다.

(1) 동·서로마의 분열

로마 제국은 주후 69-395년까지 황제 1인 중심의 전제주의가 계속 이어졌다. 그런데 주후 395년 제67대 황제인 데오도시우스 1세(Theodosius I: 379-395)가 죽자 제국의 동쪽 반을 장남인 아르카디우스(Arcadius: 395-408)에게 주고 반쪽 서쪽은 차남 호노리우스(Henorius:

395-423)에게 준다. 사실 데오도시우스 황제 때 이미 계속되는 게르만족들의 침입과 그들이 새롭게 세우는 과거 로마 제국 내의 새로운 왕국들로 통치령이 축소되고 세수의 고갈 등으로 몰락해 가고 있었다.

(2) 게르만 민족의 이동

게르만 민족은 그들의 출발지에 따라 셋으로 분류한다.

동 게르만족: 서 고트족, 동 고트족, 게피드족, 반달족, 부르군트족
서 게르만족: 알라만족, 프랑크족, 랑고바르드족, 앵글족, 색슨족, 쥬트족
북 게르만족: 노르만족

게르만족은 주전 10세기부터 동·서, 북, 각 곳으로 이동을 계속해 왔었다. 그렇기에 로마 제국이 확장해 놓은 광대한 영토들이 점차 축소되는 것은 당연한 과정이었다. 300년경 로마 제국은 강력한 제국이었으나 400년경에는 제국이 분열될 수밖에 없을 정도로 약화되었다. 이때 410년 서고트족 알라리크 왕이 3일 동안 로마시를 점령하여 약탈을 자행했다.

415년에는 훈족 아틸라 왕이 북부 로마를 정복했다. 455년에는 반달(Vandal)족이 14일간 로마시를 장악했다. 드디어 476년 로마 영토를 장악한 여러 부족들의 수장인 오도아케르가 서로마 제국 마지막 황제 아우구스툴루스(R. Augustulus: 475-476)와 급여문제로 충돌한 후 황제를 축출하고 신하들을 동로마로 보낸다. 이로써 서로마는 황제가 축출된 476년으로 종식된다.

3) 로마 제국 멸망의 원인[36)]

영국의 역사가 기번(E. Gibbon: 1737-1794)이 저술한 《로마 제국 쇠망사》(*The History of the Decline and Fall of the Rome Empire*) 6권이 있다.

책 내용은 주후 98년부터 1453년 동로마 제국 멸망까지 약 1300년 역사를 특징별로 제15장까지 서술했다. 그 내용은 그리스도교의 국교화, 게르만 민족의 대이동, 이슬람의 침략, 몽고족의 서침, 십자군 원정 등 다양한 내용들이다. 마지막 15장에서 로마 제국의 몰락 원인을 크게 넷으로 설명했다.

(1) 시간과 자연현상으로 인한 내부 손상

지진, 화재, 홍수 등은 오랜 건축물들도 파괴시킨다. 로마 제국도 1,300년의 긴 역사 속에 자연 현상들로 인해 파괴될 수밖에 없었다.

(2) 야만족의 그리스도교적인 유물들 파괴

야만족으로 멸시한 고트족(Goths)은 침략(410)한 지 6일 만에, 또 반달족(Vandal)은 침략(455)한 지 15일 만에 로마에서 철수했다. 이들 야만족들의 침략이 로마를 멸망시킬 만한 위력을 행했다고 말하는 것은 납득이 되지 않는다. 그들이 침략 중 로마시에서 파괴한 것은 로마 시의 가톨릭교회들이 건축해 놓은 이교신들의 조각상, 제단, 누각들이었다. 로마시를 지배하고 있는 것이 로마시의 가톨릭 교도들이 세운 우상숭배물들임을 알고 집요하게 파괴했다.

야만족들이 혐오의 대상으로 삼은 것은 가톨릭교회가 건축한 이

---

36) 에드워드 기번, 로마 제국 쇠망사, 강석승 역, 동서문화사, 2016.

교의 미신을 상기시키는 사물들이었다. 종교혁명은 민중들의 소동에 의해서가 아니라 황제와 원로원의 결정으로 이루어 놓은 그리스도교적 이교 유물들이 야만족에 의해 파괴되면서 달성되었다.

(3) 자원의 남용

고트족이나 반달족이 약탈한 것은 금, 은, 놋쇠, 납, 철 따위였다. 그러나 동로마나 가톨릭교회는 야만족들이 손대지 않은 모든 것을 약탈해 갔다. 콘스탄스 2세(641-668)는 판테온의 지붕을 덮은 청동기와를 벗겨서 동로마로 옮겨갔다. 야만족들은 약탈한 후에 로마시를 방치하고 있었다. 과거 야만족들의 침략 이전에 만들어 놓았던 모든 것들 중에 돈이 되는 것이라면 다 뜯겨져 반출되어 나간 채 그대로 폐허화되면서 로마시는 끝없이 추락해 갔다.

로마시에는 40개의 남자 수도원, 20개의 여자 수도원, 총 60개의 사제 양성 신학교가 세워져 있었다. 이들 건물들은 팔로스섬, 누미니아섬, 누미디아산의 훌륭한 대리석으로 만들어진 이오니아식이나 코린트식 건축물이었다. 그러나 이 모든 건축 재료들이 심하게 파괴되어 나갔다. 교황 식스토스 5세가 7성궁(Septizonium)의 석재를 성베드로 대성당 건축에 사용한 것 한 가지만은 매우 긍정적인 자원 활용이라고 할 수 있다. 그 외에는 신전들과 1급 건축물들이 옛 모습이 사라지면서 로마시의 멸망을 가속화시켰다.

(4) 로마의 내부 문제

로마는 야만족에 의해 서로마 제국이 무너진 후 500여 년간 교황파(겔프)와 황제파(기벨린)의 싸움, 또 코론나 가문과 오르시니 가문과의 투쟁으로 고통을 계속 당해야만 했다. 과거 그리스인과 프랑크 황제 치하 로마시의 평화는 10세기 이후 프랑크 황제 세력이 쇠퇴한 후 교황파와 황제파로 분열되었는데, 이 투쟁이 500여 년간 계속해서 멸망을 가속시켰다.

이 무렵은 군주의 존엄도, 그리스도의 대리인이라는 존재와 인격까지도 존경할 줄 모르는 암흑시대였다. 이때는 모든 것이 검으로 해결되었고 법은 무력했으며 누구도 법에 자기의 생명과 재산을 맡길 수 있다고 생각하지 않았다. 유력한 시민들은 자국 내에 존재하는 적이나 증오자들로부터 자기를 지키려고 무기를 지니고 다녔고 적의 공격을 방어하는 건조물들을 채워나갔다.

교황 마루티누스 5세(1417-31) 때 로마에는 13-14구역이 있었는데 한 구역에 44개의 탑이 세워져 적의 공격을 대비하였다. 교황 니콜리우스 4세(1288-92) 때의 로마는 군주도 원로원도 없는 6개월간의 내란의 폭풍우에 휘말렸다. 이렇게 이탈리아의 모든 당파가 서로 번갈아 가면서 상대 당파에게 맹목적이고 무차별적인 복수를 가하고는 구원이나 성채를 흔적도 없이 파괴하고 떠나가는 무법천지가 500여 년간 계속되었다. 이와 같은 몇 가지 요인으로 1300년간 지속된 로마 제국이 몰락하고 마는 결과를 가져왔다.

결론

현재도 가톨릭의 교황은 '예수 그리스도의 대리자'로 인식되고 있다. 이렇게 말도 안 되는 교황제도가 590년에 시작되었다. 최초의 교황이 로마시민들을 위한 피나는 노력이나 잉글랜드를 개종시킨 것 등은 훌륭한 공적이 될 수 있다. 그러나 그는 너무 수준 이하의 신앙적 식견을 가진 지도자여서 실망스러울 정도이다. 또한 그가 시작한 교황제도가 로마 제국에 유익을 주지 못했음을 역사가 기번이 증명해 주었다.

590년의 서로마가 교황제도를 만들고 동방 그리스 교회를 견제하려고 했다. 그러나 동방 그리스 교회는 서방교회가 원하는 대로 끌려가지 않았다. 교황제도가 생긴 이후 500여 년간 동·서방교회는 서로 자기 주장들로 계속 투쟁을 이어나갔다. 그러다가 드디어 1054년에 완전히 분열되어 동방 정교회와 서방 로마 가톨릭교회로 나누어져 있다.

서방 로마 가톨릭교회는 11세기 이후 500여 년 동안 교황파와 황제파로 나뉘어져 수많은 살육과 파괴를 반복했다. 그것이 1500년대 종교개혁으로 개신교를 만들었다. 590년의 교황제도는 인간을 '예수 그리스도의 대리자'라고 믿게 하려는 비정상적인 시도를 통해 동·서방교회를 분열시키고 또 개신교로 갈라지게 만들었다.

이렇게 2천 년 교회사에 교회를 분열시키는 사탄 마귀적 제도가 교황제도라는 사실을 똑바로 알아야 하겠다.

제16장

카타콤의 교훈

서론

필자는 1950년대 중·고등학생 시절에 "쿠오 바디스"(Quo Vadis)라는 영화를 보고 1세기 때 기독교도들이 네로 황제의 폭정에 희생당하는 모습에 너무 큰 감동을 받았다. 그 후 1960년대에 신학대학에 진학해서 "네로시대의 이야기"라는 부제를 가진 "쿠오 바디스"라는 소설을 통해 네로 황제가 인류 역사에서 가장 잔인한 폭군이라는 것을 알게 되었다. 그런데 1970년대 말 유학 시절에 쿠오 바디스의 배경이 되는 '카타콤'(Catacombs)이 1세기 때의 기독교도들만의 무덤이 아니라 기독교도들은 극히 소수였고 대부분은 노예들의 무덤이었음을 알게 되었다.

카타콤이라는 역사적 유산은 하나이다. 그런데 과거 역사를 가지고 어떤 사람이 어떤 역사의식을 가지고 그것을 해석하느냐 하는 해석자의 주관에 따라 전혀 다르게 표현된다는 사실을 깨닫게 되었다. 한마디로 "쿠오 바디스"라는 소설과 영화는 폴란드의 소설가인 셍키에비치(H. Sienkiewicz: 1846-1916)의 역사의식의 산물이다. 그는 폴란드 출신의 가톨릭 신자로 고대적 세계관을 가톨릭적인 신앙으로 재해석해 준 소설을 만들었다. 그의 소설은 대중들에게 과거 사건을 기독교적 신앙의 눈으로 깨우쳐준 공헌은 있다. 그러나 그가 소재로 한 베드로의 순교와 카타콤의 연결은 역사적 사실과는 배치된다.

아직도 베드로의 로마 순교 사실을 믿고 요한복음 13장 36절에 "주여 어디로 가시나이까?"라는 구절이 라틴어로 "쿠오 바디스"(Guo Vadis?)라고 연결된 것을 가지고 소설을 역사로 믿으려는 대중들이 있다. 필자도 교회사를 공부하기 전에는 그 같은 편견을 가졌기에 교회사를 공부하지 않은 대중들은 얼마나 심대할까 이해가 된다. 여기서 카타콤의 역사적 사실을 살펴보겠다.

1. 카타콤(Catacombs)[37]

카타(Cata)의 희랍어는 'κατα'로 '계곡' 또는 '아래'라는 뜻이다. 그리고 라틴어의 무덤이란 말이 'tumb'이고 영어로는 'tomb'이다. 그렇기 때문에 카타콤이란 지상의 무덤이 아닌 '지하의 무덤'이란 뜻이다. 이 말이 왜 화제가 되는가? 전 세계 모든 민족들이 죽은 이를 매장하는 곳은 지상이기에 죽은 이를 오랫동안 기억을 해 가고 있다. 그런데 로마 제국 시대의 유물 중 지하 무덤이 남아 있다. 왜 로마 제국 시대에 지하 무덤이 만들어졌는가?

---

37) 정수영, 교부시대사, 쿰란출판사, 2014, pp. 545-552.

그것은 로마 제국의 전성기에 유럽과 중동을 제패하면서 포로들을 사로잡아 노예들로 사용한 후 그들의 시체를 멸시했던 로마 제국 역사와 연관시킬 때 이해가 가능하다.

"쿠오 바디스" 소설에서는 로마시 외곽의 지하 무덤들을 1세기 때 네로 황제(54-68)의 핍박과 연관시킨다. 물론 1세기 때 로마 제국 원로원은 황제들을 신으로 숭배하도록 법령을 만들었기에 기독교 이전의 유대교도들도 수많은 핍박을 받았다. 그리고 네로 황제가 로마시에 불 지른 후 화재의 책임을 기독교도에게 전가시켜 박해한 것은 사실이다.

그렇다 하더라도 네로시대에 기독교도들이 수만 명에 이를 정도로 대대적으로 핍박이 있었던 것은 아니다. 로마시 외곽의 지하 묘지들은 1세기 때 부분적으로 이루어지기 시작해서 4세기 때까지 꾸준하게 증가된 오랜 기간의 유물이다. 로마 외곽의 지하 묘지들을 기독교도들만의 무덤으로 미화시킨 것은 셍키에비치의 문학 소설에서만 가능한 것이다.

여기에서 두 가지 사실을 알고 넘어가야 하겠다. 먼저 카타콤(Catacombs)이 무엇인가 하는 것이다. 그것은 1-4세기 때까지의 신분이 천한 자들과 기독교도들로 순교한 이들과 죄수들 등의 종합 지하 묘지였다. 로마제국 제10대 황제 티투스(Titus: 79-81)가 예루살렘을 정복한 후(70년) 유대인 10만 명을 포로로 끌고 가 콜로세움(Colosseum)을 건축한다. 이때 유대인 포로들이 죽으면 로마시 외곽에 지하 매장을 했다. 그리고 기독교 순교자들은 비교적 소수가 역시 같은 곳에 천대받은 채 묻히기도 했다. 이렇게 카타콤의 시발은 유대인과 이방인 죄수들의 무덤과 소수의 기독교도들이 묻혔던 곳이다. 따라서 카타콤을 기독교도들만의 핍박의 유산이라는 인식은 편파적인 역사 인식이다.

그리고 카타콤은 로마시 외곽에만 있는 것이 아니다. 우리는 카타콤을 네로 황제 박해로 인한 기독교들의 희생장으로 상상한다. 그러나 로마 제국 시대의 지배를 받았던 로마시 이외의 나폴리, 몰타, 시칠리아, 심지어 북아프리카의 알렉산드리아, 스페인, 파리 등에도 카타콤들이 있다.

현재 알려진 카타콤의 역사는 로마시 외곽으로 국한되어 있다. 앞으로 남아 있는 다른 곳들의 카타콤들 발굴로 카타콤의 해석은 전혀 달라질 가능성이 충분하다. 그렇기에 카타콤의 의미는 과거에 고정시킬 수 없고 미래에 얼마든지 변경될 수 있는 가능성이 많다. 따라서 여기서 말하는 카타콤의 의미는 소설과 영화와는 전혀 다른 역사적 의미로 이해해야 된다.

2. 로마 카타콤의 현장

카타콤은 언제부터 생겼는가? 로마나 헬라의 고대인들의 시체는 위생상의 이유로 화장하는 풍습이 있었다. 트로이 전쟁의 영웅 아킬레우스가 죽었을 때 화장을 했다. 또 로마 제국의 기초자 카이사르의 시신도 화장을 했다. 그 후 로마 제국의 부자들은 개인 묘지를 만들어 갔다. 시내에서의 묘지는 법으로 금지되었으므로 주로 시외에 개인 묘지가 생겨났다.

그런데 로마에 살고 있던 유대인들이 있었다(행 18:2 참조). 이들 유대인들은 아브라함이 막벨라 굴을 매장지로 삼은(창 23:9, 17, 25:9, 49:30, 50:13) 전통을 따라 지하에다 매장지를 만드는 관습이 있었다. 로마시 외곽에 있는 지하 매장지의 원조는 유대인들이다. 로마 제국의 1세기 때 조성(造成)이 쉽고 내구성이 강한 화산회(火山灰) 지질에 카타콤 만들기가 적당했다. 이때 만들어진 카타콤은 너비가 약 1m, 높이가 2-3m인 지하도 벽에 직사각형, 또는 반원형의 벽체의 오목하게 파인 벽감(壁龕)을 만들어 거기에 유해를 안치하고 벽돌 또는 대리석으로 덮은 후 석회로 밀폐시켰다.

지하도 곳곳에 벽감이 딸린 네모의 묘실이 설치되어 있다. 묘실이나 지하도에는 채광, 통풍을 위해 세로로 뚫린 구멍이 있다. 큰 카타콤은 복도가 종횡으로 그물눈과 같이 뚫렸으며 5층으로 구성된 것도 있다. 이렇게 만들어진 복도들 중 가장 긴 것은 총 연장 길이가 수백 km가 되므로 이곳에 매장된 무덤이 수백만으로 추산된다.

로마시 외곽의 공동묘지 중에 가장 오래되고 가장 큰 것으로 유명한 곳은 로마시에서 남쪽 3km 정도 떨어진 '성 세바스티안' 묘지이다. 성 세바스티안 묘지는 지하 묘지만 있는 것이 아니라 지상의 묘지들도 있어서 그곳에서 파묻혔다는 전설에 따라 4세기 때 베드로와 바울의 유해가 로마시 바실리카로 이장되었다. 이곳에는 46명의 로마 주교로 지냈던 이들의 무덤과 순교자의 무덤들도 있다. 이곳 묘지 중 칼리스투스 감독(218-223)의 묘는 폭이 30m에 길이가 540m가 되는 왕의 능 같은 규모이다.

다음으로 유명한 묘지가 도미틸라(Flavia Domitilla)의 묘지이다.

이렇게 유명한 묘지와 달리 지하 묘실인 카타콤이 있다. 우리가 관심을 갖는 묘실인 카타콤이 과연 박해받던 기독교도들의 무덤이었는가? 그리고 셍키에비치가 말한 것처럼 1세기의 네로 황제 박해 때 기독교도들이 지하 카타콤을 예배처로 사용했는가?

이것은 역사적 사실과 거리가 멀다. 1세기 때의 카타콤은 그야말로 혐오와 공포의 장소였다. 그에 대한 증거가 있다. 라틴역 불가타 성경을 번역한 히에로니무스(345-419)가 로마에서 학생으로 공부하던 시절인 4세기 중엽 주일 오후에 친구들 몇 명과 함께 로마 외곽의 '카타콤' 토굴을 찾아가서 비문들을 찾아 그 뜻을 알고 크게 감격했던 기록을 남겼다. 그때의 무덤들은 사면에 공포가 가득했고 소리 내지 않고 침묵하기에 너무 두려웠다고 했다.

히에로니무스와 친구인 로마 감독 다마수스(366-384)는 친구의 조언을 듣고 카타콤 방문이 편리하도록 수리를 해주고 장식을 하고 계단을 나선식으로 만들었다고 한다. 그렇기에 셍키에비치가 말하는 1세기 때 기독교도들의 예배처인 카타콤 설명은 소설이지 역사가 아니다.

그렇다면 카타콤 예배는 어느 때 시작되었는가? 313년 콘스탄티누스 황제의 기독교 국교화 칙령 이후에 순교자들에 대한 존경이 새삼스럽게 부각되기 시작한다. 그래서 순교자들의 묘 앞에 기념비적 묘지명을 만들어 놓거나 카타콤의 좁은 복도들을 넓히는 개수 작업들이 시작되었다. 이렇게 시작된 후 5세기 중엽 때부터는 카타콤에 매장하는 일이 사라진다. 7세기 때 롬바르드족이 로마시를 폐허로 만들고 고대 기독교 보물들도 파괴하자 성인 숭배자들은 자기들이 편리한 대로 성인들의 유골들을 도시의 교회로 옮겨 놓는 것이 8세기까지 계속된다.

3. 지하 묘지의 발굴과 발견된 것들[38]

카타콤에 대한 관심은 8세기 이후 사라진다. 그러다가 16세기에

38) 정수영, 교부시대사, 쿰란출판사, 2014, pp. 552-557.

카타콤에 대한 관심이 새롭게 시작된다. 살라리아 가도 근처의 포도밭을 경작하던 농부가 땅을 파던 중에 지하 묘지를 발견했다. 이때 지하 묘지에서 발굴된 것은 그리스어나 라틴어로 기록된 비명들과 석관들의 조각들이었다. 이때부터 가톨릭 신학자들은 온 밤을 새우며 발굴 작업을 계속했다.

개신교 학자들은 가톨릭 학자들이 실존하지도 않았던 성인들을 만들어 내려고 무모한 발굴작업을 강행한다고 저들의 노력을 폄하했다.

그러다가 19세기에 카타콤이 로마시에만 있는 것이 아니라 나폴리, 사라구사, 지르젠티, 멜로스 등 과거 로마 제국 영토에 고루 만들어져 있음을 발견한다. 그뿐만 아니라 아프리카의 알렉산드리아, 파리, 스페인 등에서도 지하 묘지인 카타콤들을 발견한다.

그 후에 개신교 신학자들이 카타콤 발굴 작업에 나선다. 왜냐하면 이제까지 알려진 카타콤의 사실은 가톨릭교회가 일방적으로 설명하는 정보에 국한되기 때문에 앞으로 새로운 발견은 카타콤에 대한 설명이 달라질 수 있을 가능성이 있기 때문이다.

이제는 그동안 로마시 주변에서 발견된 카타콤에서의 발견물들을 살펴보자. 지하 묘지에서 발굴된 것들 중에서 가장 유명한 것은 그림들과 비명(碑銘)들이다. 그외에도 장신구, 반지, 인장, 팔찌, 목걸이, 거울, 동전, 점토 등잔, 놋 등잔, 은과 호박 등잔, 갖가지 연장들, 다양한 장난감들이 출토되었다.

(1) 그림들

카타콤에서 발굴된 그림들은 묘지 벽 천장에 프레스코 방식(젖은 회벽에 그림을 그리는 방식)으로 그려졌다. 초기의 벽화에는 고대 신화의 형상이나 전원 풍경 등을 제재로 했다. 이로써 카타콤이 셍키에비치가 주장한 것처럼 1세기의 기독교들의 무덤이 아니라는 것이 판명되었다. 그런데 후대 4세기경의 것으로 추정되는 그림들에는 기독교의 상징들이나 성경 내용들이 묘사된 그림들이 나왔다. 현저하게 눈에 띄는 것은 선한 목자를 묘사한 그림과 신앙의 승리와 부활의 소망을 드러내는 성경 내용들이 그려져 있었다. 또 양이나 물고기로 기독교를 상징하는 그림도 있었다. 어떤 그림은 기독교적인 것과 이교적인 것이 혼합된 것도 있는데, 그것은 기독교도들이 이교도 화가에게 작업을 의뢰한 것으로 추정된다.

그리스인들도 무덤에다 그림을 남겼다. 로마의 카타콤의 그림들 수준은 그리스인들의 수준에 미치지 못한다. 예술적 기교면에서 그리스의 예술성에 뒤지지만 주제와 의미만은 로마의 그림들이 훨씬 더 숭고하다고 할 수 있다.

(2) 조각 작품들

조각 작품들 대부분은 석관(石棺)에서 발견되었다. 발견된 석관들의 상당수가 바티칸의 라테란 박물관에 소장되어 있다. 그리고 발견된 석관들은 니케아 공의회(325년) 이전 시대에 해당되는 1-3세기의 것은 아무것도 없다. 전부가 4세기 니케아 공의회 이후에 제작된 것들이다. 이것도 셍키에비치의 1세기의 기독교도들이 무덤에서 예배를 드렸다는 주장과 배치되는 근거가 된다.

가장 오래된 석관으로 콘스탄티누스 황제의 어머니로 알려진 성 헬레나(328년 사망)의 석관과 그의 딸 콘스탄티아(354년 사망)의 석관이 있다. 그 외에 가장 호화롭고 세련된 석관은 359년에 로마 장관을 지내고 집정관을 다섯 번 역임한 유니우스 바수스의 석관이다. 상부에는 아브라함의 제사, 베드로의 체포, 그리스도의 붙잡히심, 손을 씻는 빌라도 등이 묘사되어 있다. 하부에는 유혹 받는 아담과 하와, 고난받는 욥, 그리스도의 예루살렘 입성, 사자굴의 다니엘, 사도 바울의 체포 등의 모습이 조각되어 있다. 이 석관은 1595년 바티칸 묘지에서 발견된 후 바티칸의 성 베드로 성당 지하 묘지에 보관되어 있다.

(3) 비문(碑文)들

비문들은 헬라어나 라틴어로 기록되었고 혹은 라틴어가 헬라어 서체로 표기된 것도 있다. 지금까지 수집된 비문들은 가톨릭 신학자가 수집한 1만 5천 개의 비문들이다. 초기의 것은 6세기부터 시작된 것들로 주로 로마시에서 수집된 것들이다.

비문들을 교황 베네딕투스 14세가 1750년에 비문 전시관(Lapidarian Gallery)을 만들어 전시해 놓았다. 비문 전시관에 비치된 비문들은 화려한 이교도들의 비문들과 소박한 그리스도인들의 비문이 서로 마주 보고 전시되어 있다. 참으로 재미있는 것은 비문들의 내용이다.

이교도들의 비문들은 매우 화려하지만 내용을 보면 상투적이고 죽음으로 영원한 이별로 슬퍼하는 내용이다. '존경하는 나의 아버지, 어머니, 내 소중한 남편, 아내, 자녀' 등등 평범한 것이 이교도들의 비문 내용이다. 그에 반해 그리스도인들의 비명에 새겨진 문구들은 소망과 기쁨이 담겨 있다. '평안히 잠들다, 그리스도 안에서 살아 있다, 하나님께서 그대의 영혼을 깨우신다, 내 자녀여, 울지 말라, 죽음은 영원한 것이 아니다'라는 내용들이다.

또 아주 특이한 것도 있다. "예수 그리스도 하나님의 아들, 구주 4년 5개월 26일을 살다 간 착하고 순수한 아들을 목자께 위탁합니다. 아이의 부모 바탈리스와 마르켈리나." 또 다른 것도 있다. "61년

5개월 10일을 살다 간 선량하고 다정한 내 남편 카스토리누스에게, 그의 아내가 이것을 만들다. 하나님 안에서 사시기를."

비문들의 연대 추정에는 가톨릭 신학자냐, 개신교 신학자냐에 따라 각자의 입장에 따라 달라진다. 1839년 프랑스 오퉁 근처 성당 묘지에서 발견된 비문이 있다. 이 비명에 현저한 것은 물고기 그림이 그려져 있다. 이 그림을 놓고 예수회 신부들은 비문의 제작 시기를 160-202년으로 추정하고 그것이 화체설 교리와 연옥의 교리라고 확대 해석을 했다.

반면에 개신교 고고학자는 4세기 말이나 5세기 초 또는 5-6세기 것으로 추정했다. 다 똑같은 비문을 놓고 자기 입장에 따라 각각 다른 해석들을 하므로 이런 것들을 놓고 수많은 논쟁과 변증들을 계속해 가고 있다. 그래서 셍키에비치의 "쿠오 바디스"도 이렇게 논쟁이 되고 있는 것들 중에서 가톨릭 학자들의 주장을 근거로 작품을 각색한 것이라고 할 수 있다.

이렇게 각각 다른 해석은 저들의 역사관의 차이에서 나타나는 증거임을 알 수 있다. 그래서 똑같은 그림들과 비문들을 놓고 가톨릭 학자들은 1세기나 2세기 초기의 작품들이라 하고, 개신교 고고학자들은 4분의 1은 6세기의 것이고 4분의 3은 8세기와 9세기에 복원된 것이라고 한다. 이렇게 완전히 다른 해석을 하고 있다.

이처럼 상반된 견해를 놓고 우리들은 카타콤을 통해 어떤 교훈을 얻을 수 있을 것인가? 이에 대해 필자의 견해로 결론을 내리도록 하겠다.

결론

① 카타콤의 원조는 유대인들의 유산이라는 사실이다.

카타콤을 지금까지는 1세기 초 기독교도들의 유산이라고 일방적으로 주장한 것은 역사적 사실이 아니라는 것이다.

② 초기 1세기 때부터 3세기 초 이전의 무덤의 주인들은 기독교 신자들보다는 로마 제국의 정복주의에 의해 희생된 노예들이 훨씬 많다는 사실이다. 그리고 기독교도들의 것은 전설이 만든 극소수라는 사실이다.

③ 기독교도들의 무덤이라고 확인된 최초의 유적은 4세기 콘스탄티누스 황제의 기독교 국교화 칙령(313) 이후의 무덤들이다. 따라서 4세기 이전, 1세기 초에 기독교도들의 무덤이라는 주장은 전설을 역사로 변곡시킨 잘못된 신념의 유산이다.

④ 카타콤을 통해 평소 살다 간 인생의 흔적을 확인할 수 있다. 카타콤에 있는 이교도들의 무덤에는 인생의 허무함이 표현되었고, 가톨릭교도들의 무덤에는 죽은 자의 부활을 믿는 연옥의 신앙 등이 표현되었으며, 개신교도들의 무덤에는 부활에 대한 소망이 확실하게 나타났다. 반면에 평범한 기독교 종교인들의 무덤에는 선한 목자, 물고기, 포도나무 등 기독교의 상징들이 표현되었다. 무덤은 죽은 자가 어떤 신앙으로 살아갔는가를 보여주는 흔적임을 깨우쳐 준다.

⑤ 카타콤을 통해 기독교가 로마뿐 아니라 전 세계로 어떻게 전파되어 갔는가를 추정할 수 있는 정보를 제공해 주고 있다. 이미 발굴된 것만이 아니라 남아 있는 것들의 발굴로 기독교 역사를 새롭게 쓸 수 있는 잠재력이 무궁함을 알 수 있다.

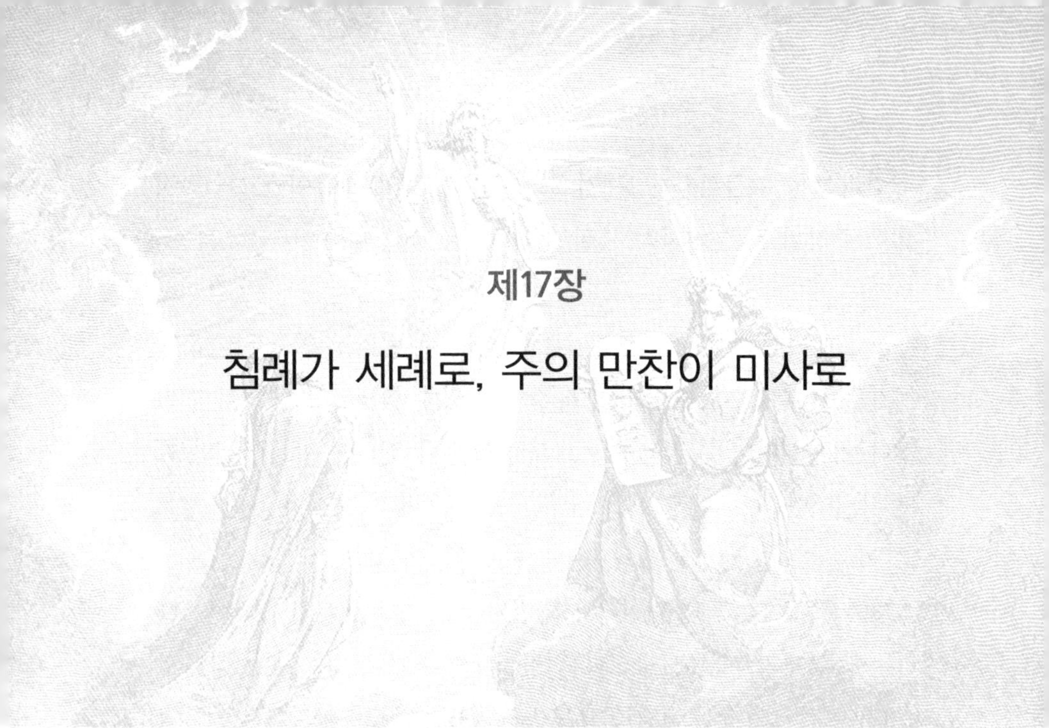

제17장

침례가 세례로, 주의 만찬이 미사로

서론

필자는 교회사를 공부한 역사학도다. 교회사는 2천 년의 기나긴 과거 속에 온갖 풍상을 겪으며 난관들을 헤쳐 나가려고 다양한 문제들 앞에서 싸워야 했다. 그렇게 싸우던 과거 우리의 선배들은 성경의 진리들을 잘 알면서도 현실과 타협을 했다. 그래서 성경과 동떨어진 유산들을 남겼다.

필자는 과거사를 바르게 이해함으로 커다란 중압감을 느끼게 되었고 그것이 오늘날을 바로 살기 위해 노력하도록 자극을 주고 있다. 과거사를 바르게 앎으로 현실에서 혼란만 일으킨다면 과거사를 공부할 의미가 사라진다. 오히려 과거사를 바로 아는 것으로 오늘을 바로 살 수 있도록 자극을 준다면 그것은 학문의 가치를 올바로 이해한 것이다.

과거를 바로 앎으로 오늘의 삶을 좀 더 바르게 살아가는 데 참고가 되도록 과거사를 살펴보겠다.

1. 침례(浸禮)가 세례(洗禮)로[39)]

(1) 구약적 배경

구약성경은 범죄한 죄인이 하나님과 관계를 회복하는 방법으로 5대 제사법을 말한다.

그것은 번제(레 1장), 소제(레 2, 6장), 속죄제(레 4, 6장), 속건제(레 5장), 화목제(레 3장), 전제(민 6:17, 15장)이다. 이와 같은 5대 제사법과 함께 정결법이 주어진다. 정결법은 산모들, 문둥병, 유출병, 전염병, 예방 차원에서 필요했다.

정결법 정신으로 아람군대 장관 나아만(왕하 5장)이 엘리사의 지시로 요단강 물에 일곱 번 씻음으로 문둥병을 고침 받는다. 유대교는 이방인들 중에 성인들이 개종할 때 할례 후 1주일 후에 개종 침례(Proselyte Baptism)를 실시했다. 이것은 개종자의 전신을 물속에 잠기게 하는 의식이었다. 그러나 유대인들이 포로로 잡혀갔을 때 포로민으로 제약이 많으므로 회당(Synagogue)을 지을 때 믹바(Mikkvah)라는 500리터 정도의 물통을 만들어 믹바 속에다 세 번을 잠기게 했다가 나오게 했다.

이 같은 전통에 따라 유대교는 개종 침례자에게만이 아니라 모든 유대교 신도들에게 사용되는 믹바 제도가 오늘날에도 존재한다.

---

39) 정수영, 교부시대사, 쿰란출판사, 2014, pp. 446-466.

(2) 침례자 요한의 과도기적 침례

침례자 요한은 진정한 신생(新生)이 아닌 회개할 의지를 가진 자에게 의지를 각성시켜 주는 침례를 베풀어 주었다(마 3:2, 6). 이것은 성령으로 거듭난 공중 앞에서의 공개적 신앙 고백적 결의(롬 6:3-5)가 아니라 회개할 의지를 가진 자에게 베푸는 격려적 차원의 과도기적 침례였다(행 19:1-7 참조).

(3) 예수님과 제자들

예수님은 침례자 요한에게서 죄인의 대표자로 침례를 받으셨다(마 3:13-17).

여기서 주목할 표현으로 "물에서 올라오실새"는 "아네베 아포 투 휘다토스"(ανεβη απο του ὑδατος)다. 여기서 '물'은 '휘다토스'이고 '올라오실새'는 '아네베'다. 이때 쓰인 '아네베'의 원형 '아나바이노'(ἀναβαίνω)는 물 속에 완전히 잠긴 후에 물 속에 머물지 않고 물 밖으로 올라왔음을 의미한다. 주님은 물을 뿌리는 살수(撒水: Sprinkling)나 물을 붓는 관수(灌水: Affusion)가 아니라 온몸을 물에 잠그는 침수(浸水: Baptism or immersion)를 받으셨다.

주님의 모범에 따라 사도들은 침례를 실시했고, 침례의 의미가 무엇인가를 가르친 것이 신약 성경 전체의 교훈이다.

(4) 교부들의 변개

1세기의 사도들 시대가 지나간 후 2세기의 교부들 시대가 시작되면서 성령 진리들이 조금씩 변개되어 나간다.

① 디다케(Didache: 12사도의 가르침)

사도들의 이름을 도용한 거짓 문서다. 이 문헌에 물이 귀한 경우에

물을 세 번 부어 주라는 관수 의식을 암시해 준다.

② 유스티누스(Justinus: 100-165?)

침례는 물로 죄를 씻는 것으로 구원을 완성시킨다고 했다.

③ 테르툴리아누스(Tertullianus: 160-220)

주의 만찬과 침례가 신비적 효력을 발휘한다. 이때의 '신비'라는 말이 헬라어로 '무스테리온'(μυστήριον)인데 신비 개념이 신·구약에 없다. 이 개념은 플라톤의 철학개념이다.

테르툴리아누스는 철학의 '신비'를 라틴어 'Sacranentum', 영어의 'Sacrament' 개념으로 사용했다. 이것이 가톨릭에서는 '성례'(聖禮)라는 개념으로 쓰인다.

④ 아우구스티누스(Augustin: 354-430)

그는 유아세례가 원죄를 해결해 주고, 세례가 구원을 주는 세례 중생론(Baptismal Regeneration) 교리를 만든다.

(5) 중세기 때의 미신 신앙

중세기 때 미신 신앙은 그 수를 헤아릴 수 없이 많아진다. 천사 예배, 마리아 숭배, 성자들의 유물 숭배, 성인 숭배, 성지순례, 그리고 성례전 7가지(세례, 견신례, 성체미사, 고해, 결혼, 종유, 서품), 면죄부, 연옥의 교리 등이다.

중세기 때는 요람에서 죽을 때까지 인간의 모든 삶의 과정들이 모두 다 '성례전'이라는 미신으로 구속시켜 놓았다. 그리고 미신신앙을 반대하거나 거부하는 자들에게는 '국가법'보다 더 상위법인 '교회법'이 따로 존재했다. '교회법'의 재판관은 사제들이었고, 교회법을 관장하는 것이 악명 높은 '종교재판'이었다. 종교재판(inquisition)은 1215년 제4차 라테란 공의회에서 시작되어 최후로 19세기 스페인에서 폐지

되었다. 종교재판은 두 사람의 고발만으로 재판이 성립되었다. 중세기 천 년 동안 종교재판으로 희생된 성도들은 수천만 명에 이를 정도였다.

(6) 종교개혁 후의 타협

종교개혁자들이 가톨릭의 7가지 성례들을 루터는 셋으로, 칼빈은 둘로 줄이는 공헌을 했다. 그러나 저들은 모두 침례가 성서적임은 알았으나 거세게 반발하는 세력들의 반대로 타협을 한다. 그래서 '침례'가 아닌 '세례'로 얼버무려 놓았다. 참으로 가슴 아픈 역사적 과오이다.

2. 주의 만찬이 성체 미사, 성찬식으로[40)]

주의 만찬(Lord's Supper) 기원은 유월절 절기 때 주님께서 체포를 앞두고 몇 시간 전에 직접 시행하신 것에서 유래가 된다(마 26:26-29; 막 14:22-25; 눅 22:16-20). 주님께서는 "이것을 행하여 나를 기념하라"고 하셨다(눅 22:19). 주님의 분부대로 최후 만찬은 기념하는 의식(Ordinance)이 된다. 바울은 주의 만찬에 대해 기념하는 의식임을 설명했다(고전 11:24-25).

성경의 주의 만찬은 주님의 몸과 피를 기념하는 의식이었다. 그렇기에 주의 만찬은 주님께서 죄인들을 위해 몸을 찢으시고 피를 흘리신 속죄 행위를 기념하는 것으로 끝내야 한다. 그런데 주님과 사도들의 뜻과 전혀 다르게 주의 만찬이 요술을 부리는 약효처럼 변천

---

40) 정수영, 교부시대사, 쿰란출판사, 2014, pp. 486-496.

되어 간다.

(1) 교부들의 변개

① 이그나티우스(Ignatius: 30-117)

주의 만찬이 불멸의 약처럼 죽음을 막고 죄를 없애주는 해독제 같은 효능이 있다고 했다.

② 테르툴리아누스(Tetullianus: 160-220)

주의 만찬과 침례가 구원의 신비적인 효력을 발휘한다고 했다. 신비(神秘)란 개념은 신·구약에 없다. 이 말은 플라톤이 이성이 아데아(Idea)에 접해지는 것을 신비라고 표현한 철학 용어다. 테르툴리아누스는 철학의 개념을 교회 의식에 도입시켰다.

③ 아우구스티누스(Augustinus: 354-430)

아우구스티누스는 테르툴리아누스의 신비사상을 주의 만찬과 침례에 적용시킨다. 그는 침례(후에 세례)와 주의 만찬은 신비한 은혜의 통로이며 그것이 어떻게 해서 은혜가 되는 것인지는 불가사의하다고 했다. 이렇게 불가사의한 의식을 성례전(Sacramentum)이라고 불렀다.

아우구스티누스는 세례가 죄책(guilt)과 원죄를 제거하는 구원의 필요불가결한 것이라고 했다.

(2) 중세기 때의 성례전 신학의 미신들

주의 만찬이나 침례가 죄책을 해결하고 원죄를 해결해 준다는 주장에 따라 중세기 지도자들은 다 각각 성례들을 주장하게 된다. 베르나르는 10가지를, 아벨라르는 5가지를, 위고는 30가지를 말한다. 중세기 때는 저마다 교회 의식들을 주장하며 의식이 신비한 효력을 발휘한다고 믿는 미신신앙이 된다.

결국 아퀴나스(1224-1274)가 7가지로 줄이면서 3이 하나님의 숫자이고, 4는 창조의 숫자라고 7성사(七聖事)를 주장한다. 그 주장이 트렌트 공의회(1543-60)에 가톨릭의 공식적인 성례전 신학이 되어 오늘날까지도 미신신앙이 계승되고 있다.

(3) 미신신앙의 대표인 미사(彌撒)

성경에는 예배라는 개념만 있다(요 4:20-24, 12:20; 행 8:27; 롬 9:4, 12:1 등). 그런데 가톨릭은 예배드린다고 하지 않고 미사드린다고 한다. 미사(Missa)라는 개념은 무엇에서 비롯되었는가? 가톨릭은 주의 만찬에 해당되는 '떡과 포도주'가 사제의 축복에 의해 옛날 갈보리 위에서 흘리신 주님의 살과 피로 변화된다는 화체설(化體說: Transsubstantiation)을 믿는다. 화체설의 교리는 아퀴나스가 아리스토텔레스의 철학 개념을 가톨릭에 도입시킨 것이다.

아리스토텔레스는 사람들의 눈에 보이는 형상은 항상 똑같으나 보이지 않는 이면의 질료는 얼마든지 변화가 된다고 했다. 아리스토텔레스는 '형상'과 '질료'를 구별하므로 보이는 것들에 대한 제한적 의미보다는 보이지 않는 것들의 무한대의 의미를 크게 발전시켰다.

아퀴나스는 아리스토텔레스의 '형상'과 '질료' 개념을 화체설 교리에 도입한다. 즉 사제가 눈에 보이는 떡과 포도주에 축복을 하면 떡과 포도주의 형상은 똑같으나 내용인 '질료'는 2천 년 전 갈보리 위의 주님의 살과 피와 똑같은 것으로 변한다는 것이다. 이것이 가톨릭의 화체설의 핵심이다.

이와 같은 주님의 살과 피는 한 번만으로 끝나지 않고 매주 희생의 미사를 통해 반복해야 한다는 것이다. 이것은 완전히 반성서적인 해석이다. 주님은 단 한 번의 희생으로 단번에 모든 것을 해결해 주셨다(히 9:28). 그런데 가톨릭은 주님이 매주 희생을 반복한다고 한다.

가톨릭의 미사신학은 성경에 근거한 것이 아니다. 가톨릭의 미사의 희생 반복 신학은 원시 종교들의 밀의 의식을 도입한 우상숭배에서 비롯되었다.

애굽의 제사 때 신에게 바쳐진 떡덩이가 오리시스의 살이 된다는 신화, 소아시아 브루기아에 도입된 중동의 밀의 종교, 페르시아의 미트라(Mithra) 종교, 멕시코와 남미에 성행된 제사 후의 신의 음식, 한국에서도 개인이나 집안의 액운을 없애려고 고사(告祀)를 지낸 후에 고사 음식물을 나누어 먹는 미신 등 전 세계에 퍼진 밀의 종교의식과 행사를 그대로 도입했다.

그것이 주님의 희생의 되풀이라는 '미사'라는 용어이고, 미사 후에는 주님의 살과 피라며 떡과 잔을 나누어 먹는다. 가톨릭은 콘스탄스 종교회의(1415) 이후부터 신도들에게는 빵만 주고 잔은 주지 않는다. 이것은 '떡'과 '잔'을 동시에 준 성경 진리(고전 11:24-25)에 위배된다. 그래서 2종(떡과 잔) 배찬이냐, 1종(떡)만 배찬이냐의 주장으로 싸우다가 종교개혁을 당했다. 참으로 가소로운 일이다. 주님이 실시한 주의 만찬은 밤 시간이었다(마 26:20). 그러나 미트라교의 종교의식은 이른 새벽에 거행했다. 태양신이 떠오르는 시간이 새벽이라고 믿었기 때문이다. 가톨릭의 미사 역시 오전에만 시행한다.

한번 미사 때 사제가 행하는 기계적 동작이 어느 정도인가? 뵈트너(L. Boettner)가 기록해 놓은 중세기 사제 모습은 다음과 같다. 십자가를 긋는 행동을 16번, 회중들을 향해 6번 돌아보고, 눈을 들어 하늘을 쳐다보기를 11번, 제단에 입 맞추기를 8번, 팔짱끼기를 4번, 자기 가슴 치기를 10번, 머리 숙이기를 21번, 무릎 꿇기를 8번, 십자가를 긋고 제단에 축복하기를 30번, 제단에 손을 얹어 놓기를 29번, 성찬 배를 덮었다 폈다 하기를 10번, 앞뒤로 왔다 갔다 하기를 20번, 그 밖에 무슨 의미인지 알 수 없는 수많은 행동을 한다.

이렇게 복잡한 행동들과 유난스런 갖가지 겉옷들로 성스럽게 장식을 한다. 거기에다 촛불, 울리는 종, 라틴식의 구슬픈 음악… 이 모든 것들로 엄숙함과 경건함을 나타내려고 한다.

그래서 모여진 신도들은 왜 그와 같은 동작들을 하는 것인지 알 수 없고 그 모습들 속에 신비한 힘이 있고 거룩한 요소가 있다고 착각을 하게 만든다. 그런데 이 모든 것들이 모두 다 이교도들의 의식들을 도입한 것이라는 사실이다.

현대 미사는 과거에 비해 많이 축소되었다. 먼저 입제창(入齊唱) 키리에, 영광창, 서간 낭독, 복음서 낭독, 4대 신경(信經)인 니케아, 아타나시우스, 칼케돈, 사도신경들 중 하나를 번갈아 가며 낭독, 희생물 준비, 봉헌, 끝으로 성스런 식탁에의 참가인 성체 배령, 축복, 복음서 낭독으로 산회한다. 지금도 미사의 핵심은 식탁에 배설된 성체를 사제 앞으로 다가가서 성체라는 떡 조각을 받아먹는 것으로 그 후에 미사가 끝이 난다.

성경은 가장 단순한 예배만을 말씀해 주고 있다. 그러나 가톨릭은 단순한 예배만으로는 신도들에게 신비함을 느끼게 할 수 없다고 판단했다. 과거의 모든 이방 종교들이 행하는 미신적 의식들을 기독교라는 이름 아래 혼합시켜 놓은 혼합 의식이 미사이다. 따라서 가톨릭의 미사는 이교신들을 섬기고 있는 것이다.

(4) 종교개혁 후

성경은 '주의 만찬'(Lord's Supper)이라고 했다. 그것이 중세기 천 년 동안 성찬식의 떡과 포도주가 사제의 축복에 의해 2000년 전 갈보리 위의 예수의 살과 피로 변화된다는 '화체설'(化體說: Transubstantiation)을 믿었다.

그런데 종교개혁 때 종교개혁자들은 네 가지 의미로 해석을 달리 했다.

① 루터: 공재설(共在說: Coexistentialism)

성찬의 떡과 포도주 속에 그리스도께서 실제적으로 임한다는 것으로 믿음을 가지면 실제적으로 임하신다.

② 츠빙글리: 상징설(象徵說: Symbolism)

성찬은 그리스도의 죽으심에 대한 기념이며 상징이다.

③ 칼빈: 영적 임재설(靈的 臨齋說)

성찬은 그리스도께서 영적으로 임재하시는 것이다.

④ 재침례교도: 기념설(記念說)

결론

성경의 진리는 하나뿐이다. 그런데 진리를 해석하는 인간들은 자기 해석만의 아집으로 교회를 산산이 분산시켜 놓았다. 인간들의 아집의 근원지들이 바로 각 곳에 난립해 있는 각 종파, 교파들의 신학교들이다. 성경이 가르친 침례가 세례로, 주의 만찬이 미사로, 또는 성찬식은 종교의식만 거치면 효력을 발생하는 요술로 변천되었다. 이것을 시정하려면 성경 본래의 의미를 제대로 파악해야 한다. 성경의 진리를 바르게 파악하는 계기가 되기를 바란다.

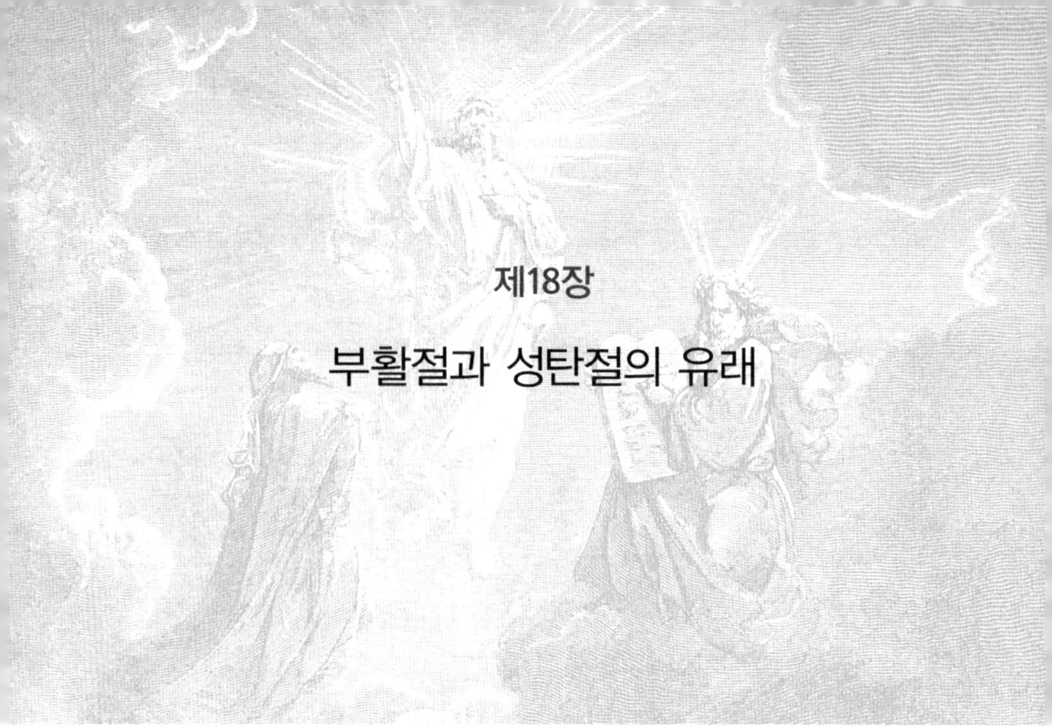

제18장

부활절과 성탄절의 유래

서론

우리 주님이 십자가에서 돌아가신 날이 어느 날인가? 많은 이는 금요일에 돌아가셨다고 믿는다. 우리 주님이 부활하신 때가 어느 때인가? 성경에는 유월절 절기 때라고 기록되어 있다. 그런데 현재 세계 기독교는 유월절 절기와 아무 상관이 없는 춘분(春分)이 지난 후 만월(滿月)이 지난 다음 주일을 부활주일로 지키고 있다.

성경에는 주님이 밤낮 사흘 동안(마 12:40) 땅 속에 있으리라고 하셨다. 그렇다면 밤낮 사흘은 72시간이 되고 주님이 돌아가신 날이 금요일이 될 수가 없다. 또 주님은 유월절 전날이며 안식일 전날에 돌아가셨다(막 15:42-47; 눅 23:52-56). 예수님은 유월절 전날에 운명하셨고, 예수님의 부활은 유월절이 진행되는 도중에 이루어졌다. 그렇다면 세계 교회는 유월절 절기를 근거해서 부활절을 지켜야만 한다. 그런데 지금 세계 교회는 유월절과 아무 상관이 없는 태음력의 춘분을 기준으로 삼아 부활절을 지키고 있다.

기독교의 핵심 절기인 부활절이 제대로 지켜지지 않고 있다. 누가 이렇게 기독교의 핵심을 변개시켜 놓았는가? 그 사실을 바로 아는 것이 성경과 역사를 바로 아는 지름길이다.

1. 부활절의 유래[41)]

1) 주님이 운명하신 날은 어느 요일인가?

주님이 운명하신 날을 금요일이라고 알고 있다. 또 주님이 부활하신 날은 안식 후 첫날(마 28:1; 막 16:1; 눅 24:1; 요 20:1)인 주일날이다. 그렇다면 주님이 운명하신 날이 금요일이 맞는가? 주님께서는 운명하시기 전에 자신이 죽임을 당하고 제삼일에 살아나실 것을 예고하셨다(마 16:21; 막 10:34; 눅 24:7).

그리고 주님은 어림잡은 사흘이 아니라 "요나가 밤낮 사흘 동안 큰 물고기 뱃속에 있었던 것같이 인자도 밤낮 사흘 동안 땅 속에 있으리라"(마 12:40)고 하셨다. 그렇기에 '밤낮 사흘'은 최소한 72시간이 걸리는 사흘이다.

주님의 부활하신 날은 오늘날의 일요일인 안식 후 첫날인 주일날이다. 따라서 주일날보다 72시간이 앞서는 날은 금요일이 아니라 수요일이 된다. 그런데 많은 이들은 주님이 운명하신 날을 금요일로 알고 있다. 이것은 유대인들의 유월절 절기를 유대인의 입장에서 이해

41) 정수영, 교부시대사, 쿰란출판사, 2014, pp. 506-520.

하지 않은, 태양력 중심의 로마 교회의 유산인 것이다.

유대인들은 매주 정기적으로 돌아오는 토요일의 안식일이 있었다. 그리고 유대인들의 최고의 명절인 유월절 절기 때 지키는 유월절 큰 날의 안식일이 또 있었다. 유대인들은 매년 유월절이 다가오면 큰 날 안식일이라는 또 다른 안식일을 지켰다(요 19:14, 31절에 설명됨). 이 안식일은 1년 중의 안식일이 아니라 유월절 절기를 위한 큰 날의 안식일이었다. 그렇기에 주님이 운명하신 날이 금요일이 될 수 없다. 그러나 세계를 제압해 나간 로마 제국과 손잡은 로마 교회가 일방적으로 금요일을 운명하신 날로 만들었다. 이처럼 우리는 성경의 유산이 아닌 로마 교회의 유산을 성경인 양 따르고 있다.

2) 부활절은 어느 때인가?

이것도 로마 교회의 유산이다. 우리는 현재 부활절을 태음력이 정한 춘분(春分)이 지난 다음 만월(滿月)이 지난 다음의 주일을 지키고 있다. 주님의 부활절과 춘분의 만월이 무슨 상관이 있는가? 이 내용 역시 과거 교회사를 알아야 이해가 되겠다.

잘 아는 바와 같이 유대인들은 바벨론식 달력과 가나안식 달력을 혼용해서 사용했다. 바벨론식 달력과 가나안식 달력은 태양력과 완전히 다르다. 이제 그 차이를 비교해 보자.

바벨론식 달력명	가나안식	양력
1월: 티쉬리월	에다님월	9-10월: 초목절
2월: 마르훼쉬완월	불월	10-11월
3월: 기슬래월(느 1:1)		11-12월: 수전절

바벨론식 달력명	가나안식	양력
4월: 데벳월(에 2:16)		12-1월
5월: 스밧월(슥 1:7)		1-2월
6월: 아달월(에 3:7; 스 6:15)		2-3월: 부림절
7월: 니산월(느 2:1; 에 3:7)	아빕월(출 13:4)	3-4월: 유월절
8월: 이야르월	시브월(왕상 6:1)	4-5월
9월: 시완월(에 8:9)		5-6월
10월: 담무스월(겔 8:14)		6-7월: 칠칠절
11월: 아브월		7-8월
12월: 엘룰월(느 6:15)		8-9월

여기서 우리가 눈여겨볼 것은 유월절이 들어가는 '니산월'이다. 이 때를 가나안식으로는 '아빕월'이라고 했고(출 13:4, 23:15) 양력으로는 3-4월에 해당된다. 초대교회는 니산월로 계산되는 달력으로 유월절이 있는 때를 기념해 왔다. 그리고 앞서 설명한 것처럼 안식일도 주님께서 죽으신 슬픈 안식일을 며칠 전에 지키고 또다시 주님께서 부활하신 안식일을 '대 안식일'이라고 또 지켜왔다. 이렇게 한 주간 사이에 니산월에 슬픈 안식일과 대 안식일을 지키는 관행은 예루살렘 교회만 아니라 현재의 그리스 정교회들이 고수해 오고 있다.

부활절 절기를 니산월에 근거하여 지키는 예루살렘 교회와 그리스 교회가 있으면서 이들은 '니산월 14일'이 주님께서 부활하신 날이라는 주장을 하므로 이들을 '십사일파'(Quatadecimanians)라고 불렀다. 이들 '14일파'는 니산월을 주장하므로 로마 교회와 300여 년간 논쟁을 계속 이어갔다. '14일파'는 복음서 정신을 계승하려 했으나 로마 교회는 니산월을 따를 경우 매년 바뀌어지는 부활주일의 번거로움을 이유로 반대했다. 니산월을 주장하는 예루살렘과 그리스 교회, 부활 주일을 고집하는 로마 교회의 태양력 사용 주장이 수백 년 논쟁으로 수습이 되지 않았다.

그런 상태로 325년 니케아 회의가 열렸다. 이때에 동·서방교회는 부활절 문제로 다투게 되었다. 이때 니케아 신조를 이끌어낸 아타나시우스(296-373)가 니산월도 아니고 태양력도 아닌 제3의 태음력의 춘분(春分)으로 절충을 한다.

춘분이 지나면 태양이 점점 길어지는 부활의 의미가 있다는 논리로 춘분 이론을 제기한다.

그렇게 되니까 부활절이 빠르면 3월 22일이 되고 늦으면 4월 25일이 된다. 그 기간 중 춘분 후 만월이 지난 주일이 현재의 부활절이 된다.

우리는 매년 12월 25일을 성탄절로 지킨다. 이처럼 부활절도 춘분 후가 아니라 니산월 14일을 태양력으로 환산해서 부활절 날짜를 성탄절처럼 확정했더라면 오늘날과 같은 복잡한 뒷 잡음이 생기지 않았을 것이다. 현재 우리가 지키는 부활절은 교회가 탄생된 예루살렘 교회의 유산이 아니다. 당시 로마 제국 정치와 야합한 로마 교회가 힘으로 만든 유산을 역사도 모른 채 따르고 있는 것이다.

부활절 절기가 3월이든 4월이든 큰 의미는 없다. 그러나 세례, 구원, 미사, 부활절, 다음에 소개할 성탄절까지 모두 로마 교회의 유산이며 성경적 유산이 아니라는 것은 알아야 하겠다. 그리고 부활절에 관해 또 한 가지를 더 알 필요가 있다. 그것은 신약성경에 기록된 '유월절' 사실과 번역 성경인 흠정역에 기록된 유월절과는 차이가 있다는 사실이다. 우리는 신약성경 전체에 기록된 '유월절'이라는 단어가 헬라어로 '파스카'(πάσκα)로 기록되었음을 알 수 있다(마 26:2, 17, 18, 19; 막 14:1, 12, 14, 16; 눅 2:41, 22:1, 8, 11, 15, 16; 요 2:13, 12:1, 18:28, 19:14; 행 12:4; 고전 5:7; 히 11:28 등).

신약성경의 원문은 '파스카'이고 그 뜻은 유월절이다. 그리고 이것을 영어로는 유월절이라는 뜻 그대로 Passover이라고 한다. 흠정역이 위에 열거한 모든 곳에 Passover로 번역되었는데, 유일하게 사도행전 12장 4절에는 Easter라고 번역되었다. 왜 흠정역은 원문 '파스카'(πάσκα)대로 Passover로 하지 않고 생소한 Easter라고 번역했는가? 그리고 Easter라는 말은 무슨 뜻인가? 왜 오늘날 전 세계 교회는 부활절을 Passover라고 하지 않고 Easter라고 하는가? 결론부터 말하면 Easter는 앗수르의 니느웨 사람들이 매년 4월마다 달의 신을 섬겼던 '이쉬타르'(Ishtar) 종교 축제를 로마 교회가 519년에 'Easter'로 도입해서 지킨 것에서 출발하였다. 그 같은 로마 가톨릭교회의 유산이 6세기 그레고리우스 1세(590-604) 때 잉글랜드 선교로 영국에 전달되었다.

그렇게 시작된 'Easter' 신앙이 흠정역(1611)에 반영되어 전 세계로 확산된 것을 R.S.V(1952) 때 수정을 했다. 오늘날 세계 교회가 부활절을 'Easter Day'라고 하는 것은 흠정역의 오역에 의한 유산으로 매우 유감스러운 역사 유산이다.

2. 성탄절과 주현절의 유래

오늘날 전 세계 기독교인들 중 가톨릭과 개신교는 성탄절(聖誕節, Christmas)을 지키고 있다. 그에 반해 전 세계 기독교인 중 20%에 해당되는 동방 정교회를 따르는 동유럽의 정교회들과 러시아 정교회는 성탄절이 아닌 주현절(柱顯節: Epiphany)로 1월 6일을 지키고 있다. 지금 세계 기독교인은 성탄절과 주현절로 양분된 상태로 기독교 이름 아래 신앙생활을 하고 있다. 어떤 이유로 이렇게 되었는가를 살펴보자.

1) 성탄절의 유래[42)]

(1) 성경에 기록된 예수님의 탄생

예수님의 탄생 때를 성경에 기록된 것을 근거로 추산해 볼 수 있는 방법이 세 가지가 있다.

① 예수님의 생애를 통한 추산

예수님은 30세쯤(눅 3:20) 되셨을 때 가르치심을 시작하셨다. 30세는 구약 때 공적인 일을 할 수 있는 나이였다(민 4:3). 예수님께서는 공생애로 3년을 보내셨다. 예수님의 공생애 3년의 근거는 요한복음에 예수님께서 유월절을 지내신 것을 세 번(요 2:13-22, 12:1-8, 18:28-19:14) 기록한 것에 근거한다. 반면에 공관복음서들은 예수님의 유월절 기록을 한 번만 기록했다(마 26:2, 17, 19; 막 14:1, 12, 16; 눅 22:7-16).

예수님께서 유월절을 세 번 겪으신 요한복음의 기록에 따라 그의 공생애를 3년 반으로 계산한다. 또한 예수님께서 운명하신 때가 유월절 때였다(요 18:39). 예수님이 운명하신 유월절은 니산월로 양력 3-4월에 해당된다. 그래서 예수님이 운명하신 유월절 3-4월은 봄(春)이고 여기서 예수님의 생애 3년 반을 거슬러 올라가면 가을(秋)이 된다.

---

42) 정수영, 교부시대사, 쿰란출판사, 2014, pp. 526-534.

이렇게 예수님의 생애를 추산해 볼 때 예수님의 탄생은 12월 25일 추운 겨울이 아니라 가을이 맞다. 또 누가복음 2장 8절에는 베들레헴 목자들이 밤에 밖에서 자기 양떼를 지키고 있었다고 했다. 팔레스타인 목자들은 매년 10월 15일 이전에 산등성이 들판에서 산 아래 목장으로 내려와 겨울을 넘긴다. 그런데 베들레헴 목자들이 밤에 밖에서 양떼를 지킬 정도라면 가을 정도라야 가능하다. 따라서 추운 겨울인 12월 25일은 예수님의 탄생과는 맞지 않는 괴리감이 남는다.

② 침례자 요한의 출생을 통한 추산

침례자 요한은 예수님보다 6개월 먼저 태어났다(눅 1:26, 36). 침례자 요한의 부친 사가랴는 제사장 임무 수행 중(눅 1:8)에 천사로부터 엘리사벳이 아들을 낳을 것이라는 소식을 받는다. 사가랴는 수많은 제사장들 24개 반열 중 8번째 아비야의 반열에 속한 후손이었다(대상24:10; 눅 1:5).

유대인 역사가 요세푸스(37-100)의 역사 기록에 의하면, 이들 1개 반차는 각각 1주일 동안 임무를 계속한 후 다음 반차로 넘겼다. 그래서 24개 반열이 1주일 동안, 1년에 1개 반열은 두 번의 봉사를 하게 된다. 그렇지만 1년 중 3대 절기(유월절, 오순절, 장막절)에는 모든 제사장들이 다 함께 봉사했다.

아비야 반열은 8번째 반열이므로 유대 종교력으로 이야(Lyar) 27일부터 시반(Sivan) 5일까지이고 바벨론식 달력으로 담무스월이고 양력으로 6월 1-8일이 된다. 사가랴가 한 주간 동안 성전에 머물 때는 오순절 때였다. 사가랴는 제사장 임무를 끝내고 예루살렘에서 약 48km 떨어진 유대 한 동네(눅 1:39)로 돌아갔다. 그때 그의 아내와 동침함으로 요한을 임신하고 5개월 동안을 숨어 지냈다(눅 1:24). 이때는

6월 중순경이 된다. 그로부터 9개월 후에 침례자 요한이 출생한다. 이렇게 계산하면 침례자 요한의 출생은 3월이나 4월이 된다.

침례자 요한의 출생 후 6개월 후의 예수님의 출생은 9월 중순이나 10월 초순이 된다. 이와 같은 계산법으로 볼 때 현재 성탄절이라는 12월 25일은 성경 내용과 조화되지 않는다.

그런데 왜 기독교는 12월 25일을 성탄절로 지키고 있는가? 그것을 교회 역사가 해명해 주어야 한다. 안타까운 현실은 성경은 믿으면서 성경과 조화되지 않는 현실의 역사 내용에는 아무 관심을 갖지 않는 것이 교회 현실이다. 이제 그 역사적 과정을 살펴보자.

(2) 역사 속에 만들어진 성탄절

역사 속에 만들어진 성탄절은 오랜 세월 동안 이교도들의 미신이 수많은 과정들을 거치면서 기독교에 들어왔다.

① 바벨론의 태양신 담무스(Tammuz)

바벨론은 창세기 10장 10절에 나오는 바벨에서 시작되어서(BC 3500?) 역대하 36장 22절의 바사 왕 고레스에 의해 멸망당하기까지(BC 539) 3천여 년간 계속된 나라였다. 우리나라의 유교, 불교가 1700년 동안 계속된 것이 오늘날 수많은 영향들을 남기는 것처럼 바벨론도 수많은 유산들을 남긴다. 그 유산들이란 함무라비 법전 같은 문화적 유산도 있으나 대부분은 바벨론 종교들의 관행이 다른 나라로 번져간 것들이다.

그중의 대표적 종교 유산이 태양신 담무스였다. 에스겔(BC 592-570)이 바벨론 포로생활을 할 때 그곳에서 담무스 신전을 보았다(겔 8:14).

이때 섬기는 담무스 신은 태양신이었다. 태양신 숭배를 음력 동지(冬至)가 지난 후부터 한 주간 동안 태양신 숭배와 함께 기쁨과 환락의 기간으로 보냈다. 태양신 숭배와 동지가 무슨 관계가 있는가? 동지는 밤이 가장 긴 날이고 동지 후에는 차츰 1분 정도로 낮시간이 길어지는 분기점이다. 따라서 동지는 태양신이 태어나는 생일로 믿는 날이다. 태양인이 다시 태어나는 동지날은 태양신이 또 한 해 동안 각종 혜택을 줄 것이므로 축제와 함께 기쁜 잔치를 벌였다. 바로 이 동지가 양력으로 12월 20일부터 25일 사이에 지나간다.

② 페르시아의 미트라스(Mitras)

바벨론의 담무스가 페르시아에서는 미트라스로 이름이 바뀐다. 페르시아의 미트라스는 태양신이다. 미트라스가 풍요의 근원인 황소를 죽이는 석판 그림이 많이 알려진 것처럼, 미트라스는 페르시아의 한 우상이 된다.

③ 그리스 신화

그리스 신화에 신들의 계보가 나온다. 그중에 태양신 헬리오스와 달의 신 셀레네가 있다. 저들이 낳은 주신 제우스와 제우스의 본처 헤라가 음악의 아폴론, 사냥의 신 아르테미스, 지식의 신 아테네, 사랑과 미의 신 아프로디테 등등을 낳는다. 그리스에서 태양신 숭배는 올림픽 경기 때 성화(聖火)로 나타났다.

④ 로마 신화

로마 신화는 그리스 신들의 이름을 라틴어로 바꾸어 놓았다. 그리스의 제우스가 유피테르로, 그리스의 헤라가 유노로, 아폴론은 아폴로로, 아테네는 미네르바로, 아프로디테는 베누스로 바꾸었다. 그래서 로마 신화는 그리스 신화의 연장이다. 그리스에서 시행된 태양신 숭배가 그대로 로마로 유입된다. 올림픽 경기 때 성화 채화는 그대로 유입된다. 오늘날 전 세계 올림픽 대회 때의 성화 봉송은 태양신 숭배의 연속이다. 바로 로마에서 가톨릭교회가 태양신 숭배날인 12월 25일을 5세기 때 성탄절로 제정한다.

오늘날 성탄절이 12월 25일이 된 것은 멀리는 바벨론의 담무스에서, 가깝게는 그리스와 로마의 태양신 숭배날을 로마 교회가 대치시켜 놓은 것이다. 이것을 좋게 이해하면 이교 신앙의 정복이라 할 수 있고 나쁘게 이해하면 이교 신앙의 변형이라고 할 수 있다. 우리가 성탄절 날짜보다는 성육신을 제대로 이해하는 것이 진정한 성탄절이라고 할 수 있다. 오늘날 성육신과 아무 상관이 없는 성탄절 트리, 카드, 산타클로스의 선물, 교회 장식 등으로 성탄절을 형식화하고 있다. 성탄절의 유래를 바르게 알아서 예수님께서 인간의 몸을 입고 오시면서까지 자기를 낮추신 성탄의 참뜻을 알아야 하겠다.

2) 주현절(主顯節)의 유래[43]

(1) 주현절을 지키는 정교회(正敎會)들

우리나라에는 정교회에 대한 인식이 매우 희박하다. 그러나 전 세계의 교세를 보면 얘기는 달라진다. 2000년을 기준으로 세계 기독교인이 전 인구의 33%에 해당되는 25억 정도가 된다. 이들 기독교인들 중 가장 많은 것은 가톨릭이 12억, 개신교가 4억 5천, 정교회가 3억,

43) 정수영, 교부시대사, 쿰란출판사, 2014, pp. 534-536.

성공회가 1억, 기독교 분파가 4억 정도 된다. 이렇게 본다면 전 세계 기독교인들 중 약 20%가 성탄절이 아닌 주현절을 지키고 있는 것이다.

정교회의 본산지는 그리스이다. 비잔틴 제국의 1천 년 동안 수도였던 콘스탄티노플을 중심으로 한때 국교가 되었다. 그 같은 영향으로 동구권의 여러 나라들이 현재까지 정교회로 남아 있고 흑해 연안과 북아프리카에도 정교회들이 있다.

정교회들 가운데 가장 왕성했던 곳이 러시아다. 러시아는 867년에 정교회를 도입해 9세기 때부터는 정교회가 국교가 되었다. 그러다가 1917년 볼셰비키 공산당 혁명 후 계속해서 탄압을 받으며 예배당들이 공장으로 전용되어 왔다. 러시아에 가톨릭이 폴란드를 통해 들어갔고, 16세기 개신교들이 들어갔으나 모두 다 공산당의 억압 속에 짓눌려 지낸다. 이들 그리스나 러시아나 동구권의 정교회들은 교회 의식들이 가톨릭과 흡사하다. 다만 세례가 아닌 삼중 침수(浸水)식을 거행하고 교황의 절대 무오류설을 배척하므로 가톨릭과는 다르다. 그러나 교회 의식들 위주로 가톨릭보다 훨씬 더 미신적인 형식 종교를 유지하고 있다.

(2) 정교회의 주현절(主顯節)

주현절(Epiphany)이라는 말은 한문의 뜻대로 예수 그리스도께서 인류를 구원하시기 위해 이 세상에 육체로 나타나신 현현(顯現)을 기념하는 절기라는 뜻이다. 그렇기에 주현절은 예수님의 아기 예수로의 탄생에만 국한된 것이 아니라 예수님께서 침례를 받으심으로 공생애의 사역을 시작하신 탄생과 침례를 함께 기념하는 절기이다.

이와 같은 의미를 담은 주현절의 의미는 성탄절보다 훨씬 광대하다고 할 수 있다. 그런데 주현절이 왜 하필 1월 6일인가? 여기에는 마태복음 2장 1-12절에 기록된 동방 박사들의 아기 예수 경배와 관련이 있다. 우리는 동방 박사들이 아기 예수를 찾아가 경배한 장소가 말구유라고 알고 있다. 이것은 약간 문제가 있는 인식이다.

누가복음 2장 7절에 아기 예수를 강보로 싸서 구유에 뉘었다는 기록을 근거로 아기 예수의 출산 장소가 말 구유간이었음은 맞는 말이다. 그러나 동방 박사들이 아기 예수를 경배한 곳은 말 구유간이 아니라 "집에 들어가"(마 2:11)라는 말씀에서 알 수 있듯이 집 안이다. 그러니까 동방 박사들이 아기 예수를 경배한 때는 말 구유간에서 출산한 후 상당한 시간이 지나 '집 안'에 들어가 있을 때였다는 해석이 된다.

동방 정교회는 동방 박사들이 아기 예수를 먼저 경배했다는 성경 기록과 동방 박사들이 동방 정교회들의 조상이었을 가능성과 서로마 가톨릭이 태양신 숭배를 따르는 성탄절 신앙을 거부하는 뜻으로 '주현절'을 고집해 오고 있다.

결론

지금 세계 기독교는 춘분을 기준으로 부활절을 지키고 있다. 이것은 유월절을 기준으로 한 부활절과는 신뢰성이 떨어진다. 또 세계 기독교는 성탄절과 주현절로 분열되어 있다. 서로가 자기들 주장만을 고집해온 과거 교회 지도자들에 의해 세계 교회들은 만신창이로 분열되어 있다. 모두 다 자기주장들을 버리고 성경에 기록된 대로 순종하려는 겸손한 자세로 나아갈 때 세계 교회가 하나로 만나는 희망이 생길 수 있으리라고 본다.

제19장

사도신조(경) 내용의 문제점들

서론

필자는 1991년에 출판한 《새 교회사 I》에서 사도신경의 문제점들을 제기했다. 그 후 2012년 《초대교회사》에서는 교회 회의에서 제정한 공인 신조들을 모두 소개했다. 니케아 신조(325), 콘스탄티노플 신조(381), 칼케돈 신조(451), 사도신조(750)로 발전된 각 신조들의 내용들을 소개했다. 그러므로 사도신조의 역사성은 충분히 밝혔다고 생각된다.

여기에서는 또다시 역사성을 설명하기보다는 내용적으로 무엇이 문제인가를 밝혀 보겠다. 사도신경을 암송한다고 해서 죄가 되는 것은 아니다. 그러나 사도신경의 내용이 무엇인지는 알고서 암송을 하든지 거부를 하든지 판단하라는 것이다.

동정녀 마리아에게서 나셨다[44)]

라틴어: Natus ex Maria Virgine.

영 어: and was born of the virgin Mary.

라틴어와 영어의 사도신경에 나오는 '동정녀 마리아'는 고유명사다. 그러나 성경 이사야 7장 14절의 '처녀'라는 히브리어 알르마(עַלְמָה)와 마태복음 1장 23절의 '처녀'라는 헬라어는 일반적인 처녀라는 '파르데노스'(παρθένος)다. 이 두 곳을 영어로 번역하면 'a virgin'이다. 성경 두 곳에서 '처녀'라고 기록한 것을 사도신경에는 '동정녀 마리아'라는 고유명사로 바꾸어 놓았다.

필자는 마리아가 처녀로 아기 예수를 잉태한 것을 믿는다. 그러나 사도신경에서 말하는 동정녀 마리아는 성경에서 말하는 처녀라는 초월적 하나님의 전능성의 강조가 아니라, 동정녀 마리아가 '하나님의 어머니'라는 가톨릭의 교리를 반영하기 때문에 문제다. 이것은 5세기 때 알렉산드리아 대 주교 키릴루스(Cyrillus: 376-444)가 마리아를 '하나님의 어머니'(God bearer)라고 주장하는 '테오토코스'(Theotokos) 이론으로 에베소 공의회(431)에서 크게 논쟁을 야기시켰다.

그 후에 또 5세기에 네스토리안들이 이 문제를 일으켰다. '마리아가 하나님의 어머니'라는 주장은 끝내 750년경 가톨릭교회 신조에 추가된다. 이 같은 역사적 근거로 1585년 교황 식스투스 5세는 매년 11월 21일을 마리아 봉헌 축일로 선포한다.

또 1854년 교황 피우스 9세는 마리아의 무원죄 교리를 선포했다. 또 1950년 교황 피우스 12세는 성모 마리아가 죽지 않고 산 채로 승

44) 정수영, 초대교회사, 쿰란출판사, 2012, pp. 431-435.

천했다며 성모 마리아 승천일로 8월 15일을 선포했다. 우리는 예수님이 처녀에게서 나셨음을 믿는다. 문제는 사도신경의 '동정녀 마리아'는 성경의 처녀 탄생의 신앙이 아니라 가톨릭이 믿는 오직 하나뿐인 '하나님의 어머니인 마리아'를 믿는 고백이라는 사실이다.

이것을 명확하게 구별한 K.J.V 성경은 이사야 7장 14절과 마태복음 1장 23절에서 모두 'a virgin'이라는 일반 명사를 썼다. 그러나 사도신경에는 '하나님의 어머니'라는 뜻으로 '마리아'라는 고유명사로 만들어 놓았다. 이것은 성경과 역사를 혼합시켜 놓은 가톨릭의 신앙이다.

본디오 빌라도에게 고난을 받으사[45)]

우리의 신앙고백의 근거는 성경에서 비롯되었을 때 가장 정당하다. 사람들은 역사 속에서 특정한 사항을 강조하는 시대 상황에 맞는 신앙고백서들을 만들어 왔다. 예컨대 칼빈주의는 1563년에 "하이델베르그 요리 문답"으로 자신들의 신앙 고백서를 만들었다. 그 후 네덜란드 개혁교회는 1618-1619년에 도르트(Dort)에서 하이델베르그 요리 문답서를 개정한 "도르트 신조"(Canons of Dort)를 만들었다.

그 후에 1643-46년 영국에서는 모든 장로교회의 표준 신조로 소위 "웨스트민스터 신앙 고백서"(Westminster Confession)를 만들었다.

칼빈주의는 16세기 칼빈(1509-1564)의 사상 이후에 비롯된 신앙 고백서들이다.

그렇다면 사도신조라는 신앙고백서는 언제 만들어졌는가? 교부시대 때는 칼빈주의도, 알미니안주의도 생기지 않은 때였다. 교부시대

45) 정수영, 초대교회사, 쿰란출판사, 2012, pp. 435-439.

초기에 만들어진 니케아 신조(325), 콘스탄티노플 신조(381), 칼케돈 신조(451) 때는 동·서방교회들만 있을 때였고 가톨릭이나 동방교회라는 것이 분리되지 않은 때였다. 그런데 서방 가톨릭교회가 590년에 교황제도를 시작하면서 동방교회와 갈등과 투쟁을 시작했다.

그 후에 750년경 서방 가톨릭교회만이 독자적인 종교회의를 열고 채택한 것이 현재의 사도신조이다. 이렇게 분열이 시작된 것이 1054년에는 서로마 가톨릭과 동방 정교회가 완전히 분열되어 오늘에 이르고 있다.

이 같은 사실적 근거가 무엇인가? 현재 동방 정교회에 속하는 그리스 정교회, 시리아 정교회, 애굽 콥틱 정교회 등은 과거 동·서방교회가 함께 채택한 니케아 신조, 콘스탄티노플 신조, 칼케돈 신조만 인정하고 사용한다. 반면에 서방 가톨릭교회는 앞서 4개 신조 외에 연대가 불명확한 아타나시우스 신조(5-6세기 경)와 사도신조(8세기)까지 사용한다. 이 같은 가톨릭의 전통을 어설픈 종교개혁자들인 루터와 칼빈이 그대로 계승한 것이 사도신조이다.

이렇게 잘못된 과거 역사는 그렇다고 치자. 과연 성경적 사실로 볼 때 예수님이 본디오 빌라도 때문에 죽으셨는가? 성경을 보면 빌라도의 아내가 예수의 옳음을 알고 그에게 해가 되지 않도록 노력을 했다(마 27:19). 또 빌라도 자신도 예수를 죽일 만한 죄가 없음을 알고 있었다(마 27:24). 빌라도보다 예수님을 죽게 한 것은 유대인들(마 27:25)과 당시의 전직 제사장 안나스(요 18:12-14)와 현직 대제사장 가야바(마 26:57-68)였다. 빌라도는 당시 사형 결정권자인 총독으로 끝까지 거부하지 않고 군중들의 들끓는 소란에 소신을 지키지 못한 우유부단의 잘못이 있다.

그렇다면 서방 가톨릭교회는 왜 본디오 빌라도를 예수를 죽인 원흉으로 만들었을까? 그것은 본디오 빌라도를 최초로 신조 속에 넣은 콘스탄티노플 신조(381) 내용을 사도신경(750)에 반영시킴으로 사도신조가 동·서방교회의 공동 신조인 것처럼 꾸미는 계획이 반영되었다고 추정한다.

그가 지옥(음부)에 내려가셨다[46)]

사도신경이 최초로 만들어진 원문은 라틴어다. 라틴어 원문에는 그가 지옥에 내려가셨다는 뜻의 "descendit ad infemos"가 있고, 라틴어 원문을 영어로 번역한 영어 사도신경에는 "He descended into hell"이 반영되었다. 그런데 미국 감리교는 1792년부터 이 구절을 뺐다. 그러나 미국 장로교는 이 구절을 그대로 사용했기에 1894년 장로교 선교사 언더우드는 1905년에 이 구절을 그대로 사용했다. 그런데 1908년 장로교와 감리교가 합동으로 출간한 "합동 찬송가"에서는 감리교의 의견을 따라 이 구절을 뺐다. 그래서 "합동 찬송가" 사용 후 "그가 지옥에 내려가셨다"는 구절이 빠진 상태로 오늘에 이르고 있다. 그러나 가톨릭교회는 이 구절을 지금까지 사용해 오고 있다.

그렇다면 가톨릭교회는 예수님이 못 박혀 죽으신 후 지옥인 음부에 내려가셨다고 믿는가? 그것은 지옥인 음부에 전락된 자도 구원을 받을 수 있다는 가톨릭교회의 '연옥'(煉獄: Purgatory)의 교리가 반영된 것이다. 그에 반해 미국 감리교는 왜 이 구절을 뺐는가?

이것은 지옥(음부)에 대한 구절이 연옥에 대한 혼란을 줄 수 있다는 우려를 차단한 것이라고 이해된다. 어찌 되었든 사도신경의 내용

---

46) 정수영, 초대교회사, 쿰란출판사, 2012, pp. 439-441.

은 두 가지로 달라졌다. 하나는 사도신경의 원조인 가톨릭은 연옥교리로 이 구절을 계속해 오고 있고, 한국교회만은 이 구절을 삭제해서 사용하고 있다. 반면에 미국 장로교회들은 영어를 보면 삭제 없이 사용하고 있다.

앉아 계시다가…심판하러 오시리라

주님이 부활 승천하신 후에 하나님의 보좌 우편에 앉아 계신다는 것은 성경의 사실이다(히 12:2; 계 4:2, 9, 10, 5:1, 7, 13, 6:16, 7:10, 15, 19:4, 21:5). 그런데 "산 자와 죽은 자를 심판하러 오시리라"는 구절은 종말론 신앙의 일부분만 강조한 편협한 내용이다.

우리는 주님의 미래의 재림을 확실하게 믿는다. 미래의 재림 때에 살아서 구원받은 성도들은 주님의 부활처럼 영광스런 영광의 몸으로 다시 부활하게 된다. 그래서 부활의 영광을 계시록 19장 1-10절에 아름답게 기록했다. 그러나 재림 때에 구원받지 못한 자들은 천 년 동안의 고통의 기간을 보낸 후(계 20:1-6) 크고 흰 보좌의 심판에서(계 20:11-15) 영원한 형벌로 불못에 던져진다.

주님이 다시 오시는 재림이 구원받은 성도들에게는 부활을 통한 영광과 승리의 때이다. 그렇기에 정상적인 신앙 고백서가 되려면 신앙 고백을 할 때마다 부활의 소망으로 용기를 얻고 새 힘을 얻도록 북돋아 주어야 하는 내용이 반영되어야 한다. 그러나 가톨릭교회는 구원의 확신이라는 교리가 없다. 가톨릭교회의 조직 안에만 들어가 있으면 장차 잘될 것이라는 막연한 기대만 있다. 이렇게 불확실한 종말론 신앙이 가톨릭 신학에 의해 사도신경에 그대로 반영되었다. 이것을 개신교가 그대로 답습한다는 것은 참으로 어처구니가 없다.

거룩한 공회를 믿는다[47)]

이 구절이 라틴어로 "Credo Sanctam Ecclesian Catholicam"이고, 영어로는 "I believe in the Holy Catholic Church"이다. 라틴어나 영어는 "가톨릭교회를 믿는다"는 뜻이다.

이 구절은 니케아 신조(325)나 콘스탄티노플 신조(381)나 칼케돈 신조(451) 중 어느 신조에도 들어가 있지 않다. 그런데 750년경의 사도신경에만 이 구절이 들어가 있다. 여기서 우리는 두 가지 신학적 문제점을 발견할 수 있다.

① 거룩한 공회

성경에서 말하는 교회가 무엇인가? 성경은 죄인이 성령으로 거듭난 후 성령님을 모시고 성령님을 주인 삼고 살아가는 구원받은 성도들을 거룩한 교회라고 한다. 성경은 특정 교파나 특정 건물이나 특정 장소를 거룩하다고 기록한 바가 없다. 따라서 성경의 교회관은 성령의 변화된 생명체들이 모인 공동체라는 역동적인 개념이다. 죽어 있는 불신자, 건물, 조직체는 교회가 아니다.

② 거룩한 가톨릭교회

가톨릭교회가 거룩한가? 가톨릭이라는 용어는 성경에서 비롯된 용어가 아니다. 이 용어는 최초로 이그나티우스(98-117)가 교회가 '일반적, 보편적'이라는 뜻으로 '카도리코스'(καθολικός)를 사용했다. 이에 대한 설명은 맨 앞서 제1장에 "이그나티우스"로 소개했다.

---

47) 정수영, 초대교회사, 쿰란출판사, 2012, pp. 441-446.

이그나티우스는 보편적(universal) 또는 일반적(general)이라는 의미로 사용했다. 그러나 현재의 가톨릭은 이 개념을 유일한(unique)이란 뜻에서 좀 더 나아가 성스러운 개념으로 사용하고 있다.

그런데 한국 개신교는 어떤가? 원문의 '가톨릭교회'(the Holy Catholic Church)를 무슨 뜻인지 명확하지도 않은 '공회'(公會)라는 말로 사용한다. 공회라는 말을 국어사전에서는 '공사'(公事)로 인한 모임, 공중(公衆)의 모임이라고 설명했다. 한국 개신교가 말하는 공회라는 개념은 공적인 모임, 공중의 모임이라는 애매모호한, 성경과 무관한 사회 개념이다.

그래서 필자가 30년 동안 각 신학대학이나 일반대학에서 공회의 뜻을 물어보면 100명이 다 다르게 대답한다. 도대체 모든 예배 때마다 암송을 하는 '거룩한 공회'라는 말을 제대로 알고서 암기하는 목사나 신도가 얼마나 있을까?

이 내용은 가톨릭교회가 자기들만의 거룩한 교회이고 자기들만이 지상에서 유일한 교회라는 것을 세뇌시키려는 의도적인 유산이라는 사실을 아는 이가 얼마나 될까? 한국 교회 선교 130년이 넘어서 전국 각 곳에 유명 신학대학들이 즐비한데도 왜 이 같은 부당함이 시정되지 않는가? 참으로 답답하고 안타까움이 북받쳐 오르는 현실이다.

성도가 서로 교통하는 것을 믿습니다[48)]

라틴어 원문은 "Credo Sanctorium Communionem", 영어는 "I believe in the Communion of Saints"이다. 라틴어의 뜻은 "모든 성

48) 정수영, 초대교회사, 쿰란출판사, 2012, pp. 446-448.

인(聖人)의 통공(通功)을 믿습니다"이다. 영어 역시 "모든 성자(聖者)들의 교섭 또는 교감을 믿습니다"라는 뜻이다.

이 구절에 대한 설명이 필요하다. 가톨릭교회는 수많은 성인(聖人: Saints)들이 있다. 성경의 사도들이 성인이고, 중세기의 성자들과 현대에 이르기까지 성인, 성자들은 계속 늘어간다. 가톨릭에서는 살아생전에 큰 덕행으로 모범을 보였거나 선교를 위해 순교한 사람들을 상의해서 성인, 성자로 제정한다. 이렇게 성인이 된 사람들의 공적은 하늘나라에 축적된 보화(The Tyeasure of Church)로 하늘나라에 쌓이게 된다고 믿는다. 이렇게 축적된 성인들의 공적은 쌓여 있는 것으로 끝나지 않고 살아 있는 사람들에게 축적된 공적을 나누어 혜택을 줄 수 있다고 믿는다. 이와 같은 성인들의 공적이 나에게 혜택을 줄 수 있다는 신앙이 "성인의 통공을 믿습니다"라는 교리이다.

완전 반성서적이고 미신적인 신앙이다. 그러나 가톨릭은 성인들의 통공을 믿기에 예수님의 이름으로가 아니라 무수한 성인들 중 자기가 좋아하는 성인들의 이름으로 기도를 드리고 있다. 사도신경의 본래 내용은 성자들 숭배를 위한 가톨릭교회 확장용 성자 양산을 위한 의도가 깔려 있는 것이다.

성도(聖徒)라는 단어는 똑같다. 그러나 가톨릭은 성도가 공덕이 높은 성인, 성자들을 뜻한다. 그에 반해 개신교는 일반 신자들을 존칭하는 말이다. 가톨릭이 사용하는 통공(通功)이라는 말은 공적이 소통된다는 뜻이다. 그에 반해 개신교의 교통(交通)은 서로 왕래하고 교제를 나눈다는 뜻이다.

신자(信者)들의 교통은 기독교에만 있는 것은 아니다. 불교든, 이슬람이든, 유교든, 사교든 같은 신앙자들은 다 교통한다. 한국 개신교가 암송하고 있는 "성도가 서로 교통하는 것"이 무엇을 의미하는가? 개신교 목회자들은 저마다 각각 다르게 이해하고 있다. 목사와 성도가 각각 다른 개념으로 신앙고백을 되풀이하는 것이 무슨 의미가 있겠는가?

결론

사도신경은 성경적 신앙고백이 아니다. 왜냐하면 사도신경에는 성 삼위분의 사역들이 부분적으로만 표현되어 있기 때문이다. 성부 하나님은 창조주이심과 동시에 섭리자이시다. 성자 예수님은 대속주이심과 동시에 성도들과 함께 연합된 동행자이시다. 성령은 성부, 성자의 모든 사역을 함께 하고 계신다. 사도신경의 신앙고백은 가톨릭교회를 호교하는 편파적, 불완전한 일부 신앙 표현에 불과하다. 이것을 개신교가 제대로 깨달아야 교회에 희망이 생긴다.

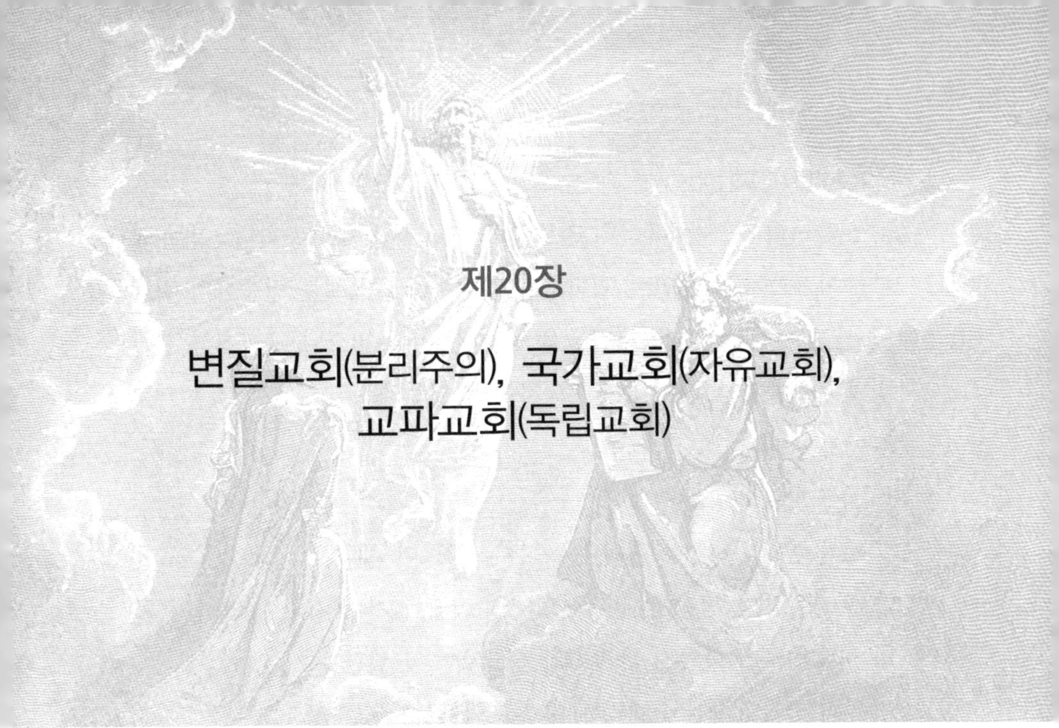

제20장

변질교회(분리주의), 국가교회(자유교회), 교파교회(독립교회)

서론

필자는 '신약교회 사관'의 제창자다. 신약교회 사관은 신약성경에 기록된 교회들만이 모든 교회들이 본받아야 될 모범적 교회라는 역사관이다.

이와 같은 역사관에 의해 필자는 지나온 2000년의 교회 역사를 시대별로가 아닌 내용과 성격으로, 4단계로 본다.

(1) **신약교회**(33-100)

신약성경에는 약 24개 교회들이 소개되었다. 이들 24개 교회는 본받아야 할 장점과 경계해야 할 단점들이 모두 설명되어 있다. 모든 교회는 반드시 교회의 원칙이 신약교회에서 비롯되어야 한다.

(2) **변질교회**(100–313)

신약교회 사도들 다음의 지도자들을 교부들이라고 한다. 이들 교부들이 300여 년 동안에 핍박으로 인해서나 기독교를 변증하기 위해서 신약성경과 다른 가르침들을 남겼다. 이들 변질된 교회에서 신약성경 원칙을 따르려는 분리주의자들이 생긴다.

(3) **국가교회**(313–1517)

로마 콘스탄티누스 황제는 기독교를 로마 제국의 국교로 선포한다. 이때부터 핍박은 멈추어졌으나 교회가 국가 정치와 야합하여 교회 성격을 제도화시킨 가톨릭과 정교회들이 생긴다.

이때 국가교회에서 분리된 자유교회들이 생긴다.

(4) **교파교회**(1517–현재)

중세기 암흑세계 천 년의 독재 압박에서 500년 전 종교개혁으로 가톨릭교회에서 분리된 개신교가 생긴다. 개신교는 가톨릭교회에서 분리된 루터교, 성공회, 장로교 등 교파교회를 만들고, 침례교에서 분리된 안식교, 감리교에서 분리된 성결교, 하나님의 성회 등 수많은 교파로 난립되어 있다. 이와 같은 교파교회들의 난맥에서 자기들의 신념에 맞는 교회로 독립교회들이 생겨나고 있다.

이와 같은 역사관에 의해 여기에서는 변질교회(100-313) 시대 속에서도 신약교회 이상을 추구했던 분리주의자들 가운데 몇 분파를 소개해 보겠다.

1. 몬타누스주의(Montanism)[49)]

1) 몬타누스는 누구인가?

몬타누스(120-180)는 소아시아 브루기아 지역 출신으로 전해진다. 브루기아는 사도행전 16장 6절, 18장 23절에 소개되는 바울 사도가 활동했던 지역이다. 그에 대한 전승은 상반된 내용이 전해진다. 그를 적대하고 싫어했던 사람들의 부정적인 내용과 그를 따르고 추종한 사람들의 긍정적인 내용이다.

부정적 내용은 당시 주류 교회 사람들이 전하는 내용이다. 그에 의하면 그는 회심하기 전에 불구자로 브루기아 일대에 성행한 대지(大地)의 여신 케벨레(Kybele)를 섬기는 사제였다. 그리고 특별한 재능도, 교양도 없는 무식한 자였다고 한다. 그런데 그가 기독교로 회심한 후 완전히 달라진다. 그는 말씀을 증언할 때 황홀경에 빠져서 자기에게 보혜사(요 14:16)가 임했다고 하며 자신의 예언이 보혜사의 예언이라고 했다고 한다. 그래서 몬타누스파는 이단이었다고 평가한다.

이와 다르게 몬타누스파에 가담한 지식인이요 당대에 가장 학식 있는 테르툴리아누스(160-222)가 몬타누스파를 옹호하는 긍정적인 내용은 정반대다. 몬타누스는 사도시대의 성령 활동이 지금도 계속되고 있다고 주장했다. "구약의 예언자들이 예언을 할 경우 그들은 악기와 악기를 연주하는 자가 밀접한 관계인 것처럼 자신이 성령으로 활동하며 성령에 관한 주장을 하면 성령과 같은 것이다." 이 같은 그의 주장을 자신을 성령과 일치시킨다고 악의적으로 확대 해석한다

49) 정수영, 교부시대사, 쿰란출판사, 2014, pp. 291-316.

고 했다.

이들 몬타니스트들은 프리스킬라(Priscilla)와 막시밀라(Maximilla)라는 두 명의 여성이 함께 사역했다. 이들은 자신들을 선지자로 자임하고 성령이 주인공 되는 성령시대를 주장하며 브루기아의 작은 마을 페푸자에서 천년왕국 실행을 주장했다.

그러자 형식적인 교회들에서 실망한 이들 다수가 교회를 떠나 이들과 합세했다. 이를 보는 기성교회들은 몬타니스트들을 비판하며 성령운동이 아닌 이방종교 현상으로 매도했다.

초창기 지도자였던 몬타누스가 죽은 다음에 성령에 의한 청순한 삶의 강조는 그 후임자들에 의해 계승된다. 데오도투스, 메미소, 알렉산더 등이 계승하며 몬타누스 운동은 소아시아뿐 아니라 북아프리카와 로마까지 번져서 3세기경에는 전 유럽까지 확산된다. 이에 소아시아 교회들은 비판적으로 시작했다가 전승만 전해들은 4세기의 살라미스 감독, 다마쿠스 감독들이 몬타누스주의를 악의적으로 왜곡하고 폄하한 기록들을 남겼다.

그런데 몬타누스가 가장 왕성했던 북아프리카의 카르타고 출신인 테르툴리아누스는 몬타누스 초기 인물로 몬타누스파에 대한 열렬한 옹호자였다. 그의 저작들에서 몬타누스파의 실체를 가장 근접하게 알 수가 있다. 이제 테르툴리아누스(160-220) 저작에 의한 몬티누스파의 사상을 살펴보자.

2) 몬타누스파의 사상

(1) 신앙적 특징

몬타누스파의 사상적 뿌리는 성경이다. 이 무렵에 이단으로 알려진

에비온주의(Ebiontes)자들의 뿌리는 유대교였고 영지주의(Gnosticism)는 이교 혼합주의였으나 몬타누스파들은 줄곧 성경 내용만 주장했다.

그런데 로마 교회 전통을 따르는 가톨릭 측은 이들이 정규적인 교육을 받지 않은 비합법적 단체 출신이라고 비판했다. 그래서 가톨릭 문헌 자료들은 비판적 자료로 전승되고 있다.

그러나 당시 몬타누스파에 가담하여 몬타누스주의를 적극 옹호한 테르툴리아누스의 증언은 어떤가? 로마 교회를 비롯한 2세기의 교회들이 성직자 중심의 교회를 주장하는 데 대해 몬타누스파들은 은혜 중심, 능력 중심을 주장했다. 테르툴리아누스가 몬타누스파에 대해 크게 감동을 받은 것은 몬타누스파가 모든 권위의 근원을 성경에서 찾으려 했다는 것이다.

당시 일반 교회들은 무서운 핍박들을 대처해 나가려면 성직자 중심으로 단결해야 한다고 했다. 그 같은 주장은 이그나티우스에게서 이미 밝혀진 내용이다. 그러나 몬타누스파들은 성경 내용으로 그 주장을 반박했다. 신약성경에 침례자 요한은 정규 바리새인 교육을 받은 바가 없다. 그리고 그는 성직자로 인정받은 일도 없다. 그러나 주님은 그의 영력을 인정하시고 침례를 받으셨다. 예루살렘의 아가보는 큰 흉년을 예언했다(행 11:28). 그뿐만 아니라 바울의 예루살렘 체포도 예언했다(행 21:10-11). 바울의 동역자인 실라도 평신도였다(행 15:32).

로마 교회가 몬타누스주의자들을 성직자 교육을 못 받은 자이기에 권위가 없다고 주장한 것은 비성경적 주장이다. 테르툴리아누스는 로마 교회 성직자들이 몬타누스주의자들에 대한 비판을 이렇게 성경으로 옹호했다고 기록했다.

또 로마 교회는 정규 성직자와 합법적인 교단을 주장하는 데 반해 몬타누스파들은 성령의 능력으로 눈에 보이는 역사가 일어나는 것이 더 중요하다고 했다. 이들 몬타니스트들의 특징은 성직자 중심의 교회상을 거부하고 성령 능력 중심의 만인 제사장 사상과 맥락을 같이했다.

(2) 생활적 특징

몬타누스파들은 일반적으로 대단히 수준 높은 금욕주의자들이었다. 저들은 이 땅의 모든 원동력을 곧 재림해 오실 주님에 대한 소망에 맞추면서 모든 세상 것들을 절제했다. 저들은 철저한 천년왕국 실현에 대한 확고한 신념으로 평소의 삶이 안일한 것에 대해 지나치게 배격했다. 한 번 결혼한 것으로 만족하고 재혼을 금지했으며 여성들의 사치와 심지어 예술적인 것도 금기시했다.

이들은 순교를 가장 최상의 영광으로 사모했다. 그리고 로마 교회가 주류라고 자부하면서 도둑 소굴 같고 매음 소굴 같음을 크게 혐오했다.

3) 몬타누스파의 최후

몬타누스파는 2세기에 시작해 꾸준한 박해와 반대 속에서도 6세기까지 계속 이어져 나갔다.

그래서 소아시아에서 시작된 이 운동은 북아프리카, 그리고 비잔틴제국 수도인 콘스탄티노플까지 번져갔다. 그런데 정통신앙의 수호자로 자처하던 유스티아누스 1세(527-565) 황제가 550년에 몬티누스와 그와 동역했던 두 여인들의 유골을 파내어 불태워 버렸다. 그리고 앞으로 미신신앙에 빠지는 자를 엄벌하겠다고 한다. 그로부터 몬타누스파의 운동은 차츰 사라지게 되었다. 그리고 몬타누스파를 왜곡시킨 가톨릭교회의 전승만이 계승되고 테르툴리아누스의 증언 역시 왜곡된 부분만 전해져 오고 있다.

이들 몬타니스트들은 사도 후 교부들 시대에 교회가 영력을 잃고 형식화되어 가는 때에 최초로 조직 교회와 분리된 영성 운동을 전개한 분리주의자들의 효시라고 할 수 있다.

2. 노바티아누스파(Novatianists)[50)]

1) 노바티아는 누구인가?

노바티아의 가정적 배경은 알 길이 없다. 그가 저술한 《삼위일체에 관하여》라는 저서가 255년경 집필된 것으로 전해져 오고 있다. 그렇기에 그를 200-270년경 인물로 추정하며, 라틴어로 여러 권의 저술들을 남겼기에 그를 이탈리아 사람으로 추정한다.

그는 개종하기 전에는 박식한 철학자였다. 성년이 되어 회심한 후 흠이 없고 성경과 철학에 해박하고 사색과 웅변 역량이 뛰어났다.

로마 감독 파비아누스(236-250)는 노바티아누스를 대 집사로 임명했고, 후에는 장로가 되어 감독이 없을 때는 감독 대신 성경을 가르쳤다. 그의 출중한 실력과 흠없는 성격으로 교인들의 신뢰가 컸다. 이렇게 교인들의 신뢰를 받는 것을 매우 못마땅하게 여기는 자가 코빌리우스였다. 그는 자기가 후임 감독이 되고자 했다. 데키우스 황제의 박해로 파비아누스 로마 감독이 순교를 하자 로마 교회는 후임자가 없어 14개월을 노바티아누스가 직무대행을 해 간다. 그러다 코빌리

50) 정수영, 새교회사 I, 규장문화사, 1991, pp. 154-156.

우스의 끈질긴 정치적 노력으로 교인들 다수를 확보한 코빌리우스가 후임 감독이 된다(251-253).

코빌리우스가 감독이 되는 데는 핍박 때 그리스도 신앙을 거부한 변절자 제프리누스가 사람들을 설복시키는 능력이 크게 작용했다. 새 감독이 된 코빌리우스는 변절자로 알려진 제프리누스를 다시금 교회 회원으로 복직시키려고 했다. 이때 노바티아누스는 핍박 때 공개적으로 변절한 자를 아무런 회개의 과정 없이 교회 회원으로 복직시킬 수 없다고 반대했다. 코빌리우스와 노바티아누스는 변절자의 복직문제로 계속 논쟁을 이어갔다. 이 문제는 로마 교회 하나의 문제가 아닌 여러 교회들의 문제로 번져 나갔다. 노바티아누스를 지지하는 소수 교인들은 코빌리우스의 감독 선출은 부도덕하고 변절자인 제프리누스의 공작의 결과이므로 무효라고 선언하고 노바티아누스를 감독으로 선출한다.

이때 안디옥 감독은 노바티아누스를 지지하고, 알렉산드리아 감독은 코빌리우스를 지지했다. 이렇게 로마 교회에서 투쟁을 하다가 로마 교회에서 분리해 나온 무리들을 '노바티아누스파'라고 한다. 노바티아누스는 그 후 순교로 생을 마쳤으나 그의 정신을 계승하려는 노바티안 분리주의자들이 6세기까지 계속되었다.

2) 노바티안들의 신앙

당시 정치적 수단을 동원해 다수를 확보하여 로마 감독이 된 코빌리우스는 마태복음 18장 18절을 근거로 "개 교회는 천국 열쇠권을 갖고 있다. 천국 열쇠권을 가진 교회는 필요한 관례를 제정할 수 있다. 핍박 때 타의에 의해 변절한 자라 할지라도 교회가 그를 용서하면 문제 되지 않는다"는 주장을 했다. 이에 맞선 노바티아누스는 "천국 열쇠의 권한은 교회가 죄를 회개하는 자의 죄를 해결해 주는 것으로 제한시켜야 한다. 교회가 죄를 해결할 노력을 하지 않고 만인이 다 죄가 있다고 알고 있는 자를 사랑이라는 미명으로 용납해 주는 것은 그들을 사랑하는 것이 아니다. 죄 있는 자를 다 용납하는 것은 순결한 교회가 죄를 나누어 갖는 것이다. 그렇기에 천국 열쇠권은 죄를 해결해 주는 권세이다"라고 맞섰다.

여기서 몇 가지를 알 수 있다. 신약교회는 반드시 거듭난 그리스도인들만이 교회 회원이 되었다. 베드로의 설교를 들은 예루살렘 시민들은 "마음에 찔려…우리가 어찌할꼬?" 할 때(행 2:37) "너희가 회개하여 죄 사함을 받고 침례를 받고 성령을 선물로 받으라"고 여러 말로 확증한다. 베드로의 많은 설명을 다 듣고 난 후 베드로의 말대로 받아들인 사람들이 침례를 받고 신도가 된다.

신약교회는 ① 진리에 대한 확실한 전달 ② 진리에 대한 확실한 회개 ③ 죄 사함 받은 확신 ④ 성령의 선물에 대한 체험 등이 확실하게 이루어진 자들이 교회 회원이 되었다.

그러나 200여 년이 흐른 로마 교회는 그 같은 절차가 다 사라진다. 오직 교회 출석만 하면 교회 회원이 되는 시대로 전락한다. 이런 때 노바티안의 '죄 해결' 장소로서의 교회 기능에 대한 강조는 타락해 가는 교회에 대한 교회 회복운동이라고 할 수 있다.

로마 교회가 얼마나 막강했는가? 당시 로마 교회 신도들을 대략 5만 명 정도로 추정한다. 여기에 장로가 40명, 집사가 7명, 부 집사가 7명, 시종직(구마사, 독서자 등)이 42명이나 되었다.

가톨릭교회는 590년에 최초로 교황제도를 시작했다. 그래서 최초로 교황 호칭을 시작한 그레고리우스 1세(590-604)는 제64대 교황이 된다. 그리고 노바티아누스를 기용한 파비아누스(Fabianus) 감독은 제20대 교황으로(236.1.10-250.1.20) 추서했고, 코넬리우스(Cornelius: 251.3-253.6)를 제21대 교황으로, 그리고 소수의 로마 교인들이 로마 감독으로 추대한 노바티아누스도 코빌리우스와 동시대 교황 반열에 올려놓았다.

그러나 노아티아누스의 역사적 사실은 교황 반열과는 정반대였다. 이렇게 역사적 사실과 전해오는 전승은 너무 대조적인 것이 가톨릭교회의 역사 전승이다.

3. 도나투스파(Donatism)[51)]

1) 도나투스파의 역사

도나투스파는 아우구스티누스가 활동한 북아프리카 카르타고를 중심한 신앙 정풍운동으로 4-5세기 북아프리카를 주도한 세력이었다. 아우구스티누스가 활동하기 훨씬 이전에 시작된 도나투스파의 세력은 아프리카 전체를 장악하는 막강한 세력으로 계속되어 왔다.

아우구스티누스의 활동 초기에는 도나투스파 세력이 월등했으나 20여 년을 투쟁하다가 마지막에는 아우구스티누스가 황제의 군사력을 동원해 무력으로 도나투스파를 진멸시킨 아우구스티누스의 최대 약점으로 기록되는 사건이다.

그렇다면 도나투스파는 왜 생기게 되었는가? 그것은 로마 황제 디오클레티아누스(284-305)의 기독교 박해로 비롯된다. 디오클레티아누

---

51) 정수영, 교부시대사, 쿰란출판사, 2014, pp. 887-897.

스 황제가 초기 20여 년간은 기독교에 관용했다. 그런데 303-305년에 갑자기 돌변하여 기독교를 강경하게 탄압하였다. 교회당 파괴, 성서의 소각, 성직자 체포, 전 국민에게 다신교 우상들 숭배 강요 등 걷잡을 수 없는 박해를 가했다. 이때 팔레스타인과 이집트, 아프리카 등에서 많은 순교자들과 배교자들이 나왔다. 이때 서방 로마의 부제로 있던 콘스탄티누스 1세가 실권을 장악하자 305년 디오클레티아누스는 퇴위당하고 달마티아의 살로나에서 숨어 살다가 죽는다.

이렇게 디오클레티아누스 황제 박해 때(305) 북아프리카에서는 두 가지 상반된 반응이 나타났다. 하나는 대도시 카르타고 교회들을 중심한 온건파들 중 상당수가 배교를 하고 성서를 내어주므로 살아남았다. 또 다른 부류는 카사이 니그라이 지방 교회의 감독이었던 도나투스(Donatus)를 중심으로 죽음을 무서워하지 않고 순교를 하면서 핍박을 당했다.

그 후 디오클레티아누스가 실각당하고 콘스탄티누스에 의해 핍박이 멈추어졌다. 이때 과거 황제의 핍박 때 배교자로 알려진 자들이 또 배교자로 의심되는 후임자를 선정하는 것을 강경파인 도나투스파들이 반대하는 운동이 도나투스파 운동의 시작이다.

최초의 시발은 과거 디오클레티아누스 박해 때(305) 배교자로 분류된 카르타고 감독 맨수리우스(Mensurius)가 박해 종식 후(311년) 자기 후임자로 배교자로 의심을 받는 카이킬리아누스(Caecillianus)를 임명한 것이다.

이때 순교를 하며 박해를 당했던 강경파 도나투스파의 성직자들이 카이킬리아누스의 감독 임명을 거부했다. 그런데도 카이킬리아누스의 감독직 임명식이 거행되었다. 그러자 도나투스 강경파들은 그것을 카르타고 교회가 배교자의 길을 가겠다는 선언으로 보고 큰 충격을 받는다.

당시 카르타고 교회는 아프리카의 대표적 교회였다. 충격을 받은 강경파들은 311년에 70여 명의 감독들이 모여서 마요리누스(Majorinus)를 카르타고 감독으로 선출한다. 마요리누스가 315년에 죽자 그의 후임으로 도나투스를 선출한다. 이렇게 해서 도나투스파가 시작된다.

도나투스파는 도나투스가 355년 사망하고 그의 후임자로 파르메니아누스(Parmenian: 355-393)가 계승하고 또 도나투스파의 평신도 신학자인 티코니우스(Tyconius: 370-390)는 로마 가톨릭교회로부터 파문을 당했다. 그는 《내적 전쟁》, 《다양한 진영들》, 《계시록 주석》 등 다양한 저서들을 남겼다.

아우구스티누스도 티코니우스의 "영적 해석에 대한 열쇠"를 인정한 우수한 신학자였다. 이들 도나투스파는 처음에는 배교자 문제로 시작되었다. 그러나 후에는 차츰 그 세력이 확대되자 아우구스티누스는 411년에 황제의 군대로 도나투스파를 진멸시킨다. 이는 5세기 때 로마 가톨릭교회가 남긴 최대 수치스런 북아프리카 교회의 역사이다.

2) 도나투스파의 쇠멸

도나투스파는 '황제의 박해 때 배교한 자들을 박해가 종료된 후에 어떻게 취급하느냐?' 하는 문제로 시작되었다. 이와 비슷한 사건이 우리나라에도 있다. 일제 식민지 지배 하에서 일본은 한국인에게 천황 숭배를 강요했다. 이때 거의 모든 교계 지도자들이 신사참배에 동참했다. 그러나 그 중에 소수의 무리들이 온갖 고역과 핍박 속에 신사참배를 거부하며 투옥과 순교로 맞서 싸웠다. 이때 투옥

당한 이들이 2천여 명이며, 200여 교회가 폐쇄되고, 50여 명이 순교를 했다고 한다.

이들은 1945년 해방 후 출옥 성도로 교회 정화를 내걸고 고신파, 재건파 교회를 이루었다. 그렇기에 오늘의 고신파는 찬란한 신앙 유산을 계승하는 과거 조상들의 명예를 누리고 있다.

그러나 도나투스파는 정반대이다. 도나투스파의 열정, 학문, 순수성은 누가 봐도 객관적으로 본받을 만한 신앙의 조상들이었다. 그런데 이들의 실책은 순수한 신앙문제를 기독교 황제로 믿은 콘스탄티누스 황제에게 호소를 하므로 교회 문제를 정치가 해결하도록 잘못 처신한 것이다. 황제는 이 문제의 수습을 위해 아프리카의 강경파, 온건파 양 진영의 대표자들을 로마로 불러 양쪽의 진술을 들었다. 그러나 정치가는 교회 순수성에 대한 관심보다는 주민들의 평안이 주된 관심이었으므로 온건파가 승리한다.

도나투스파는 314년에 재심을 요구했으나 판결이 똑같았고 316년에 3심을 요구하자 그들에게 판결에 승복하지 않을 경우 강경파를 추방하고 교회 재산을 몰수하겠다고 위협했다. 도나투스파는 교회의 순결성 사수로 시작되었다. 그런데 순결성 사수를 신앙적, 영적으로 해결하지 않고 정치적 힘의 논리로 해결하려고 했다. 이것이 도나투스파의 수명을 단축시키고 만다.

아우구스티누스는 이미 정치적으로 판정이 끝난 문제를 도나티누스들이 계속 문제를 제기했다. 아우구스티누스는 도나티스트들에게 20여 년 동안 인내하며 길고 긴 논쟁들을 거듭해 나갔다. 그러나 끝내는 역시 정치적 수단으로 도나티스트를 진압했다. 도나티스트들은 북아프리카 교회들이 4-5세기에 어떻게 자라갔으며 어떻게 쇠망해 갔는가를 보여주는 산 교훈이 된다.

아우구스티누스(354-430)는 오랫동안 도나티스트들과 투쟁했고 마지막에는 황제권으로 진압시켰다. 그런데 428년 아리우스파 신앙을 가진 게르만족의 하나인 반달(Vandal)족이 아프리카를 정복한다. 아우구스티누스가 도나투스파를 진압시켰으나 반달족에게 정복을 당하고, 아우구스티누스가 주도한 로마 가톨릭교회 성향의 아프리카 교회는 7세기에 이슬람 세력에 의해 완전히 소멸되고 만다. 지금은 아우구스티누스를 성자로 숭배하는 로마 가톨릭의 학문만이 남아 있다.

결론

필자는 지나온 2000년의 교회 역사를 내용 성격별로 4번의 단계로 주장한다.

(1) **신약교회**(33–100)

(2) **변질교회**(100–313)

이중에서부터 분리주의자로 ① 몬타니스트 ② 노바티안 ③ 도나티스트들을 설명했다.

(3) **국가교회**(313–1517)

콘스탄티누스 황제의 기독교 국교 선포 후 황제와 기독교가 야합한 두 개의 국가교회가 이뤄진다.

① 서로마 가톨릭교회

② 동방 정교회

이들 가운데 주종을 이루는 국가 교회가 1000여 년 동안 계속된다.

이때 국가 교회에서 이탈한 수많은 자유 교회들이 생긴다.

그 내용을 《중세교회사 Ⅱ》에서 밝혔다.

(4) 교파교회(1517-현재)

종교개혁은 로마 가톨릭교회 내에서만 이루어졌다.

종교개혁은 개혁자들을 따라 수많은 교파교회들을 양산해 오고 있다.

오늘날 전 세계의 종교인들을 5대 종교로 통계한다.[52)]

① 기독교: 23억 5천 400만

② 이슬람: 16억 3천 500만

③ 힌두교: 9억 8천만

④ 불교: 5억 900만

⑤ 유태교: 1천 400만

이중 기독교도 23억 5천 400만 중에서

① 가톨릭: 12억

② 개신교: 4억 4천

③ 정교회: 2억 8천

④ 성공회: 9천 1백만

⑤ 기독교 분파: 3억 7천만으로 조사되었다.

여기서 종교개혁(1517) 이후 500여 년이 지난 현재 전 세계는 각 종파별, 교파별로 나뉘어졌고 교파가 또 분열을 거듭해 가고 있다.

---

52) 홍익희, 세 종교 이야기, 행성비, 2015, pp. 472-473.

① 가톨릭 국가

* 가톨릭이 국교인 나라

스페인(3천 800만 인구)

* 가톨릭이 절대 다수로 거의 국교와 같은 나라들

프랑스(5천 600만 인구)

이탈리아(5천 700만)

브라질(1억 5천만)

폴란드(3천 800만)

아르헨티나(3천 200만)

콜롬비아(3천 300만)

페루(2천 200만)

필리핀(6천 200만)

② 정교회 국가

그리스(1억 인구) 정교회

러시아(1억 5천만 인구) 정교회 8천만

유고슬라비아(2천 300만) 정교회 35%, 가톨릭 26%, 이슬람 10%

③ 성공회 국가

영국(5천 500만 인구) 성공회(국교) 50%, 가톨릭 10%

성공회는 전 세계에 '거룩한 공통된 교회'라는 개념의 성공회를 보급

④ 루터교 국가

노르웨이(420만 인구) 96% 루터교가 국교

덴마크(520만 인구) 97% 루터교가 국교

독일(1억 6천만 인구) 루터교 47%, 가톨릭 8%

스웨덴(860만) 루터교

⑤ 가톨릭, 정교회, 개신교 혼합 국가

오스트레일리아(호주)(1천 700만 인구) 개신교 80%

미국(2억 5천만 인구) 가톨릭 4천 900만, 정교회 480만, 개신교 1억

네덜란드(1천 500만 인구) 가톨릭, 개신교

캐나다(2천 700만) 가톨릭, 연합교회, 성공회

헝가리(1천만) 가톨릭, 루터파, 정교회

스위스(700만) 가톨릭, 개신교

⑥ 이슬람교 국가

튀르키예(6천 700만 인구) 이슬람

파키스탄(1억 1천만 인구) 이슬람 국교(97%)

말레이시아(1천 600만 인구) 이슬람

중동 제국들

⑦ 불교 국가

타이(5천 800만 인구) 불교

미얀마(3천 900만) 불교

⑧ 각 종교가 혼합된 국가

중국(11억 5천만) 불교, 이슬람, 기독교

인도(8억 4천만) 힌두교, 이슬람교, 기타

일본(1억 2천만) 불교, 신도(神道), 기독교

한국(4천 300만) 불교, 유교, 천도교, 가톨릭, 개신교

베트남(7천만) 불교, 기독교

⑨ 미국의 교세

1. 가톨릭: 4천 900만
2. 침례교: 2천 600만
3. 감리교: 1천 200만
4. 루터교: 850만
5. 정교회: 480만
6. 몰몬교: 480만
7. 장로교: 360만
8. 감독파: 280만
9. 유태교: 270만
10. 크라이스트 처치: 250만
11. 오순절: 230만
12. 이슬람: 200만
13. 유나이테드: 170만
14. 크리스찬 처치: 120만

주님은 한 분이시고 하나님 아버지도 한 분이시고 성령님도 한 분이시다. 그러나 인간들은 "주님의 몸"이라는 교회(엡 1:23)를 계속 찢어가고 있다. 어떻게 한 몸을 이룰까?

모든 교파교회들이 회개하고 신약교회로 돌아가야만 한다.

그것이 '신약교회 사관'이다.

신약교회 사관에 의한

동시대 두 세상 Ⅱ, Ⅲ 합본

Ⅱ 신약편 / Ⅲ 교부시대편

1판 1쇄 인쇄 _ 2024년 9월 10일
1판 1쇄 발행 _ 2024년 9월 20일

지은이 _ 정수영
펴낸이 _ 이형규
펴낸곳 _ 쿰란출판사

주소 _ 서울특별시 종로구 이화장길 6
편집부 _ 745-1007, 745-1301~2, 743-1300
영업부 _ 747-1004, FAX 745-8490
본사평생전화번호 _ 0502-756-1004
홈페이지 _ http://www.qumran.co.kr
E-mail _ qrbooks@daum.net / qrbooks@gmail.com
한글인터넷주소 _ 쿰란, 쿰란출판사
페이스북 _ www.facebook.com/qumranpeople
인스타그램 _ www.instagram.com/qrbooks
등록 _ 제1-670호(1988.2.27)
책임교열 _ 김영미 · 최진희

 ISBN 979-11-6143-942-6 94230
979-11-6143-911-2(세트)

책값은 뒤표지에 있습니다.

겨자씨 문서선교회 이상

1. 올바른 신앙 뿌리 회복을 위한 과거 2천 년 교회의 역사서
2. 하나님께서 기뻐하시는 현재의 삶을 위한 신·구약 성경 강해서
3. 오늘과 미래의 그리스도 십자군 정병을 위한 핵심 교리서

위의 세 종류 문서로 주님 오심을 대비하게 한다.

[겨자씨 문서선교 정기후원자](가나다순)

1. 강효민 목사(새삶교회)
2. 김경석 목사(강서교회)
3. 김덕기 목사(서영희)
4. 김소망 형제(이정화)
5. 김종훈 목사(오산교회)
6. 문무철 목사(성남교회)
7. 박명숙 권사(조준환)
8. 박상준 목사(태능교회)
9. 배국순 목사(송탄중앙교회)
10. 백광용 장로(유명자)
11. 여우석 목사(새벽교회)
12. 여주봉 목사(포도나무교회)
13. 우치열 목사(늘푸른교회)
14. 윤승자 사모(이주일)
15. 이동수 목사(대구교회)
16. 이유경 자매(전수연)
17. 이재기 목사(사랑빛는교회)
18. 장광태 집사(이종희)
19. 정은희 자매(박용배 집사)
20. 정준희 목사(백민정)
21. 주승은 목사(독산동교회)
22. 지효숙 권사(이정복 장로)
23. 최성균 목사(동백지구촌교회)

윗분들의 정성 어린 후원으로 문서선교가 이루어져 가고 있습니다.
더 많은 선교 참여자가 계속 이어지기를 기도합니다.

후원 계좌

농 협	356-0669-9227-93	정수영
우리은행	1002-246-769541	정수영
국민은행	229301-04-285676	정수영

Email: chungsy40@naver.com